Friedl

SCHRIFTENREIHE DER FREIEN AKADEMIE · BAND 9

Evolution und Evolutionsstrategien in Biologie, Technik und Gesellschaft

fa

FREIE AKADEMIE

Evolution und Evolutionsstrategien in Biologie, Technik und Gesellschaft

JÖRG ALBERTZ
INGO RECHENBERG
PAUL ABLAY
HAJO OTTEN
JOHANN-GERHARD HELMCKE
HANS-PAUL SCHWEFEL
OLAV RÖHRER-ERTL
HUBERT MARKL
GERHARD VOLLMER
FRANZ M. WUKETITS

HERAUSGEGEBEN VON JÖRG ALBERTZ

Band 9 der Schriftenreihe

Druck: Hofheimer Druck- und Verlagsanstalt
Lorsbacher Str. 56 b, D - 6238 Hofheim
Geschäftsstelle der FREIEN AKADEMIE:
Rheinstraße 78, D - 6200 Wiesbaden

ISBN 3-923834-07-1

INHALTSVERZEICHNIS

Vorwort des Herausgebers

Die FREIE AKADEMIE hatte für den 24. bis 27. März 1988 zu einer Arbeitstagung *»Evolution und Evolutionsstrategien in Biologie, Technik und Gesellschaft«* eingeladen, die in der Villa Borsig der Deutschen Stiftung für internationale Entwicklung (DSE) in Berlin stattfand.

Die Tagung, deren wissenschaftliche Leitung ich selbst übernommen hatte, sollte nicht den altbekannten Streit zwischen den Kreationisten und den Anhängern des Evolutionsgedankens fortführen. Im Mittelpunkt sollten vielmehr die Fragen stehen: *Wie funktioniert Evolution? Welche Strategien werden dabei angewandt? Was können wir aus dem Verständnis dieser Vorgänge lernen?*

Unter dem Aspekt der Evolution wird ja keineswegs nur die Entwicklung des biologischen Lebens betrachtet. Die Evolutionstheorie befaßt sich mit der Entwicklung der Vorstufen des Lebens in molekularen Strukturen ebenso wie mit der Entstehung sozialer Strukturen und der Entwicklung unserer geistigen Fähigkeiten, unseres Wissens und unserer Kultur. Deshalb kann in der Evolution ein *universelles Prinzip* gesehen werden, das uns zu helfen vermag, die Welt als ein sich entwickelndes Ganzes zu sehen.

Die Prinzipien der Evolution lassen sich aber auch zur Optimierung technischer, wirtschaftlicher und anderer Systeme einsetzen. Die dabei angewandte *Evolutionsstrategie* vermittelt zudem tiefere Einblicke in die Wirkungsweise evolutiver Vorgänge. Sie vermag uns aufzuzeigen, unter welchen Voraussetzungen ein *Evolutionsfortschritt* zu erzielen ist. Ja, die dabei gewonnenen Erfahrungen führen zu dem Schluß, daß die Prinzipien der natürlichen Evolution selbst das Ergebnis eines evolutiven Prozesses sind.

DARWIN hat bekanntlich mit seiner Theorie *»Über die Entstehung der Arten durch natürliche Zuchtwahl«* großen Einfluß auf unser Welt- und Menschenbild gehabt. Wenn wir heute das Prinzip der Evolution in einem viel umfassenderen Sinne verstehen, so kann auch dies nicht ohne Rückwirkung auf unser Welt- und Selbstverständnis bleiben. Was folgt daraus für unsere Stellung in der Welt? Inwieweit können unter dem Aspekt der Evolution Parallelen zwischen ganz verschiedenen Gebieten gezogen werden? Wo liegen die Grenzen in der Interpretation?

Mit den Beiträgen zu dieser Tagung wurde versucht, Gesichtspunkte und Erfahrungen zum Themenkreis *Evolution* aus sehr verschiedenen

Gebieten einzubringen. Sie vermittelten den Teilnehmern nachhaltige Eindrücke und vielseitige Anregungen. Der vorliegende Band enthält alle Vorträge in der von den Autoren zur Veröffentlichung aufbereiteten Fassung.

Die Teilnehmer hatten im Rahmen der Tagung aber auch Gelegenheit, das von Professor Dr.-Ing. INGO RECHENBERG geleitete Fachgebiet *»Bionik und Evolutionstechnik«* der Technischen Unversität Berlin zu besichtigen und die dortigen Arbeiten auf dem Gebiet der Evolutionsstrategie direkt kennenzulernen. Leider ist es nicht möglich, die dabei in der unmittelbaren Anschauung gewonnenen Eindrücke in einem solchen Tagungsband wiederzugeben.

Ergänzt werden die während der Tagung gehaltenen Vorträge dagegen durch zwei Beiträge von Wissenschaftlern, die aus Termingründen der Einladung zum Vortrag nicht folgen konnten. Professor Dr. GERHARD VOLLMER hat dafür seinen Aufsatz *»Der Evolutionsbegriff als Mittel zur Synthese - Leistungen und Grenzen«* als Originalbeitrag zur Verfügung gestellt. Profesor Dr. HUBERT MARKL, der derzeitige Präsident der Deutschen Forschungsgemeinschaft, hat freundlicherweise dem Nachdruck seines in der Gründungsfeier der Berliner Akademie der Wissenschaften gehaltenen Festvortrages *»Grenzen und Grenzüberschreitungen lebender Systeme«* in diesem Band zugestimmt. Bei beiden Kollegen möchte ich mich für ihr Entgegenkommen nachdrücklich bedanken.

Zur Vorbereitung und Durchführung der Veranstaltung sowie zur Veröffentlichung dieses Bandes der Schriftenreihe haben viele Mitglieder und Freunde der FREIEN AKADEMIE beigetragen, denen hierfür herzlich gedankt sei. Ganz besonders dankbar bin ich jedoch den Referenten für ihre Mitwirkung an der Tagung und für die gute Zusammenarbeit bei der Drucklegung dieses Bandes.

Berlin, im Frühjahr 1989

Prof. Dr.-Ing. JÖRG ALBERTZ
Präsident der Freien Akademie

JÖRG ALBERTZ

Strukturen - Systeme - Entwicklung Gedanken und Thesen zur Evolution

Zur Einführung in das Tagungsthema

Eine Tagung unter dem Thema »*Evolution und Evolutionsstrategien in Biologie, Technik und Gesellschaft*« ist der Versuch, in der Fülle der verschiedenartigen Erscheinungen unserer Welt etwas *Gemeinsames* aufzuzeigen; etwas Gemeinsames, das uns die Welt in ihrer Vielfalt und Widersprüchlichkeit verständlicher macht, das zu unserer Orientierung im Dasein beitragen kann, und das uns vielleicht sogar hilft, die Suche nach Maßstäben für unser eigenes Handeln zu erleichtern. Der Deutsche Bildungsrat hat Bildung definiert als das »*ständige Bemühen, sich selbst, die Gesellschaft und die Welt zu verstehen und diesem Verständnis gemäß zu handeln*«. Dieses Bemühen ist nicht nur allgemein eine Zielsetzung der FREIEN AKADEMIE, sondern es ist auch ganz speziell das Ziel dieser Tagung.

Wir sprechen dabei von vornherein so verschiedene Bereiche wie Biologie, Technik und Gesellschaft an. Das heißt, das Gemeinsame, um das es hier geht, ist *nicht* das *Material* der Welt, sondern es sind die *Prozesse*, die sich in ihr abspielen, jene Prozesse, die wir - sei es im einzelnen oder in ihrer Gesamtheit - *Evolution* nennen.

Evolution heißt ganz allgemein »*allmählich fortschreitende Entwicklung*«.[1] Alle spezielleren Definitionen beziehen sich auf eine besondere Art oder eine besondere Stufe der Entwicklung, welche als Teile eines umfassenden Entwicklungsprozesses verstanden werden können.

Damit ist eine wichtige Prämisse vorweggenommen: Denn wenn wir die verschiedenen Bereiche *Biologie, Technik und Gesellschaft* unter dem gemeinsamen Gesichtspunkt der Evolution betrachten, so heißt dies zugleich, daß wir die Welt *nicht* als einen geschlossenen Prozeß ansehen. Durch die Veränderungen, die wir in der Welt beobachten und an denen wir als Menschen selbst teilhaben, wird die Welt nicht in sich selbst zurückgeführt. Sie entwickelt sich vielmehr und wird nie wieder so, wie sie in diesem Augenblick ist. Ich nenne dies einen *offenen* Prozeß.

Aber man kann dies auch anders sehen; man kann darin - und das hängt von der religiösen Überzeugung jedes einzelnen ab - man kann darin zum Beispiel eine Entwicklung auf einen gottgewollten Endzustand hin sehen, vielleicht so, wie es TEILHARD DE CHARDIN mit seinem geheimnisvollen Punkt Omega getan hat.[2] Oder man kann »im gesamten Universum und in den Wechselbeziehungen aller seiner Teile untereinander sowie im Verhältnis des Menschen zum Ganzen der Wirklichkeit einen umgreifenden Sinn walten« sehen, wie es zum Beispiel HUBERTUS MYNAREK formuliert[3]. Man kann aber auch von einer teleologischen Interpretation ganz Abstand nehmen.

Ich will damit zum Ausdruck bringen, daß das Bemühen um ein Verständnis von Evolution nicht die Sache einer bestimmten religösen Auffassung ist. Das Gespräch hierüber muß *interdisziplinär* sein, es kann aber auch sozusagen *interreligiös* sein.

Wir befassen uns aber im Rahmen dieser Tagung nicht mit solchen Fragen der Interpretation und auch nicht mit der anhaltenden Auseinandersetzung um ein Evolutionsmodell oder ein Schöpfungsmodell des Lebens.[4] Es geht also nicht um die Frage, *ob es Evolution gibt* oder nicht. Die Fragen lauten vielmehr: *Wie funktioniert Evolution? Welche Strategien werden dabei angewandt? Was können wir aus dem Verständnis dieser Vorgänge lernen?*

Der Einführung in diese Thematik sollen die folgenden Gedanken und Thesen zur Evolution dienen.

1. Zur Geschichte des Evolutionsgedankens

Der Evolutionsgedanke stammt nicht etwa - wie vielfach angenommen wird - von CHARLES DARWIN. Er ist sehr viel älter und taucht schon im griechischen Altertum auf. In der Neuzeit glaubte zum Beispiel GOTTFRIED WILHELM LEIBNIZ (1656-1716), daß alle Tierklassen durch Übergangsformen miteinander verbunden seien. IMMANUEL KANT äußerte den Gedanken, daß sich die höheren Organismen aus einfacheren Formen entwickelt haben könnten. JEAN BAPTISTE DE LAMARCK (1744-1829) stellte eine umfassende Evolutionstheorie auf, bei der er von einer allen Organismen innewohnenden Fähigkeit zur Höherentwicklung ausging und in der die Weitergabe von erworbenen Eigenschaften an die Nachkommen eine zentrale Rolle spielte. ROBERT CHAMBERS (1802-1871) veröffentlichte 1844 - also noch vor DARWIN - ein Buch, in dem Evolution als ein auf natürliche Weise ablaufender Prozeß dargestellt wird.[5]

Besonders zu erwähnen ist sicherlich »der unbekannte Darwin«, nämlich ERASMUS DARWIN (1731-1802), der nicht nur der Großvater des berühmten CHARLES DARWIN, sondern selbst ein vielseitiger Wissenschaftler, Arzt und Dichter war. In seinem posthum 1803 (also mehrere Jahre vor LAMARCKs *»Philosophie der Zoologie«*) erschienenen Lehrgedicht *»Der Tempel der Natur oder der Ursprung der Gesellschaft«* schrieb er: »Alle jetzt existierenden Pflanzen und Tiere stammen ursprünglich von den kleinsten mikroskopischen Formen ab, die sich unter der spontanen Lebenskraft in den Urozeanen bildeten.« und (im Hinblick auf das, was wir heute »Kulturelle Evolution« nennen): »Alle Sprache, Kunst und Moral des Menschen entstehen aus dem Nachahmungstrieb, indem ein Verstand vom anderen lernt.«[6]

Abb.1 CHARLES DARWIN
(nach einer wahrscheinlich 1854 aufgenommenen Photographie)

Dennoch verbinden wir mit dem Begriff der *Evolution* untrennbar den Namen CHARLES DARWIN. Dies geht zurück auf sein wissenschaftliches Hauptwerk, das Buch *»Über die Entstehung der Arten durch natürliche Zuchtwahl«*. Dieses Buch wurde seinerzeit begierig aufgenommen und war noch am Erscheinungstag, am 24.November 1859, vergriffen.[7] Zum Zeitpunkt seines Erscheinens war der Evolutionsgedanke nämlich schon sehr populär. Wir müssen davon ausgehen, daß »...evolutionäres Denken schon fast ein Jahrhundert lang weitgehend zur Normalkost der internationalen wissenschaftlichen Gesellschaft gehörte. Fast alle berühmten 'progressiven' Philosophen der Aufklärung des 18.Jahrhunderts erkannten eine Evolutionstheorie der sozialen und ökonomischen Geschichte an...«[8]

Der Erfolg von DARWINs Buch und die große Wirkung, die davon ausging, ist vor allem darauf zurückzuführen, daß es ihm gelungen war, den bereits vieldiskutierten Vorgang der Evolution als Prozeß zu erklären und auf seine elementaren Ursachen zurückzuführen, nämlich auf das Zusammenspiel von *Mutationen* - also Veränderungen des Erbgutes - und *natürlicher Selektion* im Rahmen des Fortpflanzung. Evolution ist also ein zweistufiger Prozeß: »In der ersten Stufe wird durch Rekombination, Mutation oder sonstige Zufälle eine genetische Variante gezeugt; in der zweiten wird durch Selektion Ordnung in die Masse der Varianten gebracht.«[9] *Zufällige* Veränderungen und *determinierte* Auslese sind im Darwinschen Prozeß in vorteilhafter Weise miteinander verknüpft und führen zu einem Ergebnis, das von ganz anderer Qualität ist als die beiden einzelnen Komponenten. Aber gerade diese beiden Einzelvorgänge sind vielfach mißverstanden und fehlinterpretiert worden; deshalb sind einige Bemerkungen zur Rolle des Zufalls und zum Vorgang der Selektion angebracht.

2. Falsche Interpretationen DARWINs

Die Rolle, die der *Zufall* in der Evolution spielt, wird vielfach einseitig gesehen. Viele Zeitgenossen DARWINs meinten, sich aufgrund von DARWINs Theorie selbst als Zufallsprodukt verstehen zu müssen. Vielen Menschen unserer Tage geht es nicht anders. Mit ihrem Selbstwertgefühl können sie diesen Gedanken nicht vereinbaren, sie empfinden ihn schlicht als eine Zumutung, und es entsteht das, was HUBERT MARKL treffend das »intellektuelle Leiden an Darwin« genannt hat.[10] Wer daran leidet, greift leicht zu einem scheinbar schlagkräftigen Argument: er verweist darauf, wie völlig unwahrscheinlich es sei, daß ein so komplexes Gebilde wie der Mensch »zufällig« entstehen könne. Genauso unmöglich - habe ich einmal irgendwo gelesen - sei es, daß bei der Explosion einer Druckerei die Buchstaben so niederfallen, daß man GOETHEs »*Faust*« lesen kann. Darin steckt freilich ein falsches Verständnis von Zufall und ein Unverständnis von Evolution.[11]

Mit dem *Zufall* und unserem Gefühl dafür ist das nämlich so eine eigene Sache. Die meisten Spieler im Zahlenlotto halten es zum Beispiel für sehr unwahrscheinlich, daß im Lotto die Zahlen 1, 2, 3, 4, 5, 6 gezogen werden und spielen deshalb irgend eine andere Kombination. Eine einfache Überlegung zeigt indessen, daß diese Kombination nicht weniger wahrscheinlich ist als jede andere auch. Genauso klar ist es, daß durch die zufällige Aneinanderreihung von Buchstaben nicht nur GOETHEs »*Faust*« entstehen wird, sondern auch alle anderen überhaupt denkbaren literarischen Werke, noch dazu in allen Sprachen der Welt (soweit sie dieselben Schriftzeichen benutzen). Man muß - und das ist der

Haken - »nur« unendlich viele Versuche machen und es wird *mit Sicherheit* jeder mögliche Text entstehen. Die Wahrscheinlichkeit, durch zufällige Buchstabenfolgen einen sinnvollen Text zu erhalten, ist freilich extrem gering.[12] Reiner Zufall *kann* zwar zum Erfolg führen, denn Unwahrscheinlichkeit ist kein Grund für Unmöglichkeit. Aber als Strategie ist er völlig unsinnig. Kein Romanautor wird sich deshalb dieser absurden Verfahrensweise bedienen.

Nun brauchen wir uns dabei nicht länger aufzuhalten, weil es der zentrale Gedanke von DARWINs Theorie ist, daß Evolution eben *nicht* eine Abfolge von Zufällen ist, sondern das Ergebnis eines Zusammenspiels von Einzelvorgängen, in dem die in der Fortpflanzung zufällig auftretenden Mutationen und der deterministische Vorgang der Selektion in einer komplexen, sich selbst organisierenden Weise zusammenwirken. Die Evolution setzt den Zufall ein, um planmäßig auf Erfolg hinzuarbeiten.

Aber auch der Vorgang der *Selektion*, die *natürliche Auslese*, hat zu Fehlinterpretationen geführt. Die einfache Vorstellung, daß im »Kampf ums Dasein« das besser angepaßte Individuum überlebt, ist falsch. Kein Individuum überlebt, alle sterben, und es ist keineswegs gesagt, daß das durch Mutation bevorzugte Individuum älter wird als die anderen. Es ist wichtig, sich klar zu machen, daß die Selektion nicht etwa durch Vernichtung des konkurrierenden Artgenossen erfolgt; kriegerische Auseinandersetzungen sind ein Ergebnis der sogenannten »kulturellen Evolution« des Menschen und kommen im Tierreich meines Wissens nicht vor. Die Selektion vollzieht sich vielmehr im Laufe von Generationen aufgrund der besseren Vermehrungs-Chancen. Die benachteiligten Individuen merken von diesem Selektionsvorgang gar nichts, zumal die Unterschiede zwischen den einzelnen Erbvarianten in der Regel nicht groß sind. »Es kann also weder der Krieg zwischen Menschengruppen noch der (sogenannte) 'sozialdarwinistische' Kampf innerhalb der Gruppe bis zum Ausschalten des Konkurrenten mit dem 'Kampf ums Dasein' in der Natur gerechtfertigt werden.«[13]

3. Evolution als universelles Prinzip

In der Thematik der Tagung spielt der Gedanke eine zentrale Rolle, daß Evolution nicht nur im Bereich des organischen Lebens stattfand bzw. stattfindet. Schon vor DARWIN war der Evolutionsgedanke auf Bereiche außerhalb des biologischen Lebens angewandt worden. KANT und LAPLACE hatten erfolgreich versucht, nach den Newtonschen Prinzipien der Gravitation die Entwicklung (Evolution) des Planetensystems zu beschreiben. Die Gebrüder GRIMM hatten vermutet, die Ähnlichkeit zwischen verschiedenen indogermanischen Sprachen sei auf die Entwicklung aus einem gemeinsamen Ursprung zurückzuführen.[14] DARWINs Zeitgenosse HERBERT SPENCER (1820-1903) hatte evolutionäres Denken auf gesellschaftliche Prozesse angewandt.[15] So drängt sich geradezu der Gedanke auf, Evolution als universelles Prinzip zu sehen und jeder einzelnen Entwicklung einen Platz in einer umfassenden *universellen Evolution* zuzuweisen.

Wenn man das tut, dann kommt man zu einem System, das die universelle Evolution in eine Folge von einzelnen Stufen unterteilt. Ein solches System zeigt die Aufstellung von GERHARD VOLLMER in seinem Beitrag in diesem Band.[16]

Diese Stufen können zwar - den vom Autor jeweils als maßgebend erachteten Gesichtspunkten entsprechend - etwas unterschiedlich definiert werden. Auch der Grad der Unterteilung kann verschieden gewählt werden. Das Prinzip des Stufenaufbaus bleibt davon jedoch unberührt.

Die ersten Stufen dieser Entwicklungsreihe umfassen die *Kosmische* bzw. die *Galaktische und stellare Evolution.* Der Kosmos macht nach unserem heutigen Wissen als Ganzes eine Evolution durch. Aus Materieverdichtungen entwickeln sich Galaxien, entstanden und entstehen Sterne und Planeten. Dieser Bereich spielt freilich für das Tagungsthema keine unmittelbare Rolle und wird deshalb nicht weiter behandelt.

Die folgenden Stufen, die *Chemische* und die *Molekulare Evolution* führen zum Entstehen von replikativen - also von sich selbst vervielfältigenden - Molekülstrukturen, welche die Vorstufe zur Entwicklung des biologischen Lebens sind. Dieser Selbstorganisationsprozeß der Materie, in dessen Verlauf sich das Leben entwickelt, ist Gegenstand intensiver Forschung am Max-Planck-Institut für Biophysikalische Chemie in Göttingen unter der Leitung von MANFRED EIGEN. Sein Mitarbeiter HAJO OTTEN berichtet darüber in seinem Beitrag *»Von der Chemie zur Biologie - Die Selbstorganisation biologischer Makromoleküle«.*

Die *Biologische Evolution* ist jener Abschnitt der gesamten Kette, den wir mit dem Stichwort »Evolution« unmittelbar assoziieren. Er betrifft die Entwicklung des organischen Lebens vom Einzeller bis zum Menschen, die Entstehung komplizierter körperlicher Strukturen, die Arbeitsteilung zwischen den Zellen eines Individuums, die Erfindung der geschlechtlichen Fortpflanzung als einer sehr effektiven Evolutionsstrategie und vieles mehr. Dies alles ist Gegenstand des Darwinschen Prozesses, der die Selbstvermehrung der Lebewesen wie auch das Auftreten von Mutationen zur Voraussetzung hat. Kein Tagungsbeitrag wurde ausschließlich der Darstellung der Biologischen Evolution gewidmet, zumal viel Wissen darüber als allgemein bekannt vorausgesetzt werden kann. Aber in den Referaten wird immer wieder auf die Biologische Evolution Bezug genommen werden; sie dient in mancher Hinsicht als Bezugsmodell. Dies wird besonders deutlich in dem Beitrag von INGO RECHENBERG, der die von ihm entwickelte *Evolutionsstrategie* ganz bewußt an dem Vorbild der Biologischen Evolution orientierte.

Die in der biologischen Evolution entwickelten individuellen Verhaltensweisen und das erlernte zweckvolle Reagieren gehen dann in der nächsten Stufe, der *Psychosozialen Evolution* über in die Bildung von Gruppen. Gegenstand der Evolution - Träger der evolutiven Entwicklung - sind dann nicht mehr Individuen, sondern Gruppen, Tierpopulationen und menschliche Gemeinschaften. Eine wichtige Voraussetzung dazu ist die Kommunikation zwischen den Individuen. In dem Übergangsfeld zwischen biologischer und psychosozialer Evolution ist der Beitrag von OLAV RÖHRER-ERTL einzuordnen.

Mit der *Kulturellen Evolution* betreten wir die Stufe des typisch Menschlichen, den Bereich, in dem sich die schon im Tierreich vorhandene Kommunikation zwischen Individuen zur Sprache entwickelt; wo die Formulierung von Gedanken gelingt, welche räumlich und zeitlich unabhängig von unmittelbaren Sinneseindrücken sind; wo Kausalverbindungen zwischen einzelnen Sachverhalten geknüpft werden und wo sich das Verhalten zumindest teilweise an selbstgewählten Zielen orientiert, also Vorhersagen und planvolles Handeln möglich werden. Der vergleichsweise rasche Erfolg dieser Evolutionsstufe wird dadurch möglich, daß es zu einer *neuen Art* von *replikationsfähigen Gebilden* kommt: Die sprachlich-begriffliche Kommunikation führt nämlich nicht nur zur Entwicklung, sondern auch zur Vervielfältigung und Ausbreitung von Gedankenkomplexen und Ideen. Diese »... können von einem Individuum gleichzeitig an viele andere Individuen mitgeteilt werden, vermehren sich also auf diese Weise. ... Bei Vermehrung durch Mitteilung können sie Varianten bilden; werden nach ihren 'Vermehrungsraten' auf Grund ihres Wertes für die Menschen ausgelesen, d.h. angereichert und verbreitet oder ausgemerzt. Damit gelten für sie neben neuen Systemgesetzen auch die Gesetze der Darwinschen Variantenselektion ...«[16]) Die Vermehrungsraten sind dabei viel höher als in der Bioevolution, »was u.a. auf der schnellen sprachlichen Ausbreitung zwischen Menschen derselben Generation beruht. Dies verursacht eine viel schnellere Evolution als die genetische, die ja Änderungen nur von einer zur nächsten Generation zuläßt ...«[16]) Ähnlichkeiten und Unterschiede zwischen diesen Evolutionsarten sind Gegenstand des Beitrages von FRANZ M.WUKETITS.

Als eine weitere Entwicklungsstufe wird in dieser Reihe die *Wissenschaftliche Evolution* genannt. Wissenschaftliche Erkenntnisprozesse, die ja erst in der jüngeren Zeit aus der Kulturellen Evolution hervorgegangen sind, werden - gerade von GERHARD VOLLMER - unter dem Gesichtspunkt einer evolutiven Entwicklung betrachtet.

Ein solches Stufenmodell der Evolution ist geeignet, uns den *universellen Charakter* des Evolutionsprinzips anschaulich zu machen. Es zeigt uns auch deutlich, daß jede Stufe dieser Folge von Evolutionen auf den vorhergehenden aufbaut und diese zur *Voraussetzung* hat. Und damit wird auch klar, daß die Stufenfolge zugleich eine *zeitliche Abfolge* bedeuten muß. Diese Zusammenstellung darf uns aber nicht darüber hinwegtäuschen, daß die damit angesprochenen Evolutionsprozesse von sehr unterschiedlicher Art sind.

4. Evolutionsprozesse

Der *Darwinsche Prozeß* der Evolution durch Mutation und Selektion kann sicherlich nur im mittleren Bereich in oder in der Nähe der Biologischen Evolution erwartet werden. Er hat zur Voraussetzung, daß eine *Selbstvermehrung* stattfindet, und er hängt vom Auftreten von *Mutationen*, also von erblichen Veränderungen bei den Nachkommen ab, da sonst die für den Prozeß typische *Selektion* gar nicht erfolgen könnte.

Es wäre nun aber absurd, beispielsweise für die *Kosmische Evolution* des Universums oder des Planetensystems einen ähnlichen Evolutionsvorgang anzunehmen. Hier kann es sich *nicht* um das Zusammenspiel von Mutation und Selektion handeln, sondern um einen von anderen Kräften - wohl im wesentlichen physikalischen Kräften - gesteuerten Entwicklungsprozeß. So etwas können wir auch heutzutage beobachten, wenn wir etwa an die Entstehung und Entwicklung von Sanddünen oder von Tiefdrucksystemen in der Atmosphäre denken. Dies dürfte - was die Struktur des Prozesses und die Art der beteiligten Kräfte anbelangt - in gewisser Weise vergleichbar sein.

Auf der anderen Seite können auch Entwicklungen in der *Kulturellen Evolution* sicher *nicht* mit einer einfachen Übertragung des Darwinschen Prozesses vom biologischen auf den geistig-kulturellen Bereich erklärt werden. Die *Kommunikation* zum Beispiel, welche eine der Voraussetzungen der Kulturellen Evolution ist, verläuft in ihrer Struktur völlig anders als die einmalige Weitergabe der genetisch fixierten Erbanlagen eines Individuums im Fortpflanzungsprozeß der Biologischen Evolution. Während wir in der Biologie keine Vererbung erworbener Eigenschaften kennen, ist die Kulturelle Evolution gerade dadurch gekennzeichnet, daß Erworbenes, Erlerntes und Erfundenes verbreitet und weiterentwickelt wird. Dabei wird - ebenfalls im Gegensatz zur

Biologischen Evolution - auch bewußt auf frühere Kenntnisse zurückgegriffen, insbesondere in der neueren Zeit mit ihrer Vielzahl von schriftlichen Dokumenten.

Schließlich ist im Darwinschen Prozeß das Ziel des Evolutionsschrittes nicht vorgegeben; die Mutation ist eine zufällige und ist nicht am Erreichen eines bestimmten Vorteils oder Zustands orientiert. Demgegenüber spielt in der Kulturellen Evolution das von uns Menschen gewollte und gedanklich-vorausschauend definierte Ziel die zentrale Rolle. Alle technischen Erfindungen, alle gestalterischen Veränderungen unserer Umwelt, all unser planendes Handeln können nur unter diesem Aspekt verständlich sein. Den Gemeinsamkeiten und den Unterschieden zwischen der Entwicklung natürlicher Formen und der Entstehung technischer Konstruktionen ist der Beitrag von JOHANN-GERHARD HELMCKE gewidmet.

5. Evolutionsstrategien

Wenn wir also den Versuch machen, unter dem Gesichtspunkt der *Evolution* etwas Gemeinsames unserer Welt aufzuzeigen, so müssen wir uns dessen bewußt sein, daß wir unter diesem Begriff verschiedenartige Prozesse subsumieren. Denn offenbar gibt es nicht nur eine zunehmende Vielfalt und eine wachsende Komplexität der Erscheinungsformen der Welt, sondern auch eine Weiterentwicklung der Evolutionsvorgänge selbst. In jeder Entwicklungsstufe verwendet die Evolution bestimmte Strategien. Diese werden immer komplexer, ausgereifter und leistungsfähiger, sind also offenbar selbst *Gegenstand der Evolution.* Irgendwann entsteht im Verlauf dieser Entwicklung der Darwinsche Prozeß und er bewährt sich. Er entwickelt wiederum eine Sonderform, die geschlechtliche Vermehrung, die eine ganz beträchtliche Steigerung des Evolutionsfortschrittes mit sich bringt. Wie »intelligent« die Natur bei der Entwicklung immer effektiverer Evolutionsstrategien vorgegangen ist, das wird insbesondere aus dem Referat von HANS-PAUL SCHWEFEL deutlich. Über die Psychosoziale kommt es zur Kulturellen Evolution, die - wie schon angedeutet - eigene, komplexere aber auch noch effektivere Strategien entwickelt, denen wir es zu verdanken haben, daß wir es als Menschen »so herrlich weit gebracht« haben, um es - nicht ohne Selbstzweifel - mit den Worten aus GOETHEs »*Faust*« auszudrücken.

Evolutionsstrategien ist deshalb ein zentrales Stichwort des Tagungsthemas. Es wird vor allem in den Beiträgen von INGO RECHENBERG und PAUL ABLAY ausführlich behandelt. Dabei werden nicht nur die Grundlagen einer an den Prinzipien der Biologischen Evolution orientierten

Evolutionsstrategie dargestellt, sondern auch viele praktische Anwendungsmöglichkeiten aufgezeigt, was sicherlich die Methodik evolutionsstrategischen Vorgehens noch verständlicher macht.

An dieser Stelle seien noch ein paar Bemerkungen zur Funktionsweise der Evolution angeschlossen.

Alle Evolutionsstrategien sind methodische Vorgehensweisen, die sich deshalb herausgebildet haben, weil sie im Evolutionsprozeß ein effektiveres und schnelleres Fortschreiten ermöglichen. Fortschreiten heißt dabei immer, von einer niedrigeren Qualitätsstufe zu einer höheren Qualitätsstufe zu kommen. Evolution kann man sich deshalb als eine Gebirgstour in einer Wertelandschaft veranschaulichen (Abb.2).

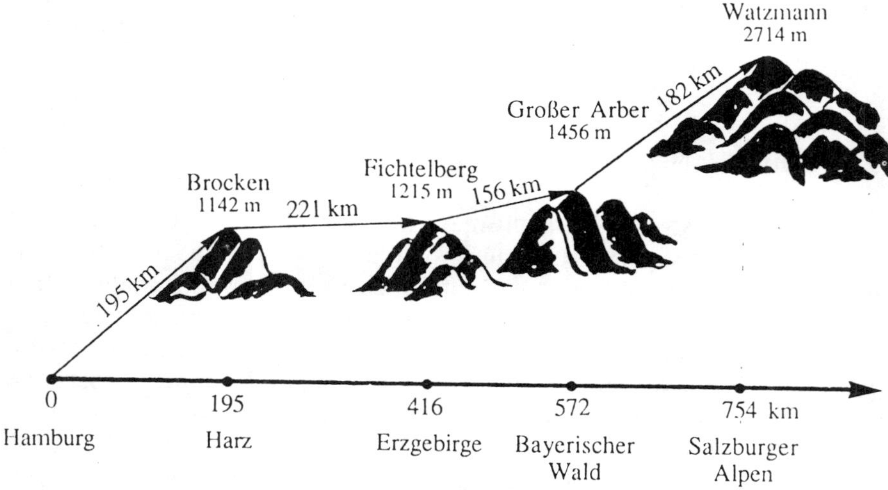

Abb.2 Evolution als Gebirgstour (nach EIGEN 1984)

Die Schritte, die bei dieser Gebirgstour unternommen werden, führen jeweils in zufälliger Verteilung nach allen Richtungen. Aber das Zusammenspiel von Mutation und Selektion sorgt dafür, daß nur diejenigen Schritte zum Tragen kommen, die bergauf führen. Diese einfache, modellhafte Vorstellung der Evolution als ein Fortschreiten von niedrigen zu höheren Wertigkeiten oder Organisationsformen kann uns einiges anschaulich machen.

Da ist zuerst die Tatsache, daß wir das Aufsteigen in einer solchen Wertelandschaft als einen kontinuierlichen Prozeß sehen können. Die Entwicklung des Lebens im Evolutionsprozeß war bzw. erscheint uns als ein kontinuierlicher Vorgang. Aber das vielleicht Paradoxe daran ist, daß sich dieser Prozeß nur in diskret abgegrenzten Schritten, in individuell ausgeprägten Erscheinungsformen vollziehen kann.

Als zweites ist anschaulich, daß wir zu einem Aufstieg in der Wertelandschaft auf sehr verschiedenen Wegen kommen können. Wenn wir eine geeignete Evolutionsstrategie einsetzen, dann landen wir - von Hamburg kommend - immer auf dem Brocken im Harz, aber wegen des Zufallscharakters des Prozesses wird dies auf verschiedenen Wegen geschehen. Dazu kommt, daß es von der gewählten Evolutionsstrategie abhängt, wie schnell wir dorthin kommen.

In diesen Geschwindigkeitunterschieden liegt ein ganz wesentliches Kriterium für den Erfolg eines Evolutionsvorgangs. Wir können dabei nämlich nicht nur methodisch verschieden vorgehen, also mit verschiedenen Evolutionsstrategien arbeiten, sondern wir können - das ist leicht einsehbar - auch verschieden große Schritte machen. Wenn wir zu zaghaft sind und immer nur ganz kleine Schritte versuchen, dann werden wir bald von anderen überholt werden, die größere Schritte wagen. Andererseits führen zu große Schritte auch nicht bergauf; denn wer am Fuße eines Berghangs steht, wird nicht schrittweise diesen Hang hinaufklettern können, wenn er zum Beispiel 20 km große Schritte macht. Dies verdeutlicht, daß die effektvollen Schritte, die den Evolutionsprozeß zügig voranbringen, nicht zu klein und nicht zu groß sein dürfen. Ihre Größe muß innerhalb eines sogenannten *Evolutionsfensters* liegen. Über diese Tatsache, deren Beudeutung kaum überschätzt werden kann, berichtet eingehend INGO RECHENBERG in seinem Beitrag.

Schließlich zeigt uns das Gebirgsmodell, daß die Welt auf dem ersten hohen Gipfel nicht zu Ende ist. Es gibt andere Bereiche der Wertelandschaft, die ein höheres Evolutionsniveau aufweisen. Um dorthin zu kommen, ist ein erheblicher Sprung notwendig. An diesen Sprüngen scheiden sich vielfach die Geister. Daß das Hochklettern an einem Werteberg durch sogenannte *Mikroevolution* möglich ist, wird allgemein akzeptiert. Daß dann aber ein Übergang von zum Beispiel der Molekularen zur Biologischen Evolution oder von der Psychosozialen zur Kulturellen Evolution möglich ist, stößt vielfach auf Ablehnung. Ich sehe meinerseits keinen Grund, die Funktionsweise der Evolutionsprozesse bei diesen Übergängen anzuzweifeln. Ich meine im Gegenteil, daß man aufgrund des Modells einer solchen Gebirgslandschaft gewisse sprunghafte Veränderungen in ein universelles Evolutionsmodell einordnen kann. Dabei denke ich beispielsweise an den sogenannten *Paradigmenwechsel* in der Wissenschaftsgeschichte, an den Begriff der *Phasensprünge*, dem man neuerdings häufig begegnet[17)], oder an *Revolutionen* in gesellschaftlichen Entwicklungen. Worin besteht denn der Unterschied zwischen Evolution und Revolution, wenn nicht in der Größe der Schritte, die dabei getan werden?

6. Grenzen lebender Systeme

HUBERT MARKL hat im Oktober 1987 in seinem Festvortrag zur Gründung der Berliner Akademie der Wissenschaften sehr klar und eindrucksvoll auf eine Eigenschaft lebender Systeme hingewiesen. Er hat gezeigt, daß es in der Evolution in - wie er sagt - »großer Regelmäßigkeit darum geht, daß lebende Systeme Grenzen ziehen, die eingrenzen, um auszugrenzen, und daß dann stets erneut das Überschreiten dieser Grenzen den Durchbruch zu den neuen, übergeordneten Leistungszuständen schafft.«[18] Die einzelne Zelle baut interne Strukturen auf, und sie kann dies nur tun, indem sie sich abgrenzt gegen ein außen. Die Überwindung dieser Grenze führt zum Zellverbund in höheren Systemen, den Körpern der vielzelligen Pflanzen und Tiere und des Menschen. Damit verbunden ist das Entstehen neuer arbeitsteiliger Strukturen im Innern mit neuen Abgrenzungen nach außen; dies führt zu Systemen mit einem bisher unerreichten Leistungsniveau. Diese Grenzen werden wiederum überwunden, und zunächst einmal als Konkurrenten zu denkende Artgenossen schließen sich zu neuen überindividuellen Systemen zusammen. Als Beispiel kann ein Insektenstaat mit einer hochdifferenzierten Innenstruktur dienen, mit Individuen, die intern im Wettbewerb untereinander stehen, sich aber gemeinsam gegen Außenwirkungen stabil behaupten.

Auch in der Kulturellen Evolution kommt es in vielfältiger Weise zur Bildung von neuen Systemstrukturen durch neue Formen der Abgrenzung. Es entstehen Gruppen sehr unterschiedlicher Art und Funktion, alle mit bestimmten Gemeinsamkeiten, mit internen Hierarchien und einem konkurrierenden Verhältnis der Gruppenmitglieder unter sich, aber mit einer stabilisierenden Selbstbehauptung nach außen.

Durch die Evolution zieht sich eine Reihe von Prozessen der Abgrenzung von immer komplexer werdenden Systemen gegen ihre Außenwelt, gefolgt jeweils von einer Überschreitung dieser Abgrenzung auf dem Weg hin zur nächst höheren und leistungsfähigeren Organisationsform. »... der Weg zu Grenzen und über sie hinaus kennzeichnet alles Leben bei seiner Entfaltung in immer neuen Phänomen« sagt MARKL[18].

7. Evolution und menschliches Sein

In der Biologischen Evolution hat das einzelne Lebewesen - nach allem, was ich weiß - keinen Einfluß darauf, was es aus seiner Rolle in der Evolution macht. Ja, der Gesamtprozeß kümmert sich gar nicht um das einzelne Individuum. Im Gegenteil, die Natur geht mit den Individuen verschwenderisch um: sie werden in ungeheuerer Zahl geboren und sterben, und nur einem winzigen Bruchteil von ihnen ist es tatsächlich vergönnt, in dem universellen Prozeß der Evolution überhaupt eine Rolle zu spielen. Aber dies *ist* so, das ist kein Werturteil, sondern die Feststellung einer Tatsache.

In der Kulturellen Evolution ist dies anders: wir haben als einzelne Menschen durchaus die Entscheidung darüber, was wir aus unserer Rolle in der Evolution machen. Es ist unser Privileg, aufgrund des bisherigen Entwicklungsstandes der Kulturellen Evolution als einzelne Menschen und als menschliche Gemeinschaft eigene Vorstellungen darüber zu entwickeln, was sein soll und was nicht sein soll. Es ist unser Privileg, Wertvorstellungen zu haben und unsere Handlungsweise daran zu orientieren. Wir können einen Plan für die Zukunft entwerfen, zum Beispiel zur Gestaltung einer Landschaft, und es liegt auch an uns, diesen Plan zu verwirklichen.

Aber - ich sage Ihnen nichts Neues, wenn ich feststelle: wir leiden an diesem Privileg. Die Kulturelle Evolution hat uns zwar große Freiräume und ungeahnte Gestaltungsmöglichkeiten eröffnet, und man möchte meinen, daß wir die Welt allmählich so gestaltet hätten, wie sie uns als Menschen gefallen könnte. Aber das Gegenteil ist der Fall: das bisherige Ergebnis unserer Bemühungen, die Welt zu gestalten, jagt uns Angst und Schrecken ein. Abb.3 zeigt dies als eine evolutionäre Vision.

Abb. 3 Evolution (nach W. NESTLER[19])

Nun fehlt es freilich nicht an guten Ratschlägen: Jedermann, der auf sich hält, hat haufenweise Patentrezepte zur Hand, die geeignet sein sollen, die natürlichen Lebensgrundlagen zu retten, die Menschenrechte durchzusetzen, den Frieden zu sichern, soziale Gerechtigkeit zu erzielen usw. Das Dilemma ist nur - und das erfahren wir alle jeden Tag - das Dilemma ist nur, daß sich die Vorstellungen und Vorschläge hoffnungslos widersprechen und daß uns diese Widersprüche verunsichern und lähmen. Das meine ich, wenn ich davon spreche, daß wir an den Möglichkeiten leiden, die uns durch die Kulturelle Evolution zugewachsen sind.

Ich habe die vage Hoffnung, daß uns das bessere Verständnis dessen, was Evolution ist und wie sie funktioniert, auch ein wenig dabei helfen kann, mit diesen Problemen unseres Menschseins zurechtzukommen. Deshalb habe ich schon in der Einladung auch die Frage gestellt: »*Was können wir aus dem Verständnis dieser Vorgänge lernen?*« Für diese Hoffnung sehe ich im Augenblick drei Ansatzpunkte:

Erstens wird uns die nähere Beschäftigung mit der Evolutionsstrategie zeigen, daß rasche Evolutionsfortschritte vor allem dann zu erzielen sind, wenn eine Vielzahl von Systemparametern eingebracht und miteinander kombiniert werden. Man kann daraus schließen, daß es sich für unsere Kulturelle Evolution positiv auswirkt, wenn es nicht nur *ein* Weltbild, *ein* Gesellschaftssystem, *eine* Wertordnung, *eine* Partei usw. gibt, sondern wenn verschiedene miteinander konkurrieren. Wir sagen so salopp aufgrund unserer Lebenserfahrung: »Konkurrenz belebt das Geschäft«. Dahinter steckt eine evolutionäre Erkenntnis, denn Konkurrenz bedeutet Selektionsdruck, und Selektion - menschenwürdige Selektionsmethoden selbstverständlich vorausgesetzt - wirkt evolutionsfördernd, motivierend und innovativ.

Zweitens lehrt uns - wie schon zuvor erwähnt - das Studium des Evolutionsgeschehens, daß Grenzüberschreitungen ein ganz wesentlicher Bestandteil der evolutiven Entwicklung sind. Wir haben es in unserer Zeit mit Grenzen aller Art zu tun; mit Grenzen zwischen vielfach ineinander verschachtelten Systemen wie Religionen, sozialen Schichten, wissenschaftlichen Disziplinen, politischen Parteien, wirtschaftlichen Interessengruppen, ethnischen Gruppen, Gesellschaftssystemen usw. Wir stehen vor vielen Problemen, deren Lösung wir nur durch Überschreitung derartiger Grenzen und damit auch durch Bildung von übergeordneten Systemen näherkommen können. In meinem eigenen beruflichen Bereich muß zum Beispiel das Überschreiten von traditionellen fachwissenschaftlichen Grenzen einen hohen Stellenwert haben; interdisziplinäre Forschung ist angesagt, und das bedeutet, daß die Fachleute aus verschiedenen Einzelwissenschaften die traditionellen Grenzen überschreiten und voneinander lernen. »All unser Wissen wächst an Grenzen« um noch einmal HUBERT MARKL zu zitieren.[18)]

Drittens erfahren wir von der Evolutionsstrategie, daß es ein sogenanntes *Evolutionsfenster* gibt, sich also ein nennenswerter Evolutionsfortschritt nur dann einstellt, wenn die Mutationen eine gewisse Größenordnung haben. Zu kleine Schritte bringen nicht weiter, zu große aber auch nicht, wie INGO RECHENBERG anschaulich zeigt. Daraus kann man direkt den Schluß ziehen, daß wir uns in unserem Planen und Handeln um die richtige, einer gewünschten Entwicklung förderliche Größenordnung bemühen müssen. Ich denke, daß - um ein paar Beispiele zu nennen - etwa in der Industrie die angemessene Schrittweite für technologische Veränderungen eine große praktische Bedeutung hat. Mindestens genauso wichtig dürfte die jeweils angemessene Schrittweite für die Prozesse sein, die wir den Menschen in den Entwicklungsländern zumuten oder von ihnen erwarten. Auch wenn wir ganz allgemein an individuelle oder kollektive Lernprozesse denken, dann ist klar, daß ein Geheimnis des Erfolges die Wahl von geeigneten Lernschritten ist.

Mit diesen einleitenden Bemerkungen sollte schon etwas von der inhaltlichen Vielfalt und der großen Spannweite angedeutet werden, die mit den Stichwörtern *Evolution* und *Evolutionsstrategien* angesprochen sind. Die folgenden Beiträge werden dies ausführen und vertiefen, ergänzen und in mancher Beziehung wohl auch berichtigen, denn auch diese Gedanken sind nichts anderes als ein kleiner Schritt in einem ständigen Entwicklungsprozeß mit dem Ziel, »sich selbst, die Gesellschaft und die Welt zu verstehen.«

Anmerkungen

1) DUDEN Fremdwörterbuch. 3.Aufl. Bibliographisches Institut, Mannheim/Wien/Zürich 1974.
2) PIERRE TEILHARD DE CHARDIN: Der Mensch im Kosmos. 4.Aufl., C.H.Beck, München 1959.
3) MYNAREK (1988), S.149.
4) Hierzu sei beispielsweise verwiesen auf JUNKER/SCHERER (1986) sowie auf VOLLMERT (1985), der zum Darwinschen Prozeß die Überzeugung vertritt: »Neue Arten von Lebewesen können so grundsätzlich nicht entstehen.« (S.124).
5) Nach JUNKER/SCHERER (1986), S.15-18.
6) Zitiert nach CARSTEN BRESCH in AGEMUS-Rundbrief (Arbeitsgemeinschaften Evolution, Menschheitszukunft und Sinnfragen), Freiburg, März 1982.
7) Nach JUNKER/SCHERER (1986), S.17, vgl. Anm. 4.
8) ECCLES, J.C. & D.N. ROBINSON: Das Wunder des Menschseins. Gehirn und Geist. München 1985 (zit. nach JUNKER/SCHERER (1986), S.17).
9) ERNST MAYR in der Einführung zu: Evolution. Die Entwicklung von den ersten Lebensspuren bis zum Menschen. Reihe Verständliche Forschung. Verlag Spektrum der Wissenschaft, Heidelberg, 1986.
10) Siehe S.199 in diesem Band.
11) So »argumentierte« einer der namhaftesten Gegner der Evolutionslehre, der englische Chemiker und Pharmakologe Prof. A.E. WILDER-SMITH im Sommer 1983 in einem Vortrag in der Technischen Universität Berlin, es sei doch völlig unmöglich, daß durch eine Folge von Unfällen aus einem Volkswagen ein

Mercedes werden könnte. Dies kann nur vornehm als Mißverständnis bezeichnet werden, da kein Anhänger der Evolutionslehre jemals einen solchen Unsinn behaupten wird. Im Gegenteil, Evolution bedeutet gerade, daß Entwicklung *nicht* durch Zufall entsteht.

12) Vgl. den Beitrag von PAUL ABLAY in diesem Band.

13) KAPLAN (1983), S.195.

14) Vgl. GERHARD VOLLMER in diesem Band, S.220.

15) Nach JUNKER/SCHERER (1986), S.17.

16) KAPLAN (1983), S.198.

17) Vgl. beispielsweise die Wissenschaftskonferenz vom Oktober 1987 im Berliner Reichstag: »Phasensprünge und Stetigkeit in der natürlichen und kulturellen Welt«. Hrsg. von K.HIERHOLZER und H.-G.WITTMANN, Wissenschaftliche Verlgagsgesellschaft , Stuttgart 1988.

18) Vgl. Abdruck des Festvortrages in diesem Band, S.197-216.

19) Zeichnung von W.NESTLER in AGEMUS-Rundbrief (Arbeitsgemeinschaften Evolution, Menschheitszukunft und Sinnfragen), Hrsg. TH.BECKER und C.BRESCH, Freiburg, Herbst 1983.

Literatur

ABLAY, PAUL: Optimieren mit Evolutionsstrategien. Spektrum der Wissenschaft, Juli 1987, S. 104-115.

EIGEN, MANFRED: Die Evolution im Reagenzglas. Neuere Aspekte der Biotechnologie. Mitteilungen der Technischen Universität München, Februar 1984, S.13-22.

EIGEN, MANFRED: Stufen zum Leben - Die frühe Evolution im Visier der Molekularbiologie. Piper, München/Zürich 1987, 311 S.

JUNKER, REINHARD; SCHERER, SIEGFRIED: Entstehung und Geschichte der Lebewesen. Daten und Deutungen für den schulischen Bereich. Weyel Lehrmittelverlag, Gießen 1986, 236 S.

KAPLAN, REINHARD W.: Die Evolution des Lebens - eine Phase der Weltentwicklung. Der Mathematische u. naturwissenschaftl. Unterricht 36 (1983), S.193-200.

KAPLAN, REINHARD W.: Genetische und kulturelle Evolution - Krieg und Frieden. Der Mathematische und naturwissenschaftliche Unterricht 40 (1987), S.202-208.

KÜPPERS, BERND-OLAF (Hrsg.): Ordnung aus dem Chaos. Prinzipien der Selbstorganisation und Evolution des Lebens. Serie Piper, Band 743, München/Zürich 1987, 284 S.

MYNAREK, HUBERTUS: Die Vernunft des Universums. Auf der Suche nach den Lebensgesetzen von Kosmos und Psyche. Goldmann Taschenbuch 14041, München 1988, 377 S.

RECHENBERG, INGO: Evolutionsstrategie - Optimierung technischer Systeme nach Prinzipien der biologischen Evolution. Frommann-Holzboog, Stuttgart 1973, 170 S.

SPEKTRUM DER WISSENSCHAFT: Evolution - Die Entwicklung von den ersten Lebensspuren bis zum Menschen. Reihe Verständliche Forschung. Verlag Spektrum der Wissenschaft, Heidelberg 1986, 208 S.

VOLLMERT, BRUNO: Das Molekül und das Leben. Vom makromolekularen Ursprung des Lebens und der Arten: Was Darwin nicht wissen konnte und Darwinisten nicht wissen wollen. Rowohlt, Reinbek bei Hamburg 1985, 256 S.

INGO RECHENBERG

Evolutionsstrategie - Optimierung nach Prinzipien der biologischen Evolution

I. Aus den Anfängen der Evolutionsstrategie

a) Evolution und Optimierung

Eine etablierte Theorie zu hinterfragen gilt in der Wissenschaft zuweilen als besonders fortschrittlich. So wird die Evolutionstheorie in regelmäßigen Abständen als falsch und überholt hingestellt. Dabei fällt auf, daß es fast ausnahmslos Nichtbiologen sind (z.B. Mathematiker und Physiker), die sich für hinreichend kompetent fühlen, Forschungsergebnisse der Biologie und Paläontologie auf dem Gebiet der Evolution in Frage zu stellen. Tatsache ist jedoch: Es kann heute als in jeder Hinsicht wissenschaftlich bewiesen angesehen werden, daß die Entwicklung der Lebewesen, vom primitiven Einzeller bis zum Menschen, einem Mechanismus zuzuschreiben ist, den die Biologen *Evolution* nennen. Die Logik der Höherentwicklung wird durch die »synthetische Evolutionstheorie« wissenschaftlich exakt beschrieben. Auch die Theorie der Evolutionsstrategie ist dazu geeignet, die Zeitskala der biologischen Evolution mathematisch zu verifizieren.

Abb.1 Evolution in der Kurzfassung eines Karikaturisten

Was meint der Biologe, wenn er von der *Evolution der Organismen* spricht? Die Entwicklung der Lebewesen, vom primitiven Urschleimklumpen bis zum Menschen, wurde in markanter Kurzform von dem Karikaturisten PREHN in der »Zeit« vom 23.6.1967 dargestellt (Abb. 1).

Ein Ingenieur, der selbst an der Entwicklung von technischen Mechanismen arbeitet, muß sich beim Betrachten der Bildserie fragen: Wie schafft es das Verfahren der biologischen Evolution, um aus dem primitiven Einzeller die hochkomplexe und im technischen Sinne faszinierend leistungsfähige Struktur eines Insekts oder eines Wirbeltieres (einschließlich der Menschen) zu entwickeln? Die zugegeben etwas oberflächliche Antwort, wie wir sie von der Schule her kennen, heißt: *Mutation und Selektion.* Lebewesen erfahren von Generation zu Generation kleine zufällige Änderungen. Denn wenn Eltern Nachkommen erzeugen, entstehen bei der Duplikation der Erbinformation Fehler. Werden mehr Nachkommen erzeugt als die Umwelt aufnehmen kann, so haben die besser an die Umwelt angepaßten Lebensformen eine größere Überlebens-Chance als die weniger leistungsfähigen Organismen. Die besseren Informationsträger werden selektiert. Die so herausgesiebte Erbinformation wird bei der abermaligen Verdoppelung im Zuge der Nachkommenerzeugung wieder zufällig abgeändert und selektiert.

Der Ingenieur würde geringschätzig »Herumpröbeln« sagen. Die Wortschöpfung *Evolutions-Strategie* wird deshalb von Kritikern als ein Widerspruch empfunden. Die Evolution basiert auf einem Zufallsprozeß. Eine Strategie kennzeichnet demgegenüber eine ausgeklügelte Handlungsweise. Wie paßt das zusammen? Ich hoffe, es wird im folgenden von Kapitel zu Kapitel jedem klar vor Augen geführt: Die biologische Evolution benutzt eine Strategie, die einem scharfsinnigen mathematischen Optimierungsverfahren mindestens ebenbürtig ist. Es steckt eine gewisse Überheblichkeit des Menschen dahinter, wenn er die Evolution als unökonomisches verschwenderisches Zufallsspiel der Natur kennzeichnet und die aus seinem Denken heraus entstandenen technischen Entwicklungsmethoden als der Evolutionsmethode weit überlegen preist.

Denkt man nämlich genauer nach, so liegt der Schluß nahe, daß es in der Natur eine *Evolution der Evolutionsmethode* gegeben haben muß. Denn Lebensformen, die sich aufgrund besonderer Vererbungsregeln schneller an die Umwelt anpassen (schneller optimiert werden, wie der Ingenieur sagen würde), werden alsbald die genetischen Langsamentwickler verdrängen. Die Evolutionsmethode sollte somit ein nachahmenswertes Verfahren sein, um technische Systeme höherzuentwickeln.

b) Geburt der Evolutionsstrategie

Ich war noch Student an der Technischen Universität Berlin, als ich den Gedanken entwickelte, Prinzipien der biologischen Evolution zur

Optimierung technischer Systeme heranzuziehen. Genau gesagt: Es war der 12.Juni 1964, als ich im Hermann-Föttinger-Institut für Strömungstechnik einen Seminarvortrag über Optimierungsstrategien gehalten habe und erstmals das Wort »Evolutionsstrategie« gebrauchte. Im August 1964 habe ich dann den ersten Optimierungsversuch mit der Evolutionsstrategie im Windkanal des gleichen Instituts durchgeführt. Und am 12.September 1964 wurde über diesen ersten evolutionsanalogen Optimierungsversuch auf der Jahrestagung der Gesellschaft für Luft- und Raumfahrt referiert. Der Titel meines damaligen Vortrages lautete: »*Kybernetische Lösungsansteuerung einer experimentellen Forschungsaufgabe*«. Das Echo auf die erste gelungene technische Evolutions-Simulation war so groß, daß das Magazin »Der Spiegel« vom 18. November 1964 dem Experiment einen dreiseitigen Artikel widmete, und zwar mit der Überschrift: »*Zickzack nach Darwin*«. Denn zickzackförmig sah der Strömungskörper aus, mit dem ich damals im Windkanal experimentierte.

Die Arbeitstagung der FREIEN AKADEMIE zeigt mir: Die Evolutionsstrategie hat sich inzwischen gemausert. Das simple Verfahren des Jahres 1964, das die biologische Evolutionsmethode nur unvollkommen imitierte, ist nicht mehr aktuell. Der Evolutionsstratege von heute experimentiert haupsächlich mit dem $(\mu/\rho,\lambda)$ -Verfahren, wobei er zuzätzlich auch die Mutationsschrittweiten mutiert. Das ist die zur Zeit genaueste Nachahmung der biologischen Evolutionsmethode.

Ich möchte in dieser Einführung die geschichtliche Entwicklung der Evolutionsstrategie nachzeichnen. Die Idee, die biologische Evolution nachzumachen, wurde aus einer besonderen Situation heraus geboren. Es sind, wie ich rückblickend sehe, dabei drei Dinge zusammengetroffen: *Erstens* stand zu Beginn der 60er Jahre die Kybernetik im Brennpunkt des wissenschaftlichen Interesses. Es war das Anliegen dieser neuen Disziplin, Biologie und Technik zu einer Universalwissenschaft zu vereinigen. Und die Ideen der Kybernetik haben seinerzeit einen tiefen Eindruck auf mich gemacht. *Zweitens* gab es an der Technischen Universität damals noch die Pflicht, ein kleines »Humanistisches Studium« zu absolvieren. Mit zu den humanistischen Fächern wurde auch die Biologie gerechnet. Hier habe ich eine Vorlesung des Berliner Biologie-Professors J.-G. HELMCKE über die biologische Evolution gehört. Und *drittens* habe ich um diese Zeit eine faszinierende Science-Fiction-Erzählung des Russen ANATOLIJ DNJEPROW mit dem Titel »*Insel der Krebse*« gelesen. Diese realistische Geschichte verbindet die Darwinsche Evolutionstheorie mit der Idee der Kybernetik. Das Geschehen auf der Insel der Krebse erschien mir damals als technisch durchaus denkbar.

c) Die »Insel der Krebse«

Es gibt unter den Autoren des Science-Fiction ja hervorragende Wissenschaftler: Den Biochemiker ISAAC ASIMOV, den Astrophysiker FRED HOYLE, die Raketenforscher KONSTANTIN ZIOLKOWSKI und WERNHER VON BRAUN, die Physiker LEO SZILARD und JOHANNES ALFVEN und den Informatiker KONRAD FIALKOWSKI. Man kann davon ausgehen, daß diese wissenschaftlich ausgebildeten Autoren darauf bedacht sind, daß ihre Phantasieprodukte den physikalischen Grundgesetzen unserer Welt nicht widersprechen. Es ist diese Gattung der Science-Fiction-Literatur und nicht Spekulation um jeden Preis, die mir persönlich besonders zusagt. So fasziniert mich noch heute eine Erzählung von BOB SHAW mit dem Titel »*Augen der Vergangenheit*«: Ein Wissenschaftler erfindet ein Spezialglas, Langsamglas genannt. Innerhalb dieses Glases breitet sich das Licht nicht mehr mit der Geschwindigkeit von rund 300.000 km/s aus, sondern weitaus langsamer. Eine Langsamglasscheibe ist ein Jahr dick, wenn das Licht ein Jahr benötigt, um die Scheibe zu durchdringen. Ein neuer Beruf entsteht, nämlich der des Glasfarmers. Diese stellen in landschaftlich besonders reizvollen Gegenden große Langsamglasscheiben auf. Die Scheiben werden dann, nachdem sie sich mit den Ereignissen vollgesogen haben, als extravagante Fenster für das Wohnzimmer verkauft. In dieser Science-Fiction-Erzählung kann ein Mord, der zufällig vor einem Fenster mit einer zwei Jahre dicken Scheibe geschieht, dann nach zwei Jahren aufgeklärt werden.

Warum sollte, so beginnt man zu spekulieren, die Erfindung von Langsamglas nicht möglich sein? Eine 20 mm dicke Scheibe bestehe aus 10^8 Atomlagen. Jede Atomschicht speichert kurzfristig ein Bild und gibt es in 1/10 s an die nächste Schicht weiter. Dann treten die optischen Ereignisse mit der Sequenz von 10 Bildern pro Sekunde erst nach 115 Tagen wieder aus der Scheibe heraus.

Als technisch machbar einzustufen ist meines Erachtens auch die Erfindung, die im Mittelpunkt der Erzählung »*Insel der Krebse*« steht: Einem Ingenieur gelingt die Konstruktion einer Maschine, welche die bisher nur bei Lebewesen vorhandene Fähigkeit besitzt, sich selbst zu reproduzieren. Der Ingenieur begibt sich nun mit einem Exemplar dieser äußerlich einem Krebs ähnelnden Maschine auf eine entlegene Insel. Der Krebs wird aber erst ausgepackt, nachdem auf der Insel verstreut verschiedene Metalle ausgelegt worden sind. Nun erst rückt der Erfinder mit seiner Idee heraus. Er möchte - so erklärt er es seinem ihn begleitenden Assistenten - mit einem Experiment die Richtigkeit der Evolutionstheorie DARWINs überprüfen. In erregender Weise wird nun geschildert, wie der Roboterkrebs beginnt, sich mit seinen Scheren auf dem plattförmig ausgebildeten Rücken zu duplizieren. Bald ist die Insel mit Roboterkrebsen übersäht. Der Kampf ums Dasein beginnt, und damit der Prozeß der Evolution. Die Geschichte endet tragisch, als ein besonders kräftiges Exemplar eines Roboterkrebses wegen der begrenzten Metallressourcen dem Erfinder den einzigen Goldzahn ausreißt.

Das Geschehen erscheint logisch durchdacht. Der Prozeß der Höherentwicklung der Roboterkrebse wird auf folgende zwei einleuchtende Mechanismen zurückgeführt:

1. Es ist technisch kaum vorstellbar, daß die Duplikationen der Roboter vollkommen gleich ausfallen. Vielmehr ist es wahrscheinlich, daß kleine natürliche Fehler auftreten. Für die Evolution von Bedeutung sind dabei nur Fehler auf dem stets mit zu duplizierenden Konstruktionsplan. Somit kann nach einer längeren Kette von Verviefältigungen schließlich ein Mechanismus herauskommen, der mit dem Original nur noch wenig gemein hat.

2. Es kann nur eine begrenzte Zahl von Roboterkrebsen auf der Experimentier-Insel existieren. Die Grenze ist erreicht, wenn das auf der Insel ausgelegte Metall verbraucht ist. Von nun an kann eine neue Maschine nur noch auf Kosten eines weniger tauglichen Exemplars entstehen. Auf diese Weise müssen sich die Robotermechanismen zwangsläufig ständig vervollkommnen. So lautet die These der Evolutionstheorie.

d) Simulation des Experiments auf der »*Insel der Krebse*«

Die Frage stellt sich: Wäre das Experiment auf der Insel der Krebse technisch durchführbar, würde es dann wirklich zu einer Höherentwicklung - sprich *Evolution* - der Roboter-Mechanismen kommen? Und wie lange dauert es, bis sich die Mechanismen sichtbar verbessern? In der Science-Fiction-Manier läßt sich das Experiment der künstlichen Evolution gegenwärtig nicht durchführen. Zwar hat der Mathematiker JOHN VON NEUMANN schon in den 40er Jahren einen abstrakten logischen Automaten mit der Fähigkeit der Selbstreproduktion entworfen. Technisch realisiert wurde ein solcher Automat meines Wissens aber noch nicht.

Für eine Überprüfung der Durchführbarkeit des Insel-Experiments in der technischen Realität können wir jedoch den sich selbst reproduzierenden Automaten entbehren. Es spielt für die Logik des Experiments nämlich keine Rolle, ob der Automat sich wirklich selbst (mit kleinen Fehlern) verdoppelt, oder ob wir ihm dabei manuelle Hilfe leisten. Denkt man nun weiter über die manuelle Ausführung des Experiments nach, dann ergibt sich eine weitere Schwierigkeit. Der elterliche Automat und der mit kleinen Fehlern von uns erschaffene Nachkomme müssen sich durch eine *meßbare Qualität* auszeichnen. Diese Qualität (der Biologe würde es Tauglichkeit nennen) sagt uns, welcher der beiden Automaten die größere Überlebens-Chance aufweist. Auf der Roboter-Insel ist die Qualität eine Größe, die sich im nachhinein im Wettkampf der Leistungen der Mechanismen herausstellt. Gewiß wäre die Bestimmung der Qualität eines Roboterkrebses durch einen menschlichen Experimentator eine meßtechnisch fast unlösbare Aufgabe. Setzt sich diese Qualität doch aus sehr vielen Einzelleistungen zusammen. Der entscheidende Punkt ist aber, daß eine Qualität existiert, die über das Ja oder Nein des Aussterbens entscheidet. Die Tatsache, daß sich die Qualität von Roboterkrebsen äußerst schwer messen läßt, ist ein technisches Problem, das die Frage nach der Evolutionsfähigkeit des Systems nicht berührt. Das führt zu der Idee, zur Erprobung des Darwinschen Evolutionsmodells in der Technik nach einem Automaten zu suchen, dessen Qualität leichter gemessen werden kann als die Tauglichkeit eines Roboterkrebses. Denn so wie wir die mit kleinen Fehlern behafteten Reproduktionen der Automaten manuell herstellen, so wollen wir auch über das Überleben oder Aussterben der Automaten-Nachkommen selbst entscheiden.

e) Darwins Theorie auf dem Prüffeld im Windkanal

Gesucht ist ein einfaches technisches System. Es soll die folgenden Eigenschaften besitzen:

1. Das System soll manuell mit geringstem Aufwand bei vorgegebener Fehlerhäufigkeit reproduziert werden können.

2. Das System soll eine Qualität besitzen, die besonders einfach und schnell gemessen werden kann.

Es wurde anfänglich erwogen, spindelförmige Wachskörper in einer zähen Flüssigkeit fallen zu lassen. Die Spindelkörper bilden die Modell-Lebewesen, die zähe Flüssigkeit stellt die Umwelt dar. Eine Wachsspindel wird einfach dadurch dupliziert, indem man von ihr eine Negativ-Hohlform anfertigt, die dann wieder mit Wachs ausgegossen wird. Ist das Abformmaterial mit geringen Unhomogenitäten erfüllt, stellen sich auch die kleinen Fehler (Mutationen) von selbst ein. Eine weitere Idee war es, den Strömungswiderstand eines Spindelkörpers als Qualität (Tauglichkeit) zu benutzen. Mit anderen Worten: Den Selektions-Wettkampf gewinnt derjenige Spindelkörper, der am schnellsten in einem Strömungsmedium abwärts gleitet.

Die laufend neue Herstellung von Strömungskörpern kann man sich aber sparen, indem der Körper flexibel gestaltet wird. Es entstand eine bessere Idee. Man denke sich eine elastische Stahlhaut zu einem tragflügelähnlichen Profil verbogen. Im Inneren des Profilquerschnitts sei ein Zahnstangen-Zahnrad-Mechanismus eingebaut, der es erlaubt, die Dicke des Profils an äquidistanten Stellen zu verändern (siehe Abb.2). Der Strömungswiderstand W des Tragflügelprofils bilde den Selektionswert des Systems.

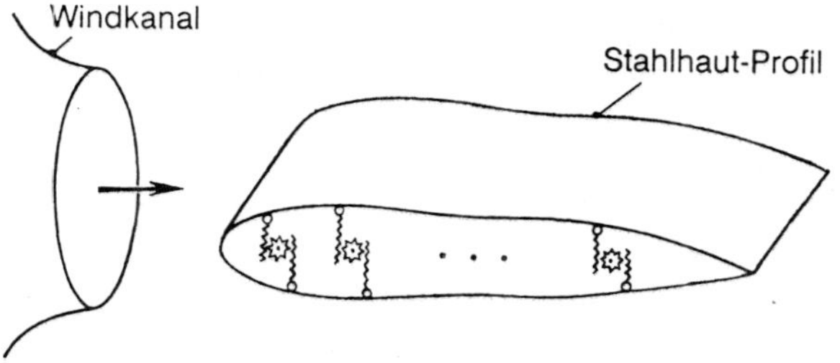

Abb. 2 Verstellbares Tragflügelprofil im Windkanal

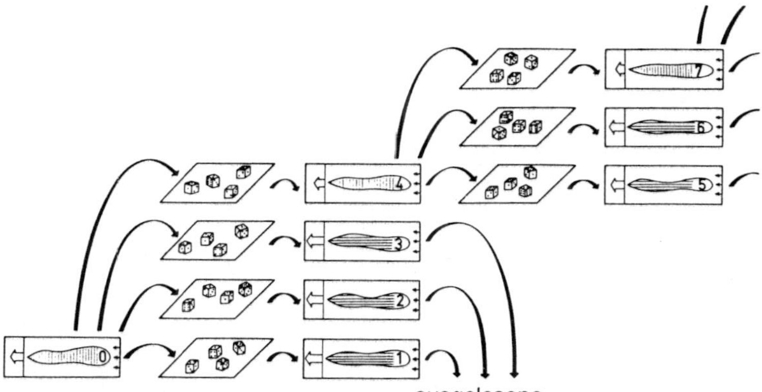

Abb. 3 Schema für ein Evolutions-Experiment im Windkanal

Die Abb.3 demonstriert den Ablauf des gedachten Experiments: Die Elternform erfährt im Luftstrom des Windkanals den durch die Länge des offenen Pfeils symbolisierten Widerstand. Eine mit kleinen Fehlern behaftete Reproduktion der Elternform 0 führt zur Nachkommenform 1. Wir müssen diese Form nun nicht etwa neu herstellen, sondern sie ergibt sich einfach durch eine Verstellung der Zahnstangen. Die Würfel sollen verbildlichen, daß Zufallswerte die Profildickenvariationen bestimmen. Hat die erwürfelte Variation einen höheren Widerstand als die Ausgangsform, so wird sie ausgelesen, das heißt die vorgenommene

Verstellung wird wieder rückgängig gemacht. Das ist der Fall mit den längs schraffierten Variationen 1, 2 und 3. Besitzt eine erwürfelte Variation einmal einen geringeren Widerstand als die Ausgangsform, so wird die Verstellung nicht wieder gelöscht. Eine solche Variation bildet einen neuen Ausgangszustand (Elter) für die nachfolgenden Variationen (Nachkommen). Das trifft in unserem Bild für die quer schraffierte Variation 4 zu. Das Verfahren erscheint gewiß trivial. Es bildet dennoch - bei maximaler Abstraktion - die Evolution nach. Dieses Verfahren, bei dem immer nur zwei Individuen im Wettkampf stehen, wurde später als zweigliedrige Evolutionsstrategie bezeichnet.

f) Evolutionsobjekt »Zickzackplatte«

Der Bau eines Tragflügels mit mechanisch verstellbarer Profilkontur erfordert einen beträchtlichen fertigungstechnischen Aufwand. Deshalb wurde das Testobjekt noch weiter vereinfacht. Es entstand das heute schon als historisch zu bezeichnende Testobjekt der Gelenkplatte, an der sich dasselbe Grundexperiment durchführen läßt:

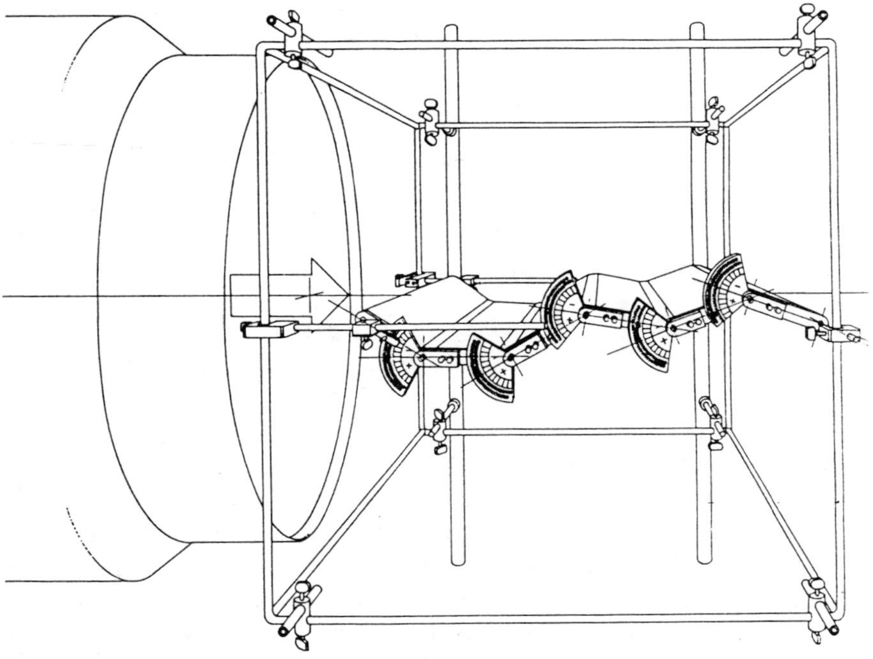

Abb. 4 Evolutionsobjekt »Zickzackplatte« im Windkanal

Sechs brettförmige Flächenstreifen wurden an ihren Längskanten gelenkig miteinander verbunden (Abb.4). Die Gelenke konnten einzeln verstellt und nach jeweils zwei Grad Winkeländerung eingerastet werden. Jedes Gelenk besaß 51 Einraststufen. Die Faltplatte mit ihren fünf Gelenken konnte demnach $51^5 = 345\ 025\ 251$ verschiedene Formen annehmen. Es entstand ein variabler Widerstandskörper, der in einen Windkanal eingebaut wurde, und zwar so, daß sich Anfangs- und Endkante der Platte auf einer Linie parallel zum Luftstrom befanden. In dieser Position wurde die Platte zu einer unregelmäßigen Zickzackform mit hohem Strömungswiderstand zusammengefaltet. Daraus sollte die Form mit dem geringsten Strömungswiderstand entwickelt werden. Der Widerstand konnte durch Integration der Nachlaufdelle hinter dem Körper mit einem Pitotrohr-Rechen gemessen werden.

Die Analogie zwischen dem Experiment mit der Gelenkplatte und der biologischen Evolution gründet sich nun auf folgende Gegenüberstellungen:

Erbanlagen, niedergeschrieben im DNS-Molekül (Genotyp)	*Winkelgrade, notiert auf einem Protokollblatt*
Sichtbares Erscheinungsbild eines Lebewesens (Phänotyp)	*Eingestellte Form der Gelenkplatte im Windkanal*
Zunehmende Tauglichkeit des Lebewesens in der Umwelt	*Abnehmender Widerstand der Gelenkplatte im Windkanal*

An die Stelle der biologischen Phänomene:

1. *Duplikation der genetischen Information,*
2. *Auftreten zufälliger Duplikationsfehler,*
3. *Herausbildung eines veränderten Phänotyps,*
4. *Auseinandersetzung des Lebewesens mit der Umwelt,*
5. *Aussterben der weniger tüchtigen Erscheinungsform,*

treten jetzt die technischen Handlungsschritte:

1. *Kopieren des Protokollblatts mit den Winkelnotierungen,*
2. *Abändern der Winkelnotierungen um kleine Zufallsbeträge,*
3. *Einstellen der veränderten Gelenkplattenform,*
4. *Messung des Strömungswiderstands im Windkanal,*
5. *Verwerfen der Plattenform mit erhöhtem Widerstand.*

Die Abb.5 zeigt die Ausführung dieser Befehlsfolge in der Form eines zyklischen Kartenspiels. Das Schema ist didaktischer Art und sollte nicht als Vorbild für eine praxisgerechte Versuchsprotokollierung angesehen werden.

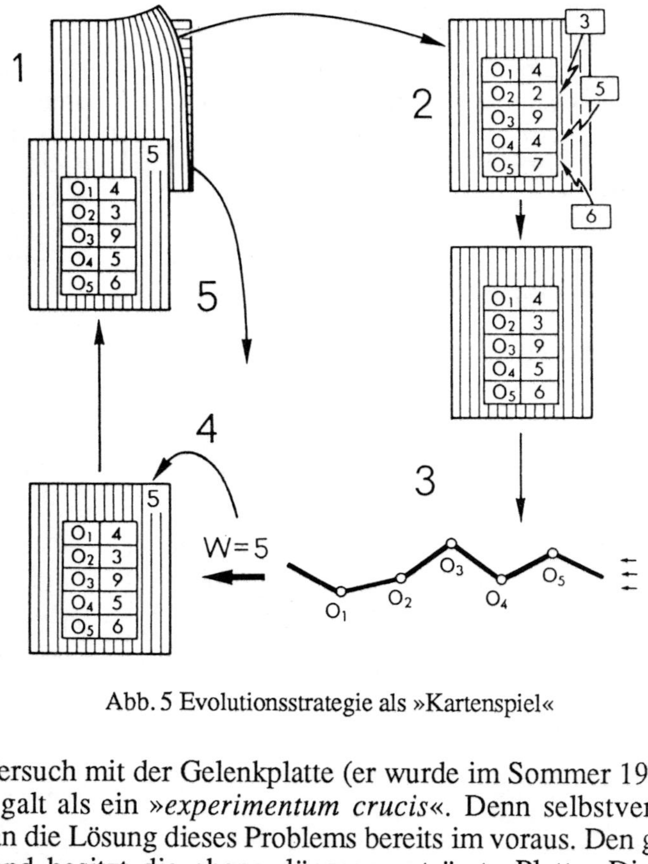

Abb. 5 Evolutionsstrategie als »Kartenspiel«

Der Versuch mit der Gelenkplatte (er wurde im Sommer 1964 durchgeführt) galt als ein »*experimentum crucis*«. Denn selbstverständlich kennt man die Lösung dieses Problems bereits im voraus. Den geringsten Widerstand besitzt die ebene, längsangeströmte Platte. Die Voraus-kenntnis der Lösung des Problems ist aber notwendig. Denn die Frage lautete, ob bei Anwendung der Urmechanismen der Evolution (nur Mutation und Selektion) diese Form auch wirklich gefunden wird, und wenn ja, wie viele Schritte dafür benötigt werden.

Die Abb.6 zeigt den zeitlichen Ablauf des Experiments. In dem Diagramm ist der Strömungswiderstand in Abhängigkeit von der Zahl der Generationen aufgetragen. Darunter wird jeweils nach 10 Generationen die momentane Bestform der Platte gezeigt. Bemerkenswert ist, daß sich zwischen den Generationen 80 und 180 keine nennenswerte Widerstandsverminderung erzielen ließ. Die Gelenkplatte besitzt in diesem Entwicklungsstadium eine charakteristische S-Form. Es konnte später festgestellt werden, daß die Widerstandsfunktion $W(o_1, o_2, ..., o_5)$ für diese Form ein lokales Minimum aufweist. Durch einen der seltenen großen Mutationsschritte konnte dieses Zwischenminimum aber schließlich doch überwunden werden. Bei der Endform, wie sie nach 320 Generationen erreicht wurde, zeigt sich, daß nicht alle Gelenkwinkel genau den Wert von 180° angenommen haben. Das liegt daran, daß zwischen einer leicht gewellten und einer völlig ebenen Platte nur noch ein äußerst geringer Widerstandsunterschied besteht, der sich mit dem Pitotrohr-Rechen nicht mehr messen läßt. Es handelt sich um ein relativ flaches Optimum.

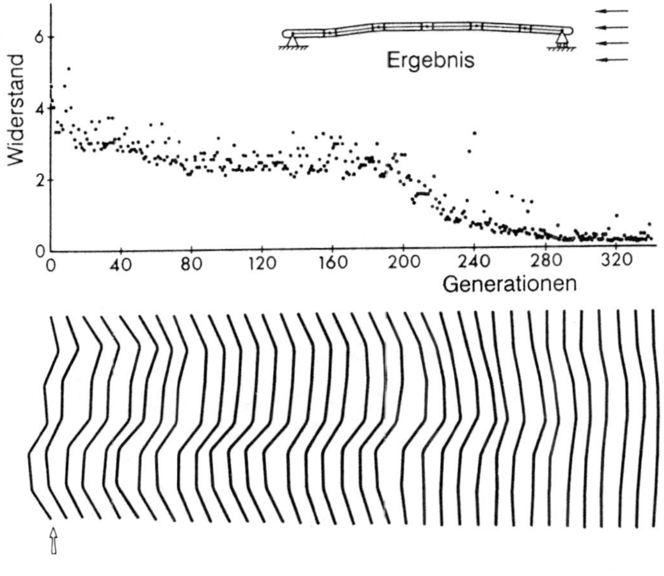

Abb. 6 Das »experimentum crucis« - Evolution der Faltplatte

g) Simulation einer Umweltänderung

Wegen der trivialen Lösung des Platten-Problems fand das erste technische Evolutionsexperiment bei den damaligen Mitarbeitern des Instituts kaum Anerkennung. Jedermann wisse doch, so lautete die Kritik, daß unter den gegebenen Randbedingungen eine ebene Platte den geringsten Strömungswiderstand besitze. Es galt nun, eine Aufgabe zu erdenken, deren Lösung nicht schon im voraus bekannt war. Es wurde schließlich dieselbe Gelenkplatte verwendet und lediglich die Strömungs-

Randbedingung geändert. Der vordere Lagerungspunkt der Platte wurde gegenüber dem hinteren um ein Viertel der Plattentiefe angehoben. Ausgangsform dieses zweiten evolutionsstrategischen Experiments war diesmal die ausgestreckte Form der Gelenkplatte. Die gegen den Luftstrom um 14° angestellte ebene Fläche besitzt einen hohen Widerstand, da die Strömung auf der Oberseite abreißt. Den zeitlichen Ablauf des Experiments einer künstlichen Evolution zeigt die Abb.7. Als Lösung geringsten Widerstands ergibt sich eine S-förmige Wölbung der Platte. Tatsache ist, daß es im Falle einer turbulenten Strömung gegenwärtig nicht möglich ist, diese Optimalform zu berechnen. Leider hat die Lösung für die Praxis wenig Bedeutung. Vielleicht könnte man sich ein schräges Dach vorstellen, das vornehmlich von der erhöhten Seite her angeblasen wird. In der gefundenen Optimalform würde es dem Wind den kleinsten Widerstand entgegensetzen.

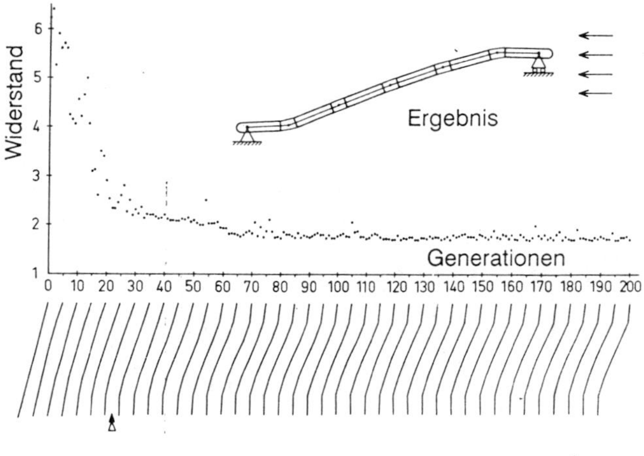

Abb.7 Evolution der Faltplatte bei veränderter Umwelt

Der Fortgang des Experiments mit der Gelenkplatte bei veränderter Strömungs-Randbedingung läßt sich biologisch als ein Evolutionsschub deuten, der bei einer neuen Umweltsituation auftritt. In einer Umwelt, gegeben durch eine Windkanalströmung parallel zu den Plattenlagern, entwickelt sich zunächst eine ebene Plattenform. Durch einen gedachten Schwenk des Windkanals um 14° nach oben entsteht die Ausgangssituation für das zweite Experiment. In dieser neuen Umwelt entwickelt sich die ebene Platte weiter. Als widerstandsminimale Lösung bildet sich die S-Form der Platte heraus.

h) Mechanik der Zufallsmutationen

Es ist jetzt an der Zeit, auf die Erzeugung der Zufallszahlen für die Gelenkwinkel-Mutationen einzugehen. Ich war bei den ersten Experimenten mit der Evolutionsstrategie darauf bedacht, den biologischen Prozeß trotz der notwendigen Vereinfachungen möglichst naturgetreu zu kopieren. Die Winkelmutationen sollten deshalb, der natürlichen genetischen Variationskurve entsprechend, eine binomiale Häufigkeitsverteilung besitzen. Ein mechanischer Apparat, der diese Verteilung erzeugt, ist das Galtonsche Nagelbrett. Angenommen, fünf Kugeln mit den Aufschriften o_1 bis o_5 passieren die in der Abb.8 dargestellte Nagelpyramide. Jedesmal wenn eine Kugel auf einen Nagel stößt, wird sie mit gleicher Wahrscheinlichkeit nach rechts oder nach links abgelenkt. Schließlich landen die Kugeln in Auffangkästen, welche die Zahlen von -5 bis +5 als Aufschriften tragen. Die Kugeln repräsentieren die fünf Gelenke der Platte; die Kästchenaufschriften geben die Winkeländerungen an. Fällt also die erste Kugel mit der Aufschrift o_1 in das Kästchen mit der Aufschrift +2, so heißt das, der erste Gelenkwinkel der Platte (Objektvariable o_1) soll um zwei Rasteinheiten in positiver Drehrichtung verstellt werden. Entsprechend können wir ablesen, um welche Beträge die übrigen vier Winkel der Platte verändert werden sollen. Dabei werden kleine Veränderungen (+1, -1) bedeutend häufiger auftreten als große (+5, -5).

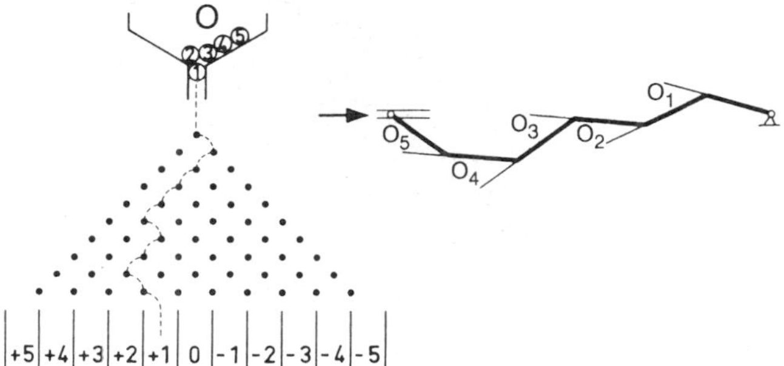

Abb. 8 Mutationsmaschine »Galtonsches Nagelbrett«

Zur Mutationserzeugung verwendet wurde in den Anfangszeiten der Evolutionsstrategie auch die sogenannte Turbulenzklappe: Eine Miniaturwindfahne aus Balsaholz von etwa einem halben Quadratzentimeter Fläche flattert in einem turbulenten Luftstrahl. Unregelmäßig schließt die Fahne einen elektrischen Kontakt. Die elektrischen Impulse werden gezählt, und zwar für die Zeit Δt aufwärts und für die gleiche Zeit Δt abwärts. Das Zählergebnis ist eine binomialverteilte Zufallszahl. Heute erzeugen wir Zufallszahlen für Mutationen ausschließlich mit dem Taschenrechner oder auf einem Personal Computer.

i) Evolution eines Rohrkrümmers

Die Experimente mit der Gelenkplatte haben bewiesen, daß die Darwinsche Evolutionshypothese technisch funktioniert (Versuch 1), und daß man mit einer evolutionsanalogen Experimentiertechnik zu mathematisch nicht ermittelbaren Lösungen gelangt (Versuch 2). Es war nun an der Reihe, mit der Evolutionsstrategie Experimente durchzuführen, die für die Praxis eine Bedeutung haben. Denn bei der Entwicklung der Evolutionsstrategie stand von vornherein im Vordergrund, eine universelle Experimentierstrategie für den Entwicklungsingenieur zu entwerfen.

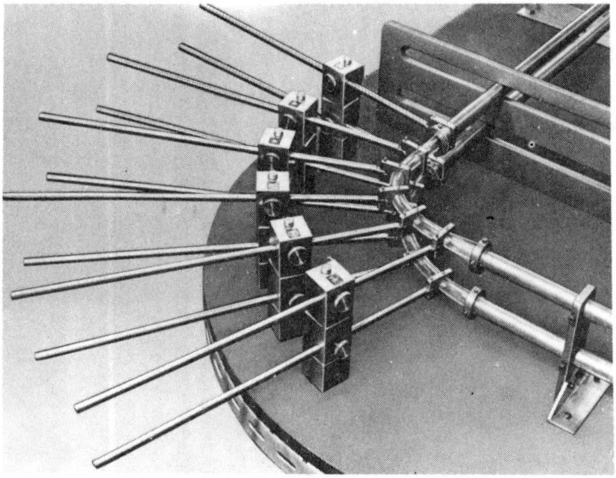

Abb. 9 Formvariable Plastikrohr-Umlenkung

So wurde die Aufgabe gestellt, die Form einer rechtwinkligen Rohrumlenkung mit kleinsten Umlenkverlusten zu finden. Die Abb.9 zeigt den zur Lösung dieses Problems verwendeten Versuchsaufbau: Ein flexibler Kunststoffschlauch wird in einer Umlenkstrecke durch sechs verschiebbare Stangen gehalten. Die Positionen dieser Stangen sind die Objektvariablen des Systems. Die gesamte Rohrstrecke ist doppelt ausgeführt worden. Beide Rohrleitungen werden von demselben Druckkessel gespeist. Am Ende einer Beruhigungsstrecke befinden sich in der Mitte beider Rohre je ein Pitotrohr. Der Gesamtdruck am Pitotrohr ist ein Maß für den Strömungsdurchsatz durch die betreffende Rohrleitung.

Zu Beginn des Versuchs wurden beide Krümmer in eine Viertelkreisform gebracht. Während nun ein Krümmer nach dem vereinfachten Evolutionsalgorithmus laufend variiert wurde, blieb der zweite Krümmer als Referenzsystem unverändert. Die Druckdifferenz zwischen beiden Pitotrohren zeigt dann sehr genau an, ob sich ein Krümmer-Nachkomme verbessert oder verschlechtert. In Abb.10 sind Anfangsform und Optimalform des Krümmers übereinander dargestellt. Die Optimallösung besitzt zwei unerwartete Form-Charakteristika. Zum einen nimmt die Biegung des Optimalkrümmers beim Eintritt der Strömung in die Umlenkung stetig zu. Es tritt also kein Krümmungssprung auf wie beim Übergang vom geraden Rohr zum Viertelkreiskrümmer. Zum anderen fällt bei der Optimalform das leichte Überschwingen der Krümmung am Ende des Rohrbogens auf. Während es durchaus plausibel erscheint, daß die sanftere Umlenkung der Strömung am Einlauf des Optimalkrümmers zu weniger Widerstand führt, ist die Bedeutung der kleinen Biegungsumkehr am Krümmeraustritt strömungsphysikalisch noch unklar.

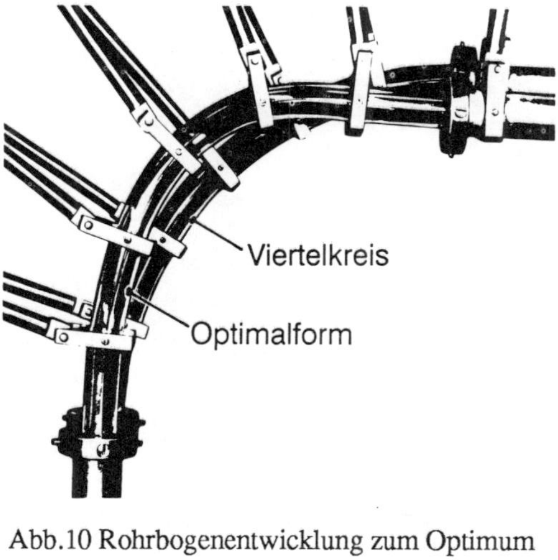

Abb.10 Rohrbogenentwicklung zum Optimum

Wie groß ist der Optimierungsgewinn? Um diese Frage gerecht zu beantworten, wird vom Gesamtwiderstand des Krümmers der Reibungsanteil des geradlinig ausgestreckt gedachten Rohres abgezogen. Was übrig bleibt ist der reine Umlenkverlust. Beim Optimalkrümmer ist dieser Umlenkverlust gegenüber der Viertelkreisform um 10% kleiner geworden. Nimmt man die Reibung mit hinzu, so besitzt der Optimalkrümmer einen um etwa 2% geringeren Widerstand als die Viertelkreisform. Der Widerstand des extrem schlanken Krümmers wird überwiegend durch Reibung bestimmt. Bei einem gedrungeneren Rohrbogen, der sich dann allerdings nicht mehr problemlos verbiegen läßt, wäre eine evolutionsstrategische Optimierung sicherlich lohnender.

k) Evolution einer Zweiphasendüse

Es folgte nun ein Experiment, für das extra ein Kessel im Kraftwerk der TU Berlin mit einer Dampfleistung von 5 Tonnen pro Stunde in Betrieb gesetzt werden mußte. An die Evolutionsstrategen wurde die Aufgabe herangetragen, eine Zweiphasen-Überschalldüse zu optimieren. Diese Düse bildet das Herzstück eines magnetohydrodynamischen Generators, der wie folgt arbeiten sollte: Erhitztes flüssiges Kalium strömt in eine konvergent-divergente Düse. In dieser Düse wird der Druck so weit abgesenkt, bis ein Teil der Flüssigkeit verdampft. Der expandierende Dampf bildet dann das Treibmittel für die verbleibende Flüssigkeit. Der mit Dampfblasen durchsetzte flüssige Metallstrahl kreuzt ein magnetisches Feld. Es ensteht ein elektrischer Strom, der sich induktiv auskoppeln läßt.

Abb.11 Formvariable Segmentscheiben-Düse

Das Nebeneinander von Flüssigkeit und Dampf führt zu äußerst komplexen Strömungsvorgängen innerhalb der Düse. Eine Berechnung der günstigsten Düsenform erscheint aussichtslos. Nach einer Idee meines Freundes und langjährigen Mitarbeiters H.-P. SCHWEFEL (jetzt Professor für Informatik an der Universität Dortmund) wurde für eine evolutionsstrategische Optimierung die rotationssymmetrische Düsenform aus Segmenten zusammengesetzt (Abb.11). Insgesamt standen 330 Segmente mit passend abgestuften konischen Innenbohrungen zur Verfügung. Damit lassen sich potentiell mehr als 10^{60} verschiedene Düsenformen ohne Sprünge in der Kontur zusammenstellen.

Mit den Segmenten wurde als Ur-Elternform eine rechnerisch ausgelegte Lavaldüse mit einem besonders langen konvergenten Einlauf aufgebaut. Gesucht wurde diejenige Düsenform, bei der eine Wasser-Wasserdampf-Zweiphasenströmung als Modellmedium den maximalen spezifischen Schub liefert. Durch laufenden Austausch von Segmenten nach den Experimentierregeln der zweigliedrigen Evolutionsstrategie bildet sich eine völlig unerwartete Düsenbestform heraus mit ausgeprägten Kammern im konvergenten und divergenten Düsenteil. In Abb.12 sind die Anfangsform, die erfolgreichen Zwischenformen und die Endform der Düse dargestellt. Der Wirkungsgrad der konischen Ausgangsform beträgt 55%. Die nach der Evolutionsstrategie entwickelte Optimalform besitzt einen Wirkungsgrad von nahezu 80%.

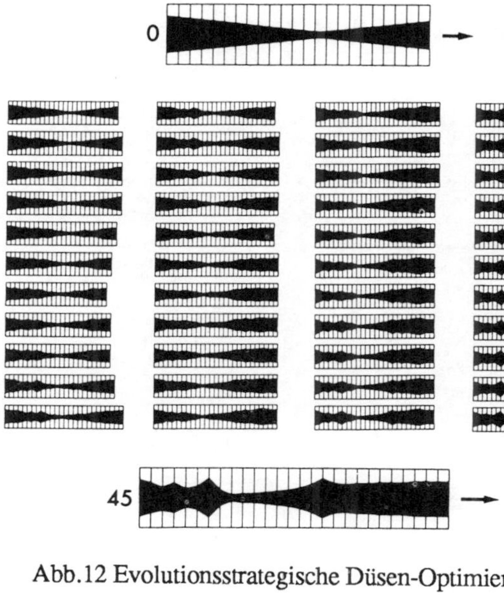

Abb.12 Evolutionsstrategische Düsen-Optimierung

Die merkwürdigen Kammern der Optimaldüse erregen natürlich die Aufmerksamkeit des Strömungstechnikers. Um das Strömungsbild sichtbar zu machen, wurde die Form der Optimaldüse aus Spezialglas nachgebildet. Strömungsaufnahmen zeigen, daß sich in den Kammern schnell rotierende Ringwirbel bilden. Es wird angenommen, daß in den Einlaufwirbelkammern diejenigen Strömungsteilchen, die sich an der Rohrwand abgekühlt haben, durch heiße Strömungsteilchen aus dem Rohrzentrum ersetzt werden. Das Ergebnis ist: Durch die höhere Temperatur der wandnahen Strömung tritt kein Siedeverzug mehr auf. Die Verdampfung im engsten Querschnitt der Düse erfolgt bei der Optimalform wesentlich gleichmäßiger als in der gerechneten Anfangsform. Zu erklären wäre nun noch die Funktion der Wirbelkammer im divergenten Teil der Düse. Es wird vermutet, daß diese Kammer zur besseren Durchmischung von Flüssigkeits- und Dampfphase der Strömung dient. Es hat sich nämlich gezeigt, daß bei einer gleichmäßigen konischen Erweiterung der Düse Flüssigkeit und Dampf sich zu trennen beginnen.

l) Evolution eines Stabtragwerks

Kennzeichnend für die vorangegangenen Versuche ist, daß stets manuell an einem materiellen Objekt experimentiert wurde. Doch läßt sich die Evolutionsstrategie genauso gut als Programm auf einem Computer verwenden. Ein Beispiel dafür ist der Entwurf eines gewichtsminimalen Stabtragwerks durch HÖFLER, LEYSSNER und WIEDEMANN am Institut für Luft- und Raumfahrttechnik der TU Berlin (Abb.13).

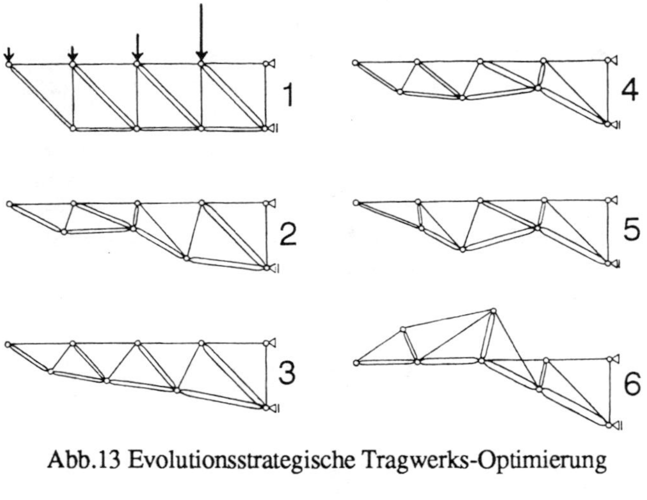

Abb.13 Evolutionsstrategische Tragwerks-Optimierung

Gegeben sind vier Kräftepfeile und ihre Angriffspunkte. Gegeben sind ferner die beiden Lager, über welche die Kräfte weitergeleitet werden sollen. Die Aufgabe lautet nun, die (x, y)-Koordinaten der noch freien Knotenpunkte so zu bestimmen, daß sich das Stabwerk durch ein minimales Gewicht auszeichnet. Die Kräfte in den Stabverbindungslinien lassen sich durch Lösung des statischen Gleichungssystems auf dem Rechner schnell bestimmen. Der verwendete Werkstoff ergibt dann die Stabquerschnitte und damit das Gewicht der Konstruktion. Die gewählte Anfangsform der Konstruktion besitzt ein Gewicht von 922 kg. Die evolutionsstrategische Optimallösung, die an die Konstruktion eines Kran-Auslegers erinnert, wiegt nur noch 718 kg.

m) Evolutionsstrategische Experimente danach

Seit der Erfindung der Evolutionsstrategie im Jahre 1964 sind nach einer Literatur-Recherche über 200 Anwendungen der biologischen Optimiermethode bekannt geworden. Hier die interessantesten Ergebnisse:

- *In der Lüftungstechnik zur optimalen Gestaltung von Rohr- und Kanalumlenkungen, Leitschaufelanordnungen und Mengenverzweigungen.*

- *Im Bereich der Strömungsakustik zur Entwicklung geräuschminimaler Ventilatorgehäuse, Schaufelumrißformen und Flügelprofile.*

- *In der Bautechnik zur Formoptimierung von Fachwerken und Schalendächern sowie dem Entwurf kostengünstiger Rohrleitungsnetze.*

- *In der Verfahrenstechnik zur optimalen Formgebung eines Strahldüsen-Mischreaktors sowie eines Lockermaterialien-Saugkopfes.*

- *In der Feinwerktechnik zur Synthese von Viergelenkgetrieben sowie der Toleranzoptimierung von getriebeähnlichen Maschinenbau-Konstruktionen.*

- *Im Bereich der Werkstofftechnik zur Entwicklung optimaler Keramik-Mischungen für Isolatoren und optimaler Rezepturen für galvanische Bäder.*

- *In der Aero- und Hydromechanik zur optimalen Formgebung von Tragflügelprofilen und rotationssymmetrischen Rumpfkörpern.*

- *In der Lichttechnik zum Entwurf spezieller Strahlungsreflektoren und der Auslegung von zweidimensionalen Lichtleitersystemen.*

- *In der Regelungstechnik zur optimalen Einstellung von Reglern, zur Identifikation von Regelstrecken sowie zum Entwurf von Optimalfiltern.*

- *In der Hochfrequenztechnik zur Optimierung von Mikrowellenschaltungen sowie der Strahlungs-Charakteristik von Antennen.*

- *In der Neuroinformatik zur Entwicklung von rotations-, translations- und größeninvarianten Merkmalsfiltern für die Zeichenerkennung.*

Welcher Gedankengang steckt dahinter, wenn ich die evolutionsstrategische Optimierungstechnik propagiere? Könnte man sich nicht vorstellen, daß Ingenieure besser beraten sind, wenn sie mit scharfer Überlegung statt mit der Evolutionsstrategie experimentieren? Bei der Beantwortung dieser Frage muß man differenzieren: Besitzt der Experimentator bereits viel Vorwissen über das Versuchsobjekt, so kann eigenes Weiterdenken durchaus schneller zum Ziel führen als das Experimentieren nach Regeln der Evolution. Oder besitzt das Problem nur eine einstellige Zahl von Variablen, und läßt es sich zudem noch in mathematisch-abstrakter Form darstellen, so sollten die von den Theoretikern raffiniert erdachten klassischen Optimierverfahren Anwendung finden (SCHWEFEL 1977). Ein Problem, das aber wegen vieler Variablen als undurchschaubar gilt und das sich zudem nicht mathematisch beschreiben läßt, kann eigentlich nur mit der Evolutionsstrategie gelöst werden. Gar nicht selten ist schließlich die Situation, bei der eine Optimierung unter starkem Störrauschen vollzogen werden muß. Für diesen Fall ist die Evolutionsstrategie offensichtlich prädestiniert. Denn in der Natur findet Höherentwicklung bei extremem Störrauschen statt.

II. Evolutionsstrategische Spiele auf dem Computer

a) Evolution der Halslinge

Es gilt zu beweisen, daß die biologische Evolutionsmethode zu recht eine Optimierungsstrategie genannt wird. Der Beweis sei in der Form einer Science-Fiction-Erzählung geführt:

Man schreibt das Jahr 2189. Astronauten haben sich auf den Weg zum 5,9 Lichtjahre entfernten Barnards Pfeilstern gemacht. Die Expedition landet auf einem Planeten des Systems. Dort hat sich metallenes Leben entwickelt. Eine dominierende Art der außerirdischen Lebewesen sind die *Halslinge*. Ihr extrem langer Hals wird aus Magnesium, dem leichtesten aller Metalle, gebildet. Demgegenüber besteht der kugelförmige Kopf der Halslinge aus Osmium, dem schwersten aller Metalle. Das Biologen-Team der Expedition untersucht nun nach allen Regeln der irdischen Kunst die Arten der Halslinge (Abb.14). Hier die Ergebnisse der Vermessung der verschiedenen Halsling-Spezies:

	Halslänge	Halsgewicht	Kopfgewicht
Kleinst-Halsling	0,3 m	0,040 kg	2,542 kg
Zwerg-Halsling	1,0 m	2,702 kg	94,17 kg
Gemeiner Halsling	5,0 m	755,3 kg	11770 kg
Großer Halsling	12,0 m	16180 kg	162700 kg
Riesen-Halsling	60,0 m	4522000 kg	20340000 kg

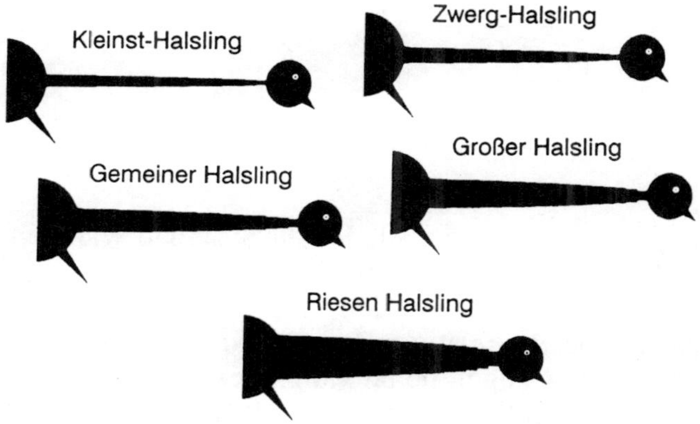

Abb.14 Halsling-Spezies auf Barnards Pfeilstern-Planeten

Die doppelt logarithmische Auftragung zeigt: Zwischen Kopf- und Halsgewicht besteht ein funktionaler Zusammenhang der Form:

$$\text{Halsgewicht} \propto (\text{Kopfgewicht})^{7/6}$$

Unsere Zukunfts-Biologen erinnern sich: Es ist derselbe funktionale Zusammenhang, der im 20.Jahrhundert von Biologen bei Erd-Wirbeltieren entdeckt wurde (Allometriegesetz):

$$\text{Skelettgewicht} \propto (\text{Lastgewicht})^{7/6}$$

Lastgewicht ist das Gesamtgewicht minus dem Skelettgewicht des Lebewesens. In der grafischen Darstellung (Abb.15) überrascht, mit welcher Genauigkeit das 7/6-Potenzgesetz bei Halslingen und Wirbeltieren erfüllt wird.

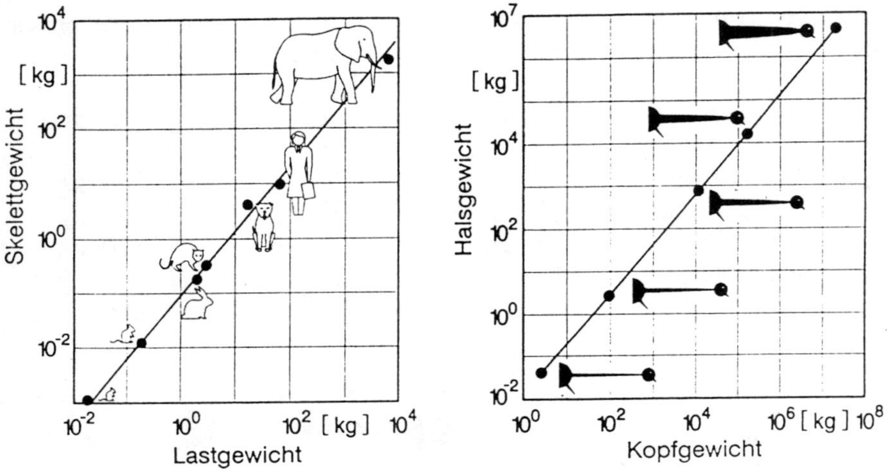

Abb.15 Allometriegesetze für Wirbeltiere und Halslinge

Die Lösung des Rätsels lautet: Die Halslinge sind in Wahrheit einseitig eingespannte Biegeträger, die auf dem Computer mittels der Evolutionsstrategie gewichtsminimiert wurden, und zwar unter der Nebenbedingung gleichbleibender relativer Durchbiegung. Am Ende des Biegeträgers hängt eine Lastkugel, deren Durchmesser proportional mit der Trägerlänge wächst. Selbstverständlich läßt sich das Minimierungsproblem auch analytisch behandeln: Lösung ist eine Form, die in der Statik als Träger gleicher Festigkeit bekannt ist. Die Volumenberechnung von Trägern gleicher Festigkeit zeigt, daß unter der gegebenen Bedingung das Trägergewicht mit der Last hoch 7/6 wächst.

Magnesium ist knapp auf dem Barnard-Planeten. Deshalb wurde mittels der Evolutionsstrategie das Halsgewicht der Halslinge minimiert. Die Lösungen entsprechen denen der Theorie. Auf unserem Sonnen-Planeten wurde offenbar analog das Skelettgewicht der Wirbeltiere minimiert. Diesmal ist die natürliche Evolution die Optimierungsmethode. Die Übereinstimmung der Lösungen beweist: Es ist rechtens, die biologische Evolution eine Optimierungsstrategie zu nennen. Was die Evolutionsstrategie als mathematisch-technische Optimiermethode leisten kann, das sollen die nachfolgenden Beispiele illustrieren.

b) Evolution eines magischen Quadrats

Ein magisches Quadrat ist eine spezielle Zahlenstruktur. Ganze Zahlen sind zu einer quadratischen Matrix angeordnet. Die Zahlen sollen so gesetzt werden, daß alle Spalten, alle Zeilen und die beiden Diagonalen die gleiche Summe S ergeben. Die Größe S heißt magische Summe. Etwa 4000 Jahre alt ist das »*Chinesische Quadrat*«, in welchem die Zahlen 1 bis 9 zu einer $3 \cdot 3$ -Matrix mit der magischen Summe 15 angeordnet sind. Und ALBRECHT DÜRER hat in seinem Kupferstich »*Melancholie*« ein magisches Quadrat aus $4 \cdot 4$ Feldern dargestellt, das unter Verwendung der Zahlen 1 bis 16 die magische Summe 34 aufweist. Es ist üblich, von einem magischen Quadrat zu fordern, daß es mit aufeinanderfolgenden natürlichen Zahlen gebildet wird.

Um ein magisches Quadrat evolutionsstrategisch zu entwickeln, muß eine Qualitätsfunktion erdacht werden. Die Qualitätsfunktion ordnet jedem konstruierbaren Zahlenquadrat einen Zahlenwert Q zu. Sind zwei Zahlenquadrate A und B gegeben, so läßt sich anhand des Wertes Q eindeutig entscheiden, ob A besser ist als B, ob B besser ist als A, oder ob A so gut ist wie B. Eine Funktion, die diese Bedingungen erfüllt, lautet z.B. für ein $2 \cdot 2$-Quadrat:

n_1	n_2
n_3	n_4

$$Q = (n_1+n_2-S)^2+(n_3+n_4-S)^2+(n_1+n_3-S)^2+ +(n_2+n_4-S)^2+(n_1+n_4-S)^2+(n_2+n_3-S)^2 \rightarrow \text{Min!}$$

Die Mutation bildet den Antrieb für den Optimierungsmotor »Evolutionsstrategie«. Der Mutationsmechanismus für das magische Quadrat beschreibt sich wie folgt:

- Suche zufällig eine Zahl aus dem Quadrat heraus.
- Ändere sie virtuell um einen kleinen Betrag ab.
- Suche diejenige Zahl im Quadrat, die gleich der Abgeänderten ist.
- Vertausche wechselseitig die 1.Zahl mit der 2.Zahl.

Zufall im Algorithmus der Evolutionsstrategie ist nicht gleich Willkür zu setzen! Mutationen müssen einer wesentlichen Einschränkung genügen. Sie müssen dem *Prinzip der starken Kausalität* gehorchen. Stark nennen Physiker die unscharfe Kausalitätsdefinition: »*Ähnliche Ursachen haben ähnliche Wirkungen*«. Demgegenüber lautet das klassische Kausalitätsprinzip: »*Gleiche Ursachen haben gleiche Wirkungen*«. Die letztere schärfere Definition wird heute als schwache Kausalität bezeichnet, und das deshalb, weil sie so wirklichkeitsfern ist. Denn normal ist, bei leicht veränderter Ursache mit nur leicht veränderter Wirkung zu rechnen. Starke Kausalität ist die Richtschnur menschlichen Handelns. Starke Kausalität ist der Grundstein der biologischen Evolution. Und starke Kausalität wohnt dem Mechanismus inne, den wir für die Mutation magischer Quadrate konstruiert haben: Die Wirkung einer Mutation wurde zu kleinstmöglichen gemacht.

27	99	30	29	36	32	100	97	31	24
22	95	96	25	34	26	98	39	37	33
21	48	92	19	20	93	94	89	15	14
40	90	38	42	28	45	91	16	47	68
88	54	17	43	85	49	23	46	13	87
61	64	35	52	53	66	18	51	50	55
69	41	44	82	86	3	9	4	83	84
58	7	12	63	81	56	59	11	80	78
57	6	67	79	10	65	8	77	76	60
62	1	74	71	72	70	5	75	73	2

Abb.16 Mit der Evolutionsstrategie entwickeltes magisches Quadrat

Die Abb.16 zeigt ein magisches Quadrat, das von meinem Studenten MICHAEL HEIDER evolutionsstrategisch entwickelt wurde. Das Quadrat besitzt die stattliche Anzahl von $10 \cdot 10 = 100$ Feldern (magische Summe $S = 505$). Ein kleiner PC mußte für die Lösung 9 Stunden arbeiten. Für den Fall, daß bei der Mutation mit dem Prinzip der starken Kausalität gebrochen wird (Zufallstausch von zwei beliebigen Feldern), erhöht sich die Rechenzeit auf 411 Stunden.

c) Evolution einer Augenlinse

Skeptiker in puncto DARWINs Evolutionstheorie weisen oft auf das Problem der Entstehung des Auges hin: Ein 5%-Auge, so wird argumentiert, sei funktionslos und deshalb ohne Sinn. Es müssen viele präzise aufeinander abgestimmte Mutationen schlagartig zusammmentreffen, damit etwas entsteht, was als Auge funktioniert. Darwin schreibt zu diesem Problem: *»Wenn gezeigt werden könnte, daß irgendein komplexes Organ existierte, das unmöglich aus unzähligen aufeinanderfolgenden geringfügigen Modifikationen gebildet worden sein könnte, so würde meine ganze Theorie restlos zusammenbrechen«.* Tatsächlich erfolgt die Augen-Evolution auf dem Weg der kleinen Schritte. Eine logische Reihenfolge wäre:

1. Zusammenballung von lichtempfindlichen Zellen.
2. Eindellung der Pigmentschicht zu einer Grube.
3. Überdeckung der Grube mit einer Gallert-Masse.
4. Ausformung der Gallert-Masse zum Lichtkonzentrator.

Flachauge, Becherauge, Grubenauge, Linsenauge: Das sind Evolutionsstufen, zum Teil Überbleibsel an archaischen Organismen, die auch heute noch in der Lebenswelt zu finden sind. Befassen wir uns mit der Strukturierung des Lichtkonzentrators. Abb.17 zeigt einen deformierbaren Glaskörper mit den Dicken d_i (i=1, 2, ... n). Die Strahlen eines parallelen Lichtbündels werden beim Durchqueren dieses Glaskörpers verschieden stark gebrochen. Durch »richtiges« Einstellen der Dicken d_i soll erreicht werden, daß sämtliche Strahlen des Lichtbündels in einem Punkt P zusammentreffen (Eigenschaft der Sammellinse). Die Abweichung von diesem Zielzustand kann durch Bildung der Summe der Abweichungsquadrate $\sum q_i^2$ (= Strahlenstreuung) gemessen werden. Es ergibt sich das Optimierungsproblem:

$$\text{Strahlenstreuung} = \sum (q_i^2) \rightarrow \text{Min!}$$

Die Sammellinse ist ausgeformt, wenn die Strahlenstreuung den Wert Null erreicht. Mutationen, die die Strahlenstreuung verringern, sind selektionspositiv. Biologisch gesehen: Ein Lebewesen, dessen Augen-Gallerte die Lichtstrahlen etwas mehr bündelt, würde den sich nähernden Schatten eines Räubers eher detektieren als sein Norm-Artgenosse. Evolutives Fortschreiten vom 1%-Auge zum 100%-Auge ist, trotz kritischer Infragestellung, möglich.

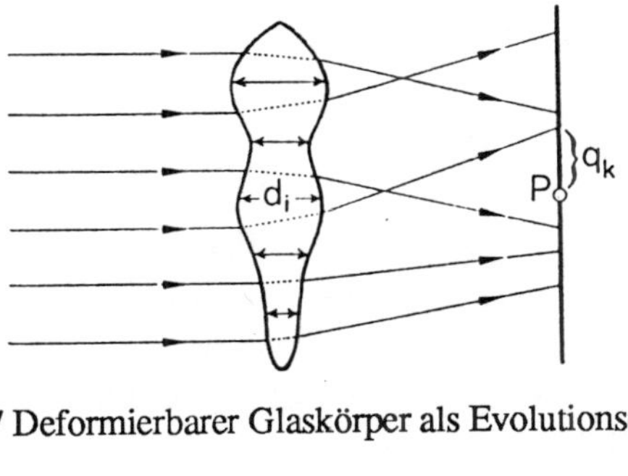

Abb.17 Deformierbarer Glaskörper als Evolutionsobjekt

Für die mathematische Formulierung des Problems wurde der veränderbare Glaskörper aus Geradstücken (Prismen) zusammengesetzt. Die Dicke dieser Polygon-Linse kann an 10 äquidistanten Stellen verändert werden. Lichtstrahlen, die auf die Mitte der Prismenstücke fallen, werden als repräsentativ angesehen. Der Weg jedes Lichtstrahls läßt sich nach den Gesetzen der geometrischen Optik berechnen. Die Auftreffpunkte der 10 Lichtstrahlen in der Bildebene liefern zusammengenommen die Strahlenstreuung. Die Abb.18 zeigt den evolutionsstrategischen Entwicklungsprozeß von der »Fensterscheibe« zur »Augenlinse«.

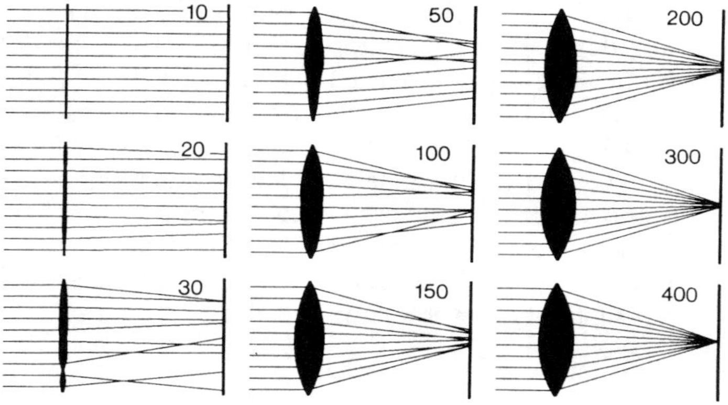

Abb.18 Evolutionsstrategische Entwicklung einer Sammellinse

d) Evolution eines Steinwurfs

Im Jahre 1744 glaubte der französische Gelehrte PIERRE-LOUIS MOREAU DE MAUPERTUIS einen allumfassenden Weltenplan gefunden zu haben. Danach soll die Natur stets mit größter Sparsamkeit verfahren. Bei einem Stein der Masse m, der von einem Punkt a zu einem Punkt b fliegt, drückt sich das Sparsamkeitsprinzip wie folgt aus:

$$\int_a^b m\,v\,ds \quad \rightarrow \quad \text{Min!}$$

LEIBNIZ und EULER äußerten vor MAUPERTUIS bereits ähnliche Gedanken. Das Minimierungsproblem, das die Natur bei jedem Steinwurf löst, sollte sich auch mit der Evolutionsstrategie behandeln lassen. Wir binden das Energie-Erhaltungsprinzip im Schwerefeld in das Wirkungsintegral ein und erhalten:

$$\int_a^b m\sqrt{(2/m)(E_0 - mgy)}\;ds \quad \rightarrow \quad \text{Min!}$$

Zur numerischen Lösung der Aufgabe mit Hilfe der Evolutionsstrategie wird die Bahnkurve des Steins durch einen Polygonzug approximiert. Die x-Werte und y-Werte der 10 Stützpunkte des Bahnpolygons ergeben zusammen 20 Variable. Die Verschieblichkeit der x-Koordinaten ist ein Trick, um auch schleifenförmige Steinflugbahnen zu erzeugen. Die evolutionsstrategische Deformation der Steinflugbahnen, beginnend mit einer Schleife und endend bei der Wurfparabel, zeigt die Abb.19.

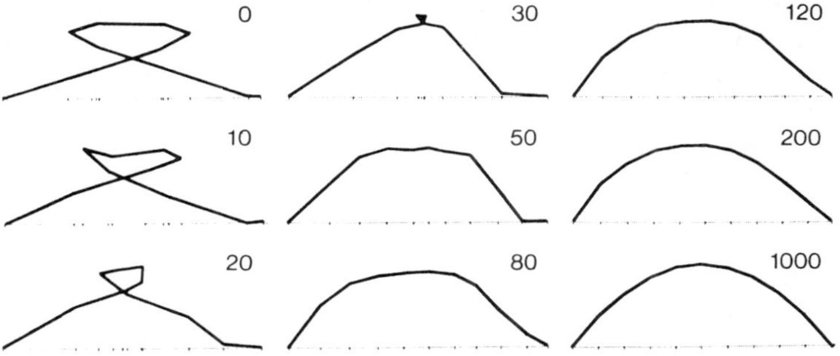

Abb.19 Steinflugbahnen - ES-Minimierung des Wirkungsintegrals

Es sei daran erinnert, daß die Physik zahlreiche Extremalprinzipien kennt, nach denen sich die Natur richtet:

1. Prinzip von TORRICELLI, nach welchem der Schwerpunkt eines beweglichen Systems im Schwerefeld die tiefste Lage annimmt.
2. Prinzip der minimalen potentiellen Energie eines elastostatischen Systems im Gleichgewicht.
3. Prinzip von FERMAT, bei welchem ein Lichtstrahl stets den Weg minimaler Zeit wählt.
4. Prinzip des kleinsten Zwanges von GAUSS, bei dem die Abweichung der gebundenen von der ungehinderten Bewegung zum Minimum wird.
5. Prinzip von HERTZ, nach welchem eine Bewegung mit minimaler Bahnkrümmung erfolgt (Prinzip der geradesten Bahn).
6. Prinzip von HAMILTON, bei dem das Zeitintegral über die Lagrange-Funktion ein Minimum, ein Maximum oder einen Sattelwert annimmmt.

Geht man davon aus, daß sich die Arbeitsgeschwindigkeit zukünftiger Rechner weiter erhöht, so könnte man spekulieren, daß viele komplexe Probleme der Physik durch eine evolutionsstrategische Lösung des entsprechenden Extremalprinzips gelöst werden könnten. Dem Hamiltonschen Prinzip kommt dabei eine Vorzugsrolle zu. Es läßt sich nämlich für physikalische Strukturen genauso anwenden wie für chemische, thermodynamische und elektrodynamische Vorgänge.

e) Evolution einer Fernseh-Verkabelung

Kabelfernsehen kommt auch nach Schilda. Auf dem Marktplatz endet das senderseitige Hauptkabel. Nun müssen die Hauhalte von Schilda daran angeschlossen werden. Der Bürger-Rat beauftragt den Geometer der Stadt, einen Verkabelungsplan auszuarbeiten. Der Landvermesser von Schilda ist ein kluger Kopf. Er hat gelernt: Die kürzeste Verbindung zwischen zwei Punkten ist die Gerade. Und strikt nach dieser Regel gestaltet er seinen Verkabelungsplan (Abb.20a).

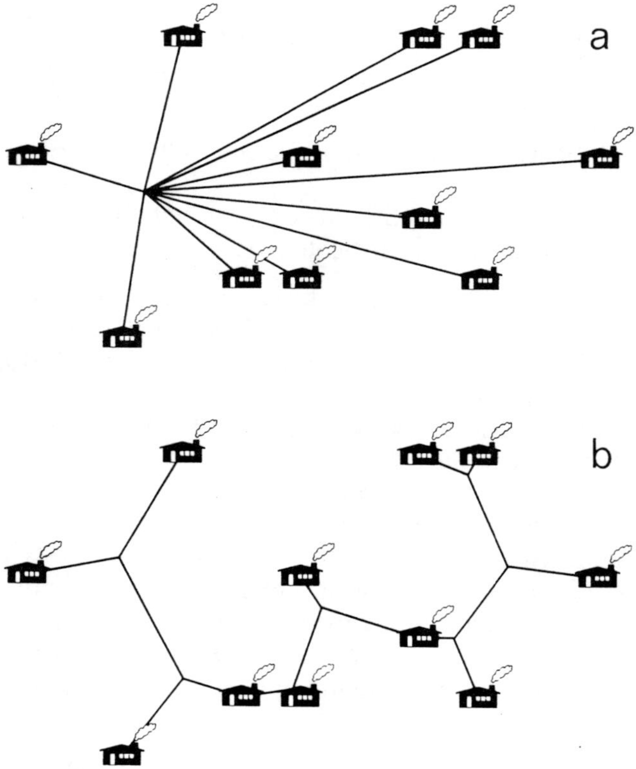

Abb. 20 a) Fernsehverkabelung der Häuser von »Schilda«
b) Evolutionsstrategisch gefundenes Minimalnetz

Der Evolutionsstratege schüttelt den Kopf. Er glaubt, mit Hilfe der evolutionsstrategischen Optimierungstechnik eine bessere Lösung entwickeln zu können. Er entwirft eine variationsfähige Verbindungsgeometrie: Das Verbindungsnetz wird aus Dreierverzweigungen zusammengesetzt. Die Knotenpunkte dieser Verbindungsstruktur sind x-y-verschieblich. Das Minimierungsproblem läßt sich nun mathematisch formulieren:

$$Q = \sum r_i \quad \rightarrow \quad \text{Min!}$$

Zu Beginn der evolutionsstrategischen Optimierung liegen alle Knotenpunkte übereinander. Die Verkabelungsgeometrie entspricht somit der Schildaer Lösung. Die Evolutionsstrategie entwirrt das Knoten-Knäul (Abb.20b). Das gefundene Minimalnetz benötigt 40 Prozent weniger Kabellänge als die Lösung von Schilda.

Es sei darauf aufmerksam gemacht, daß die Form der Minimallösung von der gewählten Grundstruktur des Netzes abhängt. Mit anderen Worten: Die Reihenfolge, in der die Häuser »mathematisch« verkabelt werden, ist im Verlauf der Optimierung nicht veränderbar. Wer das globale Optimum sucht, muß die ES-Optimierung für andere Verknüpfungs-Strukturen wiederholen. Optimierung unter dem Diktat einer vorhandenen Struktur ist auch Kennzeichen für die biologische Evolution. Die Grundform des Skeletts der Fische hat sich im Verlauf der Menschwerdung nicht verändert. Die Evolution hat die biologische Tragstruktur nie neu entworfen sondern lediglich modifiziert.

f) BASIC-Programm der Evolutionsstrategie

Wie arbeitet man mit der Evolutionsstrategie? Das Operationsschema soll an Hand eines einfachen BASIC-Programms entwickelt werden. Die implementierte $(\mu/\mu, \lambda)$-ES mit intermediärer Schrittweitenvererbung stellt die zur Zeit leistungsfähigste ES-Strategievariante dar. Die Qualitätsfunktion, an der das Programm erprobt werden soll, besitze eine einfache quadratische Form (Minimumsuche!). Wir beginnen mit der Berechnung der Qualität Q:

```
10 QN=0: FOR I=1 TO V: QN=QN+XN(I)^2: NEXT I
```

Zeile 10 bestimmt die Qualität eines Nachkommen. Zuvor muß der Variablensatz des Nachkommen erzeugt worden sein. Die Regel zur Generierung des mutierten Variablensatzes eines Nachkommen lautet: Wähle zufällig einen der μ Eltern aus. Nehme seine i-te Variable und addiere eine $(0,1/\sqrt{n})$-normalverteilte Zufallzahl Z hinzu. Wähle einen neuen Elter und wiederhole die Prozedur für die (i+1)-te Variable usw. Eine mögliche BASIC-Operation zur Erzeugung von Z lautet:

```
Z=SQR(-2*LOG(RND))*SIN(6.2832*RND)/SQR(V).
```

```
9  FOR I=1 TO V: R=1+INT(M*RND): XN(I)=XE(I,R)
                                      +DN*Z: NEXT I
```

Wir müssen abermals eine Zeile zurückgehen und die Schrittweiten DN festlegen, mit der die Mutationen erzeugt werden sollen. Denn Evolution zweiter Art fordert, daß auch die Mutationsschrittweiten mutieren. Wir wählen ein Verfahren, bei dem die Mutationsschrittweite mit 50% Wahrscheinlichkeit mit 1,5 multipliziert bzw. durch 1,5 dividiert wird:

```
8  IF RND < 0.5 THEN DN=DI*1.5 ELSE DN=DI/1.5
```

Wieder ist eine neue Größe ins Spiel gekommen. Es bedeutet DI die gemittelte Schrittweite der besten Nachkommen aus der vorangegangenen Generation (Normschrittweite). Um es in der Sprache der Biologie auszudrücken: Mutationsschrittweiten werden intermediär auf die neue Generation vererbt.

```
7  DI=0: FOR J=1 TO M: DI=DI+DE(J)/M: NEXT J
```

Die Operationen 10 bis 7 benötigen Daten von Eltern. Beim Programmstart müssen die Anfangswerte für die Schrittweiten und Variableneinstellungen der μ Eltern vorliegen:

```
2  FOR J=1 TO M: DE(J)= ?: FOR I=1 TO V:
                         XE(I,J)=?: NEXT I: NEXT J
```

Nun können wir k Nachkommen erzeugen. Dazu müssen die Zeilen 7 bis 10 k mal durchlaufen werden. Wir konstruieren die Programmschleife:

```
6  FOR K=1 TO L
14 NEXT K
```

Im folgenden wird ein Bestwertspeicher aufgebaut. Zweck dieses Speichers ist, von den in der Generationsschleife 6 bis 13 erzeugten λ Nachkommen lediglich die μ besten festzuhalten. Um diesen Bestwertspeicher nach jedem neu erzeugten Nachkommen zu aktualisieren, suchen wir den schlechtesten in ihm enhaltenen Nachkommen heraus:

```
11 W=1: H=QB(1): FOR J=2 TO M: IF QB(J)>H THEN
                                        H=QB(J): W=J
12 NEXT J
```

Überbietet die Qualität des neu erzeugten Nachkommen den im Bestwertspeicher befindlichen schlechtesten Nachkommen, dann tritt dieser neue Nachkomme an die Stelle des alten:

```
13 IF QN<QB(W) THEN QB(W)=QN: DB(W)=DN:
                        FOR I=1 TO V: XB(I,W)=XN(I): NEXT I
```

Nach der Zeile 14 verlassen wir die Generationsschleife. Zur Beobachtung des Optimierungsablaufs soll der beste Nachkomme ausgegeben werden. Wir führen die inverse Operation der Zeilen 11 und 12 durch:

```
15 F=1: H=QB(1): FOR J=2 TO M: IF QB(J)<H THEN
                                          H=QB(J): F=J
16 NEXT J
```

Nachfolgend werden Generationszahl sowie Qualitätswert und Mutationsschrittweite des besten Nachkommen der Generation ausgegeben:

```
17 PRINT G, QB(F), DB(F)
```

Jetzt kommt die Selektion an die Reihe. Dazu werden die μ besten Nachkommen der Generation, die sich noch immer im Bestwertspeicher befinden, zu Eltern der nachfolgenden Generation erklärt:

```
18 FOR J=1 TO M: DE(J)=DB(J): FOR I=1
                        TO V: XE(I,J)=XB(I,J): NEXT I: NEXT J
```

Solange der Generationzähler eine vorgegebene Grenzzahl nicht überschreitet, springen wir an den Anfang des Programms:

```
19 IF G< ? THEN 5
```

Der Programmanfang beginnt mit einem Generationszähler. Ferner machen wir den Bestwertspeicher betriebsbereit, indem wir diesen mit μ imaginären Nachkommen mit der fiktiven superschlechten Qualität von 10^{10} füllen:

```
5  G=G+1: FOR J=1 TO M: QB(J)=1E+10: NEXT J
```

Die 1.Programmzeile spezifiziert die Strategie als (4/4,12)-ES und legt die Variablenzahl mit 30 fest:

```
1  M=4: L=12: V=30: DIM XN(V), XE(V,M),
                          XB(V,M), QB(M), DE(M), DB(M)
```

III. »Mechanik« des evolutionsstrategischen Bergsteigens

a) Zwischen Erfolg und Fortschritt

Die Ergebnisse der evolutionsanalogen Experimente könnten den Eindruck hinterlassen, daß ein klein wenig Zufall wahre Wunder bewirkt. Dazu sei klargestellt, daß alle Aufgaben nur deshalb erfolgreich gelöst wurden, weil die Größe des Zufalls (die Mutationsschrittweite δ) stets richtig eingestellt war. Die *Mutationsschrittweite* erweist sich als die zentrale Größe der Evolutionsstrategie. Das zeigt die folgende Plausibilitäts-Betrachtung:

Gesucht sei das Maximum einer quadratischen Qualitätsfunktion:

$$Q = Q_{max} - x_1^2 - x_2^2 - \ldots - x_n^2 \rightarrow \text{Max!}$$

Für die Variablenzahl n = 2 läßt sich die Funktion durch ein Höhenlinienbild darstellen. Die Höhenlinien (Q = konst.) bilden konzentrische Kreise um das Funktionsmaximum; und das wiederum befindet sich im Koordinatenursprung. Wir starten vom Optimum entfernt. Wir zeichnen einen kleinen Kreis um den Startpunkt. Der Radius δ dieses Kreises bestimme das Einzugsgebiet der Mutationen. Ist δ sehr klein (gegenüber der Zielentfernung), dann entarten die Höhenlinien innerhalb des Mutations-Einzugsgebietes zu Geraden. Die Höhenlinie durch den Testpunkt (=Elternpunkt) trennt den Bereich positiver Mutationen vom Bereich negativer Mutationen. Bei einer geraden Höhenlinie wird im Mittel jede 2.Mutation ein Erfolg sein. Das sieht gut aus, ist es aber nicht. Denn die differentiell kleinen Mutationsstrecken ergeben auch nur differentiell kleine Fortschritte. Nun machen wir das Mutations-Einzugsgebiet wesentlich größer. Die durch den Testpunkt laufende Höhenlinie ist jetzt gekrümmt, womit sich das Erfolgsgebiet einschnürt. Es gibt wesentlich mehr mutative Mißerfolge als Erfolge. Der große Fortschritt, den die seltenen positiven Mutation erzielen, kann die große Zahl von Mißerfolgen nicht aufwiegen. Es gibt einen optimalen Kompromiß zwischen der Erfolgshäufigkeit von Mutationen und der Größe des Fortschritts von Mutationen. Die Erfolgsgebiet-Einschnürung wird immer dramatischer, je größer die Variablenzahl ist (Hoch n Volumengesetz). Die Einstellung einer angepaßten Mutationsschrittweite wird bei vielen Variablen so zum entscheidenden Faktor für die Konvergenz der Evolutionsstrategie.

b) Das zentrale Fortschrittsgesetz

Das Problem der Gratwanderung zwischen Erfolgszahl und Fortschritt konnte mathematisch exakt behandelt werden (RECHENBERG 1984). Dabei wurde eine Quadrikgleichung als allgemeinste quadratische Qualitätsfunktion angesetzt. Im nachhinein zeigt sich, daß Glieder höherer als quadratischer Ordnung tatsächlich unberücksichtigt bleiben dürfen, da für schnellstes evolutionsstrategisches Fortschreiten Mutationen niemals über das quadratische Einflußgebiet einer Taylor-Funktionsentwicklung hinauszielen dürfen. Die Abb.21 zeigt das Ergebnis der Theorie: Die Fortschrittsgeschwindigkeit Φ (in universeller Schreibweise) wird als Funktion von der Mutationsschrittweite Δ (ebenfalls in universeller Schreibweise) dargestellt. Es fällt das scharfe Maximum ins Auge. Evolution findet nur in einem sehr engen Mutations-Schrittweitenbereich statt. Ich habe das schmale Band »Evolutionsfenster« getauft. Der möglichen Kritik, daß dieses schmale Band durch die logarithmische Skala bedingt sei, ist entgegenzuhalten: Die Mutationsschrittweite Δ ändert sich bei einer Optimierung über Zehnerpotenzen hinweg.

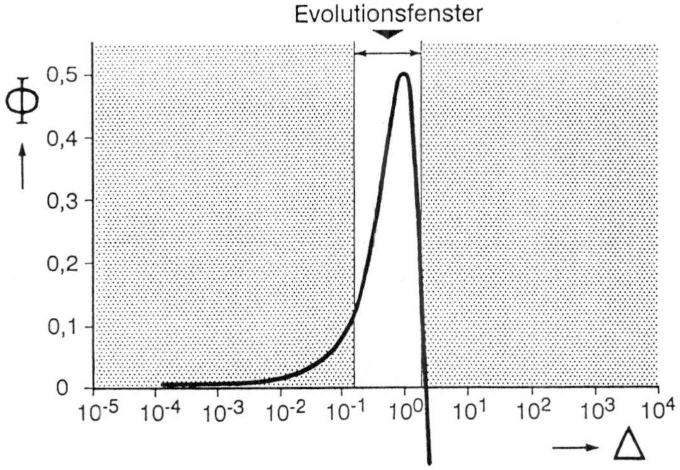

Abb.21 Das zentrale Fortschrittsgesetz der Evolutionsstrategie

Das zentrale Fortschrittsgesetz der Evolutionsstrategie, das lediglich die Gültigkeit der starken Kausalität (kleine Änderungen führen zu kleinen Wirkungen) voraussetzt, besitzt für mich einen allgemeinen Erkenntniswert. Beispielsweise könnte man argumentieren: Rechts vom Evolutionsfenster sitzen die Revolutionäre und links davon die Erz-

Konservativen. Bei den Revolutionären gibt es Rückschritt, bei den Erz-Konservativen kommt es zur Stagnation. Sich für die richtige Schrittweite entscheiden: Das ist die Kunst, die für den Politiker, Manager und Ingenieur gleichermaßen wichtig ist .

c) Evolution zweiter Art

Wie bringt es die Evolution zustande, mit ihrer Mutationsschrittweite stets ins Fortschrittsfenster zu zielen? Die Antwort lautet: Durch eine *Evolution zweiter Art*. Dieser Typus einer Optimierung vollzieht sich nicht an phänotypischen Merkmalen, sondern an strategischen Einflußgrößen. Die Evolution zweiter Art arbeitet an ihrer eigenen Effektivität. Doch die Effektivität einer Strategie kann sich nur im Vergleich herausstellen. Hierzu ein Beispiel aus dem Alltag des Alpinismus:

Jeder Alpinist hat seinen persönlichen Kletterstil. Ein bergsteigerischer Laie, der einen Bersteiger bei ein schwierigen Tour beobachtet, wird gewiß Beifall spenden, wenn dieser wohlbehalten den Gipfel erreicht. Dem Laien bleibt verborgen, ob dessen Klettertechnik gut oder schlecht war. Es fehlt die Möglichkeit des Vergleichs. Völlig anders ist die Situation während einer Alpiniade. Nun zeigt sich vor aller Augen, welcher Kletterstil der beste ist. Auch jetzt kommen alle Wettbewerber oben an, jedoch einer ist der Erste.

Übertragen auf den Vorgang der Optimierung heißt dies: Ein Optimierungsgebirge muß simultan mehrfach bestiegen werden. Im Ensemble der differierenden Simultan-Algorithmen wird sich so die schnellste Strategievariante offenbaren. Veränderte Mutationsschrittweiten δ wären Varianten des Evolutions-Algorithmus. Simultanes evolutionsstrategisches Gipfelsteigen eröffnet somit die Möglichkeit, Schrittweiten schnellsten Fortschritts (Fenster-Mutationen) zu selektieren. Das ist die Methode der biologischen Evolution: Die Population ist die biologische Erfindung zum simultanen Gipfelsteigen mit dem Ergebnis einer Evolution zweiter Art.

d) Gipfelklettern im Hyperraum

Wie sieht es aus, wenn eine Population nach den Regeln der Evolutionsstrategie einen Berg zum Optimum hinaufklettert? Der Optimierungsberg werde beschrieben durch die einfachst mögliche nichtlineare Form:

$$Q = Q_{max} - x_1^2 - x_2^2 - \dots - x_n^2 \rightarrow \text{Max!}$$

Geklettert wird in einem Hyperraum mit so vielen Dimensionen wie es Variable gibt. Der n-dimensionale Raum ist eine mathematische Konstruktion, bei der das ebene kartesische Koordinatensystem über das räumliche kartesische Koordinatensystem hinaus extrapoliert wird. Dreidimensionale geometrische Objekte lassen sich bekanntlich in zwei Dimensionen projizieren. Genauso läßt sich auch der Evolutionsweg aus dem n-dimensionalen Raum in zwei Dimensionen abbilden. Bewährt hat sich eine Vorschrift, die den Punkt $p\{x_1, \ldots x_n\}$ im Hyperraum wie folgt auf den Punkt $P\{X,Y\}$ der Ebene abbildet:

$$X = \sqrt{x_1^2 + \ldots + x_{n/2}^2} \qquad Y = \sqrt{x_{n/2+1}^2 + \ldots + x_n^2}$$

Die Regeln der Projektion verleihen der Abbildung spezielle Eigenschaften. Eine besonders gewünschte Eigenschaft wäre die Abstandstreue: Hat ein Punkt p im Hyperraum den Abstand D vom Optimum, dann sollte das Abbild P auf der X-Y-Ebene ebenfalls den Abstand D vom Gipfel besitzen. Und wenn ein Elter im Hyperraum Mutanten produziert, dann sollte der Abstand der Nachkommenpunkte vom Elternpunkt die Mutationsschrittweite δ widerspiegeln. Beide Forderungen werden (wenn auch mit gewissen Einschränkungen) von der obigen Abbildungsvorschrift erfüllt. Die Abb.22 zeigt ein evolutionsstrategisches Optimierungsbild, das aus dem 100-dimensionalen Hyperraum in die Ebene projiziert wurde. Es überrascht die Schmalheit der Suchstraße. Die auf schnellstes Fortschreiten selbstadaptierte Mutationsschrittweite erweist sich als bemerkenswert klein gegenüber dem Zielabstand. Der Grund ist: Die evolutionsstrategische Optimumsuche verliert sich nicht im immens voluminösen Hyperraum. Evolutionsstrategisches Gipfelklettern heißt, mit optimaler »freier Weglänge« (=Schrittweite δ) den Gradientenweg hinaufdiffundieren. Der Gradientenweg fungiert als Ariadne-Faden, der zum Gipfel ausgelegt ist.

e) Optimierung mit Technologietransfer

Interdisziplinäres Arbeiten gilt heute als das Ideal in Wissenschaft und Technik. Spezialisten arbeiten an Detailproblemen. Erfolgreiche Erkenntnisse werden dann untereinander ausgetauscht. Das ist in der Natur nicht anders. Genetischer Technologietransfer ist eine uralte Erfindung der biologischen Evolution. Die Methode heißt *sexuelle Fortpflanzung*. Tatsächlich werden die Individuen einer Population viele unterschiedliche lebensverbessernde Mutationen in sich tragen. Im Zuge der sexuellen Fortpflanzung können diese positiven Mutationsereignisse zusammengebracht werden, und zwar mit einer Wahrscheinlichkeit, die das mutative Glücksspiel bei weitem übertrifft. Mit anderen Worten: In einer Generationen-Abfolge muß nicht erst gewartet werden, bis diejenige positive Mutation eintritt, die sich bei einem Artgenossen als leistungsverbesserndes Merkmal schon längst manifestiert hat.

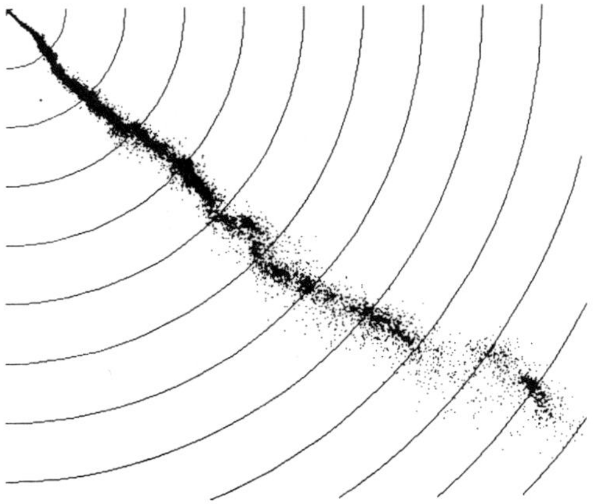

Abb.22 Diffusionsstraße der ES im 100-dimensionalen Hyperraum

Die Einführung des Prinzips der sexuellen Rekombination im Algorithmus der Evolutionsstrategie hat zu der bemerkenswerten Erkenntnis geführt: Es ist vorteilhaft, sämtliche Eltern einer Population zu rekombinieren. Die Fortschrittsgeschwindigkeit ist merklich höher als bei einer Zweier-Rekombination. Doch was bei der Computer-Simulation so einfach ist, bereitet der Biologie möglicherweise große Probleme, nämlich das genetische Material aller Individuen in einen Topf zu werfen, um es dann auf einen Nachkommen neu aufzuteilen. Multi-Rekombination hat sich in der Biologie nicht durchsetzen können; doch die Evolutionsstrategie nutzt den Vorteil.

f) Logik der Optimierung

Laien auf dem Gebiet der Optimierung erwarten von einer Optimierungsstrategie oft wahre Wunder. Es herrscht die Meinung, daß es geschickte Operationen (Rechenregeln ähnlich) geben müsse, mit denen man das Optimum in einem Zug ermittelt. Zu dieser Fehleinschätzung trägt sicherlich bei, daß es eine Methode gibt, die tatsächlich auf einem

Schlag das Optimum findet: Es ist dies das Nullsetzen der ersten Ableitung einer stetigen Funktion.

Analytisch differenzierbare Funktionen bilden jedoch auf dem Feld der Optimierung seltene Ausnahmen. Ein Optimum zu finden wird im Regelfall zur langwierigen Prozedur. Häufig gelingt es nicht einmal, das Optimierungsobjekt mathematisch zu modellieren. In diesem Fall muß durch Messen am realen Objekt das Eingangs-Ausgangs-Verhalten erst umständlich erkundet werden. Beispiele dafür sind der Rohrkrümmer und die Zweiphasendüse. Bemerkenswert ist nun die Tatsache: Scheitert das Ableitungsverfahren, dann benutzen alle Optimierungsstrategien dasselbe Grundprinzip für eine schrittweise Optimum-Annäherung, egal ob in der mathematischen oder in der experimentellen Ebene. Ich möchte die universelle Methodik des Optimum-Ansteuerns an dem folgenden Beispiel veranschaulichen:

Angenommen es ist sehr nebelig, und wir befinden uns in einer Berglandschaft. Wir halten Ausschau nach dem Gipfel, können ihn aber nicht sehen. Nach einigem Umherirren kommen wir zu beschilderten Wegen. Wir lesen auf dem ersten Schild »Waldlehrpfad«. Ein nächstes Schild trägt die Aufschrift »Trimm-Dich-Pfad«. Und schließlich erreichen wir einen Weg, der mit »Gradientenpfad« ausgeschildert ist. Es ist jedem einsichtig: Er muß dem Gradientenpfad folgen, um zum Gipfel zu gelangen. Obgleich es trivial erscheint: Optimierungsstrategien machen es nicht anders. Auch sie schlängeln sich den Gradientenweg entlang. Lediglich die Methoden des Folgens des Gradientenweges sind von Strategie zu Strategie andere. Die Abb.22, die ein 100-dimensionales Gipfelklettern illustriert, beweist es: Auch die Evolutionsstrategie folgt dem Gradientenweg.

Diese Optimierungslogik bricht zusammen, wenn es keine Hügellandschaft gibt. Das ist der Punkt, zu dem das Prinzip der starken Kausalität eine gewichtige Aussage macht. Die moderne Chaos-Forschung hat gezeigt, daß es Vorgänge gibt, bei denen kleinste Abweichungen der Ursache zu völlig anderen Wirkungen führen, wohingegen gleiche Ursachen immer noch gleiche Wirkungen hervorbringen. Objekte mit chaotischem Verhalten sind - so meine These - nicht optimierbar, es sei denn durch vollständige Enumeration des Variablenraumes. Bedingung für Optimierbarkeit ist die Gültigkeit der starken Kausalität: Kleine Änderungen der Ursache müssen auch kleine Änderungen der Wirkung zur Folge haben. Nur dann gibt es die Chance, daß das Optimierungsproblem eine Hügellandschaft aufspannt, auf deren Gradientenwegen man zum Optimum fortschreiten kann.

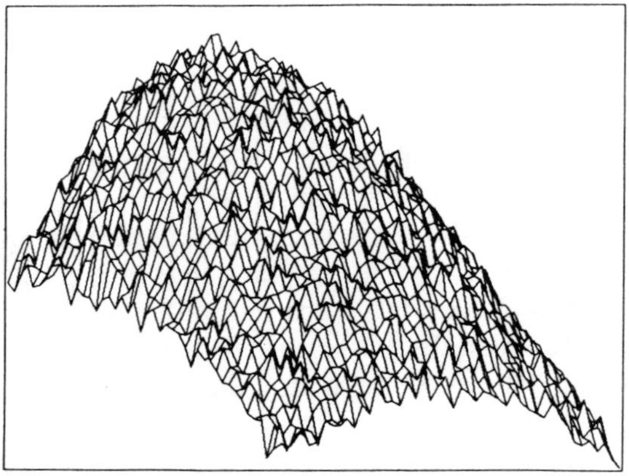

Abb.23 Zerklüftetes Qualitätsgebirge - Alptraum des Optimierers

Einen Alptraum für jeden Optimierer stellt das Rippelgebirge in der Abb.23 dar. Tatsache ist, daß die Evolutionsstrategie mit Multirekombination den gezeigten verrauschten Berg durchaus noch besteigen kann. Das Eingangs-Postulat »*Optimieren ist nur bei starker Kausalität möglich*« muß abgeschwächt werden. Es genügt als Bedingung für die Optimierbarkeit, wenn eine verschwommene Berglandschaft existiert. Das Prinzip der starken Kausalität darf stückweise durchbrochen werden.

IV. Stufen der Imitation biologischer Evolutionsprozesse

a) Elementare Spielregeln für die Evolutionsstrategie

Ziel soll es sein, Handlungsregeln für eine schrittweise genauer werdende Nachahmung der biologischen Evolution zu entwerfen. Ein von mir gern benutztes Mittel, um Evolutionsstrategien anschaulich darzustellen, sind symbolische Spiele mit Karten (RECHENBERG 1978). Diese Kartenspiele werden unter Einhaltung gewisser elementarer Spielregeln, die durch Spielzeichen angedeutet sind, durchgeführt. In Abb.5 haben wir bereits ein solches Evolutionsspiel mit Karten kennengelernt. Sämtliche Spielzeichen, die für die Evolutions-Kartenspiele benötigt werden, sind in Abb.24 zusammengestellt.

Wir wollen die Bedeutung dieser Spielzeichen der Reihe nach abhandeln:

Spielzeichen »Variablensatz«

Eine Karte stellt einen Informationsträger dar. Auf diesem Informationsträger sind die Einstellzustände der Variablen des technischen bzw. biologischen Systems niedergeschrieben. Das sind üblicherweise Dezimalzahlen in der Technik bzw. quaternär kodierte Nukleotidbasentripletts in der Biologie.

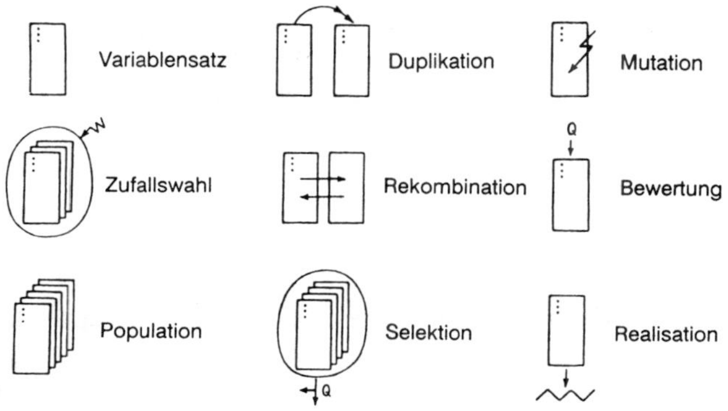

Abb.24 Spielzeichen für Evolutionsstrategien

Spielzeichen »Population«

Ein Satz von Karten enhält die Gesamtinformation der zu einer Population zusammengeschlossenen Individuen einer Generation. Die Variabilität einer Population ist durch die unterschiedlichen Einstellwerte der Variablen auf den einzelnen Karten gegeben.

Spielzeichen »Zufallswahl«

Die Umrandung eines Kartensatzes soll eine Urne symbolisieren. Das mit einem Pfeil versehene w bedeutet, daß eine Karte zufällig aus dieser Urne herausgegriffen wird. Befinden sich innerhalb der Umrandung mehrere Populationen, so bezieht sich die Zufallsauswahl auf diese Einheiten. Wenn nicht anders vereinbart, so erfolgt die Zufallsauswahl nach einer gleichverteilten Wahrscheinlichkeit.

Spielzeichen »Duplikation«

Ein Doppelpfeil weist auf eine Kartenverdoppelung hin. Die Information der einen Karte soll auf eine zweite übertragen werden. Ein Doppelpfeil an einer Population heißt, daß der gesamte Kartensatz kopiert werden soll.

Spielzeichen »Selektion«

Die Umrandung kennzeichnet wieder eine Urne, aus der Karten herausgenommen werden. Der sich verzweigende Pfeil mit dem danebenstehenden Buchstaben Q heißt, daß dabei eine Auslese nach der Qualität Q vorgenommen wird. Die herausselektierten Karten weisen höhere Qualitätswerte auf als der aus dem Prozeß herausfallende Rest. Befinden sich innerhalb der Umrandung mehrere Populationen, so bezieht sich die Selektion auf diese Einheiten. Eine Populations-Qualität Q' kann größer sein als das Mittel der Individuen-Qualitäten Q. Das ist z.B. der Fall, wenn sich soziale Verhaltensstrukturen in einer Population bewähren.

Spielzeichen »Rekombination«

Zwei gegenläufige Pfeile symbolisieren einen Mischungsprozeß. Es können erstens die Variablenwerte zweier oder mehrerer Karten gemischt werden (Mischungspfeile zwischen einzelnen Karten). Es können zweitens aber auch die Individuen zweier oder mehrerer Populationen neu gemischt werden (Mischungspfeile zwischen Kartensätzen). Wir wollen in Gedanken die Variablen auf jeder Karte von 1 bis n durchnumerieren. Bei der Variablenmischung ist dann dafür zu sorgen, daß für den Aufbau einer Nachkommenkarte jede Variablennummer genau einmal aus einer Mischungsurne gezogen wird, damit wieder ein vollständiger Variablensatz entsteht. Einfacher vollzieht sich die Individuenmischung. Sämtliche Karten der zu mischenden Populationen gelangen in eine Mischungsurne. Dann wird aus der Urne so oft eine Karte gezogen, bis eine Population mit der ursprünglichen Individuenzahl wiederhergestellt ist. Die hier angesetzten Mischungsregeln sind mathematisch besonders einfach zu fassen. Die Regeln müssen modifiziert werden, sobald die biologische Realität genauer simuliert werden soll.

Spielzeichen »Mutation«

Ein Zickzackpfeil an einem Variablensatz heißt, daß die Variablenwerte dieses Satzes durch einen Zufallsprozeß (meist mit normalverteilter Wahrscheinlichkeitsdichte) abgeändert werden sollen. Dabei können sämtliche Variablenwerte einer Zufallsänderung unterworfen werden. Es können aber ebenso nur einige Variablennummern herausgewürfelt werden, die dann allein eine Zufallsänderung erfahren.

Spielzeichen »Realisation«

Mit diesem Spielschritt wird die Ebene der Information verlassen. Die auf der Karte vermerkten Einstellgrößen der Objektvariablen werden realisiert. In der biologischen Welt ensteht aus der genetischen Information das Erscheinungsbild des Lebewesens (Phänotyp). In der Technik wird nach den Angaben auf dem Protokollblatt beispielsweise die Form eines Rohrkrümmers eingestellt. Das Zeichen für die Realisation, eine Zickzacklinie, wurde der »historischen Gelenkplatte« nachempfunden.

Spielzeichen »Bewertung«

Die Notierung der Qualität auf der betreffenden Karte ist als eine Hilfsoperation anzusehen, die in der biologischen Realität nicht auftritt. Die gemessene Qualität Q, als Ergebnis der mutierten Einstellung der Objektvariablen, wird auf der Karte vermerkt. Durch diesen spieltechnischen Trick kann die Selektion formal in der Informationsebene durchgeführt werden.

b) Algorithmen von Evolutionsstrategien

Wir wollen mit unseren elementaren Spielzeichen jetzt verschiedene Formen von Evolutionsstrategien aufbauen. Wir beginnen mit der einfachen

(1+1) - gliedrigen Evolutionsstrategie

(Abb.25). Der Variablensatz eines Elters wird dupliziert. Das erhaltene Duplikat wird mutiert und bewertet. Dann gelangen Elter und Nachkomme in eine Selektionsurne, aus der die qualitätsbeste Datenkarte ausgelesen und zum Elter der nachfolgenden Generation erklärt wird.

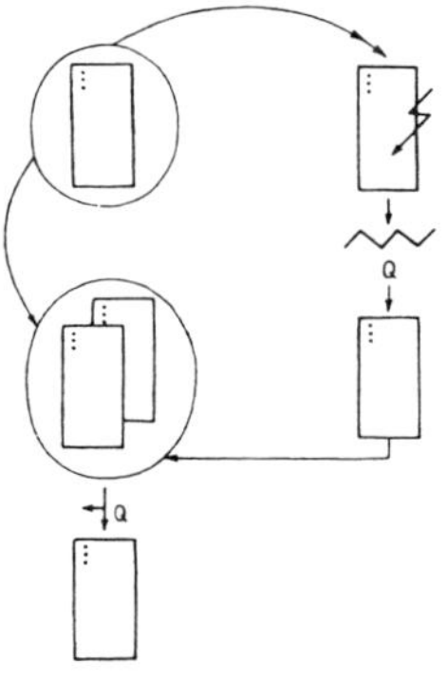

Abb.25 (1+1) - gliedrige Evolutionsstrategie

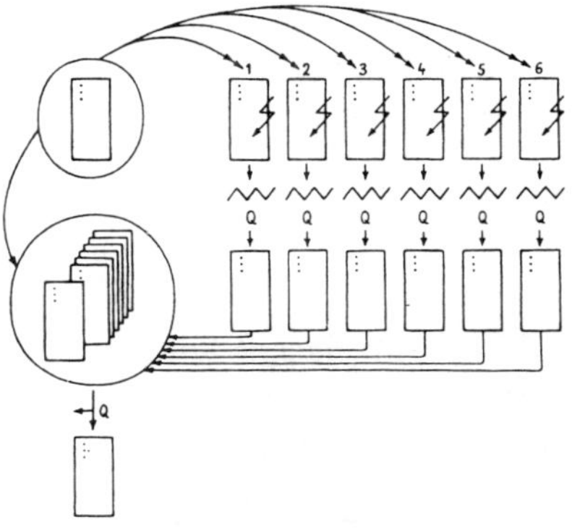

Abb.26 (1+6) - gliedrige Evolutionsstrategie

Die (1+1)-ES haben wir bereits unter dem Namen *zweigliedrige Evolutionsstrategie* kennengelernt. Besser wird die biologische Wirklichkeit wiedergegeben, wenn der Elter nicht nur einen, sondern mehrere Nachkommen erzeugt. So arbeitet z.B. eine

(1+ 6)-gliedrige Evolutionsstrategie

(Abb.26). Der Variablensatz eines Elters wird jetzt 6 mal dupliziert. Die mutierten und nach der Realisation bewerteten Kartenduplikate gelangen zusammen mit der Elternkarte in die Selektionsurne. Hier wird wieder die beste Datenkarte ausgelesen und zum Elter der nachfolgenden Generation erklärt.

Wir wollen die (1+6)-gliedrige Evolutionsstrategie durch eine kleine Modifikation umwandeln in eine

(1, 6) -gliedrige Evolutionsstrategie

(Abb.27). Dieses Schema unterscheidet sich von dem vorangegangenen darin, daß nicht mehr der Elter plus die Nachkommen, sondern nur noch die Nachkommen in die Selektionsurne gelangen. Der Elter scheidet aus dem Prozeß aus, auch wenn er eine höhere Qualität als sämtliche Nachkommen aufweist.

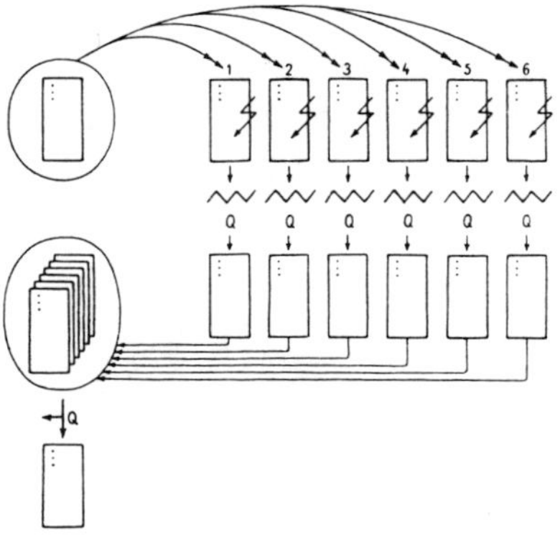

Abb.27 (1,6)-gliedrige Evolutionsstrategie

Wiederum besser wird die biologische Evolution simuliert, wenn in einer Generation mehrere Eltern Nachkommen produzieren. Ein Beispiel für ein solches Schema ist eine

(3, 9) -gliedrige Evolutionsstrategie

(Abb.28). Drei Eltern erzeugen in zufälliger Folge insgesamt 9 Nachkommen. Die mutierten und nach der Realisation bewerteten Datenkarten der Nachkommen gelangen wieder in die Selektionsurne. Diesmal werden die 3 besten Datenkarten ausgelesen und zu Eltern der nachfolgenden Generation erklärt.

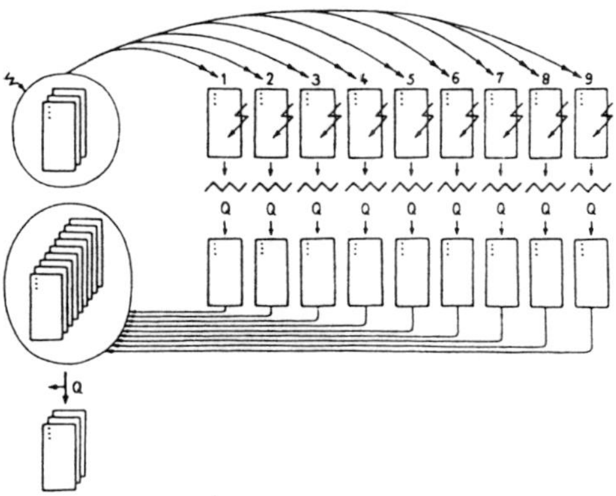

Abb.28 (3,9)-gliedrige Evolutionsstrategie

Die oben beschriebenen Evolutionsstrategien tragen die gemeinsame Kurzbezeichnung (μ+,λ)-ES. Lies: *Mü Plus oder Komma Lambda gliedrige Evolutionsstrategie.* Dabei bedeutet μ die Zahl der Eltern und λ die Zahl der Nachkommen in einer Generation. Das Pluszeichen steht für den Fall, daß Eltern und Nachkommen zusammen in die Selektionsurne eingebracht werden. Das Kommazeichen wird gewählt, wenn die Eltern nicht in die Auslese mit einbezogen werden. Damit die Kommastrategie funktioniert, muß λ > μ sein. Die elegante Nomenklatur der Plus- oder Kommastrategie wurde erstmals von H.-P. SCHWEFEL in seiner Dissertation eingeführt (SCHWEFEL 1977).

Es ist nun an der Reihe, in das Handlungsschema der Evolutionsstrategie einen Mischungsmechanismus nach dem Vorbild der sexuellen Fortpflanzung in der Natur einzufügen. Ein Schema mit Mischung der Variablenwerte zweier Eltern beschreibt beispielsweise eine

(6/2, 10) - gliedrige Evolutionsstrategie

(Abb.29). Hier erzeugen 6 Eltern insgesamt 10 Nachkommen, wobei allerdings ein Elter im Mittel nur die Hälfte seiner Variablenwerte auf einen Nachkommen überträgt. Genaugenommen ensteht der Nachkomme wie folgt: Zwei Elternkarten werden zufällig aus der Population herausgegriffen und dupliziert. Die Variablen (Nummer und Wert zusammen) werden aus den Kartenduplikaten gewissermaßen herausgeschnitten und in eine Mischungsurne eingebracht. Aus der Urne wird der neue, vollständige Variablensatz des Nachkommen gezogen. Wie bisher gelangen die 10 Nachkommenkarten dann nach vollzogener Mutation, Realisation und Bewertung in die Selektionsurne, aus der dann die 6 besten Karten herausselektiert und als Eltern für die nachfolgende Generation verwendet werden.

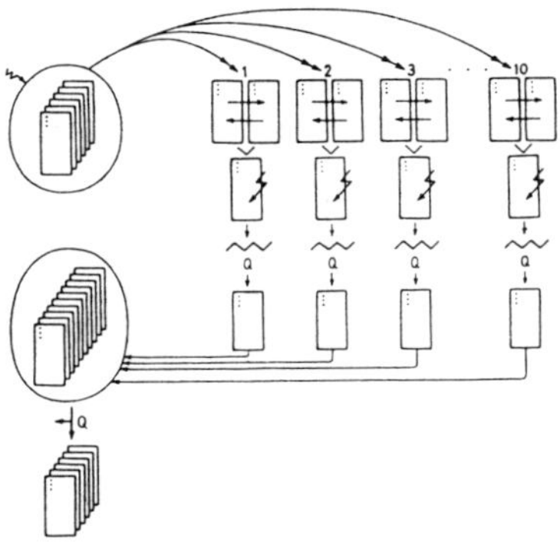

Abb.29 (6/2,10)-gliedrige Evolutionsstrategie

In der Evolutionstheorie wird in der Regel das Individuum als Selektionseinheit betrachtet. Damit läßt sich aber nicht erklären, weshalb Eigenschaften durch Evolution entstehen können, die für das Individuum neutral oder sogar nachteilig sind und lediglich die Population als Ganzes begünstigen. Um z.B. die Entwicklung altruistischer Verhaltensweisen oder einer genetisch festgelegten Lebenszeit bei Lebewesen zu verstehen, müssen wir annehmen, daß in der Evolution nicht nur das Individuum, sondern zuweilen auch die Population als Selektionseinheit wirksam ist. So gesehen bildet die biologische Art ein Aggregat miteinander konkurrierender Populationen. Wir wollen in unserem Evolutionskartenspiel auch diesen Aspekt berücksichtigen. Beispiel für ein Schema, bei dem neben der Individuenauslese auch ganze Populationen selektiert werden, ist eine

[2, 3(4,7)] - gliedrige Evolutionsstrategie

(Abb.30). Die Schreibweise als Zweiklammer-Ausdruck soll andeuten, daß es sich hier um eine formale Erweiterung des bisherigen Musters handelt. Innerhalb der runden Klammer stehen weiterhin Individuen als Spieleinheiten. Außerhalb der runden, also in den eckigen Klammern, befinden sich dagegen Populationen als Spieleinheiten. Das Verfahren läuft wie folgt ab: Zwei Elternpopulationen führen dreifach parallel eine (4,7)-gliedrige Evolutionsstrategie aus. Die Selektion nach der individuellen Qualität Q liefert also 3 Nachkommenpopulationen.

Diese gelangen nun als Einheiten in eine zweite Selektionsurne, aus der aufgrund ihrer gruppenspezifischen Qualität Q' die zwei besten Populationen herausgesucht werden. Die gruppenspezifische Qualität Q' wird hier durch den Mittelwert Q der Individuen-Qualitäten ausgedrückt. Damit kann auf ein Realisierungs- und Bewertungzeichen in der Populationsebene verzichtet werden.

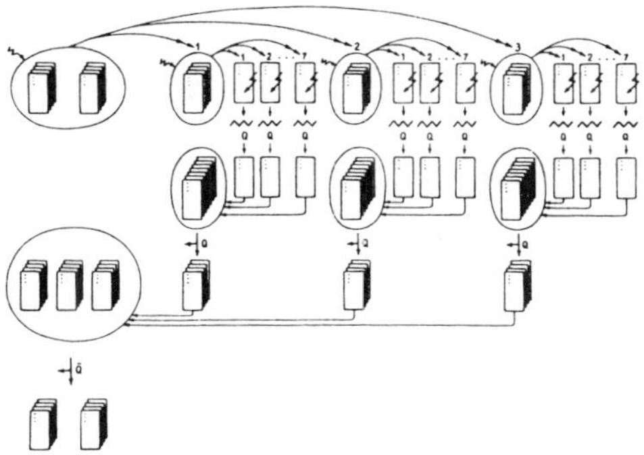

Abb.30 [2, 3 (4,7)] - gliedrige Evolutionsstrategie

Nun ist der Fall denkbar, daß es neben dem bisher gefolgten Weg »bergan« einen zweiten Weg gibt, der zu einem weiteren, vielleicht sogar höheren Gipfel führt. Dieser zweite Weg könnte durch eine Weggabelung entstehen. Möglich wäre auch, daß der zweite Weg durch eine Barriere vom Erstweg getrennt ist. Aber dennoch möge eine Mutation auf ihm landen. Vielleicht liegt dieser zweite Weg sogar etwas unterhalb des ersten Weges. In jedem Fall wäre es vorteilhaft, wenn die Evolution für eine gewisse Zeitspanne beiden Wegen folgte. Dafür ist es nötig, daß Populationen, falls sie sich auf verschiedenen Wegen befinden, ihre Höherentwicklung für eine längere Zeit unabhängig voneinander fortsetzen. Ein Schema, das diese Forderung erfüllt, ist eine

[1, 2 (3, 5) ^{30}*] - gliedrige Evolutionsstrategie*

(Abb.31). Gegeben ist eine 3-Eltern-Population. Durch Duplikation des Kartensatzes werden daraus zwei 3-Eltern-Populationen hergestellt. Beide Populationen führen 30 mal hintereinander den Spielzug einer (3,5) - ES durch. Mit anderen Worten: Die beiden Populationen besteigen für die Dauer von 10 Generationen parallel das Optimierungsgebirge. Erst dann werden die Entwicklungshöhen der zwei Populationen gemessen. Die beste Population wird ausgewählt, und der Zyklus beginnt von vorn.

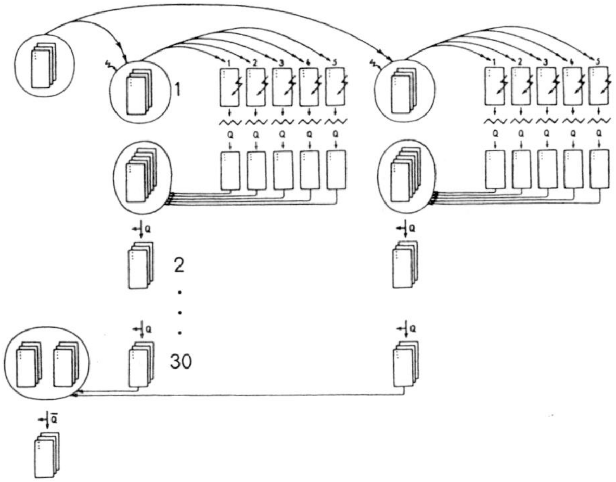

Abb.31 [1,2(3,5)^{30}]-gliedrige Evolutionsstrategie

Schließlich gibt es in der Populationsbiologie noch den wichtigen Faktor des Genflusses zwischen Populationen. Darunter versteht man den genetischen Mischungsprozeß, der sich einstellt, wenn Individuen zwischen getrennten Populationen derselben Art ausgetauscht werden. Wir gelangen zur Schreibform einer Evolutionsstrategie mit Individuenmischung, indem wir das innerhalb der Individuenklammer verwendete Schreibzeichen für die Variablenmischung formal auf die Populationsklammer übertragen. Ein Spielschema, bei dem sowohl einzelne Variable als auch ganze Variablensätze miteinander gemischt werden, ist z.B. eine

[4/3, 6(3/2, 9)]-gliedrige Evolutionsstrategie

(Abb.32). Es wird 6-fach parallel ein (3/2,9)-gliedriger Evolutionszug ausgeführt. Für jeden dieser Unterzüge wird eine Ausgangspopulation aus 3 Elternindividuen benötigt. Diese Elterpopulationen werden durch folgenden Mischungsprozeß hergestellt: Aus dem Pool der 4 Ausgangspopulationen werden zufällig 3 Populationen ausgewählt. Deren Individuen werden nach Mischung in einer Urne zu je einer neuen Population zusammengestellt. Der restliche Spielablauf mit diesen Elternpopulationen folgt den bereits bekannten Regeln.

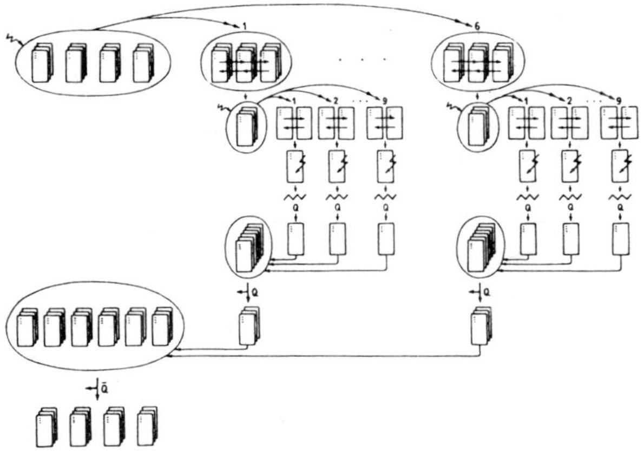

Abb.32 [4/3,6(3/2,9)]-gliedrige Evolutionsstrategie

c) Universelle Nomenklatur für Evolutionsstrategien

Sämtliche im vorangegangenen Kapitel beschriebenen Formen von Evolutionsstrategien lassen sich unter der Kurzbezeichnung

$$[\mu'/\rho'+,\lambda'(\mu/\rho+,\lambda)^{\gamma}] \text{ - ES}$$

zusammenfassen. Dabei bedeuten:

μ' = Zahl der Elternpopulationen
λ' = Zahl der Nachkommenpopulationen
ρ' = Mischungszahl für Populationen
μ = Zahl der Elternindividuen
λ = Zahl der Nachkommenindividuen
ρ = Mischungszahl für Individuen
γ = Generationszähler für Isolation

Es ist klar, daß bei der Übersetzung des verwickelten biologischen Evolutionsgeschehens in abstrakte Spielschemata erhebliche Vereinfachungen vorgenommen werden mußten. Dabei war der Leitgedanke entscheidend, die elementaren Spielregeln für den Aufbau von Evolutionsstrategien so zu gestalten, daß sie sich mathematisch so einfach wie möglich handhaben lassen. Selbstverständlich durfte das biologische

Grundphänomen niemals verletzt werden. Es sind also hauptsächlich mathematische Gründe, weshalb z.B. für die Mechanismen der Zufallsauswahl und Rekombination gleichverteilte Wahrscheinlichkeiten und für die Mutationssprünge normalverteilte Wahrscheinlichkeiten angesetzt werden. Gewiß müssen weitere Spielzeichen eingeführt werden, wenn der biologische Evolutionsvorgang genauer simuliert werden soll. Das hätte in dem hier verfolgten Konzept aber nur dann einen Sinn, wenn sich herausstellt, daß solche besonders wirklichkeitsgetreuen Evolutionsstrategien ein Optimum schneller finden.

Tatsache ist: Das obige universelle Spielschema beinhaltet bereits eine außerordentlich große Vielfalt von evolutionsstrategischen Spielvarianten. Selbst Populationswellen, ein wahrlich exotischer Vorgang in der Biologie, können mit diesem Schema erzeugt werden. Dazu ist notwendig, die Größen μ und λ sinusförmig mit der Generationszahl zu verändern. Ferner kann Selektion für eine gewisse Zeitspanne außer Kraft gesetzt werden, indem die Elternzahl μ gleich der Nachkommenzahl λ gesetzt wird. Und schließlich läßt sich auch eine biologische Gründersituation simulieren, indem die Elternzahl μ, beginnend mit $\mu = 1$, monoton mit der Generationszahl wächst.

Literatur

RECHENBERG, I.: Cybernetic solution path of an experimental problem. Royal Aircraft Establishment, Library Translation 1122, Farnborough 1965.

SCHWEFEL, H.-P.: Experimentelle Optimierung einer Zweiphasendüse. Ber. 35 AEG Forsch. Inst. Proj. MHD-Staustrahlrohr, (Nr.11034/68), Berlin 1968.

RECHENBERG, I.: Evolutionsstrategie - Optimierung technischer Systeme nach Prinzipien der biologischen Evolution. Frommann-Holzboog, Stuttgart 1973.

HÖFLER, A.; LEISSNER, U.; WIEDEMANN, J.: Optimization of the layout of trusses combining strategies based on Michell's theorem and on the biological principles of evolution. AGARD Conf. Proc. 123, A1-A8, 2nd Symp. on Structural Optimization, Milan/Italy 1973.

SCHWEFEL, H.-P.: Numerische Optimierung von Computer-Modellen mittels der Evolutionsstrategie. Birkhäuser, Basel und Stuttgart 1977.

RECHENBERG, I.: Evolutionsstrategien. In: SCHNEIDER, B. und RANFT, U. (Hrsg.): Simulationsmetheoden in der Medizin und Biologie. Springer, Berlin 1978.

RECHENBERG, I.: The evolution strategy - a mathematical model of Darwinian Evolution. In: Synergetics - from microscopic to macroscopic order. Springer series in synergetics, 22, Springer, Berlin - Heidelberg 1984.

PAUL ABLAY

Konstruktion kontrollierter Evolutionsstrategien zur Lösung schwieriger Optimierungsprobleme der Wirtschaft

1. Das biologische Vorbild

Wenn die biologische Evolution in einem sich selbst organisierenden Prozeß imstande war, solch komplexe Lebensformen wie Termiten, Delphine, Fledermäuse, Menschen, Elefanten und vieles andere hervorzubringen, so ist zu erwarten, daß ihre Prinzipien auch erfolgreich zur Konstruktion von Lösungsstrategien anderer Aufgabenstellungen einzusetzen sind.

Wie dies in Bezug auf Optimierungsprobleme geschehen kann, werden die folgenden Ausführungen zeigen. Doch zuerst sollte zum besseren Einstimmen auf das Thema der Evolutionsbiologe RICHARD DAWKINS (1987) zu Wort kommen:

»..., daß lebende Dinge zu unwahrscheinlich und zu bewundernswert 'entworfen' sind, um durch Zufall entstanden zu sein. Wie sind sie dann aber entstanden? Die Antwort, Darwins Antwort, heißt: durch schrittweise, stückweise *Veränderungen* aus einfachen Anfängen aus Urgebilden, die einfach genug waren, um durch Zufall entstehen zu können. Jede der aufeinanderfolgenden Veränderungen in dem schrittweisen Evolutionsprozeß war *gegenüber ihrem Vorgänger* so einfach, daß sie zufällig erfolgen konnte. Betrachtet man die Komplexität des letztgültigen Endprodukts im Vergleich zu dem ursprünglichen Ausgangsprodukt, so ist die gesamte Folge kumulativer Schritte jedoch alles andere als zufällig. Gelenkt wird der kumulative Prozeß durch nichtzufälliges Überleben.«

Damit ist eigentlich schon die Ausrichtung in der weiteren Argumentation umrissen. Die Evolution darf nämlich nicht als ein Ein-Schritt-Verfahren verstanden werden, das qualitativ Neues und Besseres in einem einzigen Zufallswurf (*Monte Carlo-Methode*) entstehen lassen könnte (dazu liegt bei der Vielzahl an auszuwählenden Elementen die statistische Wahrscheinlichkeit zu nahe bei Null), sondern sie ist vielmehr als eine sequentielle Methode aufzufassen, deren Schrittfolge auf den Erfahrungen vorangegangener Schritte aufbaut und sich durch kleine zufällige Änderungen (*Mutationen*) unterscheidet. Obwohl die

Mutationen keine Richtungen präferieren, erfährt die Schrittfolge durch den Ausleseprozeß trotzdem eine Ausrichtung. Die Selektion läßt nämlich bei den gegebenen Randbedingungen nur solche Variationen gelten, die von Vorteil sind (*nichtzufälliges Überleben*). Nur diese gehen als Bestandteil in den Ausgangspunkt der nächsten *Generation* mit ein und werden in der weiteren Schrittfolge solange reproduziert werden als sie selber keine weiteren Änderungen erfahren (*kumulative Selektion*). Verfolgt man die Evolutionspfade von Lebewesen, so wird man generell feststellen, daß sich innerhalb ihrer Generationenfolge immer komplexere Lebensformen herausgebildet haben und in vielen Fällen auch die Anpassung an neue Umweltbedingungen geglückt ist.

Es ist an dieser Stelle jedoch nicht vorgesehen auf all die Mechanismen einzugehen, die im Wechselspiel von Zufall, Umwelt, Konkurrenz usw. die Geschehnisse von der molekularen Ebene (Entwicklung des Genotyps) bis hin zur makroskopischen Ebene (Entwicklung des Phänotyps) wiedergeben. Wir wollen vielmehr festhalten, daß die Evolution über eine Reihe von Verfahrensprinzipien wie Mutation, Selektion, Rekombination, Isolation usf. verfügt, die für sich genommen relativ einfach sind, die aber im kombinierten Auftreten höchst komplizierte Wirkungsweisen entwickeln und zu überraschend guten Ergebnissen führen.

Zur Illustration des immensen Effizienzvorteils der Evolutionsstrategie gegenüber der Monte Carlo-Methode mag ein oft verwendetes Argument früherer Evolutionsgegner dienen. Diese vertraten den Standpunkt, daß die Chancen zur Höherentwicklung der Arten in etwa mit der Aufgabe vergleichbar wäre, von einem Affen, dem man eine Schreibmaschine hinstellt, zu erwarten, daß er durch blindes Drauflostippen eines Tages SHAKESPEAREs »*Hamlet*« zu Papier bringen könnte. Wie unwahrscheinlich solche Erwartung ist, liegt auf der Hand. Allein für das bekannte Zitat »*To be, or not to be: that is the question*« mit seinen 41 Anschlägen und den 32 Möglichkeiten je Anschlag (26 Buchstaben plus 6 Sonderzeichen) liegt die Wahrscheinlichkeit des richtigen Tippens bei

$$\begin{aligned} 1 : 32^{41} &= 2 \cdot 10^{-62} \\ &= 0{,}000000000000000000000000000000000000 \\ &\qquad 00000000000000000000000002 \end{aligned}$$

Das ist eine Größenordnung, die sich der Vorstellung entzieht, selbst wenn man davon ausginge, daß ein Affe eine Zeile in der Sekunde tippen könnte und dies bereits seit Beginn des Universums täte (rund 15 Milliarden Jahre), so wären erst $5 \cdot 10^{17}$ Zeilen getippt und die Wahrscheinlichkeit das Zitat richtig getippt zu haben, betrüge immer noch $1 : 10^{44}$. Diese verschwindend geringe Wahrscheinlichkeit der *Monte Carlo-*

Methode erklärt sich daraus, daß bei keiner der getippten Zeilen Erfahrungen vorangegangener Zeilengenerierungen ausgewertet werden. Jede Zeile steht praktisch ohne Bezug zu den vorangegangenen Zeilen. Ganz anders die *Evolutionsstrategie*. Sie baut auf den vorangegangenen Ergebnissen auf: Jede Annäherung an die Zielzeile wird übernommen (*Selektion*) und beim Tippen jeder neuen Zeile wird die bisherige Bestzeile bis auf wenige Änderungen nur neu abgetippt (*Mutation*). Für beide Methoden lassen sich auch kleine Computerprogramme schreiben, deren Ausführungsergebnisse zeigen, daß die Evolutionsstrategie im Durchschnitt etwa 200 Schritte zur Einstellung des Zieltextes benötigt, während die Monte Carlo-Methode hoffnungslos hinterherhinkt (Abb. 1 und 2).

Generationen	Zieltext	Übereinstimmung
	TO BE, OR NOT TO BE: THAT IS THE QUESTION	
1	ERIPEZHEHWO,BB?M?.MPHHL.VT:Y.GWNNARJV,YJY	1
4	EU?IL.S!LOA:XCYEMVY:LWJFT..ZDA?AOCDY?AUEN	3
81	,:QNILDLKJ!NOLVAJ?,B:HW,N_I!CBXE_H!B:CZIS	4
183	LTGTWXV CASDA_BV?CENUCVFT?WSRK.:OHOCL,MNN	5
1228	OQRB:OBBQXV!J_WZIPUKJQA.C.KI:L,VSSUTI?ION	7
31764	O.OJQ,SURBHOT_NOSOCSUJI XGYPWIGJ_SUCMG FQ	8
180129	O,ZYYVIIGIR USTU_BF,ARHAXKNR_YHYULUZ?RIMA	9

Abb. 1 Annäherung an einen Zieltext nach der Monte Carlo-Methode (richtig getroffen sind jeweils die unterstrichenen Zeichen; nach 180129 Generationen sind es erst 9 Treffer)

Das Bemühen vieler Evolutionsbiologen ist es, die Vielfalt evolutionärer Wirkungsweisen herauszuarbeiten und, wenn möglich, in mathematische Modelle zu übertragen. Teilweise gelingt es gar, ausgewählte Evolutionsprozesse auf dem Computer zu simulieren. Die hier vertretene Zielvorstellung beinhaltet jedoch nicht, detailgetreu die Vorgänge der belebten Natur zu kopieren oder sie rechnergestützt exakt zu imitieren. Auch ist es fraglich, ob das technische Umfeld einer Digitalverarbeitung in der Lage wäre, die Prozeßvielfalt der Natur ausreichend zu reproduzieren. Vielmehr wird der Versuch unternommen, zur Lösung einiger Optimierungsprobleme der Wirtschaft Algorithmen zu entwickeln, deren Schrittentwicklung nach evolutionären Mechanismen funktioniert und die unter kontrollierten Bedingungen auf digitalen Rechnern erprobt werden können.

Generationen	Zieltext	Überein-stimmung
	TO BE, OR NOT TO BE: THAT IS THE QUESTION	
1	E MDN:.DIAKEVQE?AZZBOPVUKFGNQIJM,DX LROLZ	0
2	B FFO::DIAKEVQE?A.ZBOQVUTFGZQIJM EQUMROMZ	2
3	B IIZ::EIAMEVQE?A.ZBOQ UTFGZQIJM EWUMRMOV	3
4	C HIZ::BICNF.QD!A.ZBOQ:UTFL,MIJQ EWUMWMOV	4
8	FTJIW,:IKMNI:TE:A. FQQ?LTFL.EMHO IYVDTUOZ	7
10	MSJGW,:IKMNG, H:A. FRR?LTFL.EOHO IYVOTVOU	8
14	GETJ,,,DNZNWT E:IYWS VWPTINWBQHS O:ZGTUOK	10
16	EETO,,,DL?NXT L FYXS VWPTNNSBXHS O:ZGT,OK	11
17	EETP,,,DH N?T L FTWT VNPTNNSCTHS O:,GT,OK	13
22	EEQK,, MM NQT LVFTXS WNPTNNSFTHW OX,GT,OK	14
25	ECTK,, LV NTT IVGQ?P WNZTNKSFTHX O WGTYON	15
26	CCSK,, HW NVT IVGQ:S TV.TSMSPTHU N WETYON	16
28	BBTF,, H NVT TPFH:U TO,TQNSRTHV N,WFTWON	17
31	DBQMX, GX NVT TOLH:U TRTTTNSLTHV O.ZETVON	18
35	AKQQU, DT N:T TOTB?? TWRTVTSFTHW QT.CTQON	20
43	FGZLE, MT N?T TO.B?X TNMTOISKTHQ QYZLTYON	22
49	CF LE, LR N?T TOWB?X TNMTOISKTHN QVZLTYON	24
53	CF LE, FR N:T TOVB?: TMATTISKTHM QVVLTUON	25
56	BG IE, FR N T TOTB,: TFATSISKTHC QZXPTOON	26
73	AO AE, IR NVT TOZB.: TGAT,ISUTHG QT!XTTON	27
75	GO OE, IR NVT TO,B : TGAT ISTTHF QV!UTUON	28
76	GO YE, IR NRT TO B,: THAT ISTTHF QZ?ST ON	31
77	EO XE, HR NWT TO BY: THAT ISOTHG QU:ST:ON	32
84	IO ZE, OR NQT TO BS: THAT ISMTHG QUWST!ON	33
101	OO WE, OR NOT TO BK: THAT ISMTHK QUVSTXON	34
119	TO VE, OR NOT TO BC: THAT ISQTHH QURSTRON	35
122	TO UE, OR NOT TO BI: THAT ISQTHG QUESTPON	36
130	TO QE, OR NOT TO BJ: THAT IS THK QUESTPON	37
132	TO QE, OR NOT TO BE: THAT IS THJ QUESTPON	38
134	TO QE, OR NOT TO BE: THAT IS THE QUESTNON	39
157	TO BE, OR NOT TO BE: THAT IS THE QUESTPON	40
180	TO BE, OR NOT TO BE: THAT IS THE QUESTION	41

Abb. 2 Annäherung an einen Zieltext nach der Evolutionsstrategie (nach 180 Generationen sind alle Zeichen richtig getroffenen)

INGO RECHENBERG (1973) ist dies auf eindrucksvolle Weise bei der Konstruktion evolutionärer Experimentiermethoden zur Lösung strömungstechnischer Optimierungsprobleme gelungen. Auch existiert bereits eine Reihe von Ansätzen zur Lösung mathematischer Optimierungsprobleme im Raum der reellen Zahlen, die unter den Begriffen »*Zufallsuchmethode*«, »*creeping random search method*«, »*Mutation-Selektion-Strategie*« usw. bekannt sind. Sie alle lassen sich unter dem Oberbegriff *Evolutionsstrategie* zusammenfassen.

Das Grundprinzip evolutionärer Entwicklung läßt sich in Abb. 3 anhand der Schrittfolge einer Mutations-Selektions-Strategie (im fol-

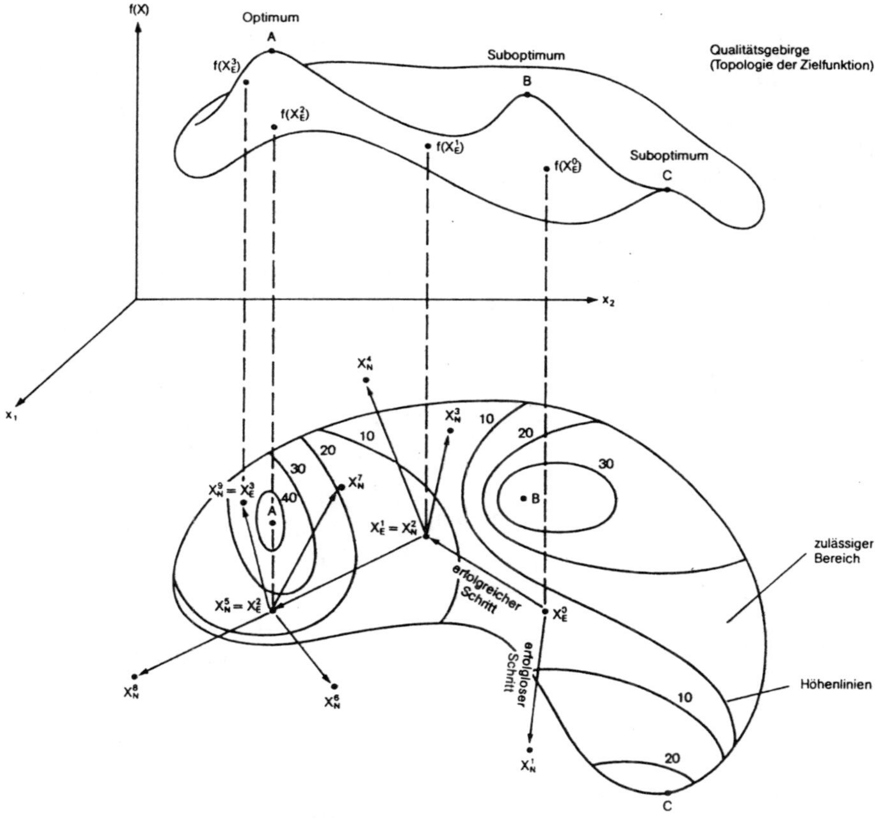

Abb. 3 Zur Arbeitsweise einer Mutations-Selektions-Strategie

genden abgekürzt mit MUSE-Strategie) leicht nachvollziehen.[1] Um die Analogie zum biologischen Vorbild noch zu erweitern, stelle man sich bitte vor, es handle sich hier um eine Spezies, die nur durch zwei Merkmale - dargestellt durch die unabhängigen Variablen x_1 und x_2 - bestimmt ist. Innerhalb gewisser Restriktionen (zulässiger Bereich) vermag die Spezies jede Wertekombination (x_1, x_2) anzunehmen und erhält durch einen willkürlichen Bewertungsmaßstab eine Qualitätsbeurteilung (Zielfunktion f : f(x_1, x_2)). Der Natur sind natürlich die Ordnungsstrukturen ihrer Zielfunktion nicht bekannt. Sie muß ohne Analyse ihrer jeweiligen Situation auskommen und bereits auf Basis der

MUSE-Strategie gelingt es ihr die Spezies weiterzuentwickeln. Entsprechendes will Abb. 3 verdeutlichen: Ein Ausgangsvektor X_E (*Elter*) erfährt eine Mutation, indem seine Variablengrößen zufällig variiert werden. Die entstehenden Nachkommenvektoren X_N werden durch die Selektionsregeln auf Qualitätsverbesserung und Zulässigkeit ausgesiebt. Nur *erfolgreiche* Nachkommenvektoren werden zu Eltervektoren der nächsten Generation. Die Schrittfolge nähert sich also sukzessive dem Optimum.[2)]

Zu dieser eher abstrakten Darstellung einer Evolutionsstrategie lassen sich sicherlich ähnliche Vorgänge im Wirtschaftsgeschehen aufzeigen. Von einer vergleichenden Analyse jedoch wird hier abgesehen. Die Evolutionsstrategie soll hier vielmehr als Instrument zur *kontrollierten* Lösungsfindung spezieller Optimierungsprobleme der Wirtschaft gesehen werden. Dazu ist vorgesehen, die reale Problemstellung in ein Modell zu übertragen und die evolutionären Lösungsmechanismen innerhalb des Modells wirken zu lassen. Am besten gelingt dies, wenn die Problemstellung soweit kalkülisierbar ist, daß sich Lösungsstrategien hierzu auf dem Computer simulieren lassen. Als Anforderungen an die Problemstellung gelten dann:

- Alle wesentlichen Einflußgrößen, Abhängigkeiten und Restriktionen sind definierbar und quantifizierbar.
- Schrittweiten und Schrittrichtungen einer Mutation können mithilfe eines Maßsystems (*Metrik*) problemgerecht definiert werden.
- Jede zulässige Lösung läßt sich mithilfe einer Zielfunktion bewerten.

Angenommen, eine derartige Modellbeschreibung wird für eine nicht näher eingeengte komplexe Problemstellung gefunden, so bleiben zur Konstruktion einer kontrollierten Evolutionsstrategie noch viele Fragen offen:

- Welche Kriterien gibt es für problemgerechte Metriken?
- Gibt es Wichtungsmöglichkeiten für die Schrittweite und -richtung einer Mutation, die ihre Erfolgswahrscheinlichkeit erhöht?
- Soll die Selektionsvorschrift nur eine Schrittentwicklung über Mutationen mit Qualitätsverbesserungen gestatten, oder sollen auch neutrale Mutationen ohne Qualitätsänderung als erfolgreich bewertet werden, oder gar Schrittentwicklungen über begrenzte Qualitätsverschlechterungen erlaubt sein?
- Welche Adaptionsregeln verhelfen der Schrittentwicklung zur bestmöglichen Anpassung an unterschiedliche lokale Ordnungsstrukturen?
- Wie werden Suboptima überwunden?

- Um welche zusätzlichen evolutionären Prinzipien kann eine Evolutionsstrategie ergänzt werden, um die Konvergenzentwicklung zu verbessern?
- Existieren Strategieergänzungen nichtevolutionärer Art, wie beispielsweise Teilanalysen, um die Optimumsuche zu beschleunigen?

2. Die Wahl einer problemgerechten Metrik (gezeigt an Reihenfolgeproblemen)

Reihenfolgeprobleme treten in vielen Bereichen der Wirtschaft auf, und zwar immer dann, wenn ein Ergebnis von der Ausführung verschiedener Aktivitäten abhängt und die Qualität des Resultates durch die Reihenfolge der Aktivitäten bestimmt wird. In diesem Sinne ist auch die biologische Evolution als ein Reihenfolgeproblem auf molekularer Ebene zu verstehen; denn durch nichts anderes als durch die Abfolge der Basisinformationsträger Adenin, Guanin, Thymin und Cytosin in der DNA werden die Aktivitäten des Lebens vorbestimmt.

Daß unterschiedlich sinnvolle Metriken für Evolutionsstrategien zur Wahl stehen, soll an einem Beispiel demonstriert werden. Nehmen wir an, es lägen 10 Aktivitäten vor, die von 1 bis 10 durchnumeriert sind. Eine beliebige Reihenfolge mag dann in Vektorschreibweise folgendes Aussehen haben

$$X_i = (6, 4, 8, 5, 7, 2, 1, 10, 3, 9)$$

und eine andere Reihenfolge mag folgende Form haben

$$X_j = (6, 10, 8, 5, 7, 2, 4, 1, 3, 9)$$

Ihr Abstand voneinander und damit das Maß für eine Mutationsschrittweite kann recht unterschiedlich definiert werden, je nachdem welche Metrik man wählt. Bei Wahl der euklidischen Metrik d, deren Distanzwert der Wurzel aus der Summe der quadrierten Koordinatenwertdifferenzen entspricht, beträgt die Distanz

$$d (X_i, X_j) = [(4-10)^2 + (1-4)^2 + (10-1)^2]^{0,5} = 11,225$$

Für eine Positionsmetrik p hingegen, die nur auf die Zahl unterschiedlicher Positionsbesetzungen abhebt, ergibt sich als Distanzwert

$$p (X_i, X_j) = 3$$

und mit einer Kantenmetrik k, die die Zahl neuer Kanten aufzählt, wird die Distanz zu

$$k (X_i, X_j) = 5.$$

In dieser Art lassen sich beliebig viele andere Metriken definieren. So beispielsweise eine symmetrische Kantenmetrik s, die Kantenänderungen nur dann aufzählt, wenn sie keine Richtungsumkehr darstellen oder Metriken, die sich aus Kombination von Kanten- und Positionsmetrik ergeben, oder Metriken mit gänzlich anderen Kriterien (Abb. 4 zeigt beispielhaft die metrischen Ordnungsstrukturen einer offenen Reihenfolge mit 4 Aktivitäten in der p- und k-Metrik).

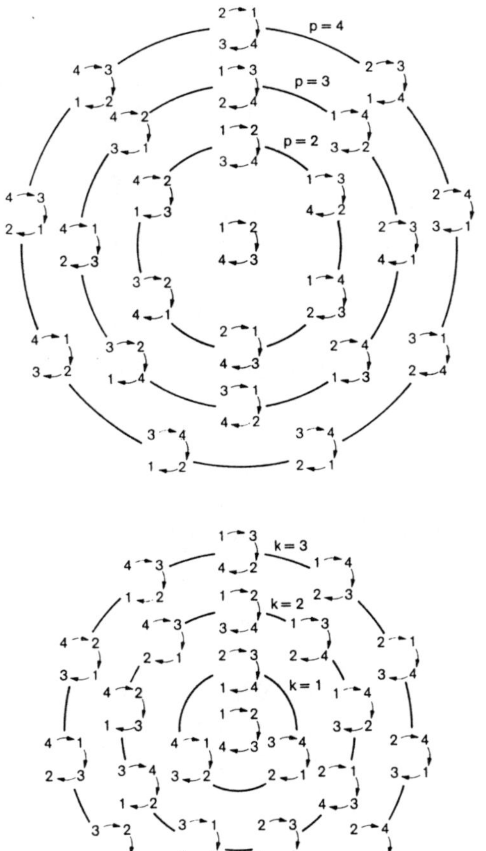

Abb. 4 Zur Definition von Mutations-Schrittweiten:
Einmal geschieht die Distanzbewertung nach der Zahl der Positionsänderungen in den Knoten und zum anderen nach der Zahl der Änderungen in den Knotenverbindungen (Kanten)

Wie bedeutend die Wahl der *richtigen* Metrik ist, geht aus den Größenordnungen der Wahlmöglichkeiten (*Mächtigkeit*) je Distanz hervor. Um bei unserem 10-elementigem Beispiel zu bleiben heißt das, einer Mutation stehen für jede beliebige Ausgangsreihenfolge 10!-1 Permutationsmöglichkeiten über alle Distanzwerte offen.

Für die Erfolgsaussicht einer Mutation von X_i nach X_j mag es nun von Bedeutung sein, welche Metrik ihr zugrunde liegt. Denn die Erfolgswahrscheinlichkeit liegt bei einer Schrittweite von p = 3 bei 1:240 und von k = 5 bei 1:38934. Ähnlich unterschiedliche Mächtigkeitsgrößen je Distanz lassen sich mithilfe von Rekursionsformeln für geschlossene, symmetrische oder andere Reihenfolgeproblemtypen ermitteln.[3)]

Es ist ersichtlich, daß je nach Metrik die lokale Umgebung ein und derselben Ausgangsreihenfolge unterschiedlich definiert werden kann. Für die Konvergenzgüte einer Evolutionsstrategie jedoch wäre es von Vorteil, wenn in den lokalen Ordnungsstrukturen ein Mindestmaß an *Glattheit* in der Topologie der Zielfunktion erwartet werden könnte. Denn für wohl jedes Suchverfahren ist es einfacher, sich in zusammenhängenden Ordnungsstrukturen zurechtzufinden als die Optimumsuche in einem *wild zerklüfteten Qualitätsgebirge* durchführen zu müssen. Aus diesem Grunde wird für eine *problemgerechte Metrik* die Mindestforderung gestellt, daß sie im statistischen Mittel eine Proportionalität zwischen ihren Distanzgrößen und den damit verbundenen betragsmäßigen Qualitätsunterschieden aufweist. Mit anderen Worten: Es sollte wahrscheinlicher sein, kleine Qualitätsänderungen mit kleinen Schrittweiten zu erzielen als mit großen Schrittweiten.

Leider ist es für kombinatorische Problemstellungen oft nicht so ohne weiteres möglich, auf dem Wege der Analyse unterschiedliche Metriken daraufhin zu überprüfen. Als Ausweg bietet es sich an, die empirischen Methoden der Naturwissenschaften zu nutzen, um auf induktivem Wege zu Aussagen zu kommen. Betrachten wir deshalb die obige Forderung als Arbeitsthese zu den Ordnungsstrukturen einer Metrik und entwickeln hieraus Folgerungen, die auf ihre Widerspruchsfreiheit überprüft werden können und beurteilen anhand empirischer Ergebnisse die Vorteilhaftigkeit der Arbeitsthese.

In diesem Sinne sei ein hypothetischer Konvergenzverlauf einer MUSE-Strategie auf Basis verschiedener Metriken für einen speziellen Problemtyp diskutiert. Startet man von einer zufällig ausgewählten Ausgangsreihenfolge, so liegt die Erfolgswahrscheinlichkeit für jede p- oder k-Distanz im Schnitt bei 1:2. Im Laufe der Schrittfolge ist bei einer problemgerechten Metrik zu erwarten, daß mit laufender Qualitätsverbesserung im statistischen Mittel sich auch die Distanz zur optimalen Reihenfolge oder einem Suboptimum verringert; das heißt mit kleineren

Distanzen sind höhere Erfolgswahrscheinlichkeiten und damit auch besseres Konvergenzverhalten zu erwarten. Dies gilt solange bis ein (Sub-) Optimum erreicht ist. Empirische Testreihen sollten demnach einen differenzierten Konvergenzverlauf für Evolutionsstrategien mit unterschiedlichen Metriken ergeben. Außerdem sollte zu ersehen sein, daß mit kleineren Schrittweiten auch eine höhere Konvergenzgeschwindigkeit zu realisieren ist. Die Metrik, mit der dann das beste Konvergenzverhalten erreicht wird, soll im weiteren als *problemgerechte* Metrik für diesen Problemtyp Verwendung finden.

Da von dieser mehr empirischen Vorgehensweise noch des öfteren Gebrauch gemacht wird, sei an dieser Stelle betont, daß dies nicht der üblich mathematischen Arbeitsweise entspricht. Berechtigung kommt diesem Vorgehen aber dadurch zu, daß das biologische Vorbild auch ohne mathematische Analyse ausgekommen ist und daß man zudem zu hervorragenden Ergebnissen kommt.

Zur Demonstration dient das *Problem des Handlungsreisenden.* Hierbei will ein Handlungsreisender n Städte besuchen und sucht die kürzeste Rundreise. Diese Problemstellung steht stellvertretend für alle Reihenfolgeprobleme, deren Zielfunktion allein durch die Kantenlänge bestimmt wird; etwa im Falle der Rüstzeitminimierung, wenn die Wechselzeiten allein von der Abfolge der Werksaufträge abhängt. Statt einer Städtedistanz-Matrix geschieht dann die Bewertung der Reihenfolge mittels einer Rüstzeit-Matrix.

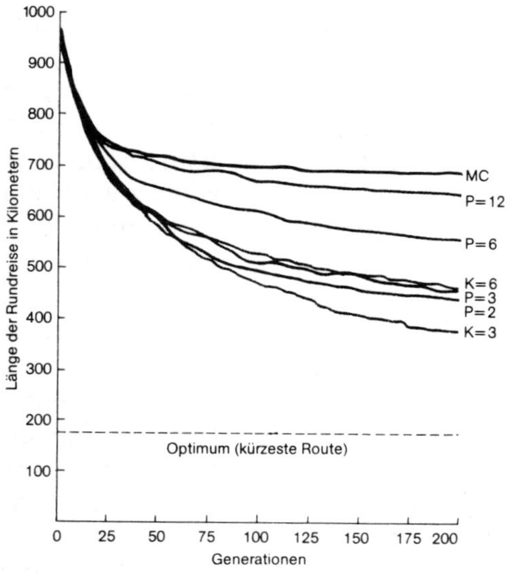

Abb. 5 Gemittelte Konvergenzverläufe verschiedener Mutations-Selektions-Strategien und der Monte Carlo-Methode (MC) für ein Rundreiseproblem mit 25 Städten

Abb. 5 zeigt die gemittelten Konvergenzverläufe verschiedener MUSE-Strategien im Vergleich zur Monte-Carlo-Methode (MC) für ein symmetrisches Rundreiseproblem mit 25 Elementen. Jeder Kurvenlauf stellt eine gemittelte Schrittentwicklung aus 30 Testläufen bei fester Mutationsschrittweite dar. Es ist klar ersichtlich, daß mit kleineren Schrittweiten sowohl in der p- als auch in der k-Metrik die Konvergenzentwicklung rascher vonstatten geht. Im Schrittweitenvergleich schneiden dagegen die Konvergenzverläufe der k-Metrik eindeutig besser ab. Diese Art von Konvergenzverläufen werden auch mit anderen Ausgangswerten und anderen Problemgrößenordnungen bestätigt. Es kann also davon ausgegangen werden, daß die *Kantenmetrik* im Vergleich zur Positionsmetrik die problemgerechtere Metrik ist. Für einen anderen Problemtyp, wie dem der Maschinenbelegungsplanung etwa, ergeben sich wiederum veränderte Präferenzen.

3. Strategiebausteine

Bleiben wir bei dem Problem des Handlungsreisenden und schauen, mit welchen Mitteln sich die Konvergenzentwicklung noch verbessern läßt. Gegenüber der Monte-Carlo-Methode besitzt eine MUSE-Strategie mit einer 3-Kanten-Mutation (die kleinste Distanz einer geschlossenen Reihenfolge in der k-Metrik) zwar das eindeutig bessere Konvergenzverhalten, ist aber für einen anspruchsvollen Optimierungsalgorithmus noch zu langsam.

Von Vorteil wäre es, wenn aus der Ordnungsstruktur der Zielfunktion Kriterien herzuleiten wären, mit der die Mutation gewichtet werden könnte, um ihre Erfolgswahrscheinlichkeit zu erhöhen. Ein Ergebnis dieser Überlegungen - eines unter vielen wahrscheinlich - möchte ich näher beschreiben.

Bei der 3-Kanten-Mutation sind ja 3 Kanten aufzubrechen und durch 3 neue Kanten zu ersetzen. Im ungewichteten Falle geschieht dies jeweils mithilfe eines gleichverteilten Zufallsprozesses, der keine der n Kanten bevorzugt. Die gewählte Wichtungsform sieht nun vor, daß nur noch die erste aufzubrechende Kante (i, i+1) über einen gleichverteilten Zufallsprozeß bestimmt wird (Abb.6). Die zweite aufzubrechende Kante (j-1, j) wird über einen gewichteten Zufallsprozeß ermittelt, der vom i-ten Element aus Kanten mit kleineren Distanzen (i, j) bevorzugt. Die Wahl der dritten aufzubrechenden Kante geschieht mittels einer Analyse. Es wird nämlich die Kante (k, k+1) ausgewählt, die unter den verbleibenden Möglichkeiten zum besten Ergebnis führt. Mit der Festlegung der aufzubrechenden Kanten sind gleichzeitig auch die neuen Kanten einer

3-Kanten-Mutation festgelegt. Eine MUSE-Strategie mit derart gewichteten Mutationen zeigt im Konvergenzverhalten erhebliche Fortschritte gegenüber einer ungewichteten Strategie.

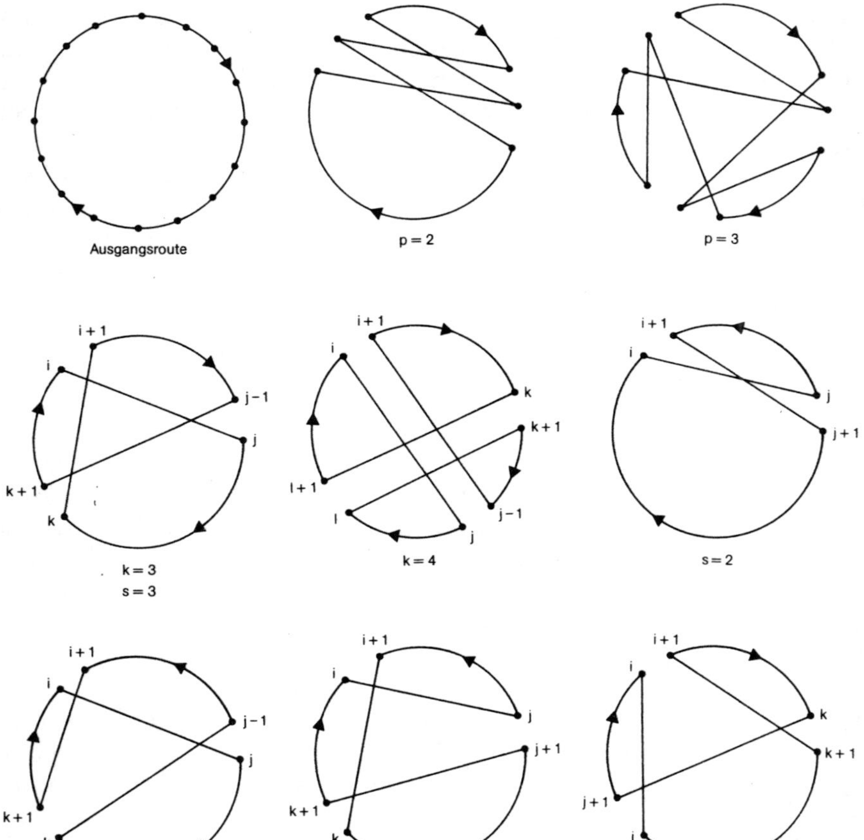

Abb. 6 Zum Problem des Handlungsreisenden:
Eine beliebige Ausgangsroute ist als geschlossener Kreiszug dargestellt, in dem die Knoten für die Städte und die Kanten für die Straßenverbindungen dazwischen stehen. Änderungen der Reiseroute lassen sich über Positions- und Kantenmutationen erreichen.

Falls das Rundreiseproblem gar symmetrisch ist, das heißt jeder Kantenzug ist in Hin- und Rückrichtung gleich groß, dann läßt sich die Wichtung weiter spezifizieren. Bei Verwendung einer symmetrischen

Kanten-Metrik (*s-Metrik*), die Kanten mit Richtungsumkehr nicht bewertet, lassen sich die ersten beiden Kanten ähnlich wie oben über einen gleichverteilten und gewichteten Zufallsprozeß aufbrechen und die Wahl der dritten Kante geschieht wiederum analytisch, wobei ein zusätzlicher Freiheitsgrad, nämlich die vier Möglichkeiten einer Neuverknüpfung, zu beachten ist (s = 3 in Abb. 6). Den Konvergenzverlauf gewichteter MUSE-Strategien mit s' = 2, s' = 3 und s' = 4 zeigt Abb. 7, wobei die Wichtungen für s' = 2 und s' = 4 ähnlich wie s' = 3 aufgebaut sind.

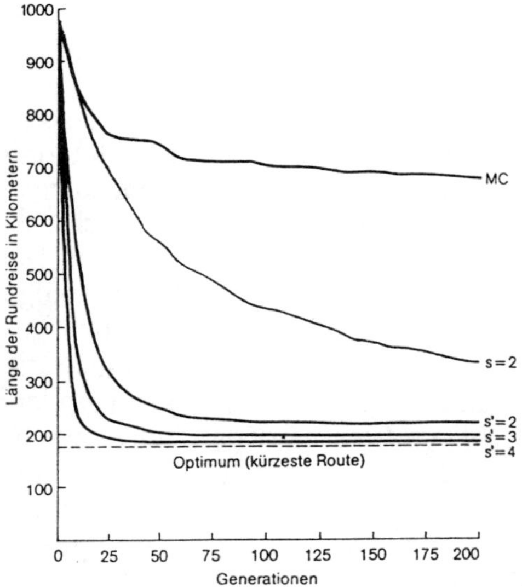

Abb. 7 Gemittelte Konvergenzverläufe bei Verwendung einer symmetrischen Kanten-Metrik im Vergleich zur Monte Carlo-Methode (MC) für ein Rundreiseproblem durch 25 Städte

3.1 *Empirische Bewertung neuer Strategiebausteine*

In Kenntnis der empirisch ermittelten Konvergenzverläufe fällt es nun leicht eine effiziente Wichtungsform für die Mutation auszuwählen. Zieht man zur Konvergenzentwicklung auch die Rechenzeit mit heran, so ist mit kleinen gewichteten Mutationsschrittweiten das rechentechnisch schnellere Konvergenzverhalten zu erzielen. Gewichtete Schrittweiten mit k = 3 oder s = 3 sind deshalb größeren derart gewichteten Schrittweiten vorzuziehen.

Es scheint allgemein von Vorteil zu sein, die Mutation über bevorzugt wenige Variablen auszuführen. Wie wir später sehen werden, findet dies auch beim Problemtyp der nichtlinearen Optimierung seine Bestätigung. Vergleichbar geringe Änderungsraten weist in diesem Sinne auch die biologische Evolution auf. So beträgt zum Beispiel beim Menschen die

Mutationsrate in etwa 10^{-4}, was bedeutet, daß bei 10000 Geschlechtszellen nur eine fehlerhafte Reproduktion erwartet werden darf. Da jedoch zur Ausführung dependenter, funktionaler Merkmalsänderungen die Variation mehrerer Merkmalsträger zur gleichen Zeit notwendig ist, hat die Natur eine Organisation von Regulator- und Operator-Genen aufgebaut, die wie Schalter wirken. Werden sie bei einer Mutation aktiviert, so bewirken sie auch eine Variation der mit ihnen »verdrahteten« Gene. RUPERT RIEDL (1986) meint hierzu: »Es wird angesichts der sich türmenden Regulative und Ausschlußvorschriften klar, daß von einer beliebigen Permutation der Merkmale keine Rede mehr sein kann. So ist das Wachsen der genetischen Information von zweihunderttausend auf zwei Milliarden vom Bakterium bis zum Menschen ganz überwiegend auf eine Vermehrung der übergeordneten Schaltungen zurückzuführen.« Der hier besprochenen Wichtungsform der Kanten-Mutation kann übrigens auch eine Schalterwirkung zugesprochen werden, da nach der Wahl der ersten Kante die Wahl der weiteren Kanten deutlich eingeschränkt wird.

Vielleicht ist mittlerweile der Eindruck entstanden, daß doch einige Konstruktionselemente der Evolutionsstrategie recht willkürlich gewählt wurden. Das betrifft sowohl die Wahl der Metrik als auch die Wichtung der Mutation. Diesem Eindruck möchte ich nicht widersprechen. Sicherlich gibt es noch andere Metriken oder andere Wichtungsformen der Mutation, die den Konvergenzverlauf einer MUSE-Strategie vergleichbar gut gestalten. In diesem Umstand liegt ja gerade die Sprengkraft der Evolutionsmethode, daß es kaum Begrenzungen in der Wahl ihrer Bausteine gibt. Wie ein Baukastensystem sollten sich Evolutionsstrategien aus unterschiedlichen Methodenelementen zusammensetzen lassen, solange das Zusammenspiel aus *Zufall und Notwendigkeit* gewahrt bleibt.

Die Auswahl strategieergänzender Bausteine zur Verbesserung des Konvergenzverhaltens läßt sich anhand empirischer Testreihen relativ einfach treffen. Auch hier gilt die Selektionsregel: Es wird nur der Methodenbaustein übernommen, der die Optimumsfindung der Strategie verbessert. Zu beachten ist bei dieser Art der Strategieergänzung, daß der neue Baustein vorab optimal eingestellte Wirkungsgrößen bereits vorhandener Strategiebausteine nachhaltig beeinflussen kann. In solchen Fällen wird man nicht umhin kommen, die Stellgrößen bzw. die Steuerungsparameter aller Strategiebausteine neu zu justieren. Wollte man dies mit dem mathematischen Analyseinstrumentarium versuchen, stünde man schon bei mehr als einem zufallsgesteuerten Adaptionsprozeß vor einer kaum durchführbaren Aufgabe. Wie wir später sehen werden, können ohne weiteres 3, 4 und mehr zufallsgesteuerte Adaptionsprozesse gleichzeitig aktiv sein und die Schrittfolge beeinflussen. Die Justierung der Steuerungsgrößen auf Basis empirischer Testreihen erfolgt dagegen methodisch sehr einfach.

Kommen wir wieder auf den Konvergenzverlauf der gewichteten MUSE-Strategien zurück, so ist festzustellen, daß die Schrittentwicklung nun zwar sehr rasch konvergiert, aber dennoch das Optimum nicht ganz erreicht. Die Generationenfolge wird durch ein Suboptimum aufgehalten, das nur zu überwinden ist, wenn man andere (größere) Mutationsschrittweiten erlaubt. Größere Schrittweiten sind jedoch mit sehr großen Mächtigkeiten gekoppelt und die Chancen sind entsprechend gering innerhalb einer akzeptablen Schrittzahl in die verbleibenden Erfolgsbereiche zu mutieren. Gesucht sind zusätzliche Strategieergänzungen, die erfogsversprechende Evolutionspfade wahrscheinlicher werden lassen. Drei davon werde ich kurz vorstellen.

Als erstes kann die *Selektionsregel* variiert werden. Rückt man von der *harten* Selektionsregel ab, die nur Mutanten besserer Qualität den Weg zum Elter der nächsten Generation freimacht und bewertet eine Mutation auch dann noch als erfolgreich, wenn sie ohne Qualitätsänderung bleibt, so ergeben sich bei diesem Problemtyp weitere, aber kleine Verbesserungen im Konvergenzverlauf. Die Zulassung *neutraler* Mutationen reicht aber in der Regel nicht aus, um suboptimale Bereiche zu verlassen. Als Ausweg bietet es sich an, die Selektionsregel *weicher* zu formulieren und eine Schrittentwicklung mit einem gewissen Maß an Qualitätsverschlechterung (*Selektionsbreite*) zuzulassen. Die Dimensionierung einer derartigen Selektionsbreite kann sich an den Größenordnungen der letzten Qualitätsverbesserungen orientieren. Das Risiko, die Wahl der Selektionsbreite falsch zu treffen, läßt sich wiederum mit Adaptionsregeln, die die Selektionsbreite variieren, mindern.

Mit der zweiten Strategieergänzung wird versucht die *Idee des Rekombinationsprinzips* auf diese Problemstellung anzuwenden. Diese macht sich ja bekanntlich den Informationsgewinn zunutze, der bei der sexuellen Vermehrung entsteht, wenn Gene zweier Elternteile neu kombiniert werden. Beim Problem des Handlungsreisenden läge beispielsweise ein Informationsgewinn darin, zu wissen, welche Kanten einer suboptimalen Reihenfolge auch der optimalen Reihenfolge angehören. Aufgrund der oben postulierten Korrelation zwischen Schrittweite und Qualitätsunterschied bei problemgerechter Metrik darf vermutet werden, daß eine Reihe von Kanten einer suboptimalen Reihenfolge auch in der optimalen Reihenfolge vertreten ist. Ebenso gibt es eine hohe Wahrscheinlichkeit dafür, daß Kanten, die in mehreren suboptimalen Reihenfolgen identisch sind, auch Bestandteil der optimalen Reihenfolge sind. Eine Rekombinationsstrategie könnte demnach suboptimale Reihenfolgen auf Kantengleichheit überprüfen und eine neue Ausgangsreihenfolge aufstellen, die um die identischen Kanten gekürzt ist. Dadurch läßt sich die Problemgröße verringern und einer MUSE-Strategie fällt es leichter, von einer reduzierten Ausgangsreihenfolge aus das Optimum zu finden. Voraussetzung ist natürlich, daß der zusammengefaßte Kantenzug keine nichtoptimale Kante enthält. Falsche Reduktionen werden am ehesten vermieden, wenn man möglichst viele suboptimale Reihenfolgen miteinander vergleicht (Abb. 8); ganz auszuschließen sind sie jedoch nie.

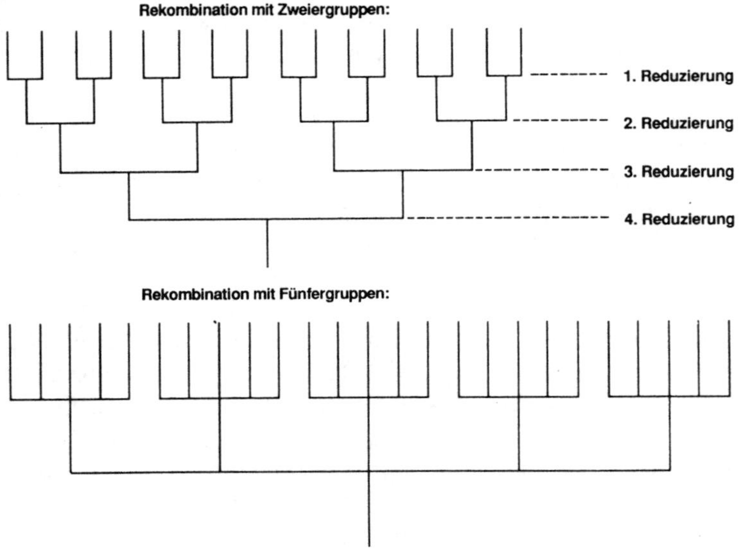

Abb. 8 Nutzung des Rekombinationsprinzips zur Reduzierung der Problemgröße, um damit die Optimumsuche zu erleichtern

Obwohl sich mit dieser Strategie, die eine parallele Optimierung verschiedener Reihenfolgen erfordert, Suboptima überwinden lassen, steht ihr relativ hoher Rechenaufwand einem sinnvollen Einsatz in der Praxis entgegen. Akzeptable Rechenzeiten werden erst mit Parallelrechnern möglich sein, die eine Optimierung mehrerer Reihenfolgen zur gleichen Zeit gestatten. Parallelentwicklungen sind in der Natur zwar gang und gäbe, ergeben aber in der Simulation auf seriellen Rechnern Rechenzeitprobleme.

3.2 *Stabilisierungs- und Destabilisierungsphasen*

Der dritte Ansatz schlägt ein Phasenkonzept vor, das der von einigen Evolutionsbiologen vertretenen *Theorie des gestörten Gleichgewichts* nahekommt. Dort behaupten die sogenannten *Punktualisten* anhand von Fossilfunden, daß die morphologische Evolution weitaus unstetiger abgelaufen sei, als die Vertreter der synthetischen Evolutionstheorie annehmen. Lange stationäre Phasen wechseln demnach mit kurzen Perioden intensiven Wandels ab. Es interessiert hier weniger der Theorienstreit als vielmehr die Frage, ob das Konzept der Abfolge stabiler und instabiler Phasen für die Schrittentwicklung von Vorteil wäre. Adäquat umgesetzt würde das Phasenkonzept bedeuten, daß die Evolutionsstrategie in der Stabilisierungsphase Suboptima aufsucht und sie ohne allzu große Qualitätseinbußen in der Destabilisierungsphase wieder verläßt. Eine Wiederholung dieses Procedere sollte früher oder später zum Optimum führen.

Eine einfache Konstruktion einer Evolutionsstrategie mit Stabilisierungs- und Destabilisierungsphase sähe für das Rundreiseproblem beispielsweise so aus: In der Stabilisierungsphase führt eine MUSE-Strategie mit gewichteten 3-Kanten-Mutationen die Schrittfolge zu einem Suboptimum. Nach einer vorgegebenen Zahl von erfolglos bleibenden Mutationen wird diese Phase abgebrochen und es beginnt die Destabilisierungsphase, die wie die Stabilisierungsphase aufgebaut ist, nur mit dem Unterschied, daß jetzt jede Mutation als erfolgreich bewertet wird. Nach wenigen Schritten wird diese Phase abgebrochen und es startet von neuem die Stabilisierungsphase. Die Evolutionsstrategie endet nach Ausführung der gewünschten Zahl an Stabilisierungsphasen.

Empirische Testreihen haben nun ergeben, daß zwei kleine Modifikationen innerhalb der Destabilisierungsphase dieses Zwei-Phasen-Konzept noch effizienter gestalten. Zum einen erweist es sich als Vorteil, wenn die Schrittfolge durch eine Selektionsbreite daran gehindert wird, allzu große Qualitätseinbußen hinzunehmen. Dazu läßt sich - wie oben bereits geschildert - eine Selektionsbreite definieren, die sich jeweils nach einer vorgegebenen Zahl erfolgloser Mutationen verdoppelt, wenn sie zu klein gewählt wurde. Zum anderen sollte sichergestellt sein, daß die Schrittfolge während der Destabilisierungsphase auch tatsächlich den suboptimalen Bereich verläßt. Zu diesem Zweck werden einmal aufgebrochene Kanten als verboten erklärt und können innerhalb dieser Phase nicht mehr rückgängig gemacht werden. Ein typischer Konvergenzverlauf einer solchen Strategie wird in Abb. 9 dokumentiert. Von der Verwendung gewichteter 4-Kanten-Mutationen in der Stabilisierungsphase wurde übrigens abgesehen, da sie zwar hinsichtlich der Schrittzahl schneller als MUSE-Strategien mit gewichteten 3-Kanten-Mutationen konvergiert, sie jedoch bezüglich der Rechenzeit wegen des Analyseaufwandes zur Ermittlung der dritten und vierten Kante sehr aufwendig wird und damit auf dem Rechner zeitlich langsamer vorankommt.

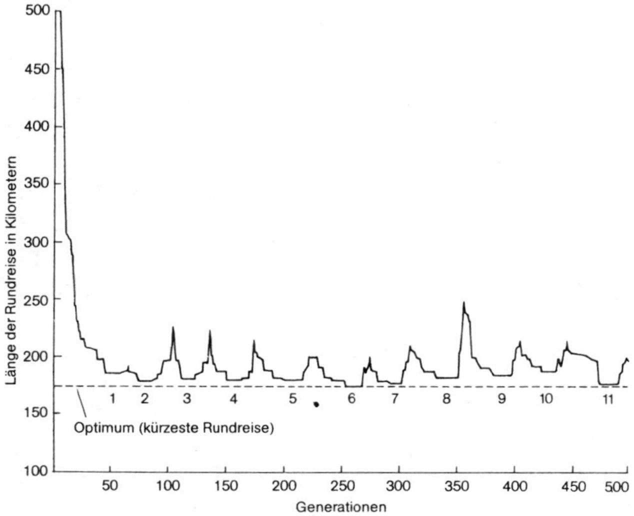

Abb. 9 Überwindung von Suboptima durch den Wechsel von Stabilisierungs- und Destablisieriungsphasen bei einem Rundreiseproblem

Mit der zuletzt beschriebenen Version der Evolutionsstrategie wurden mit Erfolg eine Reihe aus der Literatur bekannte Rundreiseprobleme gelöst. So auch das von MARTIN GRÖTSCHEL (1977) formulierte 120-Städte-Problem mit einem Lösungsraum von etwa $6 \cdot 10^{196}$Elementen. Wenn man bedenkt, daß das Weltall in etwa 10^{80} Atome enthält, so läßt sich erahnen, welche Schwierigkeiten das Lösen solch umfangreicher kombinatorischer Probleme bereitet. Zur exakten Lösungsfindung waren 13 Programmläufe auf dem Rechner mit »intuitiven Zwischenschritten« notwendig. Die Evolutionsstrategie mit dem Mehrphasenkonzept fand auf dem Rechner die optimale Reihenfolge innerhalb einer Minute.

Die Effizienz der Evolutionsstrategie rührt insbesondere daher, daß sie von vornherein auf umfassende Information über die Ordnungsstrukturen der Problemstellung verzichtet und statt dessen danach strebt, die Schrittfolge lokalen Ordnungsstrukturen optimal anzupassen. Aufgrund dieses globalen Informationsdefizits vermag die Strategie zwar zu keinem Zeitpunkt der Generationenfolge den Beweis antreten, das globale Optimum gefunden zu haben. Diesem theoretischen Mangel steht jedoch als großes Plus die hohe Effizienz der Lösungsfindung in der Praxis gegenüber. Denn in vielen Fällen - insbesondere bei unscharfen Ausgangsdaten - zählt weniger der theoretische Nachweis der Optimalität als vielmehr das Vermögen, innerhalb kurzer Rechenzeiten für sehr komplexe Problemstrukturen optimumsnahe Lösungen oder das Optimum selbst (ohne es nachzuweisen) realisieren zu können.

4. Allgemeine Konstruktionsprinzipien

Obwohl die einzelnen Strategiebausteine problembezogen ausgewählt wurden, finden sich methodische Elemente, die ebensogut zur Konstruktion kontrollierter Evolutionsstrategien anderer Optimierungsprobleme anzuwenden sind. Es erscheint deshalb lohnenswert, den Versuch zu unternehmen, allgemein gültige Konstruktionsregeln aufzustellen:

I. *Modellbildung*

Zur Beschreibung einer realen Problemstellung existieren in der Regel mehrere Möglichkeiten der Modellformulierung. Die Zielfunktionsmodelle sollten sich ohne Einschränkung mit dem gewünschten Detaillierungsgrad definieren lassen und wenn möglich ihren Variablenraum über verschiedene Metriken aufspannen.

II. *Basisalgorithmus*

Die MUSE-Strategie ist für jede Metrik so aufzubauen, daß die Schrittfolge mit vorgegebenen Schrittweiten erfolgen kann.

III. *Wahl der problemgerechten Metrik*

Stehen verschiedene Metriken zur Auswahl, so wird anhand empirischer Testreihen die Metrik gewählt, die das beste Konvergenzverhalten einer MUSE-Strategie mit vorgegebenen Schrittweiten zeigt (es sollten dabei typische Vertreter aus dem Spektrum der Schrittweiten repräsentiert sein).

IV. *Strategiebausteine*

Der Basisalgorithmus mit der gewählten Metrik ist um Strategiebausteine zu ergänzen, die sowohl die Konvergenzgeschwindigkeit als auch die Konvergenzsicherheit erhöhen. Die Auswahl geschieht wieder-

um anhand empirischer Testreihen, die die Konvergenzentwicklung der um diese Bausteine ergänzten MUSE-Strategien beurteilen und mit denen gleichzeitig die Justierung der Stellgrößen der aktiven Bausteine geschehen kann.

Zur Erhöhung der Konvergenzgeschwindigkeit eignen sich alle Bausteine, die den Zufall weiter eingrenzen und damit die Suche nach dem Optimum erleichtern. Es sind dies

- *besondere Wichtungsformen der Mutation, die gewisse Präferenzen in der Wahrscheinlichkeitsverteilung des Zufallsprozesses herstellen,*
- *Adaptionsregeln, die für eine rasche Anpassung der Schrittfolge an lokale Ordnungsstrukturen sorgen,*
- *Teilanalysen, die Hinweise geben, mit welchen Schrittweiten bzw. Schrittrichtungen die Erfolgswahrscheinlichkeit einer Mutation zu erhöhen ist.*

Zur Verbesserung der Konvergenzsicherheit zählen Bausteine, die sicherstellen wollen, daß die Schrittfolge durch Suboptima nicht aufgehalten wird, wie

- *das Rekombinationsprinzip, das eine parallele Entwicklung mehrerer Schrittfolgen vorsieht (mehrgliedrige Strategie), wo von Zeit zu Zeit Informationen unter den Schrittfolgen ausgetauscht werden, die die Suche nach dem globalen Optimum erleichtern sollen,*
- *das Konzept der Stabilisierungs- und Destabilisierungsphase, in dem ein Suboptimum nach dem anderen aufgesucht wird (Mehrphasenstrategie), um das Globaloptimum möglichst rasch zu realisieren.*

V. *Evaluation*

Zur Lösung des Ausgangsproblems wird die Evolutionsstrategie eingesetzt, deren aufeinander abgestimmte Bausteine den gewünschten Kriterien der Konvergenzgeschwindigkeit und der -sicherheit am besten entsprechen.

Derartige Konstruktionsprinzipien erheben keinen Anspruch auf Vollständigkeit. Sie sind vielmehr als ein Gerüst zu sehen, das jederzeit um weitere Konstruktionsregeln ergänzt werden kann. Vergleichbar der Vorgehensweise der Natur, die auch im Laufe der Zeit ihr Arsenal an Verfahrensprinzipien sukzessive aufgestockt hat. Das heißt mit anderen Worten aber auch, daß sicherlich alle heute bekannten Evolutionsstrategien in ihrer Struktur mehr oder weniger rudimentär sind und deshalb noch eine Fülle konvergenzverbessernder Erweiterungen erwartet werden darf.

Prinzipiell kann bei dieser Art der Strategiekonstruktion ganz auf eine mathematische Analyse der Ordnungsstrukturen der Zielfunktion und des zulässigen Bereiches verzichtet werden! Was in der Natur ja ebenso gang und gäbe ist. Trotzdem wird es in vielen Fällen sinnvoll sein, auf analytischem Wege Kriterien zur Formulierung der Strategiebausteine herzuleiten, um nicht allzu viel Zeit mit der empirischen Überprüfung wenig sinnvoller Bausteindefinitionen zu verschwenden.

Nach diesen Konstruktionsprinzipien sind recht anspruchsvolle Problemlösungen der Maschinenbelegungsplanung entwickelt worden, deren Wirkungsweise später an Fallbeispielen erläutert wird. Von Interesse wird sicherlich die Konstruktion einer kontrollierten Evolutionsstrategie auf Problemstellungen außerhalb der Reihenfolgenproblematik sein.

5. Nichtlineare und diskrete Optimierung

Betrachten wir die sehr allgemein formulierte Problemstellung: *Minimiere oder maximiere eine Zielfunktion f(X) im n-dimensionalen Raum der reellen oder der ganzen Zahlen unter Berücksichtigung gewisser Restriktionen (Ungleichungen), wobei Zielfunktion und Ungleichungen nichtlinearen Charakter haben können und lediglich eine stückweise Stetigkeit gefordert ist.*

Meinens Wissens existiert für eine solch weit gefaßte Optimierungsproblematik, die gar unzusammenhängende Lösungsräume erlaubt, kein brauchbarer Algorithmus. Eine Ausgangssituation also, die bestens geeignet ist, die Umsetzung der Konstruktionsregeln zu demonstrieren.

Die Konstruktionsregeln I und III sind insoweit als erledigt anzusehen als durch die Definition der Zielfunktion und der Restriktionen die Modellformulierung abgeschlossen ist und die euklidische Metrik zugrunde gelegt wird. Es sei aber ausdrücklich darauf hingewiesen, daß zwar die euklidische Metrik sehr gebräuchlich ist, sie für Evolutionsstrategien jedoch nicht immer sinnvoll sein muß. Schließlich konnte für das Rundreiseproblem auf Basis einer Kantenmetrik eine effiziente Evolutionsstrategie entwickelt werden, obwohl dieses Problem ebenso als 0-1 Problem zu formulieren gewesen wäre.

Zur Konstruktion des Basisalgorithmus wird eine Mutationsform gewählt, die jede Variablenänderung nach vorgegebenem Genauigkeitsmaß ausführt. Dies hat den Vorteil, daß die Variation der Variablen sowohl ganzzahlig (Genauigkeit nicht unter 1) als auch nicht ganzzahlig (z.B. Genauigkeit nicht unter 0,0001) geschehen kann. Gleichzeitig berücksichtigt diese Vorgabe die späteren technischen Einschränkungen der Berechnung auf einem Computer, der aufgrund seiner endlichen Speicherkapazitäten reelle Zahlen sowieso nur in beschränkter Ziffernlänge darzustellen vermag. Genaugenommen führt der Computer die Berechnung reeller Zahlen ja in diskreten und nicht in kontinuierlichen Zahlenräumen aus. Deshalb wird hier die nichtlineare Optimierung im Variablenraum der reellen Zahlen von vornherein als Problem der diskreten Optimierung angesehen, wobei natürlich jedwede Genauigkeit für jede Variable vorgegeben werden kann. Wenn z.B. für die i-te reelle Variable eine Genauigkeit von 0,01 ausreicht, werden auch alle Zahlengrößen dieser Variablen nur bis zur zweiten Stelle nach dem Komma spezifiziert.

5.1 *Mutationswichtung*

Die Wichtung der Mutation orientiert sich an RECHENBERGs Vorschlag, den Zufallsprozeß über eine Normalverteilung zu gewichten, so daß die Variablenänderungen bevorzugt innerhalb der Größenordnung des Streumaßes bleiben, die Nachkommenvektoren also vorzugsweise in unmittelbarer Umgebung des Eltervektors zu finden sind. Die generierten Zufallsgrößen sind aber auf das gewünschte Genauigkeitsmaß abzurunden! Wegen der diskreten Zufallsverteilung wäre wohl von vornherein eine Gewichtung des Zufallsprozesses über eine Binomialverteilung angebrachter, worauf aber verzichtet wird, da dies keine erkennbare Vorteile mit sich bringt und höheren programmtechnischen Aufwand erfordert. Anders als bei RECHENBERG sollen aber nicht alle Variablengrößen bei einer Mutation variiert werden, sondern bevorzugt wenige. Diese Form der Mutationswichtung erfordert dann drei Schritte:

1) Über einen normalverteilten Zufallsprozeß mit dem Streumaß sv (sv $\geq$ 1) wird die Anzahl v der zu variierenden Variablen gewonnen.[4)]
2) Die Festlegung der v zu mutierenden Variablen geschieht über einen gleichverteilten Zufallsprozeß.
3) Jede der ausgewählten v Variablen erfährt eine Variation z, deren Größe über einen normalverteilten Zufallsprozeß mit dem Streumaß s ermittelt wird und zusätzlich auf das vorgegebene Genauigkeitsmaß gerundet wird.

Sicherlich ist diese Art der Mutationswichtung noch nicht der Weisheit letzter Schluß und es lassen sich bestimmt noch andere Formen der

Variablen-Schaltung finden, die der Mutation eine höhere Erfolgswahrscheinlichkeit geben - etwa durch lokale Teilanalysen. Auf jeden Fall bringt für diskrete Optimierungsprobleme die Vorgabe, in Unterräumen des R^n zu operieren, sehr rasch Vorteile. Gerade in Randzonen oder *engen Schluchten* führen Änderungen aller Variablen meist nur zu Qualitätsverschlechterungen oder verletzen die Zulässigkeitsbedingung. Qualitätsverbesserungen sind hier allein durch Variation weniger Variablen zu erreichen (Abb. 10).

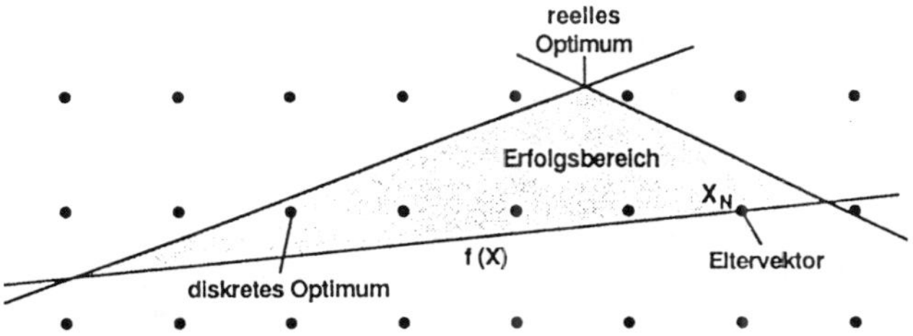

Abb. 10 Hier ist für den 2-dimensionalen diskreten Fall eine Erfolgschance für eine Mutation nur dann gegeben, wenn diese in einem 1-dimensionalen Unterraum erfolgen kann.

5.2 *Adaptive Schrittsteuerung*

Die Mutationswichtung reicht als alleiniger Baustein oft nicht aus, um gutes Konvergenzverhalten der MUSE-Strategie zu garantieren. Erst in Verbindung mit entsprechenden Adaptionsprozessen gelingt es, verschiedene Stellgrößen (z.B. Streumaße sv und s) auf lokale Ordnungsstrukturen sinnvoll anzupassen und damit die Konvergenzgeschwindigkeit zu verbessern. Die Schrittfolge lernt sozusagen anhand ihrer gemachten Erfahrungen an erfolgreichen und nicht erfolgreichen Mutationen. Bleiben Erfolge über mehrere Mutationen aus, so kann dies als Hinweis gesehen werden, daß die Stellgrößen nicht richtig dimensioniert sind und sich die Erfolgschancen durch Änderung der Stellgrößen erhöhen lassen.

In diesem Sinne läßt sich eine Schrittrichtungssteuerung definieren, die die Mutation bevorzugt in die Raumrichtungen ausrichtet, die sich in vorangegangenen Mutationen als erfolgreich erwiesen haben. Am einfachsten ist dies umzusetzen durch direkte Wiederholung einer erfolgreichen Mutation, wobei jeweils noch die Schrittweite vervielfacht werden kann. Es lassen sich aber auch Schrittrichtungskegel auf Basis erfolgreicher Mutationsrichtungen definieren, in welche die Mutationen bevorzugt ausgeführt werden.

Zur Schrittweitensteuerung hat sich anhand umfangreicher empirischer Testreihen die folgende Vorgehensweise als zweckvoll erwiesen. Zu Beginn der Schrittfolge wird das Streumaß sv der zu mutierenden Variablenzahl und das Streumaß s der zu variierenden Variablengröße relativ groß gewählt. Relativ groß heißt für sv etwa die Größenordnung von n/3, während zur Festlegung dieser relativen Größe für s zuerst noch Unter- und Obergrenze für jede Variable einzuführen sind. Die Intervallgrenzen sind in der Praxis durch die Begrenztheit der Ressourcen meist ohnehin vorgegeben. Als groß könnte dann eine Schrittweite gelten, deren Streumaß einem Fünftel des Intervalls entspricht. Es sollte wohlbemerkt für jede Variable ein eigenes Ausgangsstreumaß bestimmt werden. Verändert werden die beiden Stellgrößen nach einer vorgegebenen Zahl ununterbrochen erfolgloser Mutationen. Dabei steht dieser Adaptionsvorgang weitab von den Relationen der von RECHENBERG theoretisch hergeleiteten 1/5-Erfolgsregel, die ja besagt, daß das Streumaß um 20 Prozent zu kürzen ist, wenn die Erfolgsrate unter 1/5 bleibt und im umgekehrten Falle um 20 Prozent zu erhöhen ist. Statt dessen scheint eine Reduzierung beider Streuweiten erst bei einer Erfolgsratenunterschreitung weit unterhalb 1/5 (in Abhängigkeit von n) angebracht und desweiteren erweisen sich Reduzierungsrelationen für die Streumaße von weit über 20 Prozent als vorteilhaft. Die Abweichung dieser Adaptionsregel von der RECHENBERGs erklärt sich zum einen daher, daß bevorzugt über wenige Variablen mutiert wird und zum anderen aus dem Umstand, daß gleichzeitig die Schrittrichtungssteuerung aktiv ist, weshalb das Streumaß der Schrittweite ohne weiteres recht klein werden kann, da Wiederholungen erfolgreicher Mutationen schnell zur richtigen Dimensionierung führen.

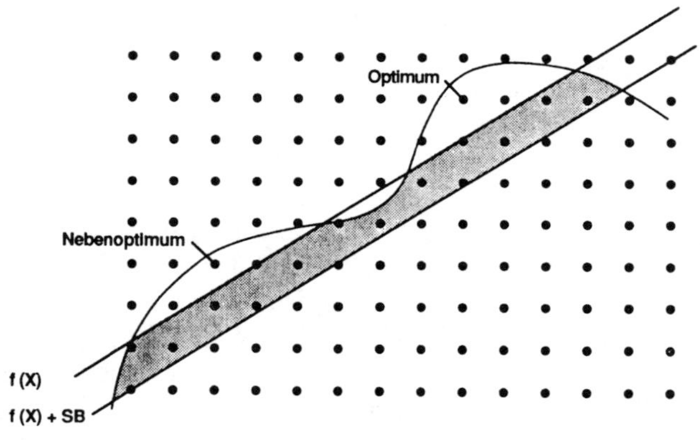

Abb. 11 Variierende Selektionsbreite (SB) zur Überwindung von Suboptima

In ähnlicher Weise wie bereits bei den Reihenfolgeproblemen beschrieben, lassen sich hier auch Adaptionsregeln für die Selektionsbreite definieren. Abb. 11 deutet an, wie mit variierender Selektionsbreite zusätzliche Chancen für die Schrittfolge geschaffen werden, um aus suboptimalen Bereichen oder aus Problemzonen besser herauszufinden. Als zusätzliche Strategiebausteine vermögen Teilanalysen Hinweise zu Mutationswichtungen ergeben, die die Erfolgsaussichten der Mutation erhöhen - etwa lokale Ordnungsstrukturanalysen innerhalb der Unterräume der zu mutierenden Variablen (nach Schritt 2 der Mutationswichtung).

Für all die hier genannten Steuerungsmechanismen lassen sich auf Basis empirischer Testreihen Stellgrößen innerhalb des Optimierungsprogramms dimensionieren, die für eine effiziente Konvergenzentwicklung recht unterschiedlicher Problemformulierungen sorgen. Als Abbruchkriterium einer derart konditionierten MUSE-Strategie gilt die Situation, in der alle Schrittweitenstreumaße die vorgegebenen Variablengenauigkeiten unterschritten haben. Die MUSE-Strategie wird also mit großen Schrittweiten starten und innerhalb der Schrittfolge lernen, sich an die lokalen Ordnungsstrukturen anzupassen, wobei bei Annäherung an ein Optimum die Schrittweiten immer kleiner werden.

5.3 *Strategien zur globalen Konvergenz*

Die Evolutionsstrategie ist zwar auf diese Weise in der Lage relativ rasch ein Optimum zu lokalisieren, sie bietet aber noch keine große Sicherheit, das Globaloptimum bereits realisiert zu haben. Entsprechend den oben genannten Konstruktionsprinzipien würde es sich anbieten, mit Hilfe des Rekombinationsprinzips Populationen von Elter- und Nachkommenvektoren zu definieren, die innerhalb ihrer Schrittfolge Informationen untereinander austauschen und verwerten, um sicherer auf getrennten Wegen das globale Optimum zu erreichen. Da jedoch an anderer Stelle dieses Bandes die mehrgliedrige Evolutionsstrategie ausführlich behandelt wird, möchte ich mehr auf die Möglichkeiten des Mehrphasenkonzeptes eingehen. Interessant wäre natürlich auch eine Kombination beider Konzepte.

Zum Aufbau der Stabilisierungsphase kann die oben beschriebene MUSE-Strategie direkt übernommen werden. Ein Fortkommen aus dem lokalen Bereich des Suboptimums soll innerhalb weniger Schritte mit der Destabilisierungsphase erreicht werden. Im Grunde kann auch hier die MUSE-Strategie eingesetzt werden, nur mit dem Unterschied, daß Schrittweiten- und Schrittrichtungsadaption ausgeschaltet sind und damit die Ausgangsgrößen der Schrittweitenstreumaße unverändert bleiben.

Desweiteren vermag die Selektion in drei Varianten ausgeführt werden: Zum einen über die Definition großer Selektionsbreiten; zum zweiten dadurch, daß man ganz auf die Qualitätsabfrage verzichtet und zum dritten, daß man sowohl auf die Qualitäts- als auch auf die Zulässigkeitsabfrage nicht eingeht. Welche der drei Varianten zum Zuge kommt, kann beispielsweise so geregelt werden, daß sie sich von Destabilisierungsphase zu Destabilisierungsphase regelmäßig abwechseln.

Die letzte Variante der Selektion ist insbesondere für den Fall nicht zusammenhängender Lösungsräume gedacht, wenn also unzulässige Bereiche *durchtunnelt* werden müssen, um in neue zulässige Bereiche zu kommen, die eventuell das Globaloptimum beherbergen. Unabdingbare Voraussetzung für diese Art des Vorgehens ist die vorab schon geforderte Intervallierung des Operationsraumes, da sich sonst die Schrittfolge allzu weit vom zulässigen Bereich entfernen könnte. Ein neues Problem tritt auf, wenn die Destabilisierungsphase nach einer vorgegebenen Zahl erfolgreicher Mutationen endet und die Schrittfolge sich noch im unzulässigen Bereich befindet. Wie findet dann die Schrittfolge zurück in den zulässigen Bereich?

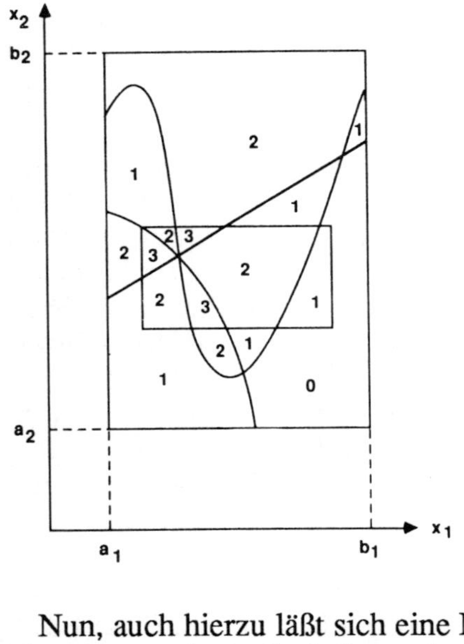

Abb. 12 Zur Topologie der Restriktionsverletzungen für ein 2-dimensionales Beispiel innerhalb der Intervallgrenzen [a,b]: In jedem Flächensegment steht die Zahl der Restriktionsverletzungen: Der zulässige Bereich (= 0) liegt am rechten Rand und ein suboptimaler Bereich (hier = 1) liegt oben links.

Nun, auch hierzu läßt sich eine MUSE-Strategie finden. Diese Strategie, nennen wir sie *Such-Strategie*, ist ähnlich aufgebaut wie die Strategie der Stabilisierungsphase mit Schrittweiten- und Schrittrichtungsadaption aber nun mit anderer Zielfunktion. Diesmal soll die Zahl der Restriktionsverletzungen minimiert werden! Demnach gelten alle die Mutationen als erfolgreich, welche die Zahl der Restriktionsverletzungen verringern oder zumindest nicht erhöhen. Zwar kann auch die Topologie der Restriktionsverletzungen suboptimale Bereiche aufweisen (Abb. 12), doch lassen sich diese durch geeignete Adaptionsregeln überwinden. Wenn die Schrittfolge keine Restriktionsungleichungen mehr verletzt, wird die Such-Phase abgebrochen und die Regeln der Stabilisierungsphase treten wieder in Kraft. Das Auffinden eines zulässigen Startvektors gehört demnach in den Aufgabenbereich der Such-Strategie.

Man kann sich leicht vorstellen, wie sich die drei Phasen zu einer Evolutionsstrategie kombinieren lassen, die selbständig ein Optimum nach dem anderen aufsucht. Der Algorithmus liegt in Form eines robusten PC-Programms namens AMPES 2.0 (A*daptive* M*ehr*P*hasen*-E*volutions*S*trategie*) vor. Mit diesem Programm lassen sich prinzipiell alle nichtlinearen Optimierungsprobleme reellen, ganzzahligen und gemischt-ganzzahligen Typs lösen, ohne daß Differenzierbarkeit der Zielfunktion und der Restriktionen sowie zusammenhängende Lösungsräume vorausgesetzt werden. Zu beachten ist jedoch, wie bereits mehrfach betont, daß die Evolutionsstrategie als Näherungsverfahren an keiner Stelle die Optimalität der gefundenen Lösung nachweisen kann. Für den Anwender ist die Handhabung des Programms denkbar einfach. Er gibt die Zielfunktion und die Restriktionen seines nichtlinearen Optimierungsproblems als Unterprogramme ein und definiert innerhalb der Menüführung Ober- und Untergrenzen sowie das Genauigkeitsmaß für jede Variable. Alle Wichtungs- und Steuerungsgrößen sind auf dem Erfahrungsstand vieler empirischer Testreihen unterschiedlicher Problemstrukturen bereits eingestellt. Der Anwender braucht lediglich noch sein erwünschtes Maß an Konvergenzsicherheit anzugeben. Dazu dient ihm die freie Wahl der Phasenzahl sowie die Vorgabe einer *Rechenstärke*, die Einfluß auf die Zahl der Mutationen in den verschiedenen Phasen nimmt. Erwartet er mehrere Suboptima, sollte er eine höhere Phasenzahl wählen und problematischen Ordnungsstrukturen sollte er mit einer Erhöhung der Rechenstärke begegnen.

6. Thesen zur Selbstorganisation von Optimierungsprogrammen

Vieles spricht dafür, daß man mit den Evolutionsstrategien ein universelles Instrumentarium in Händen hat, um Optimierungsprobleme unterschiedlichster Art lösen zu können. Mit manch spezialisierten Algorithmen, die - wie bei der linearen Programmierung oder der quadratischen Programmierung - auf spezielle Ordnungsstrukturen bereits zugeschnitten sind und nur auf diese dann anzuwenden sind, werden

Evolutionsstrategien zwar nicht konkurrieren können. Für diesen Problemkreis sind sie auch nicht gedacht. Ihre Stärke liegt vielmehr in der Behandlung komplexer Problemstellungen, an denen andere Verfahren scheitern. Wie gezeigt, gelingt es mit dem Konzept der Evolutionsstrategien effizient zu Lösungen solch schwieriger Problemstellungen wie dem Reihenfolgeproblem oder den nichtlinearen Optimierungsproblemen vorzudringen. Es ist zu erwarten, daß mit den Konstruktionsprinzipien sich ebenso erfolgreich Evolutionsstrategien für andere, komplexe Optimierungsprobleme entwickeln lassen.

Neben dem Aspekt der Universalität sticht als weiterer Aspekt ins Auge, daß man bei der Konstruktion kontrollierter Evolutionsstrategien im Prinzip ohne Analyse der Ordnungsstrukturen der eigentlichen Problemstellung auskommen kann. Wenn trotzdem bei dem einen oder anderen Strategiebaustein (z.B. symmetrische Kantenmutation) auf die Strukturen der betreffenden Aufgabenstellung näher eingegangen worden ist, dann nur deshalb, um den Aufwand zum Auffinden sinnvoller Bausteine abzukürzen. Man hätte ebensogut eine Bausteindefinition nach der anderen - ob sinnvoll oder nicht - in Betracht ziehen können, um sie dann der Überprüfung empirischer Testreihen zu überlassen. Denn ausschlaggebend für den Einbau neuer Strategiebausteine war bei allen Konstruktionen nur die Güte des empiririsch gemittelten Konvergenzverlaufs.

Diese Art der Vorgehensweise läßt sich wiederum instrumentalisieren. Innerhalb eines Computer-Programmlaufs können ohne weiteres beliebig viele Evolutionsstrategien mit unterschiedlichen Bausätzen und Stellgrößen gestartet, ihr Konvergenzverhalten aufgezeichnet und abschließend auf Basis statistischer Methoden bewertet werden. Die systemtheoretischen Voraussetzungen sind demnach gegeben, daß ein Computerprogramm selbständig effiziente Optimierungsalgorithmen zu konstruieren vermag. Daher lautet die

1. These:

Innerhalb eines Programmlaufs sollte eine Organisation möglich sein, die auf einen Fundus unterschiedlicher Metriken und evolutionärer Prinzipien in kalkülisierter Form zugreifen kann, um mit diesen Elementen Evolutionsstrategien zusammenzustellen, deren Konvergenzgüte an einem beliebigen einzugebenden Optimierungsproblem mittels programminterner Testreihen beurteilt werden kann.

Ohne mathematische Analyse des eingegebenen Optimierungsproblems sollten dann nach dem Muster der Evolution Strategiewettkämpfe unter den einzelnen jeweils neu variierten Strategiekonstruktionen stattfinden, die aufgrund des Mutations- und Selektionsdruckes von Gene-

ration zu Generation zu Strategien mit immer besseren Konvergenzeigenschaften führen. Der Sieger bei dieser Metaevolution von Evolutionsstrategien würde schließlich zur Optimierung des Ausgangsproblems herangezogen.

Falls eines Tages ein derartiges Programm zum Laufen gebracht werden sollte, wird sein Leistungsvermögen vor allem durch den Umfang des vordefinierten Fundus an Metriken und Strategiebausteinen bestimmt sein. Will man darüber hinaus die Selbstorganisation der Lösungsfindung aus dieser Beschränkung herausnehmen, müßte man von der Umsetzung der folgenden These ausgehen.

2. These:

Es sollte innerhalb eines Programms, welches Strategiewettkämpfe auf Basis eines Verfahrensfundus an Metriken und Evolutionsprinzipien organisiert, auch möglich sein, die Elemente des Fundus selbst evolutionären Spielregeln auszusetzen, d.h. Variationen der Metriken und der Evolutionsprinzipien zu generieren und sie hinsichtlich ihres Beitrages zur Lösungsfindung zu selektieren.

Sollte diese These einmal Programmwirklichkeit werden, wäre es sicherlich nicht abwegig einer derartigen Software das Potential zur Kreativität zuzusprechen. Geht man noch einen Schritt weiter in der Spekulation, so ist anzunehmen, daß derart selbstorganisierende Optimierungsprogramme auch zur Lösung von Problemstellungen angewendet werden könnten, die nicht explizit als Optimierungsproblem gegeben sind. Eventuell sind gar einige Vorgänge in unserer Gedankenwelt nach ähnlich evolutionären Mustern aufgebaut, welche permanent Einsichten und Erkenntnisse variieren und neu assoziieren, prüfen, verwerfen oder beibehalten (bzw. mutieren und rekombinieren, bewerten und selektieren).

7. Fallbeispiele

Der aufwendigste Teil beim Einsatz von Evolutionsstrategien in der Praxis ist die Modellbildung. Die reale Problemstruktur muß ja erst noch in ein Modell übertragen werden, das ausreichend genau die Realität widerspiegelt und außerdem über eine problemgerechte Metrik für Evolutionsstrategien verfügt. Die weiteren Konstruktionsschritte zum Aufbau effizienter Evolutionsstrategien sind dagegen weniger aufwendig. Wie mit einem Baukastensystem lassen sich bereits vorhandene Strategiebausteine rasch zusammenfügen.

Da die Entwicklung von Evolutionsstrategien entsprechend den Konstruktionsprinzipien bereits an mehreren Beispielen demonstriert worden ist, beschränkt sich die Beschreibung der Fallbeispiele auf die Formulierung des Ausgangsproblems und die Darstellung der gefundenen Lösung. Alle Beispiele behandeln die optimale Nutzung von Produktionskapazitäten.

7.1 *Fallbeispiel aus der Elektroindustrie*

Ausgangslage: Ein Hersteller von Elektroteilen verfügt über eine vollautomatisch gesteuerte Galvanikanlage, durch die je Schicht etwa 50 bis 60 Werksaufträge geschleust werden. Die Beschickung geschieht ab einem Pufferlager automatisch. Den Transport der Werksaufträge übernehmen 8 hintereinander gereihte Wagen mit überlappenden Reichweiten. Sie haben 67 Galvanikbäder zu bedienen, die je nach Auftragstyp in unterschiedlicher Folge und mit unterschiedlicher Zeitdauer belegt werden. Die Steuerung der Anlage ist starr ausgelegt. Innerhalb einer Taktzeit von 3,75 Minuten stehen die Wagen nur dem Transport eines Auftrages nach vorgegebenen Weg-Zeit-Diagrammen zur Verfügung.

Die Freigabe zur Beschickung der Anlage mit einem neuen Auftrag kann erst dann erfolgen, wenn vorab feststeht, daß alle angefahrenen Stationen zum jeweiligen Zeitpunkt nicht besetzt sind und ebenso die Transportwagen zum jeweiligen Zeitpunkt zur Verfügung stehen. Je nach Reihenfolge der eingeplanten Aufträge ergeben sich unterschiedlich viele Leertakte. Die Frage war, ob mit einer Optimierung der Reihenfolge die Zahl der Leertakte zu reduzieren wäre und damit auch ein höherer Durchsatz auf der Anlage zu erreichen wäre.

Lösung: Die Analyse vor Ort zeigte jedoch, daß mit einer reinen Reihenfolgeoptimierung nur geringe Verbesserungen einzuholen sind. Nach statistischen Schätzungen waren die Belegungsmöglichkeiten der Galvanikanlage nur zur Hälfte ausgeschöpft. Hier galt es, das gegebene Zielfunktionsmodell - die starre Anlagensteuerung - zu ändern.

Aus diesem Grunde wurde eine voll flexible Anlagensteuerung programmiert, die alle Transportbewegungen im 30 Sekunden-Takt für jede neue Auftragsfolge über alle Arbeitsstationen flexibel auszulegen vermochte und den durchlaufzeitgünstigsten Wageneinsatz errechnete. Für die Evolutionsstrategie war es nun kein Problem, anhand dieses Modells erhebliche Verbesserungen bei der Auftragseinplanung zu erzielen. Insgesamt konnte eine Durchsatzerhöhung auf etwas über 100 Werksaufträge pro Schicht erreicht werden, wobei etwa 70% der Verbesserung zurückzuführen waren auf die neue Steuerung und etwa 30% auf die Auftragsfolgeoptimierung.

7.2 *Fallbeispiel aus der Papierindustrie*

Ausgangslage: Ein Spezialpapierhersteller sucht seine kapitalintensiven Anlagen im 3-Schichtbetrieb 7 Tage in der Woche auszulasten. Bei jedem Auftragswechsel muß er jedoch Stillstandszeiten hinnehmen, die aus Reinigungs- und Rückführzeiten resultieren. Da die Stillstandszeiten in direkter Abhängigkeit der Anteilsänderungen der Farb- und Füllstoffe stehen, ist man bestrebt, die Auftragsfolge so zu wählen, daß große Sprünge in den Mengenänderungen der jeweils drei zugeführten Farbstoffe sowie der Füllstoffe vermieden werden. Die Zusammenstellung der Betriebsauftragsfolge legen die Verantwortlichen der Produktion nach optischen Eindrücken anhand von Proben fest, wobei wie in einer Farbreihe vom Hellen zum Dunklen hin gefahren wurde. Gesucht ist die Belegungsfolge, die über die gesamte Farbreihe die geringsten Stillstandszeiten aufweist.

Lösung: Allgemein formulierte Entscheidungsregeln für die Auftragsfolge gab es nicht. Zur Konstruktion eines Zielfunktionsmodells war es deshalb notwendig, das Wissen der Fachleute in quantifizierbare Regeln umzusetzen, die statt des optischen Eindruckes auf den von Auftrag zu Auftrag variierenden Mengenrelationen der Farb- und Füllstoffe aufbauten. Allein für eine Farbreihe ergaben sich über 50 Regeln, die Wenn-Dann Beziehungen zwischen den Mengenrelationen und den Stillstandszeiten herstellten. Mit dem Expertenmodell als Zielfunktion errechnete die Evolutionsstrategie Auftragsfolgen, die durchschnittlich 10 bis 20 % geringere Stillstandszeiten ergaben als die Vorschläge der Fachleute.

7.3 *Weitere Einsatzmöglichkeiten*

Sieht man von den Schwierigkeiten bei der Modellformulierung für die Zielfunktion der beiden Beispiele ab, so bleibt eine einheitliche Problemstruktur, nämlich die der Reihenfolgeproblematik, bestehen. Bei vielen operativen Aufgabenstellungen der Fertigung gesellt sich zur Suche nach der optimalen Reihenfolge noch die Suche nach der optimalen Losgröße und als Optimierungsziel wird neben der Termineinhaltung eine wirtschaftliche Fertigungsweise verlangt, die möglichst alle Kostenfaktoren mit einbezieht.

Anforderungen, die gerade von Evolutionsstrategien gelöst werden können. Vom Autor werden zur Zeit Projekte geleitet, die auf realitätsnahen Simulationsmodellen der Fertigung aufbauen und mit flexibler Zielfunktion arbeiten. Als Ergebnis wird jeweils ein Optimierungsmodul stehen, das in die Systemumgebung vorhandener Produktions-, Planungs- und Steuerungssysteme (PPS) integrierbar ist.

Außer den Einsatzmöglichkeiten in der Fertigung bieten sich für Evolutionsstrategien sicherlich noch eine Vielzahl anderer Praxisprobleme an, die kombinatorischer, nichtlinearer oder diskreter Art sein können. Wir stehen erst am Anfang des Einsatzes kontrollierter Evolutionsstrategien für wirtschaftliche Lösungen.

Anmerkungen:

1) Eine Reihe der Abbildungen entstammen dem Artikel ABLAY (1987) aus »*Spektrum der Wissenschaft*«, deren Reproduktion der Verlag freundlicherweise gestattet hat.

2) Formal läßt sich der (g+1)-te Schritt einer zweigliedrigen Mutations-Selektions-Strategie wie folgt beschreiben:

Mutation

$$X_N^{g+1} = X_E^k + Z^{g+1}$$

Selektion

$$X_E^{k+1} = X_N^{g+1} \quad \text{wenn } f(X_N^{g+1}) < f(X_E^k) \text{ und } X_N^{g+1} \text{ zulässig}$$

$$X_E^{k+1} = X_E^k \quad \text{wenn } f(X_N^{g+1}) \geq f(X_E^k) \text{ und } X_N^{g+1} \text{ unzulässig}$$

3) Die Mächtigkeiten je Distanzwert einer offenen Reihenfolge ergeben sich aus den Rekursionsformeln M_p und M_k:

in der Positionsmetrik

$$M_p = \binom{n}{p} * P_p$$

mit $2 \leq p \leq n$ und

$$P_p = p * P_{p-1} + (-1)^p$$

und

$$P_1 = 0$$

in der Kantenmetrik

$$M_k = \binom{n-1}{k} * K_k$$

mit $1 \leq k \leq n-1$ und

$$K_k = P_k + P_{k+1}$$

$$\left[\text{wobei } \binom{n}{i} = \frac{n!}{(n-i)!\, i!} \right]$$

Mächtigkeit einer offenen Reihenfolge mit 10 Aktivitäten:

p	$\binom{10}{p}$	P_p	M_p
2	45	1	45
3	120	2	240
4	210	9	1890
5	252	44	11088
6	210	265	55650
7	120	1854	222480
8	45	14833	667485
9	10	133496	1334960
10	1	1334961	1334961
			3628799 = 10!-1

k	$\binom{9}{k}$	K_k	M_k
1	9	1	9
2	36	3	108
3	84	11	924
4	126	53	6678
5	126	309	38934
6	84	2119	177996
7	36	16687	600732
8	9	148329	1334961
9	1	1468457	1468457
			3628799

Im Falle einer geschlossenen Reihenfolge, wo nach der n-ten Aktivität wiederum die erste Aktivität folgt, können zyklische Permutationen vernachlässigt werden mit der Folge, daß der Lösungsraum sich dann auf (n-1)! Elemente reduziert. Die Distanzen von einer beliebigen geschlossenen Reihenfolge aus besitzen demnach folgende Mächtigkeitsverteilung:

in der Positionsmetrik

$$M_p = \binom{n-1}{k} * P_p$$

mit $2 \leq p \leq n-1$

und

$$P_p = p * P_{p-1} + (-1)^p$$

und $P_1 = 0$

in der Kantenmetrik

$$M_k = \binom{n}{k} * R_k$$

mit $3 \leq k \leq n$

und

$$R_k = \sum_{j=1}^{k-2} P_{k-j} * (-1)^{j+1}$$

Mächtigkeit einer geschlossenen Reihenfolge mit 10 Aktivitäten:

p	$\binom{9}{p}$	P_p	M_p
2	36	1	36
3	84	2	168
4	126	9	1134
5	126	44	5544
6	84	265	22260
7	36	1854	66744
8	9	14833	133497
9	1	133496	133496
			362879 = 9! -1

k	$\binom{10}{k}$	R_k	M_k
3	120	1	120
4	210	1	210
5	252	8	2016
6	210	36	7560
7	120	229	27480
8	45	1625	73125
9	10	13208	132080
10	1	120288	120288
			362879

4) Zufallsprozesse, die über eine Normalverteilung gewichtet sind, generieren ganzzahlige Größen v bei einem Streumaß von sv mit einer normalverteilten Wahrscheinlichkeitsdichte w

$$w(v) = \frac{2}{sv*\sqrt{2\pi}} \int_{v-1}^{v} e^{\frac{-t^2}{2*sv^2}} dt \qquad \text{mit } 0 < v < n$$

unter Beachtung der Normierungsvorschrift $\sum_{v=1}^{n} w(v)=1$ für v = n.

Literatur:

ABLAY, PAUL: Optimieren mit Evolutionsstrategien. Spektrum der Wissenschaft, Juli 1987, S. 104-115.

DAWKINS, RICHARD: Der blinde Uhrmacher - Ein neues Plädoyer für den Darwinismus. Kindler Verlag, München 1987.

GRÖTSCHEL, MARTIN: On the symmetric traveling salesman problem: Solution of a 120-city problem. Report No. 7770 - Operations Research, Universität Köln, 1977.

RECHENBERG, INGO: Evolutionsstrategie - Optimierung technischer Systeme nach Prinzipien der biologischen Evolution. Frommann-Holzboog, Stuttgart 1973.

RIEDL, RUPERT: Die Strategie der Genesis. Piper Verlag, München, 1986, S. 161.

SCHWEFEL, HANS-PAUL: Numerische Optimierung von Computer-Modellen mittels der Evolutionsstrategie. Birkhäuser Verlag, Stuttgart, 1977.

HAJO OTTEN

Von der Chemie zur Biologie

Die Selbstorganisation biologischer Makromoleküle

1. Einleitung

Wenn man sich mit dem »*Übergang*« von der Chemie zur Biologie, also mit der Entstehung des Lebens beschäftigt, so wird man zunächst die historische Frage stellen: *Wie ist das Leben auf der Erde entstanden?* Zur Beantwortung benötigt man historische Zeugen in Form von Fossilien; diese findet man jedoch erst für spätere Stadien der Evolution, für die frühe präbiotische Phase gibt es nur indirekte Zeugen, wie zum Beispiel den universellen genetischen Code oder die Chemie der Nukleinsäuren, die darauf hindeutet, daß RNA-Moleküle die ersten biologischen Speichermoleküle gewesen sein könnten. Es ist also sinnvoller, nach den physikalischen und chemischen Grundlagen zu suchen und zu fragen: *Wie kann Leben entstehen?* Um diese Frage beantworten zu können, müssen Evolutionsmodelle aufgestellt werden, die sich durch gezielte Experimente verifizieren lassen.

Abb.1 gibt ein denkbares Modell für die präbiotische Evolution wieder. Man geht heute davon aus, daß sich die drei wichtigsten Biopolymere zunächst unabhängig voneinander aus den kleinen Molekülen der Uratmosphäre gebildet haben. Das wären zunächst die *Protenoide*, noch uninstruierte Polypeptide mit schon vielfacher enzymatischer Aktivität, dann die *Polynukleotide*, die einmal die Speicherung der genetischen Information übernehmen werden und schließlich die *Membranen*, die für den Einschluß der Kompartimente sorgen werden.

Als nächstes erfolgte in einer Abfolge von Replikation, Mutation und Selektion die Optimierung der RNA-Moleküle. Die Katalyse dieser Replikation kann durch Metallionen oder durch nichtinstruierte Protenoide erfolgt sein. Hier können RNA-Moleküle mit Kettenlängen bis zu 100 Basen entstehen; das entspricht dem Informationsgehalt heutiger t-RNAs. In der nächsten Stufe bildete sich ein katalytischer Rückkopplungszyklus höherer Ordnung aus. An ihm sind mehrere Spezies - sowohl RNA-Moleküle als auch Polypeptide - beteiligt, die sich in einer Art geschlossenem Wirkungskreis gegenseitig unterstützen. In dieser Phase entsteht die genetische Maschinerie mit der Trennung von *Geno-*

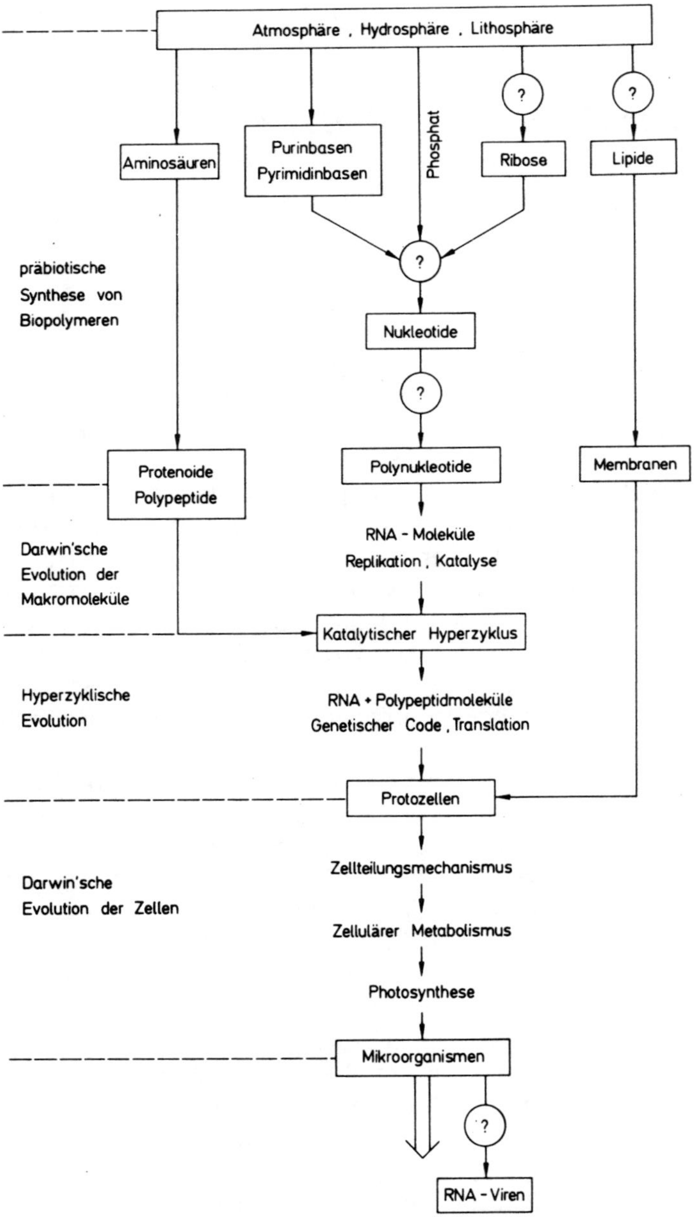

Abb.1 Modellvorstellung zur präbiotischen Evolution

(nach: P. SCHUSTER, Molekulare Evolution und Ursprung des Lebens.
In: B. KÜPPERS (Hrsg.), Ordnung aus dem Chaos)

typ (Information) und *Phänotyp* (Funktion). Ein einfaches Beispiel für einen solchen *Hyperzyklus* ist ein RNA-Molekül, das die Information für den Aufbau eines Proteins speichert, welches seinerseits die codierende RNA sehr effizient repliziert. Hier sind Kettenlängen von einigen 1000 Basen möglich.

Der nächste Schritt war die Kompartimentierung dieser Hyperzyklen, die dafür sorgte, daß die vorteilhafte Mutante, die ja erst auf der Enzymebene wirksam ist, nur dem codierenden Gen zugute kommt. Während der jetzt einsetzenden Evolution der Zellen übernimmt die chemisch stabilere DNA die Rolle des Informationsspeichers, während der RNA die Rolle als Nachrichtenmittler (m-RNA), Struktur- (r-RNA) und Transportmolekül (t-RNA) zufällt. Für die stärker als die RNA zur Doppelstrangbildung neigende DNA wird ein Korrekturmechanismus entwickelt, der die Entstehung längerer Genome (mehr als 10^6 Basen) ermöglicht.

Die heutigen Daten deuten darauf hin, daß die Entwicklung bis zu den Mikroorganismen etwa 1 Milliarde Jahre gedauert hat. Die höhere Kopiergenauigkeit der sich vegetativ vermehrenden Mikroorganismen brachte dann eine langsamere Evolutionsgeschwindigkeit mit sich. Nach weiteren 2 Milliarden Jahren waren die Methoden des horizontalen Genaustausches (Rekombination, sexuelle Vermehrung) entwickelt und die stürmische Entwicklung der höheren Lebewesen setzte ein (vor etwa 1 Milliarde Jahren).

Der Artikel wird sich im weiteren mit der DARWIN'schen Evolution der Makromoleküle befassen; hier beginnt der Übergang von der Chemie zur Biologie, hier entsteht die erste genetische Information, die Speichermoleküle beginnen sich zu optimieren. Die im Laufe der Evolution erst viel später als Parasiten der Mikroorganismen entstandenen RNA-Viren sind ideale Studienobjekte für diese *Selbstorganisation* biologischer Speichermoleküle. Die virale RNA wird von der Wirtszelle in ein Enzym (Protein) übersetzt, das spezifisch nur virale RNA repliziert und die in riesigem Überschuß vorhandene Wirts-RNA ignoriert; RNA-Viren stellen also einen natürlichen Hyperzyklus dar.

2. Quasispezies und Sequenzraum

Ausgehend von dem von MANFRED EIGEN aufgestellten mathematischen Modell für die Evolution selbstreplizierender Speichermoleküle lassen sich Evolutionsexperimente entwerfen, die es ermöglichen, den Prozeß der molekularen Evolution genauer zu untersuchen. Wir betrachten ein System von Speichermolekülen (Replikatoren), in dem

Information durch Erzeugung von Kopien (Nachkommen) weitergegeben und nicht ständig neu erzeugt wird. Die Information wird wie in der Schrift durch die lineare Abfolge verschiedener Symbole gespeichert (siehe Abb.2). Aus physikalischen Gründen ist der Kopierprozeß fehlerbehaftet, so daß Verfälschungen der gespeicherten Information (*Mutationen*) auftreten, Symbole werden gegen andere ausgetauscht, weggelassen oder zusätzlich eingefügt.

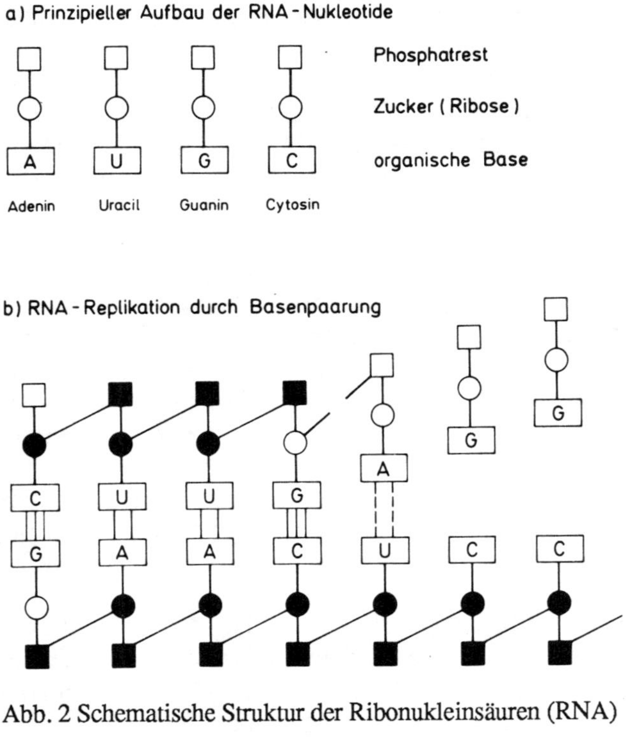

Abb. 2 Schematische Struktur der Ribonukleinsäuren (RNA)

Die Nukleinsäuren sind aus vier verschiedenen Bausteinen aufgebaut; jedes dieser sogenannten Nukleotide besteht aus einer Phosphatgruppe, einem Zucker (Ribose bei der RNA, Desoxyribose bei der DNA) und der jeweils spezifischen organischen Base. In der Ribonukleinsäure (RNA) kommen die Basen Adenin (A), Guanin (G), Cytosin (C) und Uracil (U) vor, bei der Desoxyribonukleinsäure (DNA) tritt an die Stelle des Uracils das Thymin (T). Das Rückgrat der Kettenmoluküle wird durch die alternierende Verknüpfung von Zucker und Phosphatrest gebildet. Die Basen G und C sind genau wie A und U zueinander komplementär; sie bilden spezifische Wasserstoffbrücken untereinander aus. Auf diese Weise kann ein Nukleinsäuremolekül komplementäre Nukleotide anlagern und - unter Mitwirkung von Replikationsenzymen - eine »Negativ«-Kopie von sich herstellen. Die meisten Lebewesen speichern ihre Erbinformation in Desoxyribonukleinsäuren (DNA), einige Viren aber auch in Ribonukleinsäuren (RNA).

Im Wettbewerb zwischen den verschiedenen Mutanten setzt sich die vorteilhafteste Variante durch (Selektion), sie wird *Master* oder *Wildtyp* genannt. In der wiederholten Abfolge von *Mutation* und *Selektion* kann sich ein solches System selbstreplizierender Makromoleküle optimal an bestimmte Umgebungsbedingungen anpassen. Der Master baut dabei ein Molekülensemble auf, das aus dem Wildtyp und seinen nahverwandten guten Mutanten besteht; diese Verteilung wird Quasispezies genannt. Zielobjekt der Evolution ist - wie noch zu sehen sein wird - nicht der Wildtyp sondern diese Quasispezies.

Taucht in diesem Mutantenspektrum eine Variante auf, die höhere Fitnesswerte aufweist als der ursprüngliche Master, so wird die alte Quasispezies instabil und der neue Master baut eine eigene Quasispezies auf. Diese deterministische Selektion hat jedoch immer eine stochastische Anfangsphase, die neue vorteilhafte Mutante muß zunächst mit statistischer Signifikanz auftreten. Schon bei den Genen kleiner Proteine übersteigt die Zahl der möglichen alternativen Sequenzen mit 10^{130} jede Vorstellung; die Erzeugung guter Mutanten - und damit der gerade geschilderte Optimierungsprozeß - erscheint im ersten Augenblick extrem unwahrscheinlich. Die Mutantenerzeugung muß also genauer betrachtet werden.

Wir beschreiben die Erzeugung von Mutanten mathematisch durch einen Faktor q, der die mittlere Kopiergenauigkeit pro Speichersymbol angibt; ein q von 99% bedeutet zum Beispiel, daß von 100 Symbolen eines falsch eingebaut wird. Damit die in einer Quasispezies enthaltene Information nicht verloren geht, darf der Master nicht verschwinden. Unter dieser Voraussetzung leiteten M.EIGEN und P.SCHUSTER eine Beziehung zwischen der maximal zulässigen Kettenlänge ν_{max}, also der höchstzulässigen Zahl von Speicherbausteinen pro Molekül, und der Kopiergenauigkeit q her; die Variable σ beschreibt dabei die Überlegenheit des Masters:

$$\nu_{max} < \frac{\ln \sigma}{1-q} \qquad (1)$$

Diese Kettenlänge darf bei gegebener Kopiergenauigkeit und Überlegenheit des Wildtyps nicht überschritten werden, sonst geht die Sequenzinformation durch eine Anhäufung von Fehlern verloren. Da σ als natürlicher Logarithmus in Gl.(1) eingeht, kann man in erster Näherung annehmen:

$$\nu_{max} \approx \frac{1}{1-q} \qquad (2)$$

Im Laufe der Evolution mußte also eine immer höhere Kopiergenauigkeit hervorgebracht werden, um mehr genetische Information in längeren Kettenmolekülen speichern zu können. Für enzymfreie Replikation (vgl. Abb.1) beträgt q z.B. nur einige Prozent, so daß Kettenlängen bis 100 Basen möglich sind. Dies entspricht den t-RNAs, von denen man annimmt, daß sie zu den ältesten Molekülen zählen, die wir noch in den heutigen Lebewesen vorfinden. Replikaseenzyme steigern die Genauigkeit auf 99,99%, das erlaubt Kettenlängen von bis zu 10 000 Basen, wie wir sie z.B. bei den RNA-Viren vorfinden. Durch die Fehlerkorrektursysteme, die bei der DNA-Replikation wirksam werden, sind DNA-Moleküle mit bis zu 10^9 Basen möglich; das entspricht der Genomlänge der höheren Lebewesen.

Um den Einfluß der durch Gl.(1) beschriebenen Fehlerschwelle zu untersuchen, haben SWETINA und SCHUSTER die Besetzungswahrscheinlichkeit der Mutanten für verschiedene Kettenlängen bestimmt. In Abb.3 sind die relativen Populationszahlen über der Fehlerrate (1-q) aufgetragen; d gibt die Fehlerklasse an: d = 1 bedeutet also Abweichung von der Mastersequenz in einer Position. Bei 2 Symbolen und Kettenlänge $\nu = 50$ gibt es z.B. 50 Ein-Fehler-Mutanten und 1225 Zwei-Fehler-Mutanten. Die beiden Diagramme gelten für $\nu = 10$ bzw. $\nu = 50$, in beiden Fällen ist $\sigma = 10$ gesetzt.

Man erkennt, daß die Beziehung aus Gl.(1) einen Schwellenwert für Informationsspeicherung definiert. Wenn q zu klein wird, kann keine Information bewahrt werden, die Konzentration des Masters geht auf den statistisch beschreibbaren Wert zurück; der Master ist trotz seines Überlegenheitsfaktors nur noch eine von 2^ν möglichen Sequenzen. Es wird deutlich, daß die Fehlerschwelle mit zunehmender Kettenlänge schärfer wird. Ein System von Replikatoren, das etwas unterhalb der Fehlerschwelle arbeitet, wird zwar einen stabilen Wildtyp zeigen, die Sequenzinformation also bewahren, aber andererseits auch viele Mutanten enthalten. Dieses System kann also auf veränderte Umgebungsbedingungen schneller reagieren als ein System, das weitab von der Fehlerschwelle, bei hoher Masterpopulation arbeitet.

In Evolutionsexperimenten könnte man die Fehlerrate kurzzeitig erhöhen, um viele Mutanten zu erzeugen, und dann bei geringerer Fehlerrate den Selektionsprozeß abwarten. Durch diese *Variation der Fehlerrate* läßt sich der Evolutionsprozeß eventuell beschleunigen.

Bisher wurde angenommen, daß die Mutanten reine Störungen des Wildtyps sind, sie würden dann nach einer Binominalverteilung mit statistischer Gesetzmäßigkeit erzeugt. In Abb.4 ist diese *Besetzungswahrscheinlichkeit* für Bakterien ($\nu = 4 \cdot 10^6$), ein RNA-Virus ($\nu = 4200$) und ein kurzes RNA-Molekül ($\nu = 221$) dargestellt; es gilt Gl.(2). Q gibt die Wahrscheinlichkeit an, eine beliebige d-Fehler-Mutante zu erzeugen und ist von ν unabhängig, P steht dagegen für die Wahrscheinlichkeit, alle Mutanten einer Fehlerklasse zu besetzen.

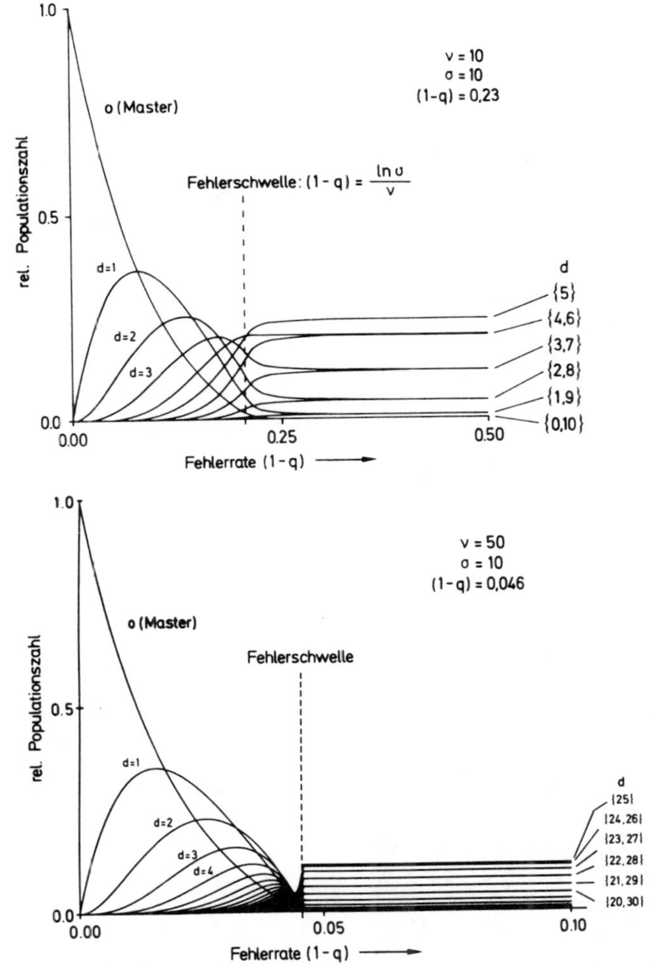

Abb. 3 Mutantenverteilung für binäre Sequenzen als Funktion der Fehlerrate
ν = Kettenlänge, σ = Überlegenheitsfaktor des Wildtyps,
d = Fehlerklasse, q = Kopiergenauigkeit, 1 - q = Fehlerrate

(nach: J. SWETINA und P. SCHUSTER, Biophys. Chem. 16, 329, 1982)

Unter 10^{12} Sequenzen, die im Labormaßstab noch handhabbar sind, finden wir zwar noch einige 14-Fehler-Mutanten, aber schon für kurze Ketten nicht einmal mehr alle 4-Fehler-Mutanten. Bei Bakterien sind in einer Population von 10^{12} nicht einmal mehr alle 2-Fehler-Mutanten zu finden. Bei rein statistischer Mutantenerzeugung wäre der Evolutionsprozeß also hoffnungslos langsam. Der Selektionsvorgang läuft zwar

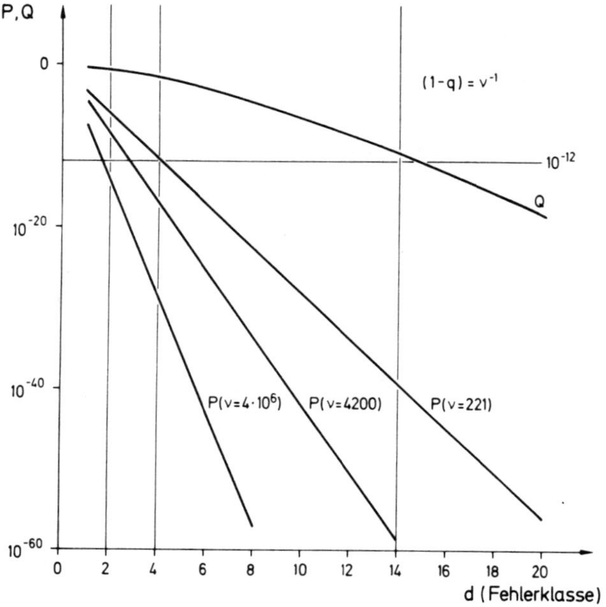

Abb. 4 Besetzungswahrscheinlichkeit der Fehlerklassen

Besetzung der Fehlerklassen mit einer (Q) bzw. mit allen (P) Mutanten unter der Annahme, daß alle Mutanten einer Klasse gleich häufig erzeugt werden. Die Gerade bei 10^{-12} repräsentiert eine Population von 10^{12} Individuen. Die Schnittpunkte dieser Geraden mit den P-Kurven deuten an, welche d-Fehler-Mutanten in dieser Population zu finden sind. Der Schnittpunkt mit der Q-Kurve zeigt, daß gerade noch einige 14-Fehler-Mutanten vorhanden sein werden.

deterministisch ab, aber die Erzeugung guter Mutanten ist sehr unwahrscheinlich. Das möge folgendes Zahlenbeispiel verdeutlichen:

Die Erde existiert seit etwa 10^{17} Sekunden und ist von etwa 10^{21} Litern Wasser bedeckt. Wenn nun in jeder Sekunde 10^{20} Moleküle pro Liter erzeugt worden wären, hätten maximal 10^{58} Moleküle durchprobiert werden können. Verglichen mit den 10^{130} alternativen Sequenzen kleiner Gene ($\nu = 300$) ist diese Zahl immer noch verschwindend klein. Wir stehen also vor einem Komplexitätsproblem, das im Verlauf der Evolution überwunden werden mußte: *Im Laufe der Erdgeschichte war es nicht möglich, auch nur von einer Sequenz alle Mutanten auf optimale Funktion zu testen.* Es muß also einen Optimierungsprozeß geben, der schon auf dieser molekularen Ebene wirksam ist. Um diesen Prozeß zu untersuchen, sehen wir uns das Mutantenspektrum näher an.

Für die richtige Darstellung der Abstände der vielen verschiedenen Mutanten zueinander hat INGO RECHENBERG einen vieldimensionalen Punktraum vorgeschlagen. Dieses Konzept eines Sequenzraumes wurde später von M.EIGEN und P.SCHUSTER bei der Entwicklung des Quasispezieskonzeptes benutzt. Die Dimension dieses Raumes wird durch die Kettenlänge ν bestimmt, die Länge der Achsen entspricht der Zahl der Bausteinklassen; bei Nukleinsäuren also 4. In einer zusätzlichen Dimension wird der *Selektionswert* (Fitness) der jeweiligen Mutante aufgetragen. Für einen zweidimensionalen Raum ist noch eine graphische Darstellung möglich (siehe Abb.5).

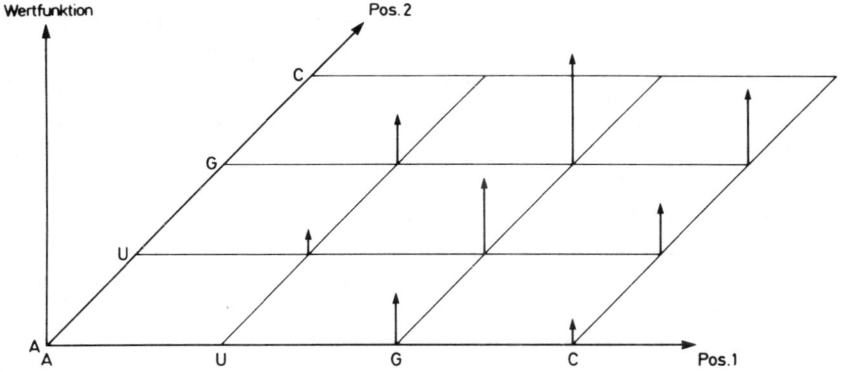

ν - Zahl der Positionen
λ - Zahl der Bausteinklassen
λ^{ν} - Punkte (Mutanten)
$\nu!$ - Verbindungen zwischen 2 Punkten

Abb. 5 Darstellung von Mutanten im Sequenzraum

Die Höhe der Pfeile entspricht dem Selektionswert der jeweiligen Sequenz. Sequenzen ohne Pfeil haben keine Funktion.

Die Zahl der Mutanten geht mit ν drastisch hoch, ebenso wie die Zahl der möglichen Übergänge von einer Mutanten zu einer anderen. Die Mutationsabstände sind jedoch klein ($\leq \nu$). Der Sequenzraum zeigt also einen starken inneren Zusammenhang. Die Landschaft dieses Raumes stellt eine biologische Wertfunktion dar, im einfachsten Fall repräsentiert sie die Zuordnung der Kopiergeschwindigkeit zu den jeweiligen Sequenzen.

Wir wollen jetzt die Topographie dieses Raumes näher betrachten und untersuchen, ob sie einen Ausweg aus dem erwähnten Komplexitätsproblem bietet. Dazu schauen wir uns einige experimentelle Befunde an:

- DOMINGO und Mitarbeiter konnten zeigen, daß eine einzige Basentransition im Genom des Qβ-Phagen sowohl zu letalen Varianten (ohne Funktion) als auch zu nur geringfügig schlechter replizierenden Phagen führen kann, je nach dem, an welcher Stelle des Genoms die Mutation erfolgt.
- WEIZMANN und Mitarbeiter untersuchten viele Klone des Qβ-Phagen und fanden im Mittel je Klon 1-2 Abweichungen gegenüber dem Elternklon. Nach mehreren Infektionszyklen mit diesen mutierten Klonen war die ursprüngliche Quasispezies wieder hergestellt.
- Ähnliche Ergebnisse fanden DOMINGO und Mitarbeiter für die Maul- und Klauenseuche und PALESE und Mitarbeiter für Influenza-Viren. Diese genetische Variabilität könnte die Ursache für die Antigenvielfalt mancher Viren sein, die es dem Immunsystem eines befallenen Organismus erschwert, wirkungsvolle Abwehrmaßnahmen zu ergreifen. Viruspopulationen mit einer Quasi-Spezies-Struktur hätten somit einen Selektionsvorteil in immunen oder teilimmunen Wirtsorganismen.
- BIEBRICHER und Mitarbeiter fanden Sequenzheterogenitäten auch bei kleinen RNA-Molekülen, die im Reagenzglas *in vitro* vermehrt werden.
- Verschiedene Sequenzen haben ähnliche Funktionalität, z.B. beim Cytochrom C, einem Enzym der Atmungskette. Trotz stark abweichender Sequenz hat Cytochrom C in verschiedenen Lebewesen die gleiche Funktion.
- Durch Änderung der Umgebungsbedingungen (Salz, abbauende Enzyme, Inhibitoren) wird ein Selektionsdruck ausgeübt, der dazu führt, daß eine bestehende Quasispezies durch eine neue ersetzt wird.
- Die Fehlerschwellenbeziehung (Gl.1) liefert eine Erklärung für die Kettenlänge natürlich vorkommender Viruspopulationen. Die maximale Kettenlänge des Qβ-Virus z.B. wurde von EIGEN und SCHUSTER nach Gl.1 auf 4500 Basen berechnet; dieser Wert liegt nur geringfügig über der tatsächlichen Länge von 4220 Basen.

Diese Ergebnisse lassen sich wie folgt interpretieren: Die Wertfunktion im Sequenzraum weist eine Art Gebirgsstruktur mit Gipfeln, Höhenzügen, Graten und Steilhängen auf. Allein schon aus der Tatsache, daß überhaupt Sequenzheterogenitäten möglich sind, kann man folgern, daß es Mutanten geben muß, die ähnlich gute Selektionswerte aufweisen wie der Wildtyp. Das Auftreten vorteilhafter Mutanten wird durch diese Topographie begünstigt. Die Mutanten replizieren ebenfalls und bringen damit auch eigene Mutanten hervor. Da die stationäre Präsenz von Mutanten durch den Selektionswert bestimmt wird, bringen gute Mutanten mehr eigene Nachfolgemutanten hervor als schlechte Mutanten. Diese Nachfolgemutanten können sich dann weiter vom Wildtyp entfernen. Man kann sich den Übergang von einem Wildtyp zu einem besser angepaßten also als eine Art Gratwanderung vorstellen, bei der Mutanten höherer Fehlerklassen sukzessive aus guten Vorläufermutanten hervorgehen.

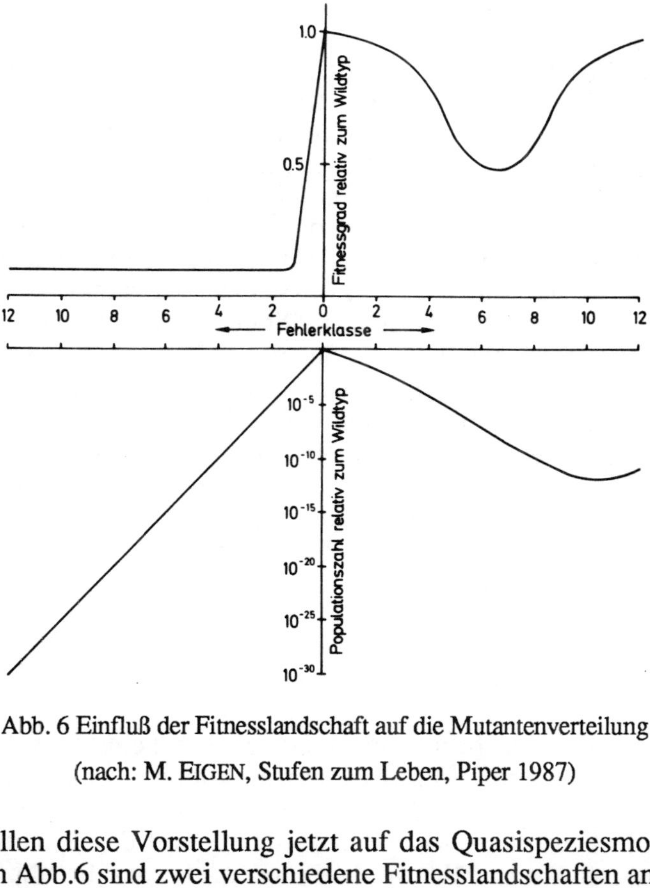

Abb. 6 Einfluß der Fitnesslandschaft auf die Mutantenverteilung

(nach: M. EIGEN, Stufen zum Leben, Piper 1987)

Wir wollen diese Vorstellung jetzt auf das Quasispeziesmodell anwenden. In Abb.6 sind zwei verschiedene Fitnesslandschaften angenommen, links mit stark überlegenem Wildtyp (vgl. Abb.3) und rechts mit einer Art Gebirgsstruktur. Während links die Besetzungswahrscheinlichkeit bei höheren Fehlerklassen stark abnimmt, treten rechts die Mutanten höherer Fehlerklassen wieder häufiger auf. Bei Populationszahlen von 10^{12} ist hier das Auftreten der 12-Fehler-Mutante 10^{20} mal so wahrscheinlich wie links und damit unausweichlich. Neutrale oder nahezu neutrale Mutanten sind also ungleich häufiger vertreten als der Rest der Mutanten.

Die Tatsache, daß eine asymmetrische Mutantenverteilung weit in den Sequenzraum hineinreichen kann, hat folgende Konsequenz: Die meisten im System vorkommenden Mutationen ereignen sich in den Bergregionen der Wertlandschaft, also dort, wo man auch den optimalen Gipfel erwartet. Das System sucht also mit großer Effizienz gerade in der Region nach Mutanten, in der vorteilhafte Varianten zu erwarten sind.

In einer weiteren Simulation haben SWETINA und SCHUSTER zwei Mastersequenzen mit unterschiedlicher Fitnessverteilung ihrer Mutanten miteinander konkurrieren lassen. Der zweite Master ist 10% schlechter als der erste, hat aber bessere 1-Fehler-Mutanten. Nur bei sehr niedriger Fehlerrate gewinnt der bessere Master, ansonsten immer der schlechtere mit dem besseren Mutantenspektrum. Das Target der Selektion ist also gar nicht der Wildtyp alleine, sondern die ganze Quasispezies. Auch hier erkennt man den Einfluß der Wertlandschaft auf den Selektionsprozeß.

Es ist jetzt die Frage zu stellen, wie die Topographie des Sequenzraumes im einzelnen beschaffen ist. Gibt es Gebirgsstrukturen, die den Evolutionsprozeß leiten und beschleunigen? Wie stark sind die inneren Zusammenhänge dieser Landschaft? Gibt es die vorhergesagte Gratwanderung? Darüber hinaus interessiert die Frage, ob diese neuen Erkenntnisse zu einer *evolutiven Biotechnologie* führen können, in der das Durchmustern vieler Mutanten durch gezielte Mutantenauswahl ersetzt werden kann. Für die Beantwortung dieser Fragen sind gezielte Evolutionsexperimente erforderlich, Experimente zur Selbstorganisation biologischer Makromoleküle.

3. Evolutionsexperimente im Reagenzglas

Für diese Versuche benötigen wir ein möglichst einfaches System von Replikatoren, in dem Information an Nachkommen weitergegeben wird und nicht ständig neu entsteht; dieser Kopiervorgang muß fehlerbehaftet sein, damit bewertbare Mutanten auftreten. Auf das System muß ein Selektionsdruck ausgeübt werden können, der zur Etablierung einer Quasispezies führt. Durch Änderung der Umgebungsbedingungen kann man dann die Topographie der Wertlandschaft verändern und das Einstellen einer neuen Quasispezies beobachten. Um ein anpassungsfähiges System zu erhalten, sollte man durch hohe Populationszahlen für viele Mutanten sorgen; darüber hinaus ist eine schnelle Generationenfolge erwünscht.

Hohe Populationszahlen und kurze Replikationszeiten erhält man, wenn man mit Viren oder mit kurzsträngigen RNA-Molekülen experimentiert, die sich im Reagenzglas replizieren. Die ersten - heute schon klassisch zu nennenden - *Evolutionsexperimente im Reagenzglas* hat die Gruppe von SOL SPIEGELMAN durchgeführt. Sie isolierte aus infizierten Bakterien ein Enzym, die Qβ-Replikase, das RNA-Moleküle in zellfreier Umgebung replizieren kann und selbst als konstanter Umweltfaktor anzusehen ist. Bei solchen *in vitro*-Experimenten entfallen bis auf die reine Replikationsgeschwindigkeit alle Einflüsse auf den Selektionswert. Es ergeben sich überschaubare Randbedingungen, die eine Interpretation begünstigen.

Da es für diese Evolutionsexperimente erforderlich ist, daß sich stets mehr Enzym- als RNA-Moleküle in der Lösung befinden, ist durch die Enzymkonzentration eine obere Schranke für die RNA-Konzentration gegeben. Deshalb wurde ein iteratives Verdünnungsexperiment gewählt, bei dem man die RNA auf eine bestimmte Konzentration hochverstärkt und dann durch Überimpfen in frische Enzymlösung wieder verdünnt. Abb.7 zeigt den schematischen Ablauf eines solchen *Serial-Transfer-Experimentes.*

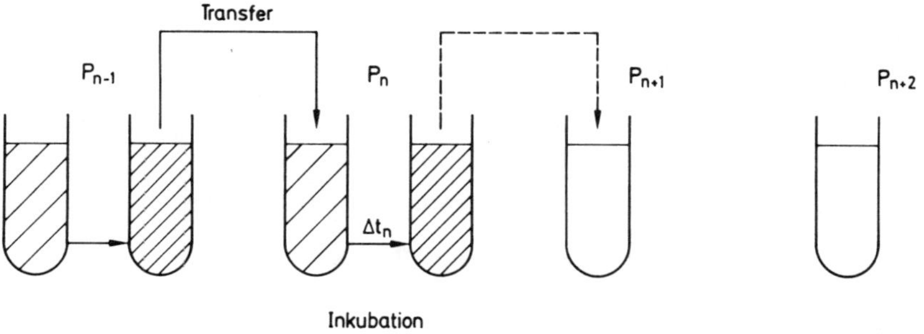

Abb. 7 Schematischer Ablauf eines Serial-Transfer-Experimentes

Zunächst wird eine Anzahl von Replikationslösungen vorbereitet, die bis auf die RNA alle benötigten Substanzen enthalten (weiße Röhrchen). In die erste Lösung wird dann eine bestimmte Menge an RNA gegeben (weiter Strichabstand). Dieses Röhrchen wird für eine gewisse Zeit inkubiert (Δt_n) und die RNA dadurch auf eine gewünschte Endkonzentration hochverstärkt (enger Strichabstand). Ein Teil dieser Lösung wird jetzt in das nächste Röhrchen übergeimpft und dadurch wieder auf die Startkonzentration verdünnt. Diese Lösung wird ebenfalls für eine gewisse Zeit inkubiert, dann erfolgt einer neuer Transfer und so weiter.

Die Ergebnisse eines typischen Serial-Transfer-Experimentes sind in Abb.8a dargestellt. Durch insgesamt 17 Transfers wurden hier kurzsträngige RNA-Moleküle (Midivariante, MDV) an den Replikationsinhibitor Ethidium Bromid (ein Fluoreszenzfarbstoff) angepaßt. Die Transferzeiten betrugen hier 10 min, der Verdünnungsfaktor war jeweils $1:10^5$. Man erkennt, daß die letztlich erzeugte Mutante bei hoher Farbstoffkonzentration doppelt so schnell repliziert wie der Wildtyp. Die MDV hatte sich also an die neue Umgebung angepaßt, wobei eine Mutante entstanden war, die dem Wildtyp - allerdings nur bei höheren Ethidium Bromid Konzentrationen - überlegen ist.

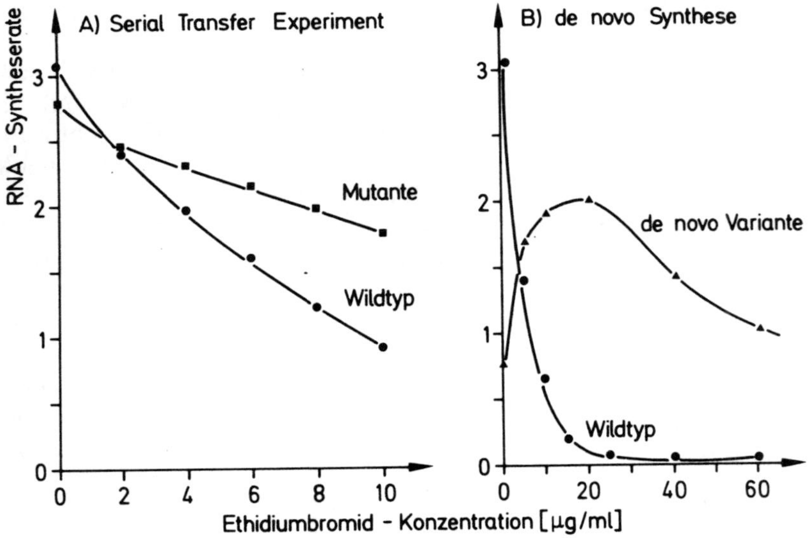

Abb. 8 Evolutionsexperimente im Reagenzglas

a) KRAMER et al., J. Mol. Biol. 89, 719, 1974
b) SUMPER und LUCE, PNAS 72, 162, 1975

Unter *de novo*-Bedingungen (Abb.8b) fanden SUMPER und LUCE dagegen Mutanten, die bei hoher Farbstoffkonzentration erheblich besser replizieren als der Wildtyp. In *de novo*-Experimenten wird Qβ-Replikase ohne RNA-Vorlage für mehrere Stunden inkubiert, das Ergebnis sind kurzsträngige RNA-Moleküle, die eine große Sequenzheterogenität aufweisen. Bei diesen Versuchen entsteht also Information, ähnlich wie man es sich für die frühe Phase der präbiotischen Evolution vorstellen kann, indem sich die monomeren Bausteine der RNA zu langen Ketten zusammenfinden, ohne daß eine Vorlage erforderlich wäre. Das breite

Mutantenspektrum dieser *de novo Varianten* enthält sehr viele Mutanten und ermöglicht dadurch eine bessere Adaption an die Umgebungsbedingungen als die schmalere Verteilung der MDV-Quasispezies.

Man findet also schneller besser angepaßte Varianten, wenn man - wie oben schon angedeutet - mit hoher Mutantenzahl experimentiert. Dazu ist es erforderlich, bei den Transfer-Versuchen möglichst wenig zu verdünnen, eher 1:2 als $1:10^5$. Außerdem ist es wichtig, bei einer hohen RNA-Konzentration zu arbeiten, also dicht unterhalb der Enzymkonzentration. Alle bisher durchgeführten Evolutionsexperimente haben diesem Aspekt nicht genügend Rechnung getragen.

In der Abteilung für Biochemische Kinetik (Prof. MANFRED EIGEN) am Max-Planck-Institut für Biophysikalische Chemie in Göttingen haben wir es in Angriff genommen, die Optimierbarkeit biologischer Makromoleküle zu untersuchen und ihre Wertfunktion im Sequenzraum zu kartieren. Dazu wollen wir unter genau kontrollierten optimalen Bedingungen Evolutionsexperimente mit Viren und RNA-Molekülen durchführen. Zu diesem Zweck haben wir zwei *»Evolutionsmaschinen«* gebaut, eine dritte befindet sich im Stadium der Entwicklung.

Darüber hinaus bestimmt die Arbeitsgruppe von Dr. BIEBRICHER durch Klonieren von RNA-Varianten die Strukturen verschiedener Quasispezies-Verteilungen. Dazu werden die einzelnen Mutanten in DNA umgeschrieben, hochverstärkt und dann sequenziert. Wenn man die DNA-Klone dann wieder in RNA zurückschreibt und ihre Replikationsgeschwindigkeit bestimmt, kann man eine Zuordnung von Fitness und Sequenz treffen. Das Klonieren und Sequenzieren erfolgt auf der DNA-Ebene, weil hier die Mutanten mit sehr geringer Fehlerrate repliziert werden, so daß kaum zusätzliche Mutationen auftreten.

4. Maschinenexperimente

Die erste Apparatur dient zur Durchführung von *Serial-Transfer-Versuchen*. Hier wollen wir untersuchen, ob die Fehlerrate ein geeigneter Parameter für die Beschleunigung des Evolutionsprozesses ist. In diesen Experimenten hängen die Transferzeiten vom Verdünnungsfaktor und von der Replikationsgeschwindigkeit ab. Da eine hohe Mutantenzahl angestrebt wird, ist es erforderlich, mit geringer Verdünnung zu arbeiten und mit der RNA-Konzentration dicht an die Enzymkonzentration heranzugehen.

Unter diesen Voraussetzungen ist es nicht möglich, ein festes Zeitraster für die Transfers zu wählen. Die RNA-Konzentration muß während des Versuches *on-line* gemessen werden, um sicherzustellen, daß sie die durch die Enzymkonzentration bedingte Obergrenze nicht überschreitet. Durch serielle Verdünnung und Schwellenwertüberwachung kann die RNA-Konzentration zwischen zwei Grenzwerten gehalten werden, die Inkubationszeiten werden also durch die Replikationsgeschwindigkeit bestimmt. Das Experiment ist damit selbstadaptierend, es paßt sich automatisch Änderungen bei den Replikationszeitkonstanten an (siehe dazu Abb.9).

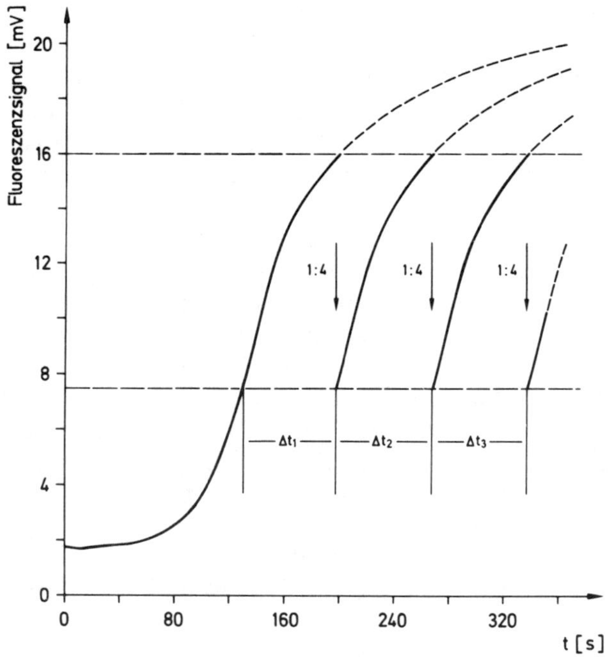

Abb. 9 Prinzipieller Signalverlauf in der Serial-Transfer-Apparatur

Zur Messung der RNA-Konzentration wird den Replikationslösungen ein Fluoreszenzfarbstoff zugegeben. Dieser Farbstoff lagert sich an die RNA-Moleküle an und fluoresziert in diesem gebundenen Zustand wesentlich stärker als im ungebunden Zustand. Die Intensität des Fluoreszenzsignales ist also ein Maß für die RNA-Konzentration. Die Lösung im ersten Reaktionsgefäß (vgl. Abb.7) wird mit geringer RNA-Konzentration angeimpft, beim Erreichen der Enzymkonzentration in einem neuen Reaktionsgefäß 1:4 verdünnt, wieder bis auf Enzymkonzentration hochverstärkt usw. Der gebogene Verlauf der Meßkurven ist durch das Massenwirkungsgesetz bedingt. Die Transferzeiten (Δt) entsprechen bei dieser Verdünnung zwei Replikationsrunden, an den Δt-Werten kann man den Evolutionsverlauf verfolgen.

Wegen der kurzen Replikationszeit (40 - 80 s) der RNA-Moleküle und der erforderlichen *on-line*-Messung war also eine Apparatur zu entwerfen. Diese »Serial-Transfer-Apparatur« (siehe Abb.10) besteht im wesentlichen aus folgenden Komponenten:

- einem neu entwickelten Glasfaserfluorimeter, mit dem die Molekülkonzentration in den Proben (20 - 50 µl Volumen) gemessen wird. Hier kam es besonders darauf an, eine Kombination von Fasermaterial, Glaskleber und Interferenzfilter zu finden, die eine hohe Streulichtunterdrückung zuläßt. Die gefundene Lösung ermöglicht es, je 4 Emissionsphotonen vor einem Hintergrund von 10^8 Anregungsphotonen zu detektieren.
- einer Mechanik für die automatische Handhabung einer großen Anzahl von Proben. In verschiedenen Stadien der Experimente werden die Proben auf unterschiedlichen Temperaturen gehalten, das Umtemperieren muß schnell und vor allem reproduzierbar erfolgen.
- einer automatischen Pipette für den Transfer der µl Volumina zwischen den einzelnen Probenröhrchen.
- einem Steuerrechner, der den Ablauf der Versuche überwacht, die Signale des Fluorimeters auswertet und den Zeitpunkt für den nächsten Transfer bestimmt.

Abb.10 Serial-Transfer-Apparatur (ohne Fluorimeter)

Bei H werden Reaktionsgefäße mit frischer Enzymlösung in die Apparatur eingeschoben und zur Inkubationsstelle F gefahren. Hier greift das Glasfaserfluorimeter an und meldet die aktuelle RNA-Konzentration an einen Steuerrechner. Wenn der obere Konzentrationsgrenzwert erreicht ist, entnimmt der Pipettierautomat D mittels einer Teflonspitze E einen Teil der Lösung und impft ihn auf ein neues Reaktionsgefäß über. Das alte Gefäß verläßt die Apparatur bei G und wird für spätere Analysen eingefroren.(Nach: H.OTTEN, Dissertation TU Braunschweig, 1988)

Die Serial-Transfer-Apparatur ermöglicht es erstmals, verschiedene Evolutionsstrategien unter reproduzierbaren Bedingungen auszutesten. Im nächsten Schritt kann dann versucht werden, den Evolutionsprozeß durch Variation der Fehlerrate zu beeinflussen. Diese Experimente sollen die Frage beantworten, ob und wie sich der Prozeß der molekularen Evolution steuern läßt.

Mit der zweiten Apparatur soll die *Topographie der Wertfunktion* ausgelotet werden. Die ideale Vorgehensweise wäre es, viele Punkte im Sequenzraum zu besetzen und für jeden den Selektionswert zu bestimmen. Dies würde die Erzeugung eines breiten Mutantenspektrums und die Messung der Replikationsraten von einzelnen Mutanten bedeuten. Dazu müssen die einzelnen Moleküle jedoch erst auf makroskopisch meßbare Konzentrationen hochverstärkt werden. Wenn aus technischen Gründen die genauen Sequenzen der einzelnen Mutanten nicht zu bestimmen sind, so muß zumindest der mittlere Abstand der Mutanten zueinander bekannt sein; dies kann durch eine hierarchische Erzeugung der Mutanten gewährleistet werden. Mit so einem Klonierungsexperiment könnte man also die Wertfunktion im Sequenzraum ausloten.

Im nächsten Schritt können diese Experimente dann iterativ durchgeführt werden (siehe Abb.11). In Kenntnis der Topographie werden einige Klone ausgewählt und bilden die neue Startverteilung. Diese neue Population wird zunächst mit geringer Fehlerrate hochverstärkt und dann auf mehrere Gefäße verteilt. Jetzt wird mit hoher Fehlerrate ein breites Spektrum erzeugt, die Mutanten werden vereinzelt und kloniert. Durch dieses Verfahren werden Mutanten mit verschiedenen Nachbarschaftsbeziehungen geschaffen; in Abb.11 sind z.B. in einem Klonierungsbrett die Mutationsabstände geringer als zwischen den einzelnen Brettern. Die Mutantenerzeugung kann auch in mehreren Stufen erfolgen, dann erhält man ein stärker gegliedertes Spektrum mit baumhafter Struktur.

Durch Änderung der Umgebungsbedingungen kann die Evolution in eine bestimmte Richtung gelenkt werden, z.B. Anpassung an andere Salzkonzentrationen oder Resistenz gegen RNA-abbauende Ribonukleasen. Mit der gezielten Auswahl der Mutanten für die nächste Runde wird eine künstliche Selektion vorgenommen, bei der auch »schlechtere« Varianten berücksichtigt werden. Gerade unter diesen können sich Sequenzen befinden, die in der nächsten Runde Mutanten erzeugen, die dann besser an die neuen Bedingungen angepaßt sind. Bei numerischen Optimierungsproblemen führen solche Verfahren sehr schnell zum gewünschten Ergebnis.

Diese Klonierungsexperimente würden also Auskunft darüber geben, wie schnell die Umgebungsbedingungen geändert werden dürfen, nach welcher Strategie Mutanten für die nächste Runde zu selektieren sind und wie groß die mittleren Abstände im Mutantenspektrum sein müssen. Während sich bei den Serial-Transfer-Experimenten immer die Mutante mit der höchsten Replikationsgeschwindigkeit durchsetzen wird, kann bei den Klonierungsexperimenten ein beliebiger Selektionsdruck ausgeübt werden. Eine solche *Klonierungsapparatur* befindet sich als Weiterentwicklung der Serial-Transfer-Apparatur zur Zeit im Aufbau.

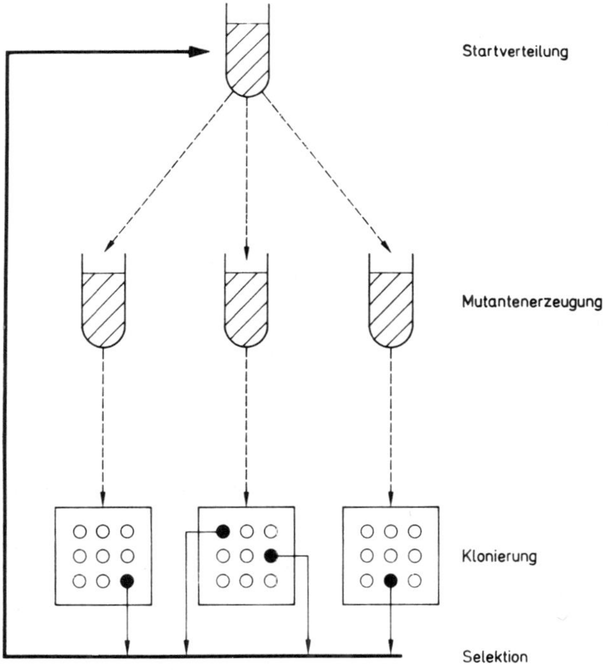

Abb.11 Klonierungsexperiment mit hierarchischer Mutantenerzeugung

Einige geeignete Klone werden jeweils ausgewählt und bilden die Startverteilung für den nächsten Durchlauf.

Während die beiden ersten Apparaturen *in vitro*-Maschinen sind, ist die dritte Apparatur eine *in vivo*-Maschine. In diesem *Cellstat* wird eine kontinuierliche Bakterienkultur erzeugt, die als Nährboden für Experimente mit RNA-Viren dient. Man kann hier verschiedene Selektionsbedingungen einstellen und untersuchen, ob und wie sich die Viren anpassen. Abb.12 zeigt das Schema eines solchen Cellstat und Abb.13 die Ergebnisse eines Evolutionsexperimentes.

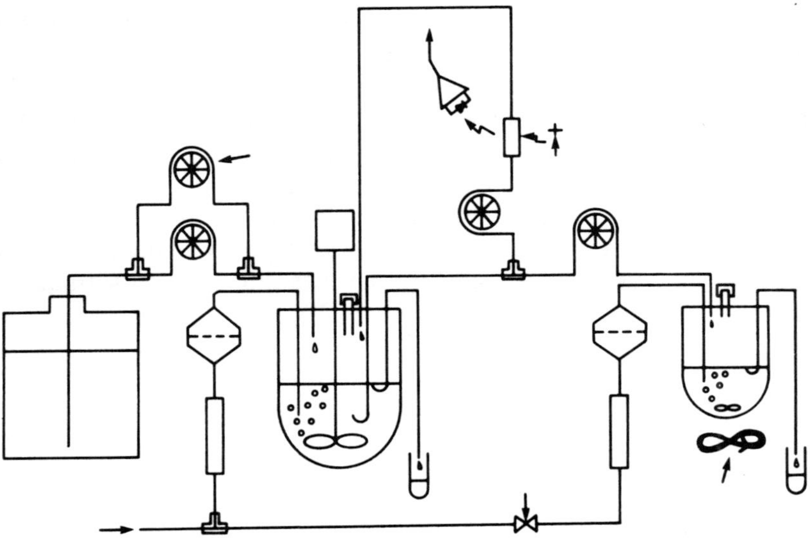

Abb.12 Schema eines Cellstat

Aus einem Mediumreservoir M wird mittels Pumpen P kontinuierlich Nährlösung in einen Turbidostaten T gefördert und dort mit einem Rotor R gerührt. In dem Turbidostaten wird eine Bakterienkultur erzeugt, die in den eigentlichen Cellstat C gepumpt wird. Die Bakterienkonzentration wird über einen Trübungsmesser N geregelt. Die Belüftung geschieht über Feinfilter F. Im Cellstat C werden die Bakterien mit Viren infiziert. Zu festgesetzten Zeiten wird dem Cellstat eine Probe entnommen und die Viruskonzentration bestimmt. Auf die Viren kann ein Selektionsdruck ausgeübt werden, indem der Bakterienkultur Stoffe zugegeben werden, die die Viren in ihrem Infektionszyklus behindern. Am Verlauf der Viruskonzentration kann man beobachten, wie sich die Viren an diese neue Umgebung anpassen.

(Nach: M. EIGEN, Stufen zum Leben, Piper 1987)

5. Zusammenfassung

Es wurde gezeigt, daß das Zielobjekt der Evolution nicht eine einzige Sequenz - der Wildtyp - sondern das Mutantenspektrum dieses Wildtyps ist. Den Wettbewerb zwischen zwei sehr guten Varianten gewinnt die Sequenz mit dem besseren Mutantenspektrum.

Wenn in diesem Mutantenspektrum eine Sequenz auftaucht, die besser angepaßt ist als der Wildtyp, wird die alte Quasispezies instabil, es baut sich eine neue Molekülverteilung auf. Dem Wildtyp nahverwandte Mutanten werden primär durch Fehlkopien des Wildtyps hervorgebracht;

diese Erzeugung ist rein statistisch, das Auftreten aller Mutanten also gleich wahrscheinlich.

Das hier auftretende Komplexitätsproblem wird durch die Topographie des Sequenzraumes überwunden. Entsprechend ihres Fitnesswertes erreichen gute Mutanten erheblich höhere Populationszahlen als schlechte Mutanten. Die Mutanten erzeugen selbst wieder eigene Nachkommen und damit natürlich auch Mutanten. Dadurch baut sich eine asymmetrische Mutantenverteilung auf, in der weit vom Wildtyp entfernte Mutanten sukzessive aus Vorläufermutanten entstehen.

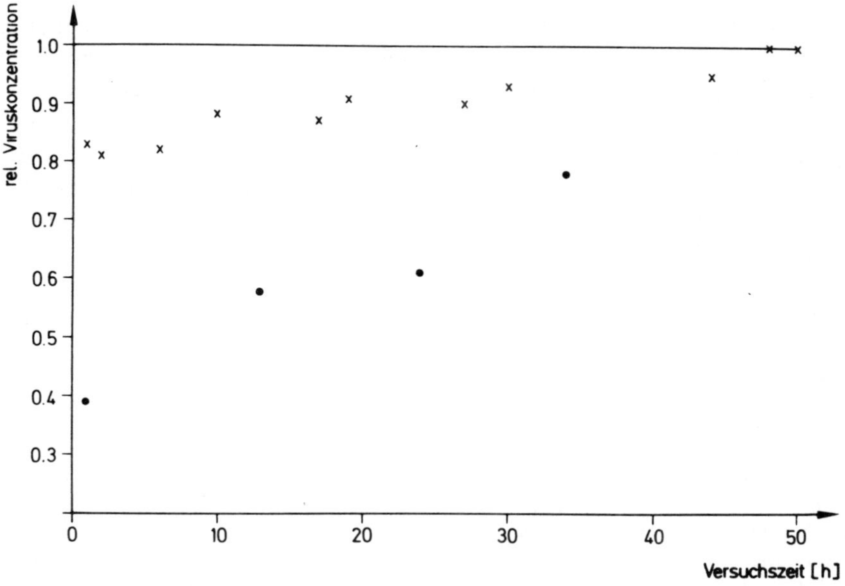

Abb.13 Evolutionsexperiment im Cellstat: Selektionsdruck RNase T1

Ab der Zeit t = 0 wurde der Bakterienkultur eine bestimmte Menge des RNA abbauenden Enzyms RNase T1 zugegeben. Die Viruskonzentration (x) nimmt zunächst um 20% ab und strebt dann wieder ihrem alten Wert zu; die Viren hatten sich angepaßt. Bei fünfmal höherer Enzymkonzentration sinkt die Viruskonzentration (•) auf 40% ab und erholt sich erheblich langsamer, aber auch hier ist eine Anpassung zu beobachten.

(Nach: A. SCHWIENHORST, Diplomarbeit Universität Münster, 1987)

Die meisten Mutationen ereignen sich also in den Bergregionen der Wertlandschaft, genau dort wo man auch den optimalen Gipfel erwartet. Durch den hohen inneren Zusammenhang der Wertlandschaft gibt es viele Wege, die an Höhenzügen entlang von einem Gipfel zu einem anderen führen. Die Besetzung dieser Grate lenkt den Evolutionsprozeß systematisch in die Richtung höherer Wertgipfel.

Durch die Fehlerrate wird eine Art Schwellenwert für Informationsspeicherung beschrieben. Wenn bei gegebener Kettenlänge die Fehlerrate hinreichend klein ist, wird sich eine Population im Sequenzraum lokalisieren und die umliegenden Gipfel und Grate bevölkern. Diese Ausbreitung in den Sequenzraum geht um so schneller, je höher die Fehlerrate ist. Überschreitet sie jedoch die zulässige Schwelle (vgl. Gl.1), driftet die Quasispezies völlig auseinander.

All dies gilt dann, wenn die Topographie des Sequenzraumes einer Art Gebirgsstruktur entspricht und geglättet ist. Sollten die Hügel jedoch rein statistisch verteilt sein, würde dieses Modell so nicht zutreffen.

Eine Untersuchung der Wertlandschaft mit verschiedenen Methoden ist daher das vorrangige Ziel. Einige dafür entwickelte Methoden und Apparaturen wurden in Kap.3 und Kap.4 vorgestellt. Diese Methoden können vielleicht zu einer evolutiven Biotechnologie führen, in der das Durchmustern großer Mutantenzahlen durch eine gezielte Mutantenauswahl ersetzt werden kann.

Literatur

Wissenschaftlich einfache Übersichten:

DICKERSON, R.E.: Cytochrom c und die Entwicklung des Stoffwechsels. Spektrum der Wissenschaft, Mai 1980, S.47-63.

EIGEN, M.; WINKLER-OSWATITSCH,R.: Das Spiel. Piper, Müchen 1975.

EIGEN, M.; GARDINER, W.; SCHUSTER, P.; WINKLER-OSWATITSCH, R.: Ursprung der genetischen Information. Spektrum der Wissenschaft, Juni 1981, S.36-56.

EIGEN, M.: Stufen zum Leben. Piper, München 1987.

HOPWOOD, D.A.: Die genetische Programmierung von Mikroorganismen. Spektrum der Wissenschaft, November 1981, S.58-73.

KÜPPERS, B.: Der Ursprung biologischer Information. Piper, München 1986.

KÜPPERS, B. (Hrsg.): Ordnung aus dem Chaos. Piper, 2.Aufl., München 1988.

RECHENBERG, I.: Evolutionsstrategie: Optimierung technischer Systeme nach Prinzipien der biologischen Evolution. Frommann-Holzboog, Stuttgart 1973.

SCHUSTER, P.: Evolution - Von Molekülen zu Gesellschaften: I. Dynamik der Polynukleotidreplikation. Physik in unserer Zeit 14 (1983) S. 66-80.

Weiterführende wissenschaftliche Literatur:

BIEBRICHER, CHR.K.: Darwinian Selection of Self-Replicating RNA Molecules. In: Evolutionary Biology, Vol.16 (1983), hrsg. von M.K.HECHT, B.WALLACE und G.T.PRANCE, Plenum Publishing Corporation.

BRADY, R.M.: Optimization Strategies Gleaned from Biological Evolution. Nature 317 (1985) S.804-806.

DOMINGO, E.; DAVILA, M.; ORTIN, J.: Nucleotide Sequence Heterogeneity of the RNA from a Natural Population of Foot-And-Mouth-Disease Virus. Gene 11 (1980) S.333-346.

EIGEN, M.: Selforganization of Matter and the Evolution of Biological Makromolecules. Die Naturwissenschaften 58 (1971) S.466-523.

EIGEN, M., SCHUSTER, P.: The Hypercycle - A Principal of Natural Selforganization. Die Naturwissenschaften 64 (1977) S.541-565; 65 (1978) S.7-41; 65 (1978) S.341-369.

EIGEN, M.: Macromolecular Evolution: Dynamical Ordering in Sequence Space. Berichte der Bunsen-Gesellschaft für physikalische Chemie 89 (1985) S.658-667.

FIELDS, S.; WINTER, G.: Nucleotide-Sequence Heterogeneity and Sequence Rearrangements in Influenza Virus cDNA. Gene 15 (1981) S.207-214.

KRAMER, F.R.; MILLS, D.R.; COLE, P.E.; NISHIHARA, T.; SPIEGELMAN, S.: Evolution in vitro: Sequence and Phenotype of a Mutant RNA Resistent to Ethidium Bromide. Journal of Molecular Biology 89 (1974) S.719-736.

OTTEN, H.: Ein Beitrag zur Durchführung von kontrollierten Evolutionsexperimenten mit biologischen Makromolekülen. Dissertation TU Braunschweig, 1988.

ORTIN, J.; NAJERA, R.; LOPEZ, C.; DAVILA, M.; DOMINGO, E.: Genetic Variability of Hong Kong (H3N2) Influenza Viruses; Spontaneous Mutations and their Location in the Viral Genome. Gene 11 (1980) S.319-331.

SABO, D.L.; DOMINGO, E.; BANDLE, E.F.; FLAVELL, R.A.; WEISSMANN, CH.: A Guanosine to Adenosine Transition in the 3' Terminal Extracistronic Region of Bakteriophage Qβ RNA Leading to Loss of Infectivity. Journal of Molecular Biology 112 (1977) S.235-252.

SCHWIENHORST, A.: Wachstumskinetik und Evolution des Coliphagen Qβ in kontinuierlicher Kultur. Diplomarbeit Göttingen/Münster, 1987.

SUMPER, M.; LUCE, R.: Evidence for *de novo* Production of Self-Replicating and Environmentally Adapted RNA Structures by Bakteriophage Qβ Replikase. Proceedings of the National Academy of Sciences of the USA 72 (1975) S.162-166.

SWETINA, J.; SCHUSTER, P.: Self-Replication with Errors: A Model for Polynucleotide Replication. Biophysical Chemistry 16 (1982) S.329-345.

WANG, Q.: Optimization by Simulating Molecular Evolution. Biological Cybernetics 57 (1987) S.95-101.

JOHANN-GERHARD HELMCKE

Biologie und Bauen - Evolutionsprinzipien in natürlichen Strukturen und technischen Konstruktionen

»Biologie und Bauen« waren Titel und Arbeitsthema des Sonderforschungsbereiches (SFB 64), den die Deutsche Forschungsgemeinschaft im Jahre 1970 für die Universität Stuttgart bewilligte. 1985 war die letzte Periode der Verlängerungen abgelaufen, aber trotzdem konnten die wesentlichen Arbeiten unter dem Titel *»Natürliche Konstruktionen - in Architektur und Natur«* im neuen SFB 230 fortgesetzt werden. Initiator und geistiger Mittelpunkt war und ist der weltweit bekannte und anerkannte Architekt Professor Dr. FREI OTTO. Ihm gelang es, eine große Schar von Forschern aus allen Natur- und Geisteswissenschaften sowie aus allen Zweigen der Architektur und des Ingenieurwesens zur Mitarbeit an dem zentralen Thema zu begeistern.

Diese Arbeiten und deren Ergebnisse werden den wesentlichen Anteil an den nun folgenden Ausführungen bilden. Dennoch ist dieser Beitrag nur ein Glied in der Vortragskette *»Evolution und Evolutionsstrategien in Biologie, Technik und Gesellschaft«*. Diese Kette spannt sich von den biologischen über die wirtschaftliche bis zur kulturellen Evolution. Und eines dieser Kettenglieder heißt *»Biologie und Bauen«*.

1. Die Analogie ist das *Tertium comparationis* für »Biologie und Bauen«

Bereits bei der Formulierung *Biologie und Bauen* taucht die Frage auf, ob es berechtigt ist, diese beiden Wörter sowie die durch sie gekennzeichneten Begriffe und Fachdisziplinen mit dem Bindewort (Konjunktion) *und* zu vereinigen; denn die Gesetze der Logik verlangen, daß zwei Dinge nur dann vereinigt werden dürfen, wenn wenigstens eine Eigenschaft diesen beiden Dingen gemeinsam ist. Zwischen diesen zwei Dingen existiert dann als Drittes das *Tertium comparationis* (*Das Dritte der Vergleichung*).

Es sind daher die Fragen zu prüfen, ob es ein *Tertium comparationis* zwischen Biologie und Bauen gibt, sowie - falls es existiert - wo es zu finden sei und ob es künftig sinnvoll genutzt werden könne.

2. Prinzipien der »natürlichen Evolutionen«

Alle *natürlichen Evolutionen* stimmen darin überein, daß sie ohne Einfluß des Menschen abliefen und auch jetzt noch ablaufen (würden).

Das Prinzip dieser natürlichen Evolutionen läßt sich vergleichen mit *Angebot und Nachfrage* oder mit *angestauter Reaktionsbereitschaft und einer hierzu passenden Situation* oder mit einem Schlüssel und der Möglichkeit, daß er zufällig in eines der vorhandenen Türschlösser passen könnte. Um Mißverständnisse zu vermeiden, sei zu diesem letzten Vergleich noch hinzugefügt, daß nur das Zusammenpassen und die Funktionsfähigkeit von Schlüssel und Schloß gemeint sind, daß aber nicht an das Öffnen der Tür zum Zweck des Erreichens eines begehrten Gegenstandes gedacht wird.

Für das *Prinzip der natürlichen Evolution* gilt also die logische Kette:

1. Prämisse: *Vergangenheit* (das heißt die in der Vergangenheit abgelaufenen Prozesse und entstandenen Materialien),
2. Prämisse: *Gegenwart* (das heißt die gegenwärtigen Materialien und Reaktionsbereitschaften im Rahmen der gegenwärtigen Umweltbedingungen),

Folgerung: *Zukunft.*

3. Prinzipien der Evolutionen unter dem Einfluß des Menschen

Der Mensch ist das einzige logisch exakt denkende Lebewesen, das aus Abläufen der Vergangenheit ein zukünftiges, noch nicht real existierendes Wunschbild entwerfen kann und dementsprechend sein gegenwärtiges Handeln zielstrebend und zweckmäßig einsetzt. (Das althochdeutsche Wort *zwec* bedeutet *Nagel* und wurde im 15. und 16. Jahrhundert zur Bezeichnung des Pflockes in der Mitte der Zielscheibe verwendet, auf den zweckgerichtet gezielt und geschossen wurde.)

Für das Prinzip der Evolution unter dem Einfluß des Menschen gilt demnach eine andere logische Kette; denn durch die angestrebte Zielvorstellung wird die gegenwärtige Handlung in der Weise selektioniert, daß unter all den jeweils möglichen Schrittrichtungen nur eine als positiv und alle anderen als negativ bewertet werden. Das gilt bereits für die Haustier- und Kulturpflanzenzüchtung, denn hierbei wird die natürliche durch die künstliche Zuchtwahl verdrängt. Die Evolutionsstrategie ist nicht mehr auf die Optimierung der Überlebensfähigkeit, sondern zum Beispiel auf maximalen Milchertrag ausgerichtet. Das Ziel ist nicht mehr der Fortbestand der Art, sondern der spezielle Nutzen einer Eigenschaft für den Menschen.

Bei diesen Beispielen nutzt der Mensch die von der Natur gegebenen Tiere und Pflanzen sowie die durch Mutationen angebotenen Eigenschaften aus.

Diese menschliche Denk- und Handlungsweise liegt auch der *technischen Evolution* zugrunde; deshalb gilt hier die Kette:

1. Prämisse: *Vergangenheit* (zum Beispiel die vom Menschen gezogene, mit Nutzlasten beladene Karre),
2. Prämisse: *Zukunft* (zum Beispiel das noch nicht real existierende Wunschbild eines ohne menschliche Kraft möglichst schnell laufenden Transportmittels),

Folgerung: *Gegenwart* (zum Beispiel die ziel- und zweckmäßigen Handlungen zur Optimierung von Pferdewagen, Auto, Eisenbahn, Flugzeug, Straßen usw.)

Bei diesen Beispielen einer technischen Evolution (Auto, Eisenbahn) stehen dem Menschen keine Mutations-Angebote der lebenden Natur für seine Zwecke zur Verfügung. Seine eigenen Phantasien und Gedanken müssen die Rolle der Mutationen übernehmen, und seine eigenen Experimente wirken selektionierend durch die jeweilige Bewertung mit »besser als bisher« oder »schlechter als bisher«.

4. Mathematische Algorithmen für die Prinzipien der »natürlichen Evolutionen« und der »Evolutionen unter dem Einfluß des Menschen«

Das Wort *Prinzipien* wurde mit Absicht gewählt; denn (lateinisch) *principium* bedeutete nicht nur *Anfang*, *Ursprung*, sondern auch *Grundregel*. Mit dem Wort *Prinzip* sollte hier angedeutet werden, daß diesen beiden Evolutionen gewisse Grundregeln zuzuordnen sind, deren unterschiedliche Algorithmen in mathematischer Weise ausgedrückt werden können.

Es war für mich eine große Freude, daß ich die Entwicklung beider Algorithmen von ihren Ursprüngen an bis zu deren Ausarbeitung unmittelbar miterleben konnte. Beide zeichnen sich durch ihre logisch klar durchschaubare und geniale Einfachheit aus:

Der *Algorithmus der natürlichen Evolutionen* auf der Basis der dichotonen Verzweigung stammt von UWE KLEMM und wurde veröffentlicht in:

- *Zur Theorie des Impulsgraphen* (Berlin 1964);

- *Der Begriff des Γ-Algorithmus in der Graphentheorie, eingeführt anhand zweier Beispiele: 1) Ein Algorithmisches Planaritätskriterium; 2) Antivalente Impulsgraphen und wachsende Strukturen* (Berlin 1967).

Der *Algorithmus zur Optimierungsstrategie der natürlichen Evolutionen* auf der Basis von Mutationen und Selektionen sowie zu den *Evolutionen unter dem Einfluß des Menschen* wurde erarbeitet von INGO RECHENBERG, der auf dieser Tagung schon vorgetragen hat.

5. Evolutions-Prinzipien von »Biologie« und »Bauen«

Diese Überlegungen treffen auch für unser Thema *»Biologie und Bauen«* zu. Denn offensichtlich hat es eine technische Entwicklung von den vor- und frühgeschichtlichen Wohn- und Kulthöhlen bis zu den heutigen Bauwerken gegeben, wobei die stetige Optimierung der Wohn- und Lebensqualitäten sogar den Gedanken an eine *Evolutionsstrategie in der Architektur* sowie an eine Übereinstimmung mit der biologischen Evolution aufkommen läßt.

Biologie und Bauen sind jedoch unabhängig voneinander und aus verschiedenen Entwicklungen hervorgegangen. Denn es gab gewisse biologische Strukturen (zum Beispiel von Skeletten und Schalen einzelliger Lebewesen: Radiolarien und Kieselalgen) schon Hunderttausende von Jahren früher als ähnliche technische Konstruktionen der Menschen, und umgekehrt hat die technische Evolution bis zu den heutigen »leichten Flächen- und Netztragwerken« der Architekten und Bauingenieure ohne Kenntnis der genannten Mikroorganismen stattgefunden: Die lebende Natur entwickelte diese Strukturen ohne Mitwirkung des Menschen. Und die Architekten und Ingenieure schufen ihre Werke ohne Nachahmung der Natur.

Die bewußte Unabhängigkeit von natürlichen Vorbildern ist bereits in den Wörtern *Ingenieur* und *Architekt* etymologisch festgelegt; denn (lateinisch) *ingenium* bedeutet *angeborene Begabung, Scharfsinn, Erfindungsgeist*, sowie (lateinisch) *gignere hervorbringen, erzeugen*; und das Wort (griechisch) *architekton* heißt *Baumeister* und kommt her von (griechisch) *archein*, das bedeutet *der erste sein, Führer sein.* - Architekten sind Künstler und fühlen sich als Künstler; sie sind der lebende Beweis dafür, daß das (althochdeutsche) Wort *kunst* die Bedeutung hatte *Wissen, Weisheit, Kenntnis* und ursprünglich (gemeingermanisch) *geistig vermögen, wissen, verstehen* sowie *können* entsprach.

Biologie und Bauen haben kein gemeinsames Evolutions-Prinzip: die biologische Evolution vollzog sich - trotz der Mutationen - *kontinuierlich* durch Optimierung der Überlebensfähigkeit des jeweils Vorhandenen in Anpassung an eine gegebene Umwelt. Die architektonischen Evolutionen sind aber *diskontinuierlich* und zusammenhanglos; sie sind von den Bedingungen der Klimazonen der Erde sowie von den Kulturen der Völker abhängig; sie wechseln sprunghaft mit dem Auftreten neuer Ideen und neuer Baumaterialien. In der Geschichte der Architektur wird man vergeblich nach einem einheitlichen Evolutions-Prinzip suchen; denn es gibt keines.

Biologische Strukturen und technische Konstruktionen sind also nie *homolog*, denn sie sind nicht von entwicklungsgeschichtlich gleicher Herkunft. Aber wenn sie sich trotzdem gleichen, dann müssen wir sie als *analog* bezeichnen und nach den Gründen suchen, die auf verschiedenen Wegen zu solch auffallenden Ähnlichkeiten führten.

Mit diesen Ausführungen ist auch das Bedürfnis nach dem besonderen Forschungsgebiet, der *Analogie-Forschung*, begründet, wobei wir ganz bewußt auf den ursprünglichen Inhalt und den ursprünglichen Umfang des Wortes und Begriffs *Analogie* zurückgreifen wollen. In der altgriechischen, pythagoreischen Lehre wurden zwei Dinge als *analog* bezeichnet, wenn bestimmte ihrer Eigenschaften »*je nach Logos gleich*« waren; und indem ARISTOTELES erklärt: »Die Analogie ist die Gleichheit der Verhältnisse, der *logoi*«, benutzt er den euklidischen Gedanken, wonach das in Zahlen ausdrückbare Verhältnis (= *logos*) ein sichtbarer Hinweis auf eine gemeinsame Naturgesetzlichkeit sei (näheres über die Bedeutung des Wortes *Analogie* in SZABO 1969). Aufgabe der Analogie-Forschung sollte die Behandlung von Naturkräften sein sowie von den sich aus ihnen ergebenden Formen und Bauelementen.

Die Liste der analogen Beispiele aus Biologie und Technik ist sehr lang und kann mühelos stets verlängert werden. Damit wächst allerdings auch das Bedürfnis nach einem besonderen Forschungsgebiet, der *Analogie-Forschung*. Denn schon jetzt ist diese Liste der analogen Beispiele zu lang, um gemeinsame Ursachen - trotz verschiedener Evolutions-Prinzipien - zu leugnen.

Inspiriert durch die genialen - aber leider Jahrzehnte lang vernachlässigten - Arbeiten von D'ARCAY THOMPSON *»On Growth and Form«* (1917), wurden derartige Untersuchungen im Sonderforschungsbereich 64 (Biologie und Bauen) erneut aufgegriffen. Dabei wurden unterschiedliche Prinzipien zur Entstehung von Analogien beobachtet:

• Analoge Formen *durch gleiche Funktion*: Zum Beispiel Zange = Zusammenwirken von zwei oder mehreren beweglichen Bauelementen zum Festhalten - und Zerkleinern - eines Objektes: die Blatthälften der insektenfressenden Pflanze (Venusfliegenfalle: Dionaea), die Schere des Hummers, die Beißzange der Libellenlarve, der Schnabel der Vögel, die Kiefer der Säugetiere, das menschliche Werkzeug.

• Analoge Formen *durch material-bedingte Eigenschaften*: Zum Beispiel kugelige oder halbkugelige durch Innendruck geformte Häute und Schalen: Apfelsine, Schallblase beim Frosch, Schädel des Menschen, Luftballon, Tragluftballon, Schalenbauwerk.

6. Analoge Formen durch material-bedingte Eigenschaften

Alle substantiellen Objekte bestehen aus Materie. Diese hat - ihrer chemischen Herkunft und Zusammensetzung entsprechend - bestimmte material-bedingte physikalische Eigenschaften. Solche naturgesetzlichen Eigenschaften bleiben auch erhalten, wenn die Materie in die Objekte der unbelebten und der lebenden Natur sowie in die der menschlichen Technik eingebaut ist. Die Existenz einer naturgesetzlichen Eigenschaft erkennt man an deren Wirkungen, und zwar auch dann, wenn dieselbe Wirkung an verschiedenartigen Objekten nachzuweisen ist. Dieses gelingt durch (zahlenmäßiges) Messen in entsprechenden Maßsystemen und Maßeinheiten und läßt sich nachprüfen am experimentellen Modell.

Für unsere Betrachtungen ist es sehr hilfreich, daß die (etymologischen) Ursprünge der Wörter *Messen*, *Maß* und *Modell* (lateinisch *modulus* = *Maß*, *Maßstab*) auf dieselbe Bedeutungswurzel zurückgehen. Daher kann das gelungene experimentelle Modell als das sichtbare Symbol für das unsichtbare Gemeinsame (= Tertium comparationis) anerkannt werden, zum Beispiel zwischen material-bedingten, analogen Formen in Biologie und Bauen.

7. Das Modell ist das sichtbare Symbol für das unsichtbare *Tertium comparationis* zwischen Biologie und Bauen

Naturgesetze wirken innerhalb der makrophysikalischen Welt stets in gleicher Weise und unabhängig von den Dimensionen der Objekte. In dieser Erkenntnis liegt die Berechtigung zum Experimentieren mit entsprechenden Modellen und zur Übertragung der hierbei gewonnenen Ergebnisse

- sowohl in die Deutung gewisser biologischer Strukturen und Formen

- als auch in die sinnvolle Herstellung technischer Konstruktionen und Bauten.

Durch die intensive Beschäftigung während dreier Jahrzehnte innerhalb der Sonderforschungsbereiche mit dem Thema »*Biologie und Bauen - Natürliche Konstruktionen in Architektur und Natur*« lernt man nicht nur die biologischen Objekte mit den Augen des Architekten und Bauingenieurs zu sehen, sondern auch die menschlichen Bauwerke mit den Augen des Biologen zu durchschauen.

Der Biologe erfährt dabei, daß die vielen Formen, Strukturen und Bauelemente der Lebewesen nicht nur von den beiden Faktoren abhängen, nämlich

- den erblich gegebenen Voraussetzungen (= genetische Programme der DNA) und

- den umwelt-bedingten Modifikationen,

sondern auch von einem dritten Faktor geprägt werden,

- den material-inhärenten Gestaltungskräften.

Dieser dritte Faktor, dessen gestaltende Kräfte ohne großen experimentellen Aufwand in entsprechenden Modellen dargestellt und analysiert werden können, beherrscht die Statik und die Mechanik sowohl der lebenden Körper als auch die der menschlichen Bauten.

Da der Reichtum an Formen, Strukturen und Bauelementen in der Biologie weit größer ist als alle menschliche Phantasie, kann sich der Architekt und Bauingenieur durch solche Formen anregen und durch solche Modelle in zweckentsprechender Weise leiten lassen.

Die folgenden, aus einer großen Zahl von Beispielen ausgewählten Bildpaare stellen biologische Objekte und Architektur-Konstruktionen einander gegenüber und zeigen ihre Gemeinsamkeiten in Modellen auf.

Vorbemerkungen zu den folgenden Bildbeispielen

a) *Der ideale, kugelförmige Pneu*

Das Prinzip der naturgesetzlichen material-bedingten Formen wird bei biologischen und technischen Objekten in nahezu idealer Weise realisiert, wenn die zusätzlichen formverändernden Umweltkräfte relativ klein und daher fast unwirksam sind. Die nahezu ideale Kugelform des Pneus kann zum Beispiel dadurch entstehen, daß eine in sich geschlossene Hülle aus biegesteifem, zugfestem, homogenem Material durch erhöhten Innendruck gleichmäßig gespannt wird, - allerdings unter der Voraussetzung, daß die zusätzlichen Umweltkräfte (wie zum Beispiel die Anziehungskraft der Erde) klein sind im Vergleich zu den materialbedingten Kräften des Pneu-Systems.

b) *Der ideale, kugelförmige Pneu mit Armierung*

Eine Optimierung der Biegesteifigkeit und Zugfestigkeit kann durch Armierung (Einlagerung von Seilen, Stäben, Netzen) erreicht werden.

c) *Die Kalotte*

Die zweidimensionale, horizontal liegende, ebene Haut aus homogenem Material, die in einem festen Rahmen (zum Beispiel Ringanker) eingespannt ist, kann als Ausgangsmodell genommen werden und experimentell durch zusätzliche Umweltkräfte (zum Beispiel Schwerkraft, einseitige Belastung) verformt werden. Hierdurch lassen sich Kalotten (von Kugeln, Eierschalen usw.) erzeugen. Werden solche verformten Häute nachträglich versteift und umgestülpt (das heißt um 180° um eine der horizontalen Achsen gedreht), dann werden die ursprünglich zugbeanspruchten Strukturelemente umfunktioniert in künftig druckbeanspruchte Bauteile.

d) *Das zeltförmige Netz*

Auch hierfür kann die zweidimensionale, horizontal liegende, ebene Haut innerhalb eines festen Ringankers als Ausgangsmodell genommen werden. Durch allmähliches Anheben (von unten) oder Hochziehen (von oben) an einem oder mehreren Punkten läßt sich die ebene Haut zeltförmig verändern. Die hierbei entstehenden Spannungslinien bieten Hinweise für optimale Armierungsmuster.

c) *Die hängende Kette und das hängende Kettennetz*

Eine an ihren beiden Enden befestigte, aber in ihrer ganzen Länge freihängende Kette nimmt unter der Einwirkung der Schwerkraft eine optimale, zugbeanspruchte Form an: Wird diese Kette versteift und um 180° gedreht (wie die Kalotte), dann erhält man ebenfalls eine nahezu optimale druckbeanspruchte Form. Da jedoch die Richtung der Schwerkraft nicht umgekehrt wird, müssen die Materialverteilungen an den Stellen der Aufhängung anders sein als an denen der Auflagerung (gleiches gilt auch für die Kalotten).

Literatur

Allgemeine Literatur

THOMPSON, D'ARCAY WENTWORTH: On growth and form. 1917. 2nd. ed. 1942, Vol. I and II. Reprinted 1979. Cambridge University Press, Cambridge/USA.

OTTO, FREI u.a.: Natürliche Konstruktionen. Formen und Konstruktionen in Natur und Technik und Prozesse ihrer Entstehung. DVA, Stuttgart 1982.

OTTO, FREI: Vorbild - Imitation - Erfindung - Entwurf und die natürlichen Konstruktionen. Schriften der Georg-Agricola-Gesellschaft, Nr. 13, 1987, S. 41-82.

HILDEBRANDT, STEFAN; TROMBA, ANTHONY: Panoptikum. Mathematische Grundmuster des Vollkommenen. Aus dem Amerikanischen übersetzt (Mathematics and optimal form). Spektrum der Wissenschaft Verlag, Heidelberg 1987.

Spezielle Literatur

aus der Schriftenreihe Mitteilungen des Instituts für Leichte Flächentragwerke der Universität Stuttgart (IL):

Nr. 3 Biologie und Bauen 1. 1971.
Nr. 4 Biologie und Bauen 2. 1972.
Nr. 8 Netze in Natur und Technik. 1975.
Nr. 9 Pneus in Natur und Technik. 1977.
Nr. 18 Seifenblasen. 1988.
Nr. 19 Wachsende und sich teilende Pneus. 1979.
Nr. 28 Diatomeen 1 - Schalen in Natur und Technik. 1984.
Nr. 33 Diatomeen 2 - Radiolarien. In Vorbereitung.

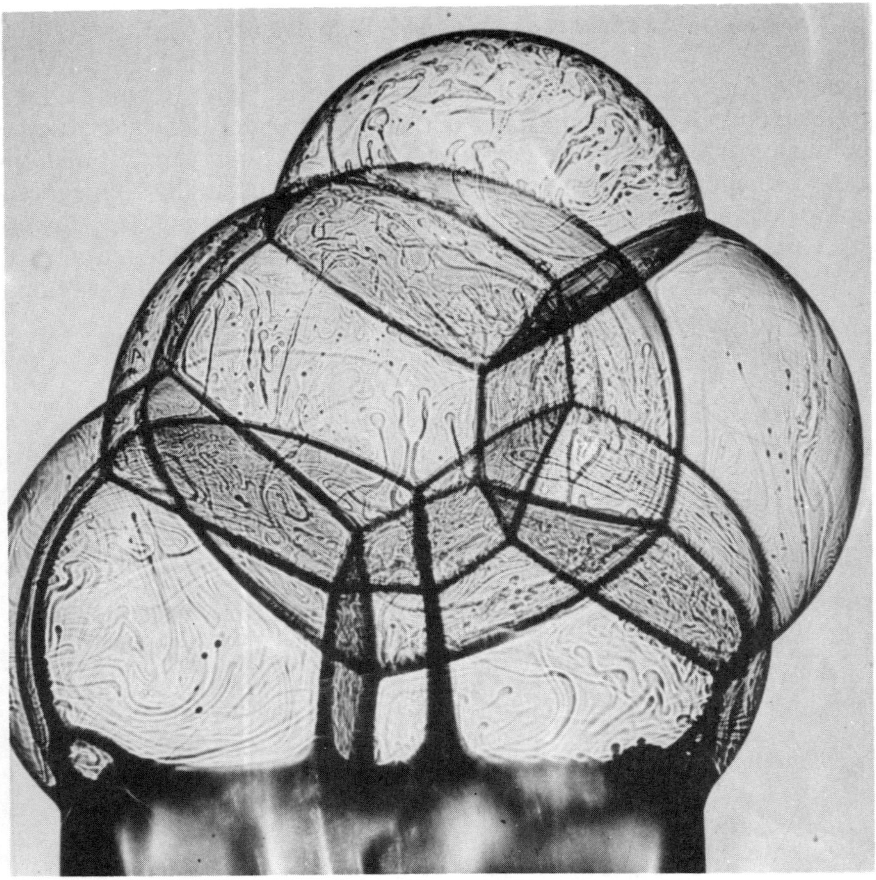

a) *Der ideale kugelförmige Pneu*

Packung gleichgroßer Seifenblasen. Im Innern sind die ursprünglich kugelförmigen Blasen zu einem gekammerten Polyeder-System zusammengewachsen. Die Kammerwände haben die Funktion von Verspannungen.

Photogramm: Institut für Leichte Flächentragwerke - R. BRAUN

Lufthalle mit kugelig eingeschnürter Oberfläche. Äußere Einschnürungen und zentrale Verspannungen übernehmen die Funktion von Kammerwänden des analogen Seifenblasenmodells. Ausstellungspavillon Expo 64, New York. Architekt und Hersteller: WALTER BIRD, Birdair Structures, USA.

Photo: GEORGE CSERNA

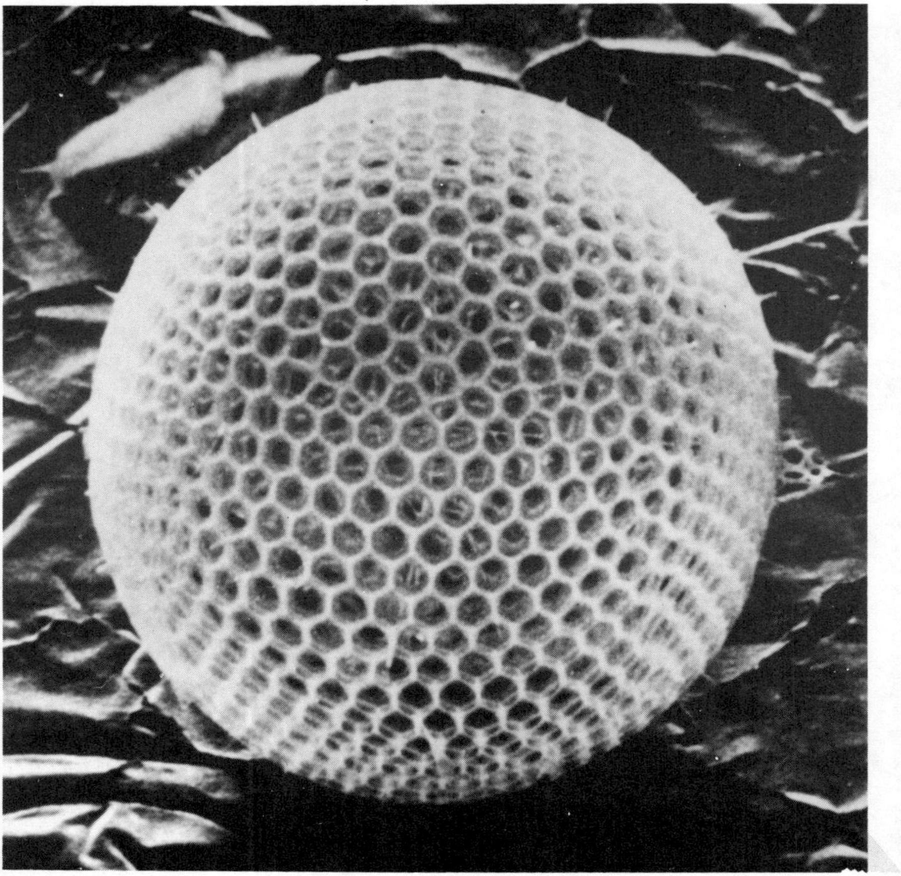

b) *Der ideale kugelförmige Pneu mit Armierung*

Gekammertes Skelett einer kugelförmigen Radiolarie (*Aulonia*) aus dem Indischen Ozean. Etwa 700-fache elektronenmikroskopische Vergrößerung.

Aufnahme: RICHARD RAU

Amerikanischer Pavillon auf der Weltausstellung Montreal 1967. Räumliches Tragwerk aus zweilagiger Stabwerkkonstuktion (Gesamtform: Kugelabschnitt). Architekt: BUCKMINSTER FULLER.

Photo: Institut für Leichte Flächentragwerke - FREI OTTO

c) *Die Kalotte*

Blasenform über einem quadratischen Grundriß, aufgenommen in der Diagonalrichtung. Die glockenförmigen Zwickelflächen mit ihren antiklastischen Krümmungen sind deutlich erkennbar.

Photogramm: Institut für Leichte Flächentragwerke - KLAUS BACH/ FRIEDER KLENK

Überdachung der Autobahntankstelle bei Deitingen/Schweiz, 1968. Das Dach besteht aus zwei dreieckigen Schalengefügen, größe 26 x 31 m, Höhe 11,5 m, die auf jeweils drei Punkten unterschiedlicher Höhe gestützt sind. Die größte Spannweite beider Schalen beträgt 68,24 m. Die Schalenformen wurden im Hängeversuch gefunden. Architekt und Ingenieur: H. ISLER, Burgdorf/Schweiz.

Photo: Institut für Leichte Flächentragwerke

d) *Das zeltförmige Netz*

Spinnennetz zwischen zwei Hochpunkten. Der linke Abspannpunkt ähnelt einer im Zeltbau verwendeten Girlande, einer Zusammenfassung vieler biegeweicher Seilschlaufen.

Photo: Institut für Leichte Flächentragwerke - FREI OTTO

Gebäude des Instituts für leichte Flächentragwerke (IL) der Universität Stuttgart, hervorgegangen aus dem Seilnetz-Versuchsbau für den Montreal-Pavillon 1967. Gut erkennbar auf dem Luftbild sind die über die Mastspitze laufenden Grat- und Augenseile sowie die zwischen den Abspannpunkten gekrümmten Randseile. Erbaut 1968/69. Architekten: FREI OTTO, R. BURKHARDT, F. KUGEL, B. RASCH.

Photo: Institut für Leichte Flächentragwerke - HENNICKE

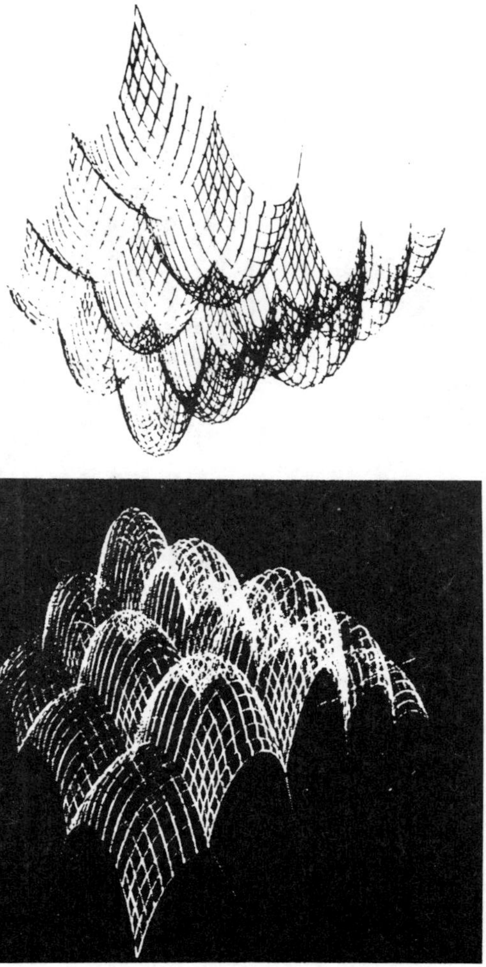

e) *Die hängende Kette und das hängende Kettennetz*

Studien mit quadratmaschigen Kettennetzen in zweiachsig symmetrischen Formen (42 x 58 Maschen). Die Aufhängepunkte liegen in verschiedenen horizontalen Ebenen. Oben: Hängemodell. Unten: Umkehrung.

Photo: Institut für Leichte Flächentragwerke - Archiv

Rekonstruktion des Hängemodells für die Kapelle in der Colonia Guëll von ANTONI GAUDI. Rekonstruktion durch Institut für Leichte Flächentragwerke (RAINER GRAEFE, JOS TOMLOW).

Photo: Institut für Leichte Flächentragwerke - KLAUS BACH

HANS-PAUL SCHWEFEL

»Natürliche Intelligenz« in evolutionären Systemen

Zusammenfassung

Intelligentes Verhalten können nicht nur lebende Einzelindividuen für sich in Anspruch nehmen, sondern auch größere Teilsysteme der Natur, die aus vielen Individuen bestehen. Evolutionsstrategien lassen sich auch auffassen als algorithmische Makromodelle kollektiver Lernprozesse. Vielfach sind evolutionäre Leistungen nur im Sinne von Anpassungs- oder Äquilibrationsprozessen gedeutet worden; die Offenheit lebender Systeme befähigt diese aber zu mehr, nämlich zur innovativen Suche nach zuvor unbekannten und nicht antizipierbaren Verbesserungen. Mit ein wenig Zukunfts-Optimismus läßt sich Evolution allgemein als ein permanenter Meliorisierungsprozeß auffassen, bei dem das Kollektiv sogar gemeinsam ein »inneres Modell« seiner Umwelt entwickeln kann, welches es ihm gestattet, den Motor »Zufall« zu beschleunigen.

Mit Hilfe von Computerexperimenten an Evolutionsstrategien und deren anthropomorpher Interpretation kann man solche Gedankenspiele recht weit treiben. Am Beginn der Entwicklung von Rechenautomaten vor etwa einer (menschlichen) Generation und am Beginn der nächsten Computergeneration - zu beiden Zeitpunkten hofft(e) man auf den Durchbruch zu künstlicher Intelligenz. Mit geeigneten Programmen auf echten (MIMD-) Parallelrechnern lassen sich womöglich wirklich bisher unerreichte Eigenschaften solcher Systeme erzielen. So wie ein Mensch mehr ist als die Summe seiner Organe, so können Parallelrechner vielleicht einmal mehr leisten als die Summe von entsprechend vielen rein sequentiell arbeitenden VON NEUMANN-Rechnern herkömmlicher Provenienz. Wie gesagt, es obliegt den Programmen, diesen synergistischen Effekt zu erzeugen. Die heute bekannten Evolutionsstrategien gehören meines Erachtens zu den potentiellen Vorfahren für solche »intelligenten« Programme. Hier befindet sich die Entwicklung allerdings erst in der zweiten Generation.

1. Einleitung

Wie so oft bei der Entwicklung von Instrumenten zur Unterstützung menschlicher Aktivitäten stand auch am Beginn der Computer-(R)evolution die Idee Pate, die Natur nachzuahmen. Auf der Suche nach einem natürlichen Vorbild für die angestrebten »intelligenten« Leistungen der neuen Maschine lag es - gemäß menschlicher Hybris - offenbar am nächsten, das menschliche Gehirn als Sitz dieser (individuellen) Intelligenz anzusehen und die Funktionen dieses natürlich entstandenen Organs/Apparates nachahmen zu wollen. (Die Natur des dahin führenden Prozesses wurde lange Zeit und wird vielfach auch heute noch für eher primitiv gehalten - als ob das Produkt klüger als sein Schöpfer wäre!). Die berühmt gewordenen Bücher »*Die Rechenmaschine und das Gehirn*« von JOHN VON NEUMANN (1960) und »*Design for a Brain*« von ROSS ASHBY (1960) zeugen davon. NORBERT WIENER, der Vater der Kybernetik, hatte mit seinem Buch »*Mensch und Menschmaschine*« (1952) die Richtung gewiesen, nach gemeinsamen Prinzipien in natürlichen, lebenden und artifiziellen, technischen Systemen Ausschau zu halten. Damals war die Kenntnis über die Funktionsweise des Gehirns allerdings noch recht unterentwickelt, und selbst heute gibt es noch große Wissensdefizite.

Nichtsdestotrotz waren die Erfolge beim (vermeintlichen bis mißverstandenen) Nachahmen des natürlichen Vorbildes bald so überzeugend, daß man von *künstlichen Gehirnen* und *intelligenten Maschinen* träumte. Das Schlagwort »künstliche Intelligenz« machte die Runde und inspirierte tollkühne Zukunftserwartungen. Natürlich war nicht die elektronische Hardware als solche »intelligent«, aber die Software - die Programme - welche sich alsbald »selbst« steuern konnten, indem sie durch geschickten hierarchischen Aufbau Regeln auf niederer Ebene durch Regeln auf höherer Ebene ändern und den Gegebenheiten anpassen konnten. Deshalb sprach man auch von *lernenden Automaten* bzw. von *Lernalgorithmen*.

2. Reine oder blinde Zufallssuche

Eigentlich erst bei der Suche nach solchen *Metamechanismen*, welche Submechanismen »lernend« anpassen, rückte dann auch die *natürliche Evolution* als Vorbild für interindividuelles Lernen ins Blickfeld. ROSS ASHBYs Vorschlag für einen ein inneres Gleichgewicht gegen äußere Störungen aufrechterhaltenden automatischen, programmgesteuerten Homöostaten legt hierfür ein frühes Zeugnis ab. Die rein sequentielle

Ablaufstruktur der VON-NEUMANN-Rechner verhinderte aber - aus heutiger Sicht - den Durchbruch solcher Ideen. Auch entpuppte sich ASHBYs evolutiver Lernalgorithmus als äußerst ineffizient. Sein Modell der Evolution galt alsbald als Paradebeispiel dafür, daß

- das Paradigma »Evolution« keine brauchbare Erklärung für die bewundernswerten Leistungen natürlicher Systeme hergibt; der prohibitiv hohe Aufwand beim kombinatorischen Auswürfeln von Buchstaben zum Generieren eines Buches oder von primitiven Bauelementen zu einer funktionstüchtigen Uhr muß seither immer wieder herhalten als »Beweis« für die Unmöglichkeit von Evolution.

- stochastische Lern-Prozesse generell ausgetüftelten deterministischen Regeln unterlegen sind (man kann nämlich leicht zeigen, daß die totale Enumeration aller Möglichkeiten durch das Vermeiden von Wiederholungen erheblich günstiger abschneidet als eine Monte-Carlo-Strategie); den (Pseudo-) Zufall bei Entscheidungen walten zu lassen, gilt meist als die dümmste Alternative.

Wenn im folgenden von »Zufall« die Rede ist, so geschieht dies nicht in dem Sinne, daß damit ein Ursache-Wirkungs-Verhältnis begründet wird (explikatives Modell), sondern ausdrücklich im Sinne einer deskriptiven - also die Phänomene nur beschreibenden, nicht erklärenden - Makro-Modellierungsweise, wie sie beispielsweise in der Thermodynamik verwendet wird. Auf einem Digitalrechner werden in der Tat auch nur Pseudozufallszahlen erzeugt mittels eines nichtlinearen, diskret dynamischen Prozesses, welcher deterministisches Chaos (wie man das heute nennt) produziert.

In der Tat ist ASHBYs Modellierung der natürlichen Mechanismen bzw. Prinzipien *Mutation* und *Selektion* sehr/zu simpel. Seine Mutationen sind »rein« zufällige Parameterkonstellationen, die in einem vorgegebenen Intervall mit überall gleicher Wahrscheinlichkeit auftreten. Bei vorgegebener relativer Genauigkeit E der Lösung in Bezug auf jeden der n beteiligten Parameter wächst der Aufwand exponentiell, das heißt proportional zu E^{-n}. Die Selektion besteht darin, laufend oder nachträglich aus einer großen Zahl von Versuchen die beste Lösung als Approximation an das gesuchte Optimum auszuwählen. (Die Umsetzung eines Algorithmus' wie dem von ASHBY auf Probleme der Optimierung beschreibt als einer der ersten BROOKS 1958). Diese Methode der Minimum- bzw. Maximumsuche kennt demnach keine Rückwirkung von zwischendurch erzielten Verbesserungen auf den Suchprozeß, verfügt also über keinerlei Lernstrategie. Im Prinzip können alle Versuche (Mutationen) zur gleichen Zeit (simultan/parallel) durchgeführt werden.

3. Rein sequentielle oder kriechende Zufallssuche

Etwas »natürlicher« als die blinde ist die sogenannte »kriechende« Zufallssuche, ebenfalls schon von BROOKS vorgeschlagen. Es gibt viele, unabhängig voneinander entwickelte, Varianten dieses Konzepts, z.B. von FAVREAU und FRANKS (1958), MUNSON und RUBIN (1959) oder RASTRIGIN (1963), oft ohne, manchmal mit Bezugnahme auf die natürliche Evolution als Vorbild. Die Zufallsproben konzentrieren sich nun in der Nähe des momentanen Ausgangspunkts der Suche und dieser verschiebt sich mit jeder Verbesserung, die erzielt wird. Es wird also in gewisser Weise gelernt nach dem Motto *»der Apfel fällt nicht weit vom Stamm«* und *»der nächste Stamm wächst dort, wo der im Apfel verborgene Same bessere Wachstumsbedingungen findet«*. Natürliche Mutation und Selektion sind hier schon treffender modelliert.

4. Zweigliedrige oder (1+1)-Evolutionsstrategie

Den für die praktische Anwendung noch notwendigen Pfiff bekommt die (1+1)- oder zweigliedrige Evolutionsstrategie aber erst durch die Anpassung der Mutationsrate bzw. der Standardabweichung der für die Mutationen verwendeten Normalverteilung (mit Erwartungswert Null). Zwar nicht einzeln, aber alle gemeinsam, können die mittleren Schrittweiten an die lokale Topologie angepaßt werden unter Ausnutzung

- der Kenntnis der aktuellen Erfolgsrate, dem Mittelwert des Verhältnisses von Erfolgen zu Mutationen, und
- der Kenntnis der optimalen Erfolgsrate, mit der die größtmögliche Konvergenz- oder Fortschrittsgeschwindigkeit erzielt werden kann.

INGO RECHENBERG (1973) hatte zeigen können, daß diese optimale Erfolgsrate für zwei sehr verschiedene Zielfunktionstypen, »Rechteckgrat« und »Kreiskuppe«, unabhängig von der Zahl der Variablen etwa ein Fünftel beträgt. Ist die gemessene Erfolgsrate kleiner, so sind die Streuungen zu groß und sollten im Sinne des Erzielens einer hohen Konvergenzgeschwindigkeit reduziert werden; liegt dagegen die gemessene Erfolgsrate höher, so können die Streuungen vergrößert werden.

Mit dieser exogenen Anpassung der Mutations-Schrittweiten reiht sich die zweigliedrige Evolutionsstrategie in die Gruppe der sogenannten direkten Optimumsuchverfahren oder *hill-climbing*-Methoden ein, zu denen u.a. die bekannten und aufgrund ihrer Einfachheit und Robustheit noch heute bei Praktikern beliebten Algorithmen von ROSENBROCK (1960) sowie von HOOKE und JEEVES (1961) zählen. Auch diese begnügen sich mit Informationen über die Zielfunktionswerte, verlangen also keine Angaben über partielle Ableitungen. Wiewohl diese Verfahren Schrittweiten und Richtungen der Suche von Erfolgen und Mißerfolgen abhängig machen, benutzen sie kein explizites internes Modell der Zielfunktion.

5. Optimumsuche mit »innerem Modell« der Zielfunktion

Letzteres ist hingegen bei Gradienten- und NEWTON-Verfahren der Fall. Mit Hilfe von Information über erste partielle Ableitungen, d.h. lokale Steigungen (Gradienten-Methoden) bzw. zusätzlich über die HESSEsche Matrix der zweiten partiellen Ableitungen, d.h. örtliche Krümmungen (NEWTON-Methoden) berechnen diese Verfahren den bestmöglichen nächsten Schritt. Dies gelingt natürlich nur auf der Basis einer geeigneten Hypothese über die Struktur der Zielfunktion. Gradientenstrategien liegt ein lineares Modell, NEWTON-Verfahren ein quadratisches Modell zugrunde. Die zur Berechnung einer Gradientenrichtung und eines NEWTON-Schrittes benötigte Information, n erste und ggf. $n \cdot (n+1)/2$ zweite partielle Ableitungen, kann auch aus einer entsprechenden Zahl von Tastschritten um den momentanen Ausgangspunkt herum beschafft werden. Hier gibt es aber geeignetere Konzepte, wie sie bei Quasi-NEWTON-Algorithmen und Verfahren der variablen Metrik, der konjugierten Gradienten bzw. Richtungen Anwendung finden. Darauf soll hier jedoch nicht näher eingegangen werden. Festzuhalten bleibt, daß alle diese Strategien im Prinzip keine Verschlechterungen der Zielfunktion einkalkulieren. Sobald die antizipierte Verbesserung ausbleibt, beenden sie die Suche. Bemerkenswert mag auch noch sein, daß zum Entkommen aus pathologischen Situationen oftmals als *ultima ratio* Zufallsentscheidungen in die Regeln mitaufgenommen wurden. Wenn Realität und internes Modell nicht übereinstimmen, kommt es überdies vor, daß Divergenz statt Konvergenz erzielt wird - ein bekanntes Phänomen beim NEWTON-RAPHSON-Verfahren.

Es sind eine Reihe von Optimumsuchverfahren vorgeschlagen worden, welche Konzepte der zweigliedrigen Evolutionsstrategie mit solchen der im quadratischen Fall sehr effizienten Richtungsanpassungs-Verfahren verknüpfen. Verwiesen sei an dieser Stelle nur auf die Algorithmen von MATYAS (1965) und MARTI (1980). Mit ihnen erzielt man - speziell bei quadratischer, aber auch bei nur annähernd quadratischer Zielfunktion - erheblich höhere Konvergenzraten als mit der (1+1)-Evolutionsstrategie.

6. Mehrgliedrige oder (M$\dagger$L)-Evolutionsstrategien

Können solche Effizienzsteigerungen durch das Lernen eines internen Modells der Umwelt (hier der Topologie der Zielfunktion) auch von natürlichen Systemen ereicht werden? Wieder denkt man unwillkürlich zunächst nur an individuelles Lernen. Der Schlüssel zur Antwort auf die gestellte Frage - die Antwort lautet nämlich ja, sobald der Schlüssel gefunden ist - liegt im Erkennen der Möglichkeiten kollektiven Lernens. Die mehrgliedrigen Evolutionsstrategien stellen den ersten Versuch dar, diese kollektive natürliche Intelligenz zu nutzen.

Das auf der Basis rein sequentiell operierender VON NEUMANN-Rechner zunächst nur als verschwenderisches Spiel erscheinende Nachahmen des Prinzips Population dürfte sich schon bald als eine geeignete Maßnahme erweisen, von den massiv parallelen Rechnern der kommenden Generation den rechten Gebrauch machen zu können. Besonders die sogenannte MIMD- (Multiple Instruction Multiple Data) Architektur ist hier die geeignete. Jeder Prozessor stellt quasi ein Individuum dar, auf dem der zugehörige Zielfunktionswert und ggf. die entsprechenden Restriktionsfunktionswerte berechnet werden. Bei komplexen Modellen, deren optimale Parameter gesucht sind, werden in der Regel zur gleichen Zeit ganz verschiedene Teile des Gesamtprogramms durchlaufen - aufgrund der von den aktuellen Parameterwerten abhängigen Verzweigungen. Da jeder Prozessor eines MIMD-Rechners sein eigenes Programm beherbergt und mit den unterschiedlichen Daten eines Individuums arbeitet, können solche Prozesse völlig asynchron ablaufen und damit zu unterschiedlichen Zeitpunkten mit der Berechnung fertig werden. Es brauchte, ja sollte demnach keine Generationen-Taktung mehr geben. Diese könnten sich zeitlich überlappen, ganz so, wie es in der Natur der Fall ist.

Im folgenden soll dennoch der Übersichtlichkeit halber der synchronisierte Fall, d. h. die sogenannte (M,L)- bzw. (M+L)- Evolutionsstrategie behandelt werden. M Eltern einer Generation g erzeugen L verschiedene Nachkommen. Beim (M+L)-Schema werden die M besten aller M+L Individuen der Generation g zu Eltern der Generation g+1. Im Prinzip können Eltern, wenn sie im Sinne der Optimierungsaufgabe besonders günstige Eigenschaften haben, mehrere Generationen lang leben. Anders beim (M,L)-Schema: Hier werden die M besten der L Nachkommen zu Eltern der nächsten Generation, gleichgültig ob sie ihre Eltern übertreffen oder nicht. Natürlich muß dann L>M sein, sonst stirbt die Population oder Quasispezies aus bzw. vollführt einen ungerichteten Zufalls-Spaziergang (*random walk*) durch den Parameterraum (für M=L).

M>1 zu wählen, mag zunächst ebenso verschwenderisch erscheinen wie die Komma-Strategie der Plus-Strategie-Variante vorzuziehen. Ist L genügend groß, z.B. L>5, so wird bei geeigneten Mutationsraten - analog zur 1/5-Erfolgs-Regel (s.o.) - meist einer der L Nachkommen besser sein als sein Elter, eine (1,L)-Evolution also kaum von einer (1+L)-Evolution abweichen. Das Plus-Schema soll ja nur sicherstellen, daß keine einmal erreichte gute Position wieder verlorengeht. Diese Betrachtungsweise ist aber nur solange die geeignete, wie die Mutationsraten (oder Streuungen bzw. Standardabweichungen) nicht individuell verändert werden. Unter dieser Bedingung kann man theoretisch sogar zeigen, daß auf einem sequentiellen Rechner die (1+1)-Strategie die schnellste Variante unter den Plus-Strategien, die (1,5)-Strategie die schnellste unter den Komma-Strategien ist (siehe SCHWEFEL 1977 und 1981), letztere übrigens um weniger als den Faktor 5 langsamer als die erstgenannte. Pro Generation gerechnet, d.h. im Fall der Parallelität, wächst die Fortschrittsgeschwindigkeit natürlich monoton, wenn auch degressiv, mit der Nachkommenzahl L.

Nur der Vollständigkeit halber sei erwähnt, daß es auch zwei deterministische direkte Suchverfahren gibt, welche sich in das zugleich sequentielle wie parallele Aspekte aufweisende Grundschema der hier dargestellten mehrgliedrigen Evolutionsstrategien in etwa einordnen lassen. Zum einen ist das die in der Versuchsplanung auch heute noch weit verbreitete EVOP- (*evolutionary operation*) Methode von G.E.P. BOX (1957), eine Art (1+L)-Strategie, zum anderen die sogenannte Polyeder-Methode als (M+1)-Strategie, von der es Varianten von NELDER und MEAD (1965) sowie M.J. BOX (1965) gibt. Sie werden auch Simplex- bzw. Complex-Verfahren genannt und sind, ebenfalls wegen ihrer Zuverlässigkeit, noch heute im praktischen Einsatz. Das Simplex-Verfahren von NELDER und MEAD darf übrigens nicht verwechselt werden mit der Simplex-Methode der linearen Optimierung von GEORGE DANTZIG (z.B. 1966).

7. Selbstlernen von Strategieparametern

Nun war die mehrgliedrige Strategie aber hauptsächlich deswegen entworfen worden, weil in ihrem Rahmen eine endogene Anpassung der Schrittweiten - d.h. ohne exogene Erfolgs-Kontrolle - möglich erschien. Jedes Individuum sollte außer durch das n-Tupel der Objektvariablen auch noch durch zusätzliche *Strategievariablen* gekennzeichnet sein, welche ebenso wie die Objektvariablen mutativen Veränderungen unterworfen werden. Im einfachsten Fall betrifft dies nur eine (mittlere) Schrittweite für die Mutationen aller Objektvariablen, im allgemeineren können dies n Varianzen und $n \cdot (n-1)/2$ Kovarianzen einer verallgemeinerten n-dimensionalen Normalverteilung sein (die Höhenlinien gleicher Mutationswahrscheinlichkeitsdichte sind dann i.a. nicht-achsenparallele Ellipsen bei $n=2$ Variablen bzw. allgemeiner Hyperellipsoide). Damit entfällt dann auch die bisherige direkte Entsprechung von Genotyp- und Phänotypänderungen. Es können im Phänotyp-Raum korrelierte Mutationen auftreten.

Daß solche Strategievariablen genetisch kontrolliert werden, also zum Satz der individuellen Eigenschaften gehören, dafür spricht die Existenz von Reparaturenzymen, Mutatorgenen sowie die Beobachtung von Phänomenen wie Polygenie und Pleiotropie. Allometrisches Wachstum zeugt von eher noch komplexeren Zuordnungsmechanismen, welche es gestatten, durch das Spiel von Mutation und Selektion recht genaue interne Modelle der Umwelt zu erlernen. Die Tatsache, daß die Verhältnisse der Durchmesser an Verzweigungsstellen des Blutgefäßsystems dem theoretisch errechenbaren Optimum $2^{-1/3}$ entsprechen, unabhängig von den sonstigen individuellen Eigenschaften, spricht dafür, daß Naturgesetze - hier die der laminaren Strömungsvorgänge - mutativ/selektiv erlernbar sind - eine Leistung des Kollektivs, nicht eines einzelnen Individuums.

Dieser Lernprozeß beruht ganz wesentlich auf der *Parallelität* gepaart mit *Diversität* in der Evolution - und, nicht zuletzt, auf dem sehr erfolgreichen Prinzip der *sexuellen Vererbung*, des Mischens von individuellen Merkmalen durch Rekombination. Dies kann nur im Rahmen des (M,L)-Schemas der mehrgliedrigen Evolutionsstrategie gezeigt werden, wobei M wesentlich größer als eins sein muß, glücklicherweise aber nicht so groß wie die Zahl n der beteiligten Objektvariablen. Da dieser Nachweis bisher nicht analytisch erbracht werden konnte, mußte experimentelle Mathematik betrieben werden. Über die Simulationsergebnisse von geeigneten Testserien wird im folgenden berichtet (siehe auch SCHWEFEL 1987).

7.1 *Erlernen einer Mutationsrate (Test 1)*

Zu Erlernen war im n=30 parametrigen Fall eine für alle Objektvariablen gemeinsame mittlere Schrittweite bzw. Standardabweichung für die Mutationen. Miteinander verglichen wurden eine (1+10)- und eine (1,10)-Evolutionsstrategie. Entgegen den o.g. theoretischen Resultaten zeigte sich die Komma-Version als überlegen. Zwar kam es vor, daß in einer Generation ein »Rückschritt« in Bezug auf den aktuellen Bestwert der Zielfunktion auftrat; dies war für den Gesamtprozeß aber weniger abträglich als die beim Plus-Schema auftretenden Stagnationsphasen. Die Erklärung für dieses Phänomen liegt im Überlebenszwang für gute Positionen im Raum der Objektvariablen bei unangepaßter Strategievariablen. Der nur indirekte Selektionsdruck auf die Schrittweite - sie wird ja nur anhand des mit ihr erzielten Erfolges bzw. Mißerfolges bewertet - wird durch das Vergessen »zufällig« erreichter guter Positionen besser unterstützt. Vorprogrammierte endliche Lebensdauer aller Individuen ist womöglich kein Unvermögen der Natur, sondern eine geeignete Maßnahme gegen Stagnation bzw. gegen das Überleben eines für den weiteren Verlauf ungeeigneten inneren Modells. Dies ist bei sich verändernder Umwelt noch viel wichtiger als im hier simulierten statischen Fall.

7.2 *Erlernen einer Skalierung der Objektvariablen (Test 2)*

Ausgehend von unangepaßten Einzelschrittweiten für die Optimumsuche konnten, ja mußten nun für schnelle Konvergenz n=30 Schrittweiten einzeln und verschieden voneinander eingestellt und laufend adaptiert werden. Bei dieser Aufgabe versagten sowohl die (1+L)- als auch die (1,L)-Strategie für L=10. Auch die Erhöhung von L auf 100 oder 1000 half nicht weiter. Im Gegenteil, je größer L, desto gründlicher blieb die Optimumsuche in einem relativen (nicht lokalen!) Optimum hängen. Dieses zunächst unbefriedigende, ja schockierende, Ergebnis ließ sich nachträglich gut erklären:

Da die Konvergenzgeschwindigkeit der Optimumsuche grundsätzlich umgekehrt proportional zur Zahl der beteiligten Objektvariablen ist, haben - gemessen am Erfolg binnen einer Generation - diejenigen Nachkommen einen Selektionsvorteil, welche in niedrig-dimensionalen Unterräumen operieren, dadurch daß sie einige der Einzelschrittweiten stark reduzieren. Das Opportunitätsprinzip »Das Schnellere ist der Feind des Besseren« schlägt hier voll zu und führt früher oder später zu vorzeitiger Stagnation. Ein schnelles »Umlernen« in Bezug auf die

Strategievariablen ist zwar nicht ausgeschlossen, aber im vielparametrigen Fall ein eher seltenes Ereignis.

Zwei Maßnahmen sind nötig, um aus der Opportunitätsfalle herauszukommen. Erstens müssen von L Nachkommen M>1 zu Eltern der nächsten Generation werden, d.h. der Selektionsdruck darf nicht zu stark sein (man spricht auch von »weicher« Selektion). Hinzutreten muß zweitens das Prinzip Rekombination, das Mischen von in Einzelindividuen gespeicherter Information, hier von erlernten Parametern, insbesondere auch Strategieparametern. Für letztere scheint die intermediäre Rekombination noch günstiger als die diskrete zu sein. Dies muß aber in weiteren Tests erst noch erhärtet werden.

7.3 *Synergismus beim kollektiven Lernen (Test 3)*

Um aufzuzeigen, inwieweit das kollektive Lernen - insbesondere der Strategievariablen, welche das interne Modell der Umwelt ausmachen - dem clearvoyanten »Wissen eines Experten« nahekommt, wurde eine dritte Testserie aufgesetzt. Bezüglich ihrer Konvergenzgeschwindigkeit miteinander verglichen wurden

- eine (1,100)-Strategie mit optimal voreingestellten und unveränderlichen Relationen der Schrittweiten untereinander;
- eine (15,100)-Strategie unter gleichen Bedingungen;
- eine (15,100)-Strategie mit variablen, anfangs nicht optimal eingestellten Schrittweiten-Relationen.

Die Zahl der Objektvariablen betrug wieder n=30. Es waren demnach 30 voneinander verschiedene Schrittweiten laufend anzupassen. Diskrete Rekombination der Objektvariablen und intermediäre Rekombination der Schrittweiten - hier zwischen allen Eltern zur gleichen Zeit - wurden im letzteren Fall zugelassen.

Das erstaunliche Resultat dieses dritten Tests war, daß eine (15,100)-Strategie mit Einzelschrittweiten-Mutation und Rekombination schneller konvergierte als eine (15,100)-Strategie mit optimal voreingestellten Schrittweiten-Relationen, ja fast genauso schnell wie eine (1,100)-Strategie mit optimalen Relationen der Mutations-Varianzen untereinander. Um dieses Phänomen, welches nicht anders als »synergistische Intelligenzverstärkung durch Rekombination individueller Myopie« bezeichnet werden kann, näher zu untersuchen, wurde in einem vierten Test M, die Zahl der Eltern, bei konstanter Nachkommenzahl L=100 variiert.

7.4 *Zum optimalen Selektionsdruck (Test 4)*

Vier verschiedene Strategievarianten wurden für L=100 und variables M miteinander verglichen, nämlich

- eine (M,100)-Strategie mit optimal voreingestellten Schrittweitenverhältnissen (Kurvenzug a in Abbildung 1);
- eine (M,100)-Strategie mit für alle Objektvariablen gleicher Schrittweite, was bei der gewählten Zielfunktion nicht der optimalen Skalierung entspricht (b);
- eine (M,100)-Strategie mit mutativ und per Rekombination erlernten Einzelschrittwerten (c);
- eine (M,100)-Strategie mit nur per Rekombination, also ohne individuelle Mutation, erlernbaren Einzelschrittweiten (d).

Abbildung 1 stellt die erzielten Resultate graphisch dar. In den Fällen a) und b) zeigt sich erwartungsgemäß, daß für M=1 die besten Resultate erzielt werden, sowie, daß mit steigendem M (sinkendem Selektionsdruck) die Konvergenzraten monoton abnehmen.

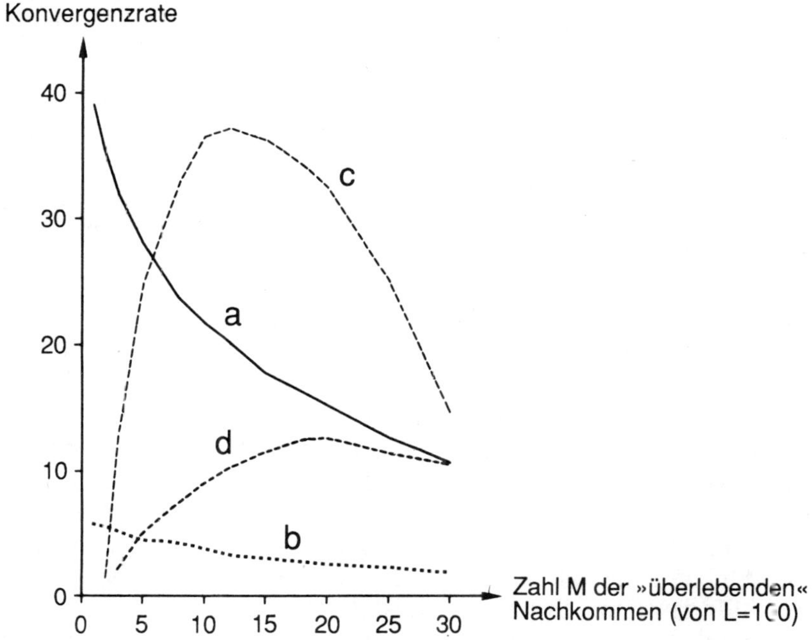

Abb.1 Vergleich verschiedener Strategievarianten

Die Einführung von Rekombination ohne Einzelschrittweiten-Mutation (Fall d) bewirkt, daß bei genügend großem M die gleiche Konvergenzrate erzielt wird wie bei optimal voreingestellten Schrittweitenrelationen. Hierzu muß M mindestens M=30 betragen, also in der Größenordnung der Zahl n der Objektvariablen liegen. Die kontraintuitive Überraschung birgt die Kurve c), welche den Mix individueller Variation der Schrittweitenrelationen mit der interindividuellen Rekombination widerspiegelt. Hier werden für M=8 bis M=20 »Überlebende«, bzw. genauer wieder Nachkommen erzeugende, von L=100 Nachkommen Spitzenwerte für die Konvergenzgeschwindigkeit erreicht, die denen bei perfektem Wissen um die besten Schrittweitenrelationen recht nahekommen.

8. Schlußfolgerungen

Kollektives Lernen von Strategievariablen, d. h. der interindividuelle Aufbau eines Modells der Umwelt, funktioniert, wenn und nur wenn

- im Rahmen des Lernprozesses »Vergessen« intermediär optimaler Positionen zugelassen wird, falls diese mit Strategieparametern erreicht wurden, welche für das weitere Voranschreiten ungeeignet sind;
- der Selektionsdruck nicht zu stark ist, d.h. auch temporär nicht beste Individuen Nachkommen produzieren können;
- Rekombination der individuell nicht perfekten Information bzw. der individuell verschiedenen Muster der Interpretation der lokalen »Umwelt« stattfindet.

Die zukunftsträchtige Interpretation der Gegenwart mit daraus abgeleiteten Handlungsoptionen steckt nicht im Spezialisten mit momentan optimaler Position und dafür verwendetem internen Modell der Umwelt, sondern nur im kollektiven Pool der Erfahrungen und den sich durch Mischen ergebenden Bedingungen für weitere Experimente. Das allzu wörtlich genommene Nachahmen der Devise *»survival of the fittest«*, d.h. das Anwenden einer (1+L)-Evolutionsstrategie hat sich als doppelt unbrauchbarer Optimumsuch-Algorithmus erwiesen. Weder ist das Überleben eines Individuums (über mehrere Generationen hinweg) sinnvoll für das ganze System, noch ist das momentan beste Individuum als alleinige(r) Vater/Mutter des weiteren Erfolges besonders prädestiniert.

Es spricht einiges dafür, daß wir nach dem Scheitern des Glaubens an eine fast beliebig machbare Zukunft ein neues Weltbild benötigen. Ich glaube nicht, daß sich der gewünschte Erfolg nur dadurch wiederherstellen lassen wird, daß man *ein* noch besseres Modell der Realität entwirft und es als Globalplanungsinstrument auf *eine* - wenn auch noch so schöne - Utopie einer schönen neuen Welt hin nutzt (siehe auch NICOLAS BERDIAEFFs Plädoyer für eine unvollkommene Welt im Vorspann von ALDOUS HUXLEYs Werk »*Schöne Neue Welt*« (1953)). Man könnte, vielleicht sollte man sogar - zumindest in den reichen Regionen dieser Welt, in denen es wirklich nicht mehr um das nackte Überleben geht - ganz gelassen die weitere Entwicklung als spielerisches Experiment betreiben.

Eine Garantie gegen Mißerfolge dabei gibt es nicht, man muß also auch ab und zu vergessen bzw. Spielregeln ändern können. Die Maximierung der Erfolgsrate bei ungewissem Ausgang eines Experiments - und auf vielen Gebieten müßten wir mittlerweile eingestehen, bei der Folgenabschätzung gänzlich versagt zu haben (z.B. der inzwischen wohl unausweichlichen, selbst verursachten, globalen Klimaänderung) - führt bestenfalls zur Stagnation bei gegen Null konvergierender Schrittweite. Dies kann man nicht nur im Computerexperiment, sondern sogar theoretisch zeigen. Gemeinsame Experimente statt gnadenloser Konkurrenz um den ersten Platz könnten die synergistischen Kräfte, die in der noch vorhandenen Diversität der Natur wie Kultur schlummern, wieder freisetzen. Schließlich ist die Menschheit selbst »auch nur« ein Experiment der Natur - ohne Überlebensgarantie.

Viele - vielleicht sogar praktisch nützliche - Experimente auf dem hier angesprochenen Feld des Experimentierens mit Evolutionsstrategien stehen noch aus. Die Bereitschaft, das eigene System einer Systemanalyse zu unterwerfen, war und ist immer gering. Vorurteile sind so bequem und systemares Denken so beschwerlich, besonders dann, wenn man zu befürchten hat, als Schlußfolgerung seine eigenen Handlungsweisen revidieren zu müssen, daß man sich und anderen lieber verbietet, (laut) nachzudenken. Aber.... vielleicht ist die Vielfalt der Vorurteile wenigstens epistemologisch wertvoll.

Das hier vorgestellte Evolutionsmodell ist auch nur erst eine vorläufige, noch sehr primitive, Hypothese. Daß sie mitunter schon recht nützlich ist, belegen die vielen erfolgreichen Anwendungen der Evolutionsstrategien.

Literatur

ASHBY, W. ROSS: Design for a Brain. 2.Aufl. New York 1960.

BOX, G.E.P.: Evolutionary Operation - A Method for Increasing Industrial Productivity. Applied Statistics 6 (1957) S.81-101.

BOX, M.J.: A New Method of Constrained Optimization and a Comparison with Other Methods. Computer Journal 8 (1965) S.42-52.

BROOKS, S.H.: A Discussion of Random Methods for Seeking Maxima. Operations Research 6 (1958) S.244-251.

BROOKS, S.H.: A Comparison of Maximum-Seeking Methods. Operations Research 7 (1959) S.430-457.

DANTZIG, GEORGE B.: Lineare Optimierung und Erweiterungen. Berlin 1966.

FAVREAU, R.F. and R. FRANKS: Random Optimization by Analogue Techniques. Proc. 2nd Analogue Comp.Meet., Strasbourg, Sept. 1958, S.437-443.

HOOKE, R. and T.A. JEEVES: Direct Search Solution of Numerical and Statistical Problems. ACM Journal 8 (1961), S.212-229.

HUXLEY, ALDOUS: Schöne Neue Welt. Fischer Bücherei, 1953.

MARTI, K.: On Accelerations of the Convergence in Random Search Methods. Methods of Oper.Res. 37 (1980) S.391-406.

MATYAS, J.: Random Optimization. Automation and Remote Control 26 (1965) S.244-251.

MUNSON, J.K. and A.I. RUBIN: Optimization by Random Search on the Analogue Computer. IRE Trans. EC-8 (1959) S.200-203.

NELDER, J.A. and R. MEAD: A Simplex Method for Function Minimization. Computer Journal 7 (1965) S.308-313.

NEUMANN, JOHN VON: Die Rechenmaschine und das Gehirn. München 1960.

RASTRIGIN, L.A.: The Convergence of the Random Search Method in the Extremal Control of a Many-Parameter System. Automation and Remote Control 24 (1963) S.1337-1342.

RECHENBERG, INGO: Evolutionsstrategie - Optimierung technischer Systeme nach Prinzipien der biologischen Evolution. Stuttgart 1973.

ROSENBROCK, H.H.: An Automatic Method for Finding the Greatest or Least Value of a Function. Computer Journal 3 (1960) S.175-184.

SCHWEFEL, H.P.: Numerische Optimierung von Computer-Modellen mittels der Evolutionsstrategie. Basel 1977. Numerical Optimization of Computer Models. Chichester 1981.

SCHWEFEL, H.P.: Collective Phenomena in Evolutionary Systems. Papers presented at the Internat'l Conf. on 'Problems of Constancy and Change', 31st Annual Meet. Internat'l Soc. for General Systems Research, Budapest, June 1987, Vol. II, S.1025-1032.

WIENER, NORBERT: Mensch und Menschmaschine. Frankfurt/Main 1952.

OLAV RÖHRER-ERTL

Über soziale Institutionen und biologische Evolution beim Menschen

Erläuterung eines dynamischen Modelles aus anthropologischer Sicht

1. Vorbemerkung

Wenn zum Thema Evolution und Evolutionsstrategien ein den Menschen betreffender Beitrag aus anthropologischer Sicht geleistet werden soll, erscheint das ganz gewiß nicht ungewöhnlich. Und ebensowenig dürfte es in einem solchen Zusammenhang auffällig erscheinen, wenn dann zur biologischen Auswirkung von sozialen Institutionen beim Menschen referiert werden soll. Schließlich besteht allgemeiner Konsens darüber, daß der Mensch in Sein und Wirkung ambivalent erscheint.

Sollte das aber voraussetzungslos erfolgen, müßte das Vorgetragene eventuell ein teilweise geringeres Verständnis finden. Denn es wird in einem solchen Fall immer auch auf Ergebnisse unterschiedlicher Disziplinen zurückgegriffen werden müssen.

Weil hier gleichzeitig auch noch weit in die Forschungsgeschichte zurückreichende Thesen und Postulate mitsprechen, soll zunächst knapp zur Ausformung der biologischen Evolutionstheorie allgemein referiert werden, ehe die für die Entwicklung zum Menschen spezielle Thematik berührt wird. Denn, wie der Verfasser meint, das Spezielle schwebt oft in Gefahr, ohne das Allgemeine unverständlicher zu bleiben. Danach erst wird das eigentliche Thema berührt, welches abschließend an einem Fallbeispiel erläutert werden soll.

Bei der Schreibweise von - hier sparsam verwendeten - Fachtermini wird sich möglichst eng an die Empfehlungen von SCHARF (1986) gehalten. Alle verwendeten Termini werden im hier gebrauchten Sinne erläutert.

2. Evolutionstheorie allgemein

Evolution zum Menschen und Evolutionsstrategie beim Menschen sind Forschungsgegenstand nicht nur unserer Zeit. Die moderne Forschung setzt auch hier 1543 mit VESALIUS ein - er hieß mit bürgerlichem

Namen ANDREAS WITING (SCHARF 1986) - welcher eine vom Tierreich zum Menschen aufsteigende Linie vom Affen über den in der Mitte stehenden *Satyr* - das ist der »Waldmensch« - zum *Pygmaeen* (= Zwergmensch) und Menschen konstruierte. Dabei wertete er vorzugsweise antike Autoren - hier speziell PLINIUS sen. - aus. Und seitdem gibt es letztlich den Entwicklungsgedanken in der Biologie, welcher darüber hinaus in der naturwissenschaftlichen und philosophischen Literatur der Neuzeit eine bedeutende Rolle spielt - insbesondere dann im 18.Jahrhundert. Hier sei nur an LINNÉ oder KANT erinnert.

Obwohl der Entwicklungsgedanke somit ein wesentlicher Teil des wissenschaftlichen Instrumentariums seit seinerzeit gut 300 Jahren war, konnte er seinen absoluten Vorrang in der Biologie erst im Anschluß an die Publikation der Thesen von DARWIN im Jahre 1859 gewinnen. Bekanntlich hat dann auch HEACKEL dabei eine bedeutende Rolle gespielt. Er vor allem sorgte für ein Verständnis von Evolution und Evolutionsstrategien *per se* in einer breiteren Öffentlichkeit und hat so u.a. auch bewirkt, daß der Entwicklungsgedanke als eine Art »Naturgesetzlichkeit« auf andere Wissens- und Lebensbereiche übertragen wurde und heute noch wird.

Methodenbedingt ist mit evolutionstheoretischer Zielsetzung zunächst vergleichend-morphologisch und embryologisch und später - im 20. Jahrhundert - genetisch geforscht worden. Dabei wurden die jeweils untersuchten *Individuen* (= Einzelwesen) mit ihrem *Taxon* (= jeweils betrachtete systematische Einheit oder Gruppe in der Biologie - z.B. species = Art) gleichgesetzt. Und das setzte seinerzeit fast immer voraus, daß zum Beispiel Tieren - anders als dem Menschen - keinerlei bedeutender erscheinendere Einflußmöglichkeiten auf die Entwicklung ihres jeweiligen Taxons eingeräumt wurde. Als Ziel und teilweises Ergebnis all dieser Forschungen kann angegeben werden, Naturgesetzlichkeiten bzw. -regeln in der bzw. für die Evolution der Organismen aufzufinden und zu beschreiben. Hier sei zum Beispiel an die DOLLO'sche Regel von der Unumkehrbarkeit einmal vollzogener Entwicklung erinnert. Wenn so im Laufe der Evolution beispielsweise bei den *Primates* die Zahnzahl reduziert wurde, können innerhalb dieser taxonomischen Gruppe »verlorene« Zähne nicht mehr neu angelegt werden. Sogenannte Zahnüberzahlen, wie sie ja durchaus bei allen Primaten - und somit auch beim Menschen - vorkommen, bedürfen danach immer einer speziellen Erklärung. Denn sie haben zum Beispiel nichts mit denen der *Insectivora* (= Insektenfresser) bzw. Insectivora-Ähnlichen als Vorfahren der Primaten zu tun (Vergl. z.B. RÖHRER-ERTL et al. 1985, 1987).

Oder es sei an die HARDY-WEINBERG'sche Regel erinnert, welche besagt, daß sich der Genpool einer optimal an ihre ökologische Nische

(= spezieller Lebensraum) adaptierten (= angepaßten) Population eines betrachteten Taxons nicht ändert, solange ihre Umwelt- und somit Lebensbedingungen konstant bleiben.

Insgesamt läßt sich also sagen, daß die Evolutionsforschung der ersten 100 Jahre nach Darwin wesentliche Ergebnisse erbrachte und die allgemeinen Rahmenbedingungen, unter welchen biologische Evolution stattfindet, in eindrucksvoller Weise herausgearbeitet hat. Danach finden evolutive Prozesse immer dann verstärkt statt, wenn es zu einschneidenderen Umweltveränderungen in einem betrachteten Raum und/oder ökologischen Nische kommt. Hier werden vor allem genannt: Klimaveränderungen, Folgen verstärkter geologischer Aktivitäten (z.B. Gebirgsbildungen) oder auch die Zuwanderung von Futterkonkurrenten aus zuvor separierten Regionen. In Bezug auf Klimaveränderungen sei hier an das Aufblühen der pleistozänen (= eiszeitlichen) Fauna erinnert. Und hinsichtlich der Zuwanderung von Futterkonkurrenten sollen die südamerikanischen *Rodentia* (= Nagetiere) erwähnt werden, die dort eine Vielzahl von ökologischen Nischen besetzt halten, welche dort vorher von endemischen (= einheimischen) Taxa besetzt waren. Hier sei zum Beispiel auf den Pampashasen, das Meerschweinchen oder das Wasserschwein - es ist mit 1 m Länge das größte Nagetier der Welt - verwiesen. Alle die in Südamerika von Rodentia besetzten ökologischen Nischen werden anderswo von plazentaren Säugetieren anderer Familien gehalten. Bekanntlich konnten zunächst nur wenige Taxa von plazentaren *Mammalia* (z.B. Rodentia, Felidae - Katzenartige oder Primates - Neuweltaffen) in Südamerika von Norden her einwandern, als sich ab dem Tertiär die mittelamerikanische Landbrücke auffaltete.

In allen solchen Fällen haben also die überlebenden Taxa eine zahlenmäßig größere Nachkommenschaft bis zur Fortpflanzung gebracht, als ihre jeweiligen endemischen Futterkonkurrenten. Und somit war ihre Fitness im Sinne DARWINs größer, als die jener. Und seit DARWIN sieht man genau darin den Schlüssel zum Verständnis einer jeden biologischen Evolution.

Von Anfang an (VESALIUS) bestand nun nicht nur in der Forschung, sondern auch zumindest ebenso in der Öffentlichkeit ein verstärktes Interesse am Problem der Entwicklung zum Menschen. Vielfach wurde Evolution allgemeiner als ein Prozeß aufgefaßt, bei welchem die Entwicklung - fast zwangsläufig - vom Einfachen zum Komplizierten, vom Niederen zum Höheren verlaufe, was aber eben nur im Prinzip richtig ist. Denn der sogenannte *Finalismus* wird auch heute allgemein abgelehnt.

Denn schließlich konnten zum Beispiel viele einzellige Lebewesen oder Ähnliche ja überhaupt nur in evolutiven Prozessen *adaptiert radiieren* (= sich angepaßt ausbreiten), das heißt sich in eine Vielzahl eigener Taxa aufgespaltet in verschiedene ökologische Nischen hinein ausbreiten, weil bereits höheres Leben entstanden war. Hier sei an *Insecta* beim Auftreten der höheren, bedecktsamigen Gefäßpflanzen erinnert. In noch viel höherem Maße aber gilt das eben Gesagte für zum Beispiel Bakterien, Viren und/ oder einzellige Pilze, welche eben nur zu einem recht geringen Teil nachteilige Wirkungen für Ihre Wirte oder ihre Symbionten haben. Ohne die sogenannte Darmflora könnte beispielsweise kein Mensch auf Dauer überleben. Es sei denn, er hinge am Tropf.

Und so gäbe es weitere Widersprüche, welche allein mit den oben genannten Arbeitsmethoden und -thesen eben nicht befriedigend zu klären waren. So lebten und leben zum Beispiel verschiedene Taxa u.a. mehrere 100 Millionen Jahre auf der Erde, ohne daß irgendwelche evolutiven Prozesse dabei nachweisbar wären, obwohl sich ihr Umfeld nachweislich gravierend geändert hatte bzw. hat und bei ihnen kein Grund zur Annahme bestand oder besteht, die Rate spontaner Mutationen sei gegenüber anderen Taxa erheblich niedriger geblieben. Hier sei an bestimmte Ammoniten erinnert, welche vom Devon bis zur Trias *de facto* unverändert überlebten oder auch an Landschildkröten, bei denen das immerhin seit rund 180 Millionen Jahren der Fall ist. Andererseits durchliefen bestimmte Taxa evolutive Prozesse, ohne daß dafür irgendwelche gravierenden Umweltveränderungen nachweisbar gewesen wären, wie zum Beispiel der Orang-Utan.

Im ersteren Fall handelt es sich bei den betrachteten Taxa im allgemeinen um sogenannte *Generalisten.* Darunter werden biologische Taxa verstanden, welche eben *nicht* optimal an nur eine ökologische Nische adaptiert sind. Sie sind damit eben keine Spezialisten, sondern besitzen die Fähigkeit, in einer Vielzahl von ökologischen Nischen eben auch existieren zu können. Und genau dies ist dann die ihnen eigene Evolutionsstrategie. Denn wird ein solcher Generalist zum Beispiel innerhalb einer ökologischen Nische zurückgedrängt, muß sie also Futterkonkurrenten überlassen, überlebt das Taxon in anderen, wo das nicht der Fall ist. Weil nun Generalisten eben nicht weiter spezialisiert erscheinen, sie also im evolutionstheoretischen Sinne primitiv sind, können sich gegebenenfalls von ihnen aus Spezialisten entwickeln - wie im Falle der südamerikanischen Nagetiere. Mit anderen Worten können nur (relative) Generalisten adaptiert radiieren, sofern sich dazu die Möglichkeit ergibt. Je urtümlicher, also evolutiv betrachtet primitiver, somit ein Bauplan ist, desto eher erscheint die Möglichkeit zu besonderen Adaptationen gegeben, was ja immer Spezialisation bedeutet.

Im letzteren Fall war offensichtlich eine optimale Adaptation an eine ökologische Nische (hier: Kronenbereich des tropischen Regenwaldes) bereits früh erfolgt. Trotzdem ist dann in geologisch jüngster Zeit eine evolutive Änderung faßbar, für die es über die bislang verwendeten Gradienten kaum eine befriedigende Erklärung gibt. Hier soll der *Orang-Utan* genannt werden. Er ist seit dem Endtertiär (laut freundlicher Mitteilung von Prof.Dr.D.R. SWINDLER/Seattle Miozän von Süd-China) nachgewiesen. Ganz offensichtlich gibt es auch aus dieser frühen Zeit keinerlei Hinweise darauf, daß er damals wesentlich anders beschaffen war, als im darauf folgenden Pliozän, Pleistozän und Holozän Südost-Asiens (z.B. RÖHRER-ERTL 1984). Im wesentlichen zeigt sich dabei eben das Bild, welches heute vom Orang-Utan auf Sumatra bekannt ist, auch dort. Ganz anders aber erscheint die *Subspecies* (= Unterart) auf Borneo (RÖHRER-ERTL 1984, RÖHRER-ERTL et al. 1985, 1987). Hier ist zum Beispiel die Schnauze im Profil gegenüber dem Mittelgesicht abgeknickt, die Zahnstellung ist anders und steiler, es treten gehäuft Zahnüberzahlen usw. auf. Damit im Zusammenhang gibt es dann einen für freilebende Wildtiere erstaunlich hohen Prozentsatz an Erkrankungen des Zahnhalteapparates und der Zähne selbst.

Es kann wohl kaum erstaunen, daß der Orang-Utan sich seit dem Endtertiär (Pliozän) von Süd-China aus nach Süden ausbreitete und im Pleistozän (= Eiszeiten) über die Malayische Halbinsel erst Sumatra und dann - wohl im Weichsel-Glazial (= letzte Kaltzeit) - auch Borneo besiedelte. Seine ökologische Nische, die Kronenzone der asiatischen tropischen Regenwälder, dort war vorher unbesetzt und an dieselbe war er optimal adaptiert. Von daher sollte dann eine weitgehende Gleichheit der früheren und rezenten Formen zu fordern sein. Dabei wäre aber immer zu berücksichtigen, daß der Orang-Utan eine auffällig große Variationsbreite aller phänotypischen (= erscheinungsbildlichen) Merkmale aufweist. Er reicht als einziges animalisches Lebewesen - Viren und verschiedene Einzeller einmal ausgenommen - darin an den Menschen heran bzw. kommt ihm sogar gleich. Auch das ist einer der Gründe, weshalb heute verschiedentlich der Orang-Utan erneut als nächster lebender Verwandter des Menschen im evolutionstheoretischen Sinne angesehen wird. Auch von daher kann es dann weniger Wunder nehmen, wenn die Evolution des Orang-Utan - hier aus durchaus ähnlichen Gründen wie beim Menschen - lange Zeit nicht befriedigend zu begründen schien.

Denn mit auf das Taxon einwirkendem »äußerem Selektionsdruck« waren in diesem Falle eben keinerlei Veränderungen begründbar. Es waren also »Hilfskonstruktionen« zu verwenden. Denn, wie gesagt, zunächst wurde in der Evolutionsforschung *de facto* fast ausschließlich das Augenmerk auf Umwelteinflüsse gerichtet, welche auf das jeweils betrachtete Taxon einwirken. Die innere Struktur von Sozialorganisationen blieb zu dieser Zeit noch weitgehend unbeachtet. Zu dieser Zeit ist praktisch immer »freier Genfluß« postuliert worden, was bei den betrachteten, sehr langen, Zeiträumen prinzipiell zulässig erscheinen muß.

3. Evolutionstheorie, »neuere Sicht«

Nun ist aber die Evolution der Organismen wohl doch ein mit jünger werdendem Erdalter zunehmend komplizierter werdender Prozeß. Das hat unter anderem ganz sicher auch seine Ursache darin, daß zunächst die Individuenzahl schneller stieg, als die der Arten. Erst nachdem eine gewisse »Sättigung« an Biomasse (= Gewicht aller lebender Organismen) erreicht war, nahm dann die Anzahl der Arten stärker zu, als die der Individuen (z.B. KURTH & RÖHRER-ERTL 1980 a). Nach allgemeinerer Auffassung drückt sich darin die von Anfang an dem Leben innewohnende Tendenz zur ständigen Vergrößerung aus. Und von daher leitet sich dann der »Impetus« für jedes biologische Taxon ab, seine spezielle Evolutionsstrategie zu entwickeln bzw. den gegebenen Realitäten optimal anzupassen, um so die eigene Position in der Natur wenn nicht gar zu vergrößern, so doch wenigstens zu halten.

In der Forschung werden fortpflanzungsbiologisch schon recht früh zwei Evolutionsstrategien - und zwar als Extrema - benannt: Einmal die Produktion einer sehr hohen Anzahl von potentiellen Nachkommen je weibliches Individuum, wie zum Beispiel bei der Mehrheit aller Fische, ohne irgendein Brutpflegeverhalten. Dadurch wird gewährleistet, daß die Elterntiere sich in der nachfolgenden Generation im Mittel selbst ersetzen. Denn bei dieser Strategie ist der Ausfall an potentiellen Nachkommen ungeheuer groß. Und dann wird die Produktion und Aufzucht nur sehr weniger Nachkommen je weibliches Individuum bei sich zum Teil über Jahre hinziehender Brutpflege benannt, wie beispielsweise bei den Primates (= Herrentiere). Auch hier wird das Ziel jeder Evolutionsstrategie - die Reproduktion der Elterngeneration - erreicht. Jedoch sind diese und ähnliche Denkmodelle nicht als zur befriedigenden Erklärung einer Reihe konkreter evolutiver Einzel-Prozesse ausreichend angesehen worden.

Und so erscheint es wohl nur konsequent, daß sich die *Ethologie* (= Verhaltensforschung) unter anderem genau dieses Problemes annahm. Befaßt sie sich doch einmal mit den Verhaltensstrukturen des jeweils betrachteten Taxons und dann auch mit dem des Individuums - auch zum

Beispiel in seinem Einfluß auf die Gruppe. Inzwischen sind auch die ersten Vergleichsstudien erschienen, welche sich mit dem Verhalten unterschiedlicher *Species* (= Arten) befassen. Und genau hierin - dem Verhalten der Individuen eines Taxons - fand sich dann recht oft auch der Schlüssel zu einem besseren Verständnis evolutiver Prozesse - besonders auch in jenen Fällen, in denen zuvor unüberwindliche Schwierigkeiten zu bestehen schienen.

So wurde zum Beispiel auch die Entstehung der auf Borneo beheimateten Subspecies des Orang-Utan aus der von Sumatra erklärbar. Denn Orang-Utans leben, wie man erst wieder seit 20 Jahren weiß, in strukturierten Sozialverbänden. Ihr Habitat untergliedert sich in einzelne, durch offene Fließgewässer und die Höhenlage abgegrenzte Reviere. Revierinhaber sind immer mature Männer, die dasselbe gegen Konkurrenten verteidigen. Diese Revierinhaber sind immer reviertreu und halten sich zumeist in den höheren Lagen auf. Alle anderen Tiere bevorzugen die unteren Lagen des Reviers, welches sie in kleinen Gruppen von 2 bis 6 Tieren durchstreifen. Alle diese Tiere sind nicht reviertreu und wechseln von Zeit zu Zeit aus einem Revier in andere.

Bekommt nun eine Orang-Utan-Frau ihren Östrus, wird sie also konzeptionsbereit, steigt sie allein in die höheren Lagen desjenigen Revieres auf, in welchem sie sich gerade befindet. Trifft sie bei ihrem Aufstieg jüngere Orang-Utan-Männer, kann es zur Kopulation kommen. Trotzdem scheinen die Revierinhaber die absolute Mehrheit aller erfolgreichen Kopulationen für sich verbuchen zu können. Sie bestimmen also in hohem Ausmaß, welche Erbanlagen weitergegeben werden. Bei einer ausreichenden Anzahl von Revieren bleibt die nachgewiesen übergroße Variationsbreite des Taxons dennoch erhalten, wie die HARDY-WEINBERG'sche Regel besagt.

Die im Pleistozän zwischen Sumatra und Borneo existierende Landbrücke war nun aber relativ schmal. Auf ihr hätten rezente Reviere immer nur so Platz, daß sie sich wie eine Perlenschnur aneinanderreihten. Hier konnte also nur der Zufall entscheiden, wer das von Sumatra aus gesehen erste Revier besetzen würde und welche Gruppen dann dort einwanderten.

Es sollte sich also zunächst eine Verengung der Variationsbreite phänotypischer Merkmale auf diese Weise ergeben haben - und zwar zufallsbedingt. Dazu müssen nun aber weitere Auslesefaktoren in Gestalt einer männlichen Überlegenheit bestimmter Gebißformen bei Revierkämpfen kommen. Denn hier herrschen eindeutig Männer mit *orthognather* (= steiler) Frontzahnstellung und - über die Realisierung von Zahnüberzahlen - vergrößerter Schnauze vor, was so deutlich in den jüngeren Altersgruppen und bei den Frauen allgemein nicht der Fall ist

(RÖHRER-ERTL et al. 1985, 1987). Es kann also keineswegs immer genügen, *äußere* Selektionsdrucke zu betrachten, will man konkret vollzogene Evolution im Einzelfall verstehen. In sehr vielen Fällen erscheint eine gezielte Untersuchung *innerer* Selektionsdrucke unverzichtbar für ein begründetes Verständnis.

Damit wird man wohl doch festhalten müssen, daß sich die Evolutionsforschung in den letzten Jahrzehnten von dem Bild fortentwickelt hat, welches von ihr immer noch in breiteren Öffentlichkeitskreisen zu herrschen scheint, legt man hier einmal Verlautbarungen von Massenmedien zugrunde. Aber eine verzögerte Aufnahme von Wissensständen und Wissenschaftsbildern an solcher Stelle sollte wohl doch nicht als allzu wesentlich bewertet werden. Scheint sie doch eher der Regel als der Ausnahme zu entsprechen. Um so mehr scheint es geboten, auf einen solchen Wandel hinzuweisen.

Hatte man - real seit HAECKEL - versucht, möglichst direkte (und damit eindimensionale) Ursache-Wirkung-Folgeketten nach den Regeln der formalen (= aristotelischen) Logik aufzufinden, zu beschreiben und zu begründen - damit sollte letztlich auch immer ein Nachweis mehr für die Gültigkeit der Evolutionstheorie erbracht werden - erscheint das Bild nun doch verändert. Denn nun wird im allgemeinen versucht, Teilaspekte evolutiven Geschehens so differenziert wie möglich durchzuarbeiten und dann auch darzustellen. Vorwiegend werden nun dialektische Prozesse beschrieben. Dabei werden *äußere* wie *innere* Selektionsdrucke möglichst genau erfaßt und für die Fragestellung ausgewertet. Dahinter verbirgt sich letztlich eine Verlagerung der Forschungsziele. Und die wurde möglich, weil einmal an der Tatsache der Evolution der Organismen nicht mehr zu rütteln ist und sich andererseits Wissensstand und Methodenspektrum entscheidend erweitert haben.

Und daraus folgt dann eben auch ein Wandel im Verständnis dessen, was biologische Evolution letztendlich bewegt. Alles das führt somit wieder auf Anschauungen und Thesen zurück, welche der bedeutende KARL ERNST VON BAER (1792 - 1876) seinerzeit aufstellte bzw. erarbeitet hatte (RAIKOV 1968). BAER ist von HAECKEL sicher völlig korrekt als Wegbereiter der DARWIN'schen Evolutionstheorie benannt worden.

Darin lasse man sich nicht dadurch irremachen, daß sich BAER schließlich gegen DARWIN gestellt hat und sich dann auch selbst zu den *Teleologen* (= Kreationisten) zählte (RAIKOV 1968). Hier dürfte, wie so oft bei Diskussionen, ein sprachliches Mißverständnis vorliegen - und zwar speziell in der jeweiligen Interpretation des deutschen Wortes *Grund*. So dürfte es einem Naturwissenschaftler nun wirklich schwer fallen, den »Grund« für biologische Evolution korrekt zu benennen.

Schließlich fällt das in die Arbeitsgebiete von *Philosophie* oder *Theologie*. Und genau das hat auch BAER in seinen Arbeiten immer wieder festgestellt. Wenn also Naturwissenschaftler vom *Grund* einer Entwicklung sprechen, meinen sie selbstverständlich niemals den ursprünglichen "Impetus" usw., sondern die Vor- und Rahmenbedingungen, unter der diese eine konkrete Entwicklung abläuft. In der Fachsprache heißt das dann unter anderem *Prämisse*, *Postulat*, *Gradiente* oder *Mechanismus* und wird zur »Begründung« eines Prozesses und der feststellbaren Prozeßrichtung benutzt. BAER hat sich also letztlich gegen eine »Philosophierung« zur Wehr gesetzt, gegen welche jeder Naturwissenschaftler skeptisch reagiert. Und das gleichgültig, ob dem nun real so war oder nicht.

Eine weitere Erschwernis in der Verständigung ergab sich - neben sicher zumeist ungewollten sprachlichen Mißinterpretationen - in der Vergangenheit aus der inhaltlich voneinander abweichenden Interpretation gleicher Termini durch Anhänger der verschiedensten Schulen (z.B. Neodarwinisten, Neolamarckisten), wozu dann zunächst auch die Genetik noch das ihre beitrug.

Wie wohl immer in solchen Fällen hat dann die heftige und Jahrzehnte dauernde Kontroverse zu einem enorm vergrößerten Wissen geführt. Und letztlich dadurch klärte sich die Situation und machte in der Folge dieser Kontroverse ein Ende.

Das alles gilt selbstverständlich insbesondere für die Frage der *Primatenevolution* (z.B. CIOCHON & FLEAGLE 1987). Hier haben nun gerade die letzten 20 Jahre eine Vervielfachung der Kenntnisse auf allen Teilbereichen gebracht (z.B. NIEMITZ 1986). Nur betreffs der Entwicklung zum Menschen hält die Kontroverse auf einzelnen Gebieten immer noch an. Und auch das hat seine guten Gründe. Denn insbesondere der Mensch erscheint als weitgehend unerforscht. Vielfach wird vorhandenes Material unbeachtet gelassen, auf anderen Gebieten ist man immer noch weitgehend auf Spekulation angewiesen. Aber das erscheint bei näherem Hinsehen gar nicht so widersinnig. Sich selbst gegenüber unbefangen zu sein, dürfte *per se* nicht allzu einfach sein.

4. Evolution zum Menschen

So besteht unter anderem weitgehend Einigkeit über den Verlauf der Evolution von urtümlichen Primaten bis hinauf zu den *Dryopithecinae* (z.B. CIOCHON & FLEAGLE 1987, SMUTS 1986). Sie gehören, wie auch der Mensch, zur zoologischen Familia *Hominoidea*, und zwar als eigener *Tribus* - also den *Ramapithecinae* vergleichbar. Die Ramapithecinae sind ein eigenes Genus der zoologischen Sub-Familia *Homininae*, in welche als eigenes Genus dann auch *Homo* gehört. Wie aber alle die heute bekannten Daten und Thesen zusammenstimmen, ist derzeit noch heftig umstritten.

Wollen die einen *Homo* direkt von *Ramapithecus* ableiten, tun das die anderen über *Australopithecus* usw. Am Rande sei erwähnt, daß für alle Homininae u.a. auch der bipede, aufrechte Gang kennzeichnend ist.

Inzwischen herrscht dann derzeit wiederum darüber Einigkeit in der Forschung, daß die direkten *Ancestoren* (= Vorfahren) des Menschen eine ganze Reihe phänotypischer Merkmale gemeinsam besessen haben, welche auch heute noch bei allen Menschen vorkommen - wenn unter Umständen auch in verstärkter Form. Hier soll dabei speziell an den bipeden, aufrechten Gang, die nicht jahreszeitlich festgelegte weibliche Regelblutung, den gegenüber Affen verkürzten, parabolischen Zahnbogen (also verkürzte Schnauze) und ein gegenüber anderen Primaten vermindertes bis fehlendes (den gesamten Körper bedeckendes) Haarkleid erinnert werden sowie auf eine sehr hoch entwickelte Sozialstruktur im Zusammenhang mit sehr hoch entwickeltem Sozialverhalten. Es erscheint klar, daß letzteres ebenfalls eine Entsprechung im Kommunikationssystem finden muß, weil Sozialstruktur und Kommunikation einander gegenseitig bedingen. Man kann sie durchaus als eine dialektische - also damit auch dynamische - Einheit bezeichnen.

Dies alles ist um so mehr zu postulieren, als die Ancestoren (bzw. deren Verwandte) des Menschen nach ihrer Begleitfauna die offenen Landschaften der tropischen und subtropischen Mesas (= Hochsteppen) und Llanos (= Tiefsteppen) besiedelt hatten und dort ohne eine sehr effektiv wirkende Sozialorganisation um so hilfloser ausgeliefert gewesen wären, als körpereigene Waffen (hier vor allem Gebiß und Krallen/Nägel) - im Gegensatz zum Beispiel zu Pavianen - ja gerade zurückgebildet wurden bzw. schon worden waren. Darüber hinaus wird für alle *Homininae* Werkzeuggebrauch postuliert, ohne jedoch in jedem Fall den Nachweis dafür führen zu können. In Einzelfällen ist bereits Werkzeugherstellung (z.B. Australopithecinae) wahrscheinlich gemacht worden. Werkzeuggebrauch bei *Homininae* ist um so wahrscheinlicher zu machen, als er bei *Ponginae* (Schimpanse am besten diesbezüglich erforscht) in freier Wildbahn nachgewiesen wurde.

Etwa vor 1,9 Millionen Jahren ist dann der erste Vertreter von *Homo* nachweisbar. Dieser Nachweis gelang einmal auf Java in Modjokerto und dann in Kenya am Rudolfsee. Beide Belege sind - wenn auch aus unterschiedlichen Gründen - zur Zeit noch umstritten. Weil sich danach die Belege häufen (z.B. KURTH & RÖHRER-ERTL 1980 a), darf angenommen werden, daß *Homo erectus*, denn um diesen handelt es sich ja hier, bereits vor 2 Millionen Jahren auftritt. *Homo erectus* wird dann weltweit vor etwa zwischen 50.000 und 250.000 Jahren von *Homo sapiens* abgelöst, wobei die rezente Form in Europa erst vor etwa 40.000 Jahren nachweisbar wird. Nur wenig später wird auch Amerika besiedelt. Am Rande sei erwähnt, daß der sogenannte »Neanderthaler« *Homo sapiens neanderthalensis* nach der Fundverteilung auf den geographischen Bereich beschränkt blieb, welcher heute von den »europäischen« europiden eingenommern wird - also Weißafrika, Europa, Zentralasien/Persien und der Nahe Osten. Sogenannte Bastardisierungen zwischen *Homo sapiens sapiens* und *Homo sapiens neanderthalensis* sind von Fundplätzen des Nahen Osten nachgewiesen worden (z.B. NEMITZ 1986). Und danach darf angenommen werden, daß wenigstens einige der für die »europäischen« europiden als kennzeichnend angesehenen phänotypischen Merkmale auf den Neanderthaler zurückgehen. An dieser Stelle soll zum Beispiel die relativ starke Terminalbehaarung der Männer und die starke Verbreitung geringer Pigmentierung als besonders auffällig im interrassischen Vergleich erwähnt werden.

Um nun den Grad der erreichten Adaptation der Homininae-(= Menschenartigen-) Vorfahren des Menschen zu umreißen, erscheint es sinnvoll, ihre ökologische Nische näher zu beschreiben. Es wurde bereits ausgeführt, daß von paläontologischer Seite vieles dafür spricht, sie als in Mesas und Llanos angesiedelt anzunehmen. Denn die mit ihren Resten vergesellschafteten Tierreste sprechen eindeutig für »Steppe« im weiteren Sinne.

Dieser Schluß wird bestätigt, wertet man physische und psychische Spezialisationen des Jetzt-Menschen retrospektiv aus. Und das darf so erfolgen, weil als gesichert anzunehmen ist, daß phänotypisch erfaßbare Merkmale genetisch eine Basis haben. Und das gilt sowohl für die Physis als auch für die Psyche - wenn auch in jedem Einzelfall in anderer Form bzw. Weise. Denn in Bezug auf die genetischen Verankerungen phänotypischer Merkmale bildet der Mensch nachgewiesenermaße keine Ausnahme in der belebten Natur.

Weil diese diagnostizierbaren phänotypischen Merkmale - soweit bis jetzt bekannt ist - einmal *polygen* (= viele Genorte sind an der Ausbildung eines Merkmales beteiligt, wirken also zusammen) und dann sicher mindestens zum Teil *pleiotrop* (= ein Genort ist an der Ausbildung verschiedener Merkmale beteiligt) fixiert bzw. gesteuert werden, erscheint es ausgeschlossen, daß sich diese genetische Basis innerhalb nur weniger Tausend Generationen gebildet und zugleich in der gesamten Weltpopulation durchgesetzt hätte. Sie sollte sich also - eingedenk der DOLLOschen Regel bereits in der subhumanen Phase nach HEBERER (z.B. KURTH & RÖHRER-ERTL 1980 a) im wesentlichen ausgebildet haben.

Das gilt dann für die Ausbildung des bipeden, aufrechten Ganges, der Hand usw. ebenso, wie für die von Sozial- und Kommunikationssystemen (bis einschließlich Sprache). Und ganz selbstverständlich gilt das dann auch für die Ausbildung spezieller anatomischer, physiologischer (und psychologischer) Aspekte des menschlichen Fortpflanzungsapparates bzw. der -biologie (vgl. z.B. NIEMITZ 1986). Im gleichen Zusammenhang sei hier ebenfalls an den körpereigenen Apparat zur Wahrung der Homöothermie erinnert.

So ist zum Beispiel die weibliche Regelblutung beim Menschen nicht an irgendeinen jahreszeitlich korrelierten Rhythmus gebunden. Auch wenn als realistisch anzusehen ist, daß dies bei den Ancestoren von *Homo* in größeren Abständen als heute erfolgt ist, im Prinzip erscheint es als dasselbe Faktum. Damit sollten die Ancestoren-Frauen ebenfalls prinzipiell ganzjährig konzeptionsbereit und deren Männer ganzjährig begattungsbereit gewesen sein. Und damit sollte die Population als Teil ihrer Evolutionsstrategie gehabt haben, daß Kinder im Verlaufe des ganzen Jahres zur Welt kommen (z.B. KURTH & RÖHRER-ERTL 1980 a).

Daraus läßt sich schließen, daß es in der von diesen Ancestoren besetzten ökologischen Nische keinerlei Auslesevorteil bedeutete, wenn Kinder nur zu bestimmten Jahreszeiten zur Welt kamen. Und so konnte das Taxon die Gefahren für den jüngsten Nachwuchs ebenso streuen, wie die dadurch hervorgerufene Belastung der jeweiligen Population. Voraussetzung dafür aber war, daß die ökologische Nische ein ganzjährig im Mittel gleichbleibendes Nahrungsangebot stellte. Ebenso sollte sie immer ausreichend Deckung geboten haben. Im Ökosystem Steppe der Tropen und Subtropen trifft das einmal auf sogenannte Park-Savannen und dann auf Galeriewälder zu.

Der körpereigene Apparat zur Wahrung der Homöothermie des Menschen erscheint recht spezialisiert. So haben Menschen zum Beispiel kein Fell als zusätzliche Isolierschicht, um Temperaturspitzen des Klimas zu ermäßigen. Dafür besitzen sie - wie beispielsweise auch Pferde - am gesamten Körper Schweißdrüsen. Und diese sind zum raschen Abbau zu hoher Körpertemperaturen effektiv einzusetzen. Weil mit dem Schwitzen aber auch immer ein Verlust an Körperflüssigkeit und Mineralsalzen verbunden ist, kann dieser Teil des körpereigenen Apparates aber nur zum Abbau von Spitzenwerten in Extremsituationen einzusetzen sein. Im Regelfalle sollte der - gegenüber anderen zoologischen Taxa vermindert erscheinende - Apparat ausreichen (z.B. KURTH & RÖHRER-ERTL 1980 a).

Die mittleren Temperaturschwankungen in der genutzten ökologischen Nische sollten also etwa 15° und 37° C nicht überschritten haben. Auch dies spräche eher für eine Parksteppe bzw. Galeriewälder, als für tatsächlich offene Landschaften (z.B. Mesas und Llanos). Nur hier wären auch die aufgrund der Körperausstattung zu postulierenden kurzen Fluchtdistanzen (Schwitzen !) - zum Beispiel vor Freßfeinden - als realistisch anzusehen. Und an diese ökologische Nische wären die *Homininae* spätestens auf dem *Ramapithecinen*-Stadium optimal adaptiert gewesen.

Wenn also im Anschluß daran eine weitere Evolution hin zum Menschen erfolgte, kann sie wohl kaum primär auf *äußeren* Selektionsdruck zurückzuführen sein. Denn die Landschaftstypen Parksteppe und Galeriewälder - sie sind Teil der größeren Systeme tropischer und subtropischer Steppenlandschaften (Mesas und Llanos) - sind im hier interessanten Zeitraum sicher nicht wesentlich kleinräumiger auf der Erde vorhanden gewesen, als zur Zeit der Einführung von Ackerbau und Viehzucht (also vor etwa 12.000 Jahren). Auch örtlich, also in Bezug auf ihre geographische Lage, sollte es seit Beginn des Pleistozäns diesbezüglich nur unwesentliche Veränderungen gegeben haben. Von daher liegt also wohl kaum ein Grund vor, einen *äußeren* Selektionsdruck anzunehmen, welcher stark genug gewesen wäre, eine so rasche Adaptation (woran ?) zu erzwingen bzw. auszulösen. Hier kann dann wohl nur noch mit einem entsprechend stark wirksamen *inneren* Selektionsdruck gerechnet werden.

5. *Innerer* Selektionsdruck und soziale Institutionen beim Menschen

Weil ein direkter Zugriff auf hier interessierende Daten nicht möglich erscheint, ist man auf die Methode der *retrospektiven* (= rückwärtsschreitenden bzw. -schauenden) Betrachtung und die des interspezifischen (= zwischenartlichen) Vergleiches angewiesen, soll eine akzeptable Diskussionsbasis erreicht werden. Dies ist in den biologischen Fächern zumindest ein eingeführtes Verfahren.

Nach den Ergebnissen bisheriger Forschung sind auch alle Primaten-Taxa (und nicht nur diese) nicht allein durch ihnen eigene - phänotypisch faßbare - morphologische Eigenheiten, sondern ebenso auch durch ihnen eigene Verhaltensweisen gekennzeichnet. Das war *a priori* zu fordern, weil ja eine körperliche Spezialisation immer nur im Zusammenhang mit entsprechenden Verhaltensweisen sinnvoll sein kann.

Wenn zum Beispiel Paviane zum großen Teil vom Grassamenverzehr leben, erklärt sich wohl allein daraus Vorhandensein und vorzügliche Nutzung ihres Präzisionsgriffes, welcher dem des Menschen übrigens vielfach überlegen ist (z.B. NIEMITZ 1986). Und das scheint auch unter Fachleuten keineswegs allgemein bekannt zu sein. Ohne diesen Präzisionsgriff wäre Pavianen eine Adaptation an die ökologische Nische »offene Savanne« übrigens wohl kaum möglich gewesen.

Obwohl nun für alle bislang diesbezüglich untersuchten Primaten-Taxa ihnen eigene Sozialstrukturen (unter Einschluß des Sexualverhaltens) - zum Teil dann auch sogar in populationstypischen Abwandlungen - beschrieben wurden (z.B. SMUTS et al. 1986), gibt es über das Ausmaß von deren genetischen Grundlagen ganz selbstverständlich noch Diskussionen. Allerdings scheint derzeit in dem wesentlichen Punkt allgemeine Übereinstimmung zu herrschen, daß auch alle Verhaltensweisen eine genetisch fixierte Basis haben.

Diese Unsicherheiten sind einmal dadurch begründet. daß die Bearbeitung von polygen gesteuerten phänotypischen Merkmalen überhaupt zur Zeit noch größte Schwierigkeiten in der genetischen Forschung bereitet. Denn die bislang erarbeiteten Ergebnisse beziehen sich fast ausschließlich auf monogen gesteuerte. Bei einer pleiotropen Steuerung phänotypischer Merkmale müssen sich diese Schwierigkeiten ganz selbstverständlich weiter erhöhen.

Und dann scheint auch die evolutive Nähe der Primaten - speziell der höheren - Unsicherheiten in der Bewertung von erhobenen Daten zu bedingen. Dies ist bzw. wäre also nicht hauptsächlich eine Schwierigkeit biologischer, sondern - im weiteren Sinne - eine philosophischer (und psychologischer) Natur.

Von daher erscheint es interessant, daß nun seit längerer Zeit in der Forschung Einigkeit darüber herrscht, daß auch das Fortpflanzungsverhalten in taxon-spezifischer Weise eine genetische Basis hat (z.B. VOGEL 1973). Von daher erscheinen dann bestimmte Formen von Fortpflanzungsgemeinschaften bzw. Paarungskonstellationen - und zwar in arteigener Weise - genetisch angelegt zu sein. Sie erscheinen also im arttypischen Verhalten als bevorzugte Form. Denn auch hier gibt es - wie immer in der Biologie - natürlich eine Variationsbreite. Weil nun Evolution auch immer eine Verengung von Variationsbreiten bedeutet - anders wäre Spezialisation ja nicht möglich - erscheint hier interessant, daß jüngst bei den basalsten aller Primaten - nämlich den südostasiatischen Spitzhörnchen (*Tupaia glis*) - monogame Paarbindung als ein solches taxon-spezifisches Gruppierungsprinzip im Sexualverhalten nachgewiesen wurde (RICHARTZ 1981). Sie sollte also - eingedenk der DOLLO'schen Regel - innerhalb der für die Primatenevolution basalen Ausgangsform auf der Kreide-Tertiär-Grenze (bzw. davor) typischen Variationsbreite des Sexualverhaltens prinzipiell vorhanden gewesen sein.

Nun wird für den Menschen - vor allem in der Moderne und offensichtlich in fast periodischen Schwankungen - immer wieder behauptet, er sei »von Natur aus« promisk veranlagt (und zusätzlich allgemein-sozial bzw. gesellschaftlich prinzipiell anarchistisch). In einem solchen Zusammenhang wird in der Öffentlichkeit recht häufig »evolutionistisch« argumentiert. Daß dann auch noch die verwendeten biologischen Daten inkorrekt bzw. in inkorrekter Weis gekürzt wurden, wird auch von auf ihrem eigenen Arbeitsgebiet als äußerst korrekt geltenden Wissenschaftlern aus nicht-biologischen Fächern oft gar nicht realisiert (vergl. z.B. KURTH & RÖHRER-ERTL 1977). Es kann hier nur nochmals betont werden, daß bislang kein Grund vorliegt anzunehmen, die genetische Basis des Menschen bevorzuge in irgendeiner Form Promiskuität (= ungeregelter Geschlechtsverkehr aller mit allen). Das Gegenteil muß hier nun wohl doch als richtig angesehen werden. Der Mensch ist als hochsozialisiertes Wesen auf geregelte Sozialbeziehungen und damit auch Sexualverbindungen von seiner genetischen Basis her ausgelegt. Partnerbindung erscheint allein von der psychologischen Situation her als die bevorzugte Form - und zwar in ihrer prinzipiell monogamen Form. Dies hat bereits MARAÑON (1928) von der Auswertung gesunder und kranker Psychen her klar expliziert.

Legt man nun einer Bewertung die von Historie und Ethnologie/ Soziologie anhand von Fallstudien erhobenen Daten aus vielen Jahrhunderten und Gesellschaften aus aller Welt und *de facto* allen sozio-ökonomischen Grundmodellen, welche für den Menschen bekannt sind, zugrunde, so stellt man nochmals fest: Einmal ist der Mensch als Wesen beschreibbar, das in geradezu extremer Weise auf Sozialisation spezialisiert erscheint. Hier soll man sich nicht durch vordergründig zu machende Erfahrungen und Beobachtungen in sogenannten Massengesellschaften irreleiten lassen. Denn auch hier existiert durchaus ein hochentwickeltes System sozialer Beziehungen auch dann, wenn es individuellen Erfahrungen widersprechen sollte. Und dann lassen sich alle Formen menschlicher Fortpflanzungsgemeinschaften entweder als monogame Paarbindungen oder doch zumindest als davon abgeleitet kennzeichnen. Das ist als Faktum recht früh in der einschlägigen Forschung bekannt und verfügbar gewesen (z.B. KURTH & RÖHRER-ERTL 1977). Promiskuität kommt als Regel bislang überhaupt nicht vor. Ihr - meist randliches - Auftreten wird in sogenannten Massengesellschaften allerdings in der Öffentlichkeit gern zur Kennzeichnung des gesellschaftlichen Entwicklungsstandes verwendet (je nach Standort sowohl »Dekadenz« als auch »Natürlichkeit und Fortschritt«). Promiskuität scheint tatsächlich nur in Massengesellschaften und dann auch bislang stets im Zusammenhang mit deren »Niedergang« aufzutreten. Da an dieser Stelle die bekannten Thesen von SPENGLER nicht diskutiert werden sollen, genügt es festzustellen, daß agrarisch und wildbeuterisch ausgerichtete Gesellschaften keine Promiskuität kennen. Von daher meint der Verfasser feststellen zu müssen, daß also kein Grund zur Annahme vorläge, Promiskuität sei die bevorzugte Form fortpflanzungsbiologischer Organisation bei frühen Menschen oder gar den Ancestoren des Menschen gewesen.

Und damit stimmen die hierzu gewonnenen Arbeitshypothesen aus Morphologie und Physiologie einerseits und aus Verhaltensbiologie und Fortpflanzungsbiologie anderseits überein. Der Mensch und seine Ancestoren verfügten also über ein hochentwickeltes Sozialsystem mit klaren Binnenstrukturen. Dadurch konnte der Anteil an Kultur sicher schon sehr früh über das Niveau gehoben werden, welches bei Tierprimaten gesichert wurde. Und genau das machte es dann dem Menschen möglich, die ökologische Nische zu verlassen, für die seine Morphologie und besonders seine Physiologie optimal ausgelegt worden war. Und zwar als eine relativ früh erfolgte optimale Adaptation seiner Ancestoren.

Und damit läßt sich wiederum die monogame Paarbindung beim Menschen und dessen Ancestoren prinzipiell postulieren. Nur so ließe sich erklären, warum die Populationen früher *Homininae* in Homöostase existierten und es nicht bereits damals eine »Bevölkerungsexplosion« gab. Denn genau das wäre bei der Auslegung des Fortpflanzungsapparates und Einsatz des Prinzips Promiskuität zu erwarten. Denn die mittlere Fruchtbarkeit je Frau sollte auch bei menschlichen Ancestoren mit eher gegen 20 als gegen 15 Kindern anzusetzen sein (auch bei nur einer Jahresregel). Schließlich muß bei Promiskuität Empfängnisverhütung als zumindest schwer durchführbar, wenn nicht gar auszuschließen angesehen werden. Sie ist aber *de facto* durchgehend als praktiziert nachgewiesen (z.B. PLOSS & BARTELS 1927). Dazu käme, daß dann die Rate der unfruchtbaren Verbindungen (im Mittel weltweit um 10 %) vernachlässigbar klein würde und die mittlere Generationsdauer von im Mittel weltweit um 25 auf etwa 15 Jahre sänke. Das alles müßte dann zu einer Populationsvermehrung geführt haben, welche die derzeit in der Dritten Welt ablaufende *Bevölkerungsexplosion* geradezu harmlos erscheinen lassen sollte.

Aus vielerlei Gründen ist nach Meinung des Verfassers auch für die Ancestoren des Menschen ein Gesellschaftsaufbau zu postulieren, bei dem sich - von miteinander sozial (und biologisch) verwandten monogamen Konjugal-Natal-Familien (= Vater-Mutter-Kinder-Gruppen) ausgehend - eine verwandtschaftlich begründete und alle Einzelindividuen umfassende Sozialisation der jeweiligen (Lokal-) Gruppe ausbildete und in wesentlichen Teilen kulturell - also über Lernverhalten im ethologischen Sinne - tradiert wurde. Und dies erscheint hier als wesentlicher Teil der speziell humanen Evolutionsstrategie.

Die materielle Basis dafür ist in der besonderen Spezialisation des menschlichen Gehirns zu sehen, welche ja eben auch kennzeichnend für den Menschen und bereits seine direkten Ancestoren ist.

Nicht unerwähnt soll bleiben, daß die Ethologie inzwischen auch Daten zu Kommunikationssystemen von Tierprimaten vorgelegt hat. Dabei wurde festgestellt, daß solche Kommunikationssysteme (sie schließen auch Vokalisation mit ein) in gruppentypischen Variationen vorliegen und also wenigstens zum Teil über soziale Lernvorgänge tradiert werden und somit klar ein kulturelles Verhalten darstellen.

Wenn also bereits bei zum Beispiel japanischen Makaken kulturelle Verhaltenformen nachgewiesen worden sind, sollte das in wohl noch höherem Maße für die Ancestoren des Menschen gelten.

Ein solches kulturelles Verhalten setzt immer ein leistungsfähiges Kommunikationssystem voraus - bzw. beide bedingen einander in dialektischer Form. Und das schließt natürlich die Vokalisation mit ein. Dies steht wohl um so mehr zu erwarten, als sich einmal die Voraussetzungen für einen so komplizierten Vorgang, wie es Sprache nun einmal darstellt, wohl kaum »über Nacht« entwickeln können. Allein von daher sollte der in der Öffentlichkeit noch immer vertretenen Meinung, noch der Neanderthaler hätte keine Sprache besessen, als unhaltbar entschieden widersprochen werden. Und dabei stützt sich diese Meinung allein auf die inzwischen doch recht alte und dabei immer noch rein spekulative Behauptung, dem Neanderthaler hätten die anatomischen Voraussetzungen zur Lautbildung gefehlt (z.B. NIEMITZ 1986). Und genau dies ist nicht zu belegen.

Erst im Zusammenhang mit der Ausbildung eines leistungsfähigen Kommunikationssystemes kann ja eine zunehmende Bildung von Begriffen wie der Abstraktionsfähigkeit überhaupt diskutiert werden. Und eine im Rahmen der Tierprimaten überdurchschnittliche Abstraktionsfähigkeit erscheint als unverzichtbare Grundbedingung, wird die Fortpflanzungsbiologie primär vom Verhalten und der Sozialisation und eben nicht physiologisch gesteuert. Da dies nun einmal beim Menschen der Fall ist, können seine Ancestoren - eingedenk der DOLLO'schen Regel - diesbezüglich keinem völlig anderen Prinzip gefolgt sein.

Und nur diese »Kombination von biologischer Kapazität und humaner Leistungsfähigkeit« sensu KURTH erklärt nach Meinung des Verfassers hinreichend, warum überhaupt eine Entwicklung zum Menschen stattfinden konnte bzw. stattfand, obwohl doch spätestens im Spät-Tertiär eine optimal erscheinende Adaptation der direkten Ancestoren des Menschen und deren Verwandter an die besetzte ökologische Nische im zoologischenSinne erfolgt war, worauf schon HEBERER immer wieder gern hinwies. Nun bliebe noch zu erläutern, wie ein solcher Prozeß mit sozialen Mittel zu steuern ist.

Für Populationen mit vorindustriell-agrarischem Status bzw. sozioökonomischer Basis können nun korrekte Werte ermittelt werden, welche eben auch die Reproduktion im engeren wie weiteren Sinne betreffen. Sie stammen einmal aus dem mittel-, west- und nordeuropäischen Raum und erreichen vorzugsweise eine zeitliche Tiefe von etwa 300 Jahren. Aus historisch, prähistorisch und ethnologisch erforschten Populationen liegen inzwischen weltweit Daten vor. Überwiegend betreffen dieselben Einzelaspekte. Jedoch liegen auch größere Datenkataloge zur Auswertung vor. Derzeit ist hier eine zeitliche Tiefe von etwa 10.000 Jahren erreichbar. Vermittels von Interpolationen von Einzelwerten lassen sich darüber hinaus überprüfbare Angaben derzeit nur wenig tiefer machen. Jedoch sollten die so gewonnenen Werte retrospektiv grundsätzlich für den Menschen Gültigkeit haben. Bei seinen Ancestoren kann das derzeit lediglich für das Prinzip anzunehmen sein.

Alle Mittelwerte von Einzelpopulationen, welche in die bisherige Auswertung gelangt sind, spielen um die nachfolgend mitgeteilten Daten:

• mittleres Heiratsalter für Frauen	22 Jahre
• mittleres Heiratsalter für Männer	24 Jahre
• mittlere Kinderzahl je Ehe	4,5
• mittlere Zahl der unfruchtbaren Ehen	10 %
• mittlere Gebährabstände der Frauen	34-36 Monate
• mittleres Ende der ausgenutzten Fruchtbarkeit der Frauen	36 Jahre
• mittlerer Generationsabstand	25 Jahre
• mittlere Kinder- und Jugendlichensterblichkeit je Neugeborenes beider Geschlechter	50 %
• mittlere Lebenserwartung je Neugeborenes beider Geschlechter	20 Jahre
• mittlerer Erwachsenensterbegipfel	62-67 Jahre

Alle diese Daten gelten für in Homöostase befindliche Populationen. Dabei versteht es sich wohl von selbst, daß alle Daten für die jeweiligen Populationen immer ein breites Spektrum von sehr guten bis sehr schlechten Jahren (im Selbstverständnis der betroffenen Populationen ebenso wie auch in dem des jeweiligen Bearbeiters) enthalten. Und es handelt sich in allen Fällen um Populationen, welche zumindest streckenweise ein Null-Wachstum zeigen, also als stationäre Bevölkerungen anzusprechen sind. Bereits anhand der Einzelbeispiele werden aber fast immer dynamische Zusammenhänge zwischen oben mitgeteilten Werten ersichtlich. Denn alle Populationen zeigen eben auch Phasen des positiven und/oder negativen Wachstums. Denn im Regelfall lebt eine menschliche Population - wie letztlich alle biologischen Systeme - in Homöostase. Und das heißt, es herrscht ein Fließgleichgewicht zwischen Kopfzahl und Ernährungsbasis im Habitat. Beim Menschen kommt hier nun noch das jeweilige Anspruchsniveau hinzu. Weil somit mit den oben genannten und anderen Werten ein dynamischer und dialektisch ablaufender Prozeß zu beschreiben ist, müssen sich immer bestimmte Werte ändern, wird zuvor einer für sich verändert. In welcher Weise jedoch ein solcher Prozeß gesellschaftlich steuerbar wird, bleibt nun noch dazulegen.

So existieren zum Beispiel zwei nachgewiesene und prinzipielle Möglichkeiten zur Krisenbewältigung für vorindustrielle (agrarische) Populationen. Einmal hat schon QUÉTÉLET (1838) festgestellt, daß (im heutigen Belgien) auf schlechte Erntejahre sinkende und auf gute steigende Geburtenzahlen folgen. Dieses Prinzip findet sich weltweit und ist nicht nur auf vorindustrielle Populationen allein beschränkt, sondern war beispielsweise auch in Mitteleuropa nach beiden Weltkriegen zu finden. Und dann ist feststellbar, daß sich bei länger dauernden Krisen das mittlere Heiratsalter für beide Geschlechter erhöht. Damit wird immer auch der mittlere Generationsabstand vergrößert und in vorindustriellen (agrarischen) Populationen zumindest ebenso die mittlere Kinderzahl je Ehe verringert. Bei konsequenter Einhaltung halbiert sich eine betrachtete Population rein rechnerisch in 30, im Extremfall sogar in 15 Jahren. Natürlich ist jederzeit eine Umkehrung dieses Prozesses möglich. Voraussetzung dafür ist aber immer, daß sich der Kanon an Wertvorstellungen in einer betrachteten Population im Betrachtungszeitraum nicht verändert. Nach allen bislang vorliegenden Ergebnissen kann ein solcher Fall für vorindustrielle und frühindustrielle (agrarische) Populationen aber grundsätzlich verneint werden. Dort hat die Reproduktion immer einen sehr hohen Stellenwert und das Sozialprestige des jeweiligen Individuums hängt immer in starkem Maße auch davon ab, wieviele Kinder er erzeugt und aufgezogen hat.

Es erscheint einsichtig, daß es wohl kaum allein zum Verständnis der Dynamik derartiger Prozesse genügt zu wissen, daß deren Grundlagen eine genetische Basis haben und die Ergebnisse jeweils über die oben genannten Kerndaten erfaß- und beurteilbar sind. Denn die Vorstellung, daß jedes Individuum einer menschlichen Population ständig eine jegliche (tägliche) Situation kritisch reflektiere, um dann danach sein Verhalten entsprechend anzupassen, erschiene wohl zu Recht ein wenig unrealistisch. Schließlich widerspräche eine solche Annahme jeglicher, täglich zu machender, menschlicher Erfahrung. Ebenso wenig realistisch erschiene die Annahme, es gäbe dazu befugte Persönlichkeiten in allen historischen Populationen, welche dann das der jeweiligen Situation angepaßte Verhalten anordneten; und das würde dann auch strikt befolgt. Viel wahrscheinlicher erscheint dagegen die Annahme, daß die gemittelte (!) Verhaltensanpassung über irgendeinen »Automatismus« erfolge.

Und hier treten nun auch tatsächlich *soziale Institutionen* in Erscheinung, welche die monogamen Paarbindungen modifizieren. Sie sind weltweit verbreitet und über ihren Inhalt herrscht in den jeweiligen Populationen immer Gruppenkonsens. Aus der Zahl sozialer Institutionen sollen hier die im angesprochenen Zusammenhang beiden wichtigsten genannt werden. Dabei handelt es sich um den Nachweis der *Heiratsfähigkeit* und dann um den sogenannten *Ehefähigkeitsnachweis*.

Mit dem *Heiratsfähigkeitsnachweis* - es handelt sich dabei um die *Initiation* (= rituelle und offizielle Überführung eines Jugendlichen in die Gruppe der sozial Erwachsenen) - wird im Prinzip ein Erziehungsziel der Eigengruppe überprüft. Da offensichtlich für den Menschen nur das als real und bindend empfunden wird, was offiziell und rituell durchgeführt und besiegelt wird, gehören Initiationsriten mit zum Eindrucksvollsten, was menschliche Gesellschaften hervorgebracht haben. Da dies in modernen europäischen Gesellschaften heute real durch Schulabschlußfeiern übernommen wird, haben hier Konfirmation bzw. Firmung - sie sind historisch klar als Initiationsriten anzusprechen - gegenüber früheren Zeiten viel verloren.

Als sozial Erwachsener könnte ein Individuum im Prinzip sofort heiraten. Jedoch muß er in solchen Gesellschaften, von denen hier die Rede ist, dafür zunächst einen *Ehefähigkeitsnachweis* erbringen. Dabei muß er über die Beibringung eines in populationstypischer Weise festgelegten Brautpreises bzw. einer Mitgift nachweisen, daß er in der Lage ist, die mit einer Ehe auf ihn zukommenden Probleme zu meistern. Mit dem Ehefähigkeitsnachweis wird also letztlich die persönliche »Tüchtigkeit des einzelnen« geprüft.

Ist ein junger Mensch nun zum Beispiel überdurchschnittlich tüchtig - bzw. kann ihm seine eigene Abstammungsgruppe gezielt unter die Arme greifen - wird er den Ehefähigkeitsnachweis auch überdurchschnittlich schnell beibringen können. Dadurch wird einmal seine Chance größer sein, eine zahlenmäßig üherdurchschnittlich große Nachkommenschaft zu erzeugen. Und dann hat er *a priori* auch die größere Auswahl unter den Heiratsfähigen des anderen Geschlechtes im »passenden« Alter. In vorindustriellen Gesellschaften sollte dabei den Männern eine gegenüber Frauen verstärkt zu Buche schlagende Auswahlmöglichkeit zugeordnet werden; und zwar unabhängig vom jeweiligen Gruppenaufbau. Denn, obwohl das Geschlechterverhältnis schon immer recht stabil *perinatal* (= um die Geburt herum) bei 106 lag und liegt, ist bis einschließlich der Lebensaltersgruppe matur (40-60 Jahre) die spezifisch männliche Sterblichkeit immer höher, als die spezifisch weibliche. Bereits kurz nach dem 20. Lebensjahr beträgt das Geschlechterverhältnis weniger als 100, besteht also ein leichter Frauenüberschuß im gleichen Jahrgang. Die ständig wiederholte, aber bislang nicht zahlenmäßig belegte Behauptung, es wären in vorindustriellen Populationen Frauen in großer Zahl im Kindbett gestorben, dürfte auf unkritischer Reflexion diesbezüglicher mitteleuropäischer Werte aus der ersten Hälfte des 19. Jahrhunderts beruhen, was aus einer Notiz von RIECKE (QUÉTÉLET 1838) ganz eindeutig hervorgeht (die Sterbezifferen der in Württemberg wie anderswo auch offiziell ungern gesehenen, wenn nicht gar verbotenen, »wilden« Geburten lagen seinerzeit signifikant unter denen in »Gebähranstalten« usw. und näherten sich stark den niedrigen Werten anderswo).

Mit der *a priori* so zu postulierenden männlichen Partnerwahl - es handelt sich hier also um eine primär weibliche Auslese - sind dann natürlich auch Veränderungen des Genpools der betrachteten Gruppen zu fordern.

Auf eine solche Weise wird eine Population dem im Gruppenmaßstab Tüchtigeren einmal die Möglichkeit geben, überdurchschnittlich große Kinderreihen zu realisieren und sein Erbgut überdurchschnittlich stark in die Population einzubringen. Dazu käme noch, daß er auch noch eine - gegenüber anderen - vergrößerte Auswahlmöglichkeit unter seinen potentiellen Heiratspartnern hätte. Und das auch dann, wenn berücksichtigt wird, daß vorindustrielle Populationen immer über Heiratsregeln eine allzu freie Partnerwahl einschränken beziehungsweise sogar unmöglich machen. Biologisch wesentlich erscheint hierbei nur, daß auf eine solche Weise der potentielle Anteil einzelner an der im Mittel stabilen Nachwuchsleistung der Gruppe festzulegen ist.

So regeln also die genannten sozialen Institutionen - im Verein mit anderen - die Homöostase der Gruppe. Werden die ökonomischen Bedingungen besser, sinkt automatisch das durchschnittliche Heiratsalter für beide Geschlechter, werden sie schlechter, steigt es ebenso automatisch. Da weltweit in vorindustriellen (agrarischen) Populationen die ausgenutzte weibliche Fruchtbarkeit im Mittel vor dem 36. Lebensjahr endet, wird darüber nicht allein der mittlere Generationsabstand geregelt, sondern auch die mittlere Kinderzahl je Ehe. Bei Erhalt einer prinzipiellen Homöostase paßt sich die Kopfzahl einer Population den jeweiligen ökonomischen Gegebenheiten an - bei grundsätzlicher Erhaltung ihres mittleren Anspruchsniveaus. Und diese werden ja nicht nur durch naturräumliche Gegebenheiten und die jeweilige Wirtschaftsweise, sondern auch durch die seit jeher schwankenden klimatischen Bedingungen gegeben. Aufgrund der relativ hohen Generationsabstände und des ebenfalls relativ späten Erwachsenen-Sterbegipfels benötigen menschliche Populationen für derartige Anpassungen immer eine gewisse Zeit. Ursache und Wirkung werden sich hier also immer gegeneinander verzögert zeigen, wobei sich die endlichen Auswirkungen durchaus als potenziert darstellen können. Es handelt sich hier also um »verdeckt« ablaufende Prozesse, welche beim betroffenen Individuum durchaus das Gefühl des Ausgeliefertseins hervorrufen können. Denn ein Verstehen der Zusammenhänge ist hier ja überhaupt nicht nötig. Hier geht es lediglich für das Individuum darum, Gegebenheiten zu berücksichtigen und im Rahmen seiner Möglichkeiten sein Bestes zu geben.

Berücksichtigt man in diesem Zusammenhang die natürliche Austattung des Menschen für die Fortpflanzung, wird einsichtig, daß die soziale Institution »Ehe« (= monogame Paarbindung) im Verein mit anderen das wohl wesentlichste Moment darstellt, die Nachwuchsleistung zu determinieren. Denn nur so kann zum Beispiel seitens der Gruppe eingegriffen werden, sollten in einem Einzelfall beispielsweise die im allgemeinen durch sogenannte Schicklichkeitsgebote determinierten mittleren Gebärabstände von 34 bis 36 Monaten gravierend unterschritten werden und damit für die Population zusätzliche Lasten entstehen.

Das ist im Zusammenhang damit zu sehen, daß alle diesbezüglich untersuchten menschlichen Populationen Werte entwickelt haben, welche in Wertsystemen zusammengfaßt sind. Interessant erscheint nun, daß hier inhaltlich immer wieder Deckungsgleichheit zu erzielen ist, wenn es um die soziale Realität und die Fortpflanzung geht. Auf die Erhaltung bzw. Erreichung solcher Werte hin ausgerichtet, sind dann strikte Gebote vorhanden, welche einander durchaus zum Teil ausschließen können. So gilt in der Regel eine Ehe unter anderem nur dann als »gut«, wenn die Partner regelmäßig miteinander Umgang pflegen. Kohabitationen sollen aber nur stattfinden, wenn sie zur Kindeserzeugung dienen. Und im Mittel sollen die Gebärabstände nicht 34 bis 36 Monate unterschreiten. Dies wird dann über oben genannte Schicklichkeitsgebote relativiert. Und diese in Erfahrung zu bringen ist nicht immer leicht. So haben Ethnologen relativ lange immer nur ein Bild von der »offiziellen« Seite einer Population erhalten können. Hier hinein fällt dann der gesamte Komplex der Empfängnisverhütung. In der Literatur wird da an erster Stelle der *Coitus interruptus* genannt. Erst dann folgen unterschiedliche Arten von Pessaren aus Pflanzenteilen, welche wenigstens zum Teil auch toxische Wirkung auf Spermien haben, also sowohl physikalisch als auch chemisch wirken (Ploss & Bartels 1927). In der Realität sollte das Verhältnis umgekehrt sein bzw. bestenfalls pari. Aber das können derzeit nur Vermutungen sein. Die Materialbeschaffung wird sich auf diesem - weltweit als intim und tabu für Fremde angesehenen - Gebiet wohl nur durch Zufälle qualitativ und quantitativ verbessern lassen.

Damit kann zusammengefaßt werden, daß die genetisch eben nicht vollständig physiologisch gesteuerte weibliche Fruchtbarkeit beim Menschen über soziale Institutionen gelenkt und kontrolliert wird. Gleichzeitig ergibt sich daraus auch eine Konkurrenz aller Gruppenmitglieder um ihren persönlichen Anteil an der - unter stabilen Rahmenbedingungen - im Mittel stabilen Fortpflanzungsrate ihrer Population. Im Mittel werden dabei die im Gruppenmaßstab leistungsfähigeren Individuen bevorzugt. Ebenso aber wird eine Gruppe mit insgesamt höherer Leistungsfähigkeit - und daraus resultierend auch höherem Anspruchsniveau - solchen in ihrer Nachbarschaft überlegen sein, welche hierin nicht mithalten können. Im Extremfall würde die Population mit geringerem Leistungsniveau von der anderen in ihrem eigenen Territorium zurück- und unter Umständen sogar daraus verdrängt werden, oder sie würde in die soziale Abhängigkeit der überlegenen geraten. Auf Dauer führten beide Möglichkeiten dazu, daß die hier unterlegene Gruppe ihr Erbgut nur zu einem geringeren Teil weitergeben könnte, nachdem sie kulturell bereits eleminiert worden wäre. Der Verfasser meint, daß dies letztlich dem entspricht, was DARWIN *Fitness* nannte.

Damit meint der Verfasser belegt zu haben, daß es beim Menschen einen *inneren* Selektionsdruck gibt, dessen Ausmaß hier die Wirkung des *äußeren* bei weitem übertrifft. Dieser Selektionsdruck sollte sich spätestens seit dem Spät-Tertiär immer stärker entwickelt haben. Und zwar im Zusammenhang mit der immer stärker werdenden Ausprägung der phänotypischen, morphologischen Merkmale des Menschen ebenso, wie mit seiner psychischen Kostitution und dem Verhalten. Letzteres schließt dann auch das Sozialverhalten mit ein, von welchem die feststellbaren und retrospektiv projizierbaren sozialen Institutionen ein Teil sind. Und das bedeutet, daß bereits bei den direkten Ancestoren von *Homo* es im wesentlichen bereits darum gegangen ist, die natürliche Fruchtbarkeit (physiologische Potenz) des Taxons angepaßt zu beschränken. Das entspricht einer allgemein-biologischen Regel. Denn hier liegt allgemein die Potenz höher als das Realisierte. Neu erscheint bei dem Menschen und seinen Ancestoren lediglich die Evolutionsstrategie, dies über eine extreme Sozialisation zu verwirklichen. Im Zusammenhang damit wird ganz allgemein der Verhaltenssektor - und damit auch das kulturelle Verhalten - weit über das hinaus ausgedehnt, was selbst bei den Tier-Primaten nachweisbar ist.

6. Fallbeispiel »*Schwabmünchen 1978*«.

Die Wirkung der erwähnten sozialen Institutionen soll hier anhand des Beispieles der Entwicklung der Lebenden-Population zur Gräber-Population des provinzialrömischen Gräberfeldes »*Schwabmünchen 1978*« erläutert werden. Das Gräberfeld befand sich nördlich des Stadtrandes von Schwabmünchen, Landkreis Augsburg, beiderseits der Trasse der antiken *Via Claudia Augusta* - sie führte über Augsburg und die Alpen nach Italien. Nördlich des Gräberfeldes liegt unausgegraben die *villa rustica*, von der aus das Gräberfeld höchstwahrscheinlich belegt wurde (RÖHRER-ERTL 1987). Nach den erhobenen Daten handelte es sich bei der hier nachgewiesenen Population um eine ländliche Führungsschicht, welche sich aus römischen Militärpersonen und deren Angehörigen zusammensetzte. Es spricht vieles dafür, daß es sich hier um die Nachkommen von Zuwanderern aus der *Germania libera* handelt.

Das Gräberfeld ist wohl etwas vor 50 n.Chr. angelegt worden und endet mit der 1.Hälfte des 3. Jahrhunderts n.Chr. Berücksichtigt man alle bislang zur Verfügung stehenden Daten, erscheint es richtig, das Ende der Belegung mit dem 1. Alemannen-Einfall im Jahre 233 n.Chr. in Verbindung zu bringen (Abb.1). Laut Scherbenfunden scheint die *villa rustica* den gleichen Zeitraum abzudecken. Im Ortsgebiet des heutigen Schwabmünchen ist - wohl kurz nach 50 n.Chr. eine Töpfersiedlung angelegt worden. Damals hieß der Ort *Rapis*. Die Töpfereien bestanden hier etwa 100 Jahre. Dann wurden sie an andere Orte verlegt, was primär mit der Erschöpfung von kostengünstigen Energieträgern (hier = Holzkohle) in der näheren Umgebung begründet wird. Denn anders als zum Beispiel in der rheinischen Glasproduktion der Römer ist das Erzeugnis Keramik nicht so hochwertig, daß die Gewinnspanne teure Transportkosten mit abdeckte. Die Siedlung selbst ist aber offensichtlich nie ganz aufgegeben worden.

Aus diesen wenigen Angaben folgt, daß die in »*Schwabmünchen 1978*« bestattende Population innerhalb von 200 Jahren sehr unterschiedliche ökonomische Situationen zu bewältigen hatte. Denn zu dem als im Mittel gleichbleibend erscheinenden Ertrag aus der Agrarproduktion (hier Grundertrag genannt - vergl. Abb.1) kam direkt nach der eigenen Ansiedlung bzw. parallel dazu - ein Zusatzertrag. Dieser ist mit Sicherheit durch den Teilertrag bestimmt worden, welcher aus dem Erlös von Holzkohle stammt. Diese Holzkohle wurde aus dem Holz eigener Wälder (Teil des Landloses) mit Hilfe der vorgefundenen Hintersassen produziert und transportiert. Dahinter sollten in jedem Falle Teilerträge zurückgestanden haben, welche sich aus möglichen Pacht-

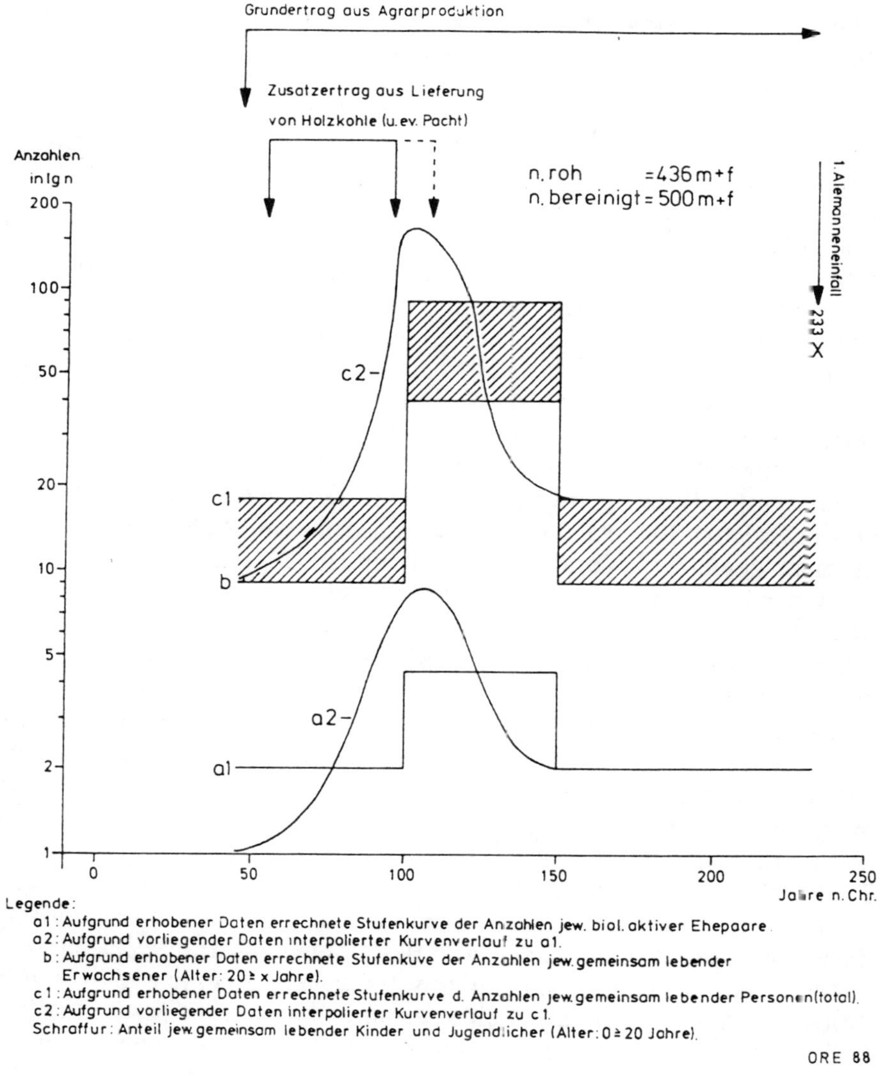

Abb. 1 Daten zur Bevölkerungsentwicklung der Lebendenpopulation zum Gräberfeld »*Schwabmünchen 1978*« Landkreis Augsburg vom 1. bis 3. Jahrhundert n.Chr. (Römische Provinz Raetia); mit Eintrag der Verfügungszeiträume hier nutzbarer Ertragsarten (nähere Erläuterung im Text).

summen usw. der Töpfereien ergaben. Dieser Zusatzertrag muß den Grundertrag um ein Vielfaches überstiegen haben.

Und das steigerte die Fitness sensu DARWIN für die Angehörigen sowohl der ländlichen Führungsschicht von »*Schwabmünchen 1978*«, als auch - bei anderem Anspruchsniveau - die der zugehörigen Hintersassen ebenfalls um ein Vielfaches. Und damit wurde rein rechnerisch innerhalb von 15 Jahren jeweils eine Populationsverdoppelung erreichbar.

Nachdem nun durch Raubbau der Zusatzertrag relativ rasch ausfiel, wurde die Homöostase der Population empfindlich gestört. Denn von den anfangs vorhandenen etwa 20 Köpfen war sie nun auf gut 80 angewachsen. Die somit 60 auf den Zusatzertrag angewiesenen Individuen bzw. Köpfe waren also »zu viel«. Sollte die Homöostase - bei prinzipieller Beibehaltung des eigenen Anspruchsniveaus - wieder erreicht werden, mußten die beiden jüngsten Verdoppelungen wieder rückgängig gemacht werden. Das zumindest sagt hier die Theorie aufgrund der vorhandenen Wirtschaftsdaten usw.

Die Auswertung der anthropologisch erhobenen Daten aus der Gräberpopulation von »*Schwabmünchen 1978*« bestätigt diese Annahmen voll. Hier muß erwähnt werden, daß es möglich ist, aus einer Gräberpopulation die Lebenden-Population »zurückzurechnen«, die dazu gehört (z.B. RÖHRER-ERTL 1987). Das gilt dann natürlich auch für Teilgruppen derselben. Voraussetzung dafür ist lediglich das Vorliegen einer repräsentativen Absterbe-Ordnung nebst Geschlechterverhältnis usw., was hier der Fall war.

Die Anzahl biologisch aktiver - also Kinder erzeugender und aufziehender - Ehepaare (Abb.1, Kurve a1) ist im durch die archäologische Funddatierung vorgegebenen 50-Jahresschnitten zu Anfang mit 2 anzugeben. Sie steigt dann in der 1. Hälfte des 2. Jahrhunderts auf 4,4, um dann in der 2. Hälfte des 2.Jahrhunderts wieder 2 zu betragen. Dieser Wert wird bis in die 1. Hälfte des 3. Jahrhunderts gehalten. Hierzu sei angemerkt, daß die Genauigkeit der Datierung in etwa dem 2. Drittel des 2. Jahrhunderts anfängt nachzulassen. Deshalb sind die Daten aus dem Zeitraum von etwa 150 n.Chr. bis 233 n.Chr. nicht weiter rechnerisch differenziert worden. So fanden zum Beispiel in der 1.Hälfte des 3. Jahrhunderts auch Gefäße Verwendung, welche damals bereits 150 bis 200 Jahre alt waren. Und das bei einer erschließbaren Sitte bzw. rituellen Praktik, welche hier die Verwendung möglichst neuwertiger Keramik vorsah. Es sollte also für die 1. Hälfte des 3. Jahrhunderts mit einer weiteren, die Population betreffenden, Krise gerechnet werden. Denn aufgrund der Zahlen allein sinkt hier die Zahl der biologisch aktiven Ehepaare auf etwas unter 2. Berücksichtigt man nun, daß unter vorindustriellen (agrarischen) Bedingungen das Erbe auf Dauer nicht zu sichern ist, wenn nur eines bzw. wenig mehr als ein biologisch aktives Ehepaar existiert, wurde auch hier die Existenz von 2 gleichzeitig lebenden angenommen (RÖHRER-ERTL 1987). Dabei erscheint es gleichgültig, ob die jeweilige Gruppe nun patri- oder matrilinear organisiert ist. Das Geschlecht von (überlebenden) Kindern richtet sich nach dem Zufall. Und dem kann nur durch Mindestzahlen begegnet werden. Und vor- und frühindustrielle Populationen sehen und sahen sich als Individuum nicht im Zentrum ihres Interesses, sondern als Teil einer aus Lebenden und Gestorbenen bestehenden Gruppe. SOLGER (1959) zum Beispiel hat dafür den griffig scheinenden Terminus *»das überpersönliche Leben«* gefunden. Von daher erscheint also die Annahme gerechtfertigt, die Basiszahlen (= in *»Schwabmünchen 1978«* Bestattete - nicht alle Gestorbenen) seien durch eine Änderung der rituellen Praktiken bedingt und entsprächen keineswegs der Zahl wirklich Gestorbener.

Die so bereinigte Stufenkurve wurde nun zur Grundlage genommen, um über eine Interpolation der Einzeldaten für den Zeitraum von 110 Jahren eine die feineren Unterschiede berücksichtigende Kurve zu erhalten (Abb. 1, Kurve a2). Bei einer zeitlichen Ausdehung auf 160 Jahre hätte sich der Abfall - rein rechnerisch - unwesentlich ermäßigt, danach hätte die Kurve die 2-Ehepaare-Marke unterschnitten, bei etwa 185 einen kleinen Nebengipfel gebildet, um dann erneut abzufallen und bei 233 wieder unterhalb der 2-Ehepaare-Marke zu enden. Aber einmal wäre dadurch die Graphik weder unkomplizierter noch stärker den Realitäten angenähert worden. Wie bereits ausgeführt wurde, stellt das Material aus dem Zeitraum von etwa 140/150 bis 233 eine nur schwer enger als auf 50 Jahre genau zu datierende Menge dar. Das Errechnen tiefer gehender Feinheiten verbietet sich allein von daher. Im hier angesprochenen Zusammenhang wäre zudem auch kein zusätzlicher Informationsgewinn erzielbar gewesen. Das hier Gesagte gilt ebenso auch für die Kurve c2 (Abb.1).

Die Stufenkurve b (Abb.1) bringt den Anteil der über 20jährigen Erwachsenen an der Gesamtpopulation in 50-Jahres-Schnitten, während die Kurve c1 die zahlenmäßige Größe eben dieser Gesamt-Lebenden-Population in 50-Jahres-Schnitten bringt. Die schraffierten Zonen geben dann jeweils den Anteil der Kinder und Jugendlichen unter 20 Jahren an.

In den ersten 60 Jahren des Bestehens der Population steigt die Zahl der Ehepaare (Kurve a2) steil an. Noch steiler steigt im gleichen Zeitraum die der Gesamt-Population (Kurve c2). Beide Kurven flachen kurz vor dem Gipfel leicht ab. Dabei entspricht die Kurve a2 weitgehend einer GAUSS'schen Glockenkurve, während die der Gesamt-Population schiefgipflig ist.

Der fast parallele Anstieg beider Kurven (a2 und c2) zeigt nun eine stetig expandierende Ertragslage an. Das Ende dieser Expansion ist etwa 95 n.Chr. mit der Abflachung der Kurve a2 (biologisch aktive Ehepaare) erreicht. Offensichtlich fiel es nun immer schwerer, den Ehefähigkeitsnachweis zu erbringen, vorausgesetzt das Anspruchsniveau der Gruppe sollte nicht unterschritten werden. Die nachwachsenden Generationen mußten ihre Heiratswünsche also zurückstellen. Darüber hinaus sollten alle zur Population gehörenden biologisch aktiven Ehepaare ihre weiteren Kinderwünsche zurückstellen. Trotzdem geht das Wachstum der Population zunächst - scheinbar ungebremst - weiter, wie Kurve c2 (Abb.1) ausweist. Denn natürlich realisieren die jungen Ehepaare - z.B. als frisch Verheiratete - zumindest ein Kind. Und das verursacht dann auch den zunächst verlangsamten Abfall der Kurve c2. Weil bei optimalen Lebensbedingungen - und um solche handelt es sich nach Ausweis aller Daten hier immer noch - aber etwa 50 % eines jeden Geburtsjahrganges vor Erreichen des 20. Lebensjahres versterben, fällt die Kurve c2 nach der Marke 120 n.Chr. recht abrupt ab. Sie erreicht dann die Stufenkurve - rein rechnerisch - auch erst bei 155/160.

Daraus errechnet sich auch eine mittlere Kinderzahl je Ehe von etwa 4,5 bis 4,6 für die Zeit zwischen 45 und 105 n.Chr. und von etwa 4,2 bis 4,3 für die Zeit zwischen 105 und 160 n.Chr. Die mittleren Generationsabstände wären für die Zeit der Explosion mit rund 20 bis 22 Jahren und für die der Implosion mit 28 bis 30 Jahren anzugeben.

Gestützt wird das nun auch durch die archäologische Fundsituation. Finden sich in den ersten 100 Jahren des Betrachtungszeitraumes vorwiegend bis fast ausschließlich hochwertige und modische - also kurz umlaufende Keramiken in den Gräbern, sind es in der darauf folgenden Zeit überwiegend bis fast ausschließlich minderwertigere und unmodische - also lang umlaufende - Keramiktypen. Hier können auch Gefäßtypen auftauchen, welche 150 bis 200 Jahre zuvor zur modischen Ware gehörten, also inzwischen völlig unmodern geworden waren. Das aber erfolgt erst in der 1. Hälfte des 3. Jahrhunderts. Hier scheint eine Krise das Umland insgesamt betroffen zu haben. Der war nicht mehr mit einer Verminderung der Kopfzahl zu begegnen - sie hätte ja die Existenz der Gesamt-Population bedroht - hier mußte das Anspruchsniveau gesenkt werden. In der darauf folgenden Zeit verschwindet dann ja auch die Sitte der gut ausgestatteten Brandgräberfelder in der römischen Provinz. Möglicherweise wirkt sich bereits hier die Krise dahingehend aus, daß von der Kapital- und Marktwirtschaft allmählich auf die Natural- und Subsistenzwirtschaft übergegangen wird. Aber das führte hier vom Thema fort.

7. Nachbemerkung

An dem Fallbeispiel »*Schwabmünchen 1978*« ist nach Meinung des Verfassers ersichtlich, daß Populationsdynamik des Menschen nach relativ einfachen Regeln abläuft und in recht eindrucksvoller Weise imstande ist, Homöostase zu erhalten - sofern man den Betrachtungszeitraum nicht zu knapp wählt. In diesem Punkt ergibt sich also kein grundsätzlicher Unterschied zu anderen zoologischen Taxa. Der dürfte aber dann in der Art zu sehen sein, in der dieses Ziel erreicht wird. Ist bei allen anderen zoologischen Taxa die Reproduktionsrate einer Population immer primär physiologisch bestimmt - gleichgültig welche Rolle das erfaßbare Brutpflegeverhalten bei der Aufzucht und dessen Erfolg spielt - beim Menschen erscheint hier der Verhaltenssektor als absolut dominierend. Und das als ein sozial determiniertes Verhalten. Wesentliche Grundlage dabei sind soziale Institutionen, wo hier an erster Stelle die Ehe als monogame Paarbindung zu erwähnen wäre. Denn ohne sie erschiene eine den jeweiligen Verhältnissen angepaßte Beschränkung der Nachkommenzahl einer Population nicht recht möglich. Denn (auch) beim Menschen ging es ja immer um das Maß der zahlenmäßigen Beschränkung derselben - setzt man einmal seine fortpflanzungsbiologische Ausstattung dagegen. Als hier weiter kanalisierende Barrieren wurden dann die sozialen Institutionen Nachweis der Heiratsfähigkeit (= Initiation) und der Ehefähigkeit (= Beibringung von Brautpreis/Mitgift) benannt. Diese beiden - vor allem aber letztere - sozialen Institutionen regeln jetzt aber nicht nur die - den jeweiligen Rahmenbedingungen angepaßte - Zahl der Nachkommen in einer menschlichen Population, sondern haben darüber auch Einfluß auf die Zusammensetzung des Genpools derselben. Darüber wird ja letztlich auch die *Fitness* sensu DARWIN nach gruppentypischen Maßstäben geprüft.

Da sich phänotypische, morphologische und physiologische Merkmale bei höherem Evolutionsniveau regelhaft nur gemeinsam mit genetisch fixierten Grundbausteinen zuzuordnendem Verhalten entwickeln können, ist dies alles grundsätzlich auch bei den Ancestoren des Menschen zu postulieren. Dabei sollte jedoch berücksichtigt werden, daß bei jenen nicht die am Jetztmenschen erhebbaren Zusammenhänge - und zwar so wie sie sind - zurückprojiziert werden können. Sondern es ist dort nur das Prinzip als solches vorauszusetzen - und zwar in einer gewissen Variationsbreite, wie immer in der Biologie. Denn dabei ist ja die DOLLOsche Regel von der Unumkehrbarkeit einmal abgelaufener, evolutiver Prozesse zu berücksichtigen.

Und damit erklärte sich die Tatsache einer Entwicklung zum Menschen trotz relativ frühzeitiger Adaptation der menschlichen Ancestoren an ihre ökologische Nische wohl hinreichend. Denn mit dem Prinzip einer Konkurrenz um den Anteil eines Individuums an der Reproduktionsrate seiner Gruppe liegt ganz gewiß ein hinreichend starker *innerer* Selektionsdruck vor, der diese vollzogene Entwicklung zu erklären vermag. Und damit steht die Evolutionsstrategie des Menschen und seiner Ancestoren in der Zoologie wohl recht einzigartig da.

Diese Evolutionsstrategie kann als hauptsächliches Abstellen auf Sozialisation bezeichnet werden, wobei die Entwicklung sozialer Institutionen dabei eine Schlüsselrolle spielt. Im dialektischen Zusammenhang damit steht die Entwicklung eines leistungsfähigen Kommunikationssystemes ebenso wie die von Werten innerhalb von Wertsystemen. Am Rande sei erwähnt, daß dies dann auch bzw. ebenfalls die gesamte kulturelle Verhaltensentwicklung bedingt, und zwar in einem Umfang, wie sie ansonsten bei zoologischen Taxa eben nicht angetroffen wird. Nur deshalb war es dann *Homo* möglich, die ökologische Zone zu verlassen, an welche sich seine Vorfahren adaptiert hatten - die Mesas und Llanos der Tropen und Subtropen. Denn seine kulturelle Evolution hatte ihn befähigt, die für seine Physis unverzichtbaren Bestandteile bzw. Rahmenbedingungen seiner ursprünglichen Umwelt als Mikroklima künstlich zu erzeugen und mit sich zu führen - quasi als eine Art »ökologischen Zaun« gegenüber von Umwelten, deren Extrema - z.B. vom Klima her - ansonsten für ihn unüberwindliche Schranken gesetzt hätte.

Die Evolutionsstrategie - *innerer* Selektionsdruck über Auslese nach (Hirn-) Leistungsfähigkeit - erscheint somit als eine der erfolgreichsten in der jüngsten Erdgeschichte. Trotzdem, so meint der Verfasser, bleibt der Mensch ein Zoon und paßt sich im Einzelfall immer den jeweiligen gesellschaftlichen Rahmenbedingungen an, ohne nun tatsächlich die eigene (Hirn-) Leistungsfähigkeit auszunutzen. Und das muß in einer komplexen Massengesellschaft keineswegs immer zu für das jeweilige Individuum optimalen Lösungen führen. Aber auch das bloße Reagieren auf gesellschaftliche Zwänge - bzw. das, was der einzelne so empfindet - wäre dann ja als Teil der human-spezifischen Evolutionsstrategie letztlich als Erbe anzusehen. Und seinerzeit - in einfachen, überschaubaren Gesellschaften und ökonomischen Rahmenbedingungen - war es ganz gewiß sinnvoll. Das Erbe ist also wohl immer unterschiedlich zusammengesetzt und - zu bewerten.

Literatur

CIOCHON, R.L. & J.C.FLEAGLE (Eds.) (1987): Primate Evolution and Human Origins. Aldine de Gruyter, New York 1987.

KURTH, G. & O.RÖHRER-ERTL (1977): Bemerkungen zu: »Die Lokalgruppe - die sozial-ökonomische Grundeinheit in der Steinzeit« von Hermann Behrens. Arch. Austr. 61/62 (1977) 9-30.

KURTH, G. & O.RÖHRER-ERTL (1980 a): Überlegungen zu Fragen der hominoiden Evolution sowie der Repräsentativität von zugehörigen Fossilbelegen. Ein methodologischer Versuch. In: G.KURTH & O.RÖHRER-ERTL (Eds.): Anthropologie und Populationsbiologie. Beiträge zur Vor- und Frühgeschichte. Bonner Hefte zur Vorgeschichte 21, Bonn 1980, 1-29.

KURTH, G. & O.RÖHRER-ERTL (1980 b): Bemerkungen zu Fragen der Bevölkerungsentwicklung im Holozän (10.000 v.Chr. bis heute). Ein Beitrag zum Problem des Entwicklungstrends unter besonderer Berücksichtigung der Wechselwirkung Mensch/Umwelt sowie der natürlichen Reserven der Erde. In: J.ALBERTZ (Hrsg.): Perspektiven und Grenzen der Naturwissenschaft. Schriftenreihe Freie Akademie, Band 1, Wiesbaden 1980, 75-91.

MARAÑON, G. (1928): Über das Geschlechtsleben. Aus dem Spanischen übersetzt von Graf O.V.TAUBE. Kampmann, Heidelberg 1928.

NIEMITZ, C. (1986): Stammesgeschichte der Primaten und des Menschen. Sitzber. d.Ges.Naturforsch.Freunde zu Berlin (N.F.) 26 (1986) 121-133.

PLOSS, H. & M.U.P.BARTELS (1927): Das Weib in der Natur- und Völkerkunde. Anthropologische Studien. Neu bearbeitet und herausgegeben. Hrsg.: F.Frhr.V. REITZENSTEIN. 11.Aufl., Neufeld & Henius, Berlin 1927.

QUÉTÉLET, A. (1838): Ueber den Menschen und die Entwicklung seiner Fähigkeiten oder Versuch einer Physik der Gesellschaft. Im Einverständnis mit dem Herrn Verfasser besorgt und mit Anmerkungen versehen von Dr.V.A.RIECKE. Nebst einem Anhang, enthaltend die Zusätze des Herrn Verfassers zu dieser Ausgabe. Schweitzerbarth, Stuttgart 1838.

RAIKOV, B.E. (1968): Karl Ernst von Baer, 1792-1876. Sein Leben und sein Werk. Acta Historica Leopoldina 5, Barth, Leipzig 1968.

RICHARTZ, K. (1981): Social Behavior and Incest Mechanisms of Tree Shrews (Tupaia glis). Diard, 1820. In: A.B.CHIARELLE & R.S.CORRUCINI (Eds.): Primate Behavior and Sociobiology. Springer, Berlin/Heidelberg/New York 1981, 18-24.

RÖHRER-ERTL, O. (1980 a): Bemerkungen zur Steuerungsproblematik einer spezifischen Nachwuchsleistung bei historischen und prähistorischen Populationen. Bonner Hefte zur Vorgeschichte 21, Bonn 1980, 205-232.

RÖHRER-ERTL, O. (1980 b): »Pluralistische Großgruppen« und »überschaubare Kleingruppen« als Binnenstrukturelemente menschlicher Gesellschaften. Bemerkungen zu Gliederungsprinzipien humaner Populationen in ihrem Einfluß auf Einzelindividuen aus anthropologischer Sicht. Unitarische Blätter 31 (1980) 40-50.

RÖHRER-ERTL, O. (1982): Hinweise auf ein soziales Isolat des 18./19.Jh. (St.Katharinenfriedhof in Braunschweig). Homo 33 (1982) 139-148.

RÖHRER-ERTL, O. (1984): Orang-Utan-Studien. Hieronymus, Neuried 1984.

RÖHRER-ERTL, O. (1987): Das Brand- und Körpergräberfeld »Schwabmünchen 1978«. Anthropologische Fallstudie zu Bevölkerungsbiologie, Bevölkerungsgeschichte und dem ethnischen Wandel in der römischen Provincia Raetia. Renner, Hohenschäftlarn 1987.

RÖHRER-ERTL, O.; K.-W.FREY & I.SCHMIDHUBER-SCHNEIDER (1985): Über den Zahnstatus innerhalb einer Population von Pongo satyrus borneensis von Wurmb, 1784 aus Skalau in West-Borneo. Zool.Abh. 41, Dresden 1985, 37-60.

RÖHRER-ERTL, O.; K.-W.FREY & I.SCHMIDHUBER-SCHNEIDER (1987): Über Zahnanomalien und einen Fall von Kiefergelenkarthrose innerhalb einer Population von Pongo satyrus borneensis von Wurmb, 1784 aus Skalau in West-Borneo. Zoo.Abh. 42, Dresden 1987, 157-164.

SCHARF, J.-H. (1986): »Eindeutschende« oder etymologische Schreibweise wissenschaftlicher Fachwörter? - Gegenbaurs Morphol.Jb. 132 (1986) 445-460.

SMUTS, B.B.; D.L.CHENEY; R.H.SEYFARTH; R.W.WRANGHAM & T.T.STRUHSAKER (Eds.): Primate Societies. University of Chicago Press, Chicago 1986.

SOLGER, F. (1959): Das überpersönliche Leben. Seine Bewußtwerdung im Heimatgedanken. Heimat, Berlin 1959.

VOGEL, C. 1973: Wieweit sind wir stammesgeschichtlich hinsichtlich Partnerbindung, Ehe und Familie »vorprogrammiert«? In: H.W. Jürgens (Hrsg.): Partnerwahl und Ehe. Theorie und Praxis. WVA, Hamburg 1973, 11-24.

HUBERT MARKL

*Grenzen und Grenzüberschreitungen lebender Systeme**

1. Die Herausforderung der Biowissenschaften

Es mag nicht Zufall sein - und wenn es einer ist, so von der Art mit tieferer Bedeutung -, daß bei der festlichen Feier aus Anlaß der Gründung der neuen Akademie der Wissenschaften zu Berlin ausgerechnet ein Biologe mit einem fachgeprägten Vortrag zu Wort kommen soll. Vor fünfzig, vielleicht vor zwanzig Jahren noch wäre es undenkbar gewesen, daß jemand anders als ein Physiker hier stünde, so wie 200 Jahre früher bestimmt nur ein Philosoph für würdig befunden worden wäre, dem wissenschaftlichen Geist der Zeit zum Ausdruck zu verhelfen.

Daß jetzt die Biowissenschaften an der Reihe sind, hat mehr als einen Grund. Zunächst wohl, weil sie endlich wie Physik und Chemie lange vor ihnen - den Weg dazu gefunden haben, die Phänomene ihrer Forscherneugier nicht nur zu bestaunen, zu beschreiben und zu bezeichnen, sondern aus den Bedingungen ihrer Entstehung zu erklären. Allerdings stehen sie dabei immer noch so sehr am Anfang, bleibt immer noch so vieles unerklärt, daß sich - und dies der zweite Grund des Interesses - gespannte Hoffnungen darauf richten, daß wir von Lebewesen noch viel mehr verstehen können und verstehen müssen, wenn wir die drängenden Probleme unseres eigenen Daseins lösen wollen.

Es sind also Erwartungen auf Wissen, das uns besser handlungsfähig macht, die sich vermehrt auf alle Biowissenschaften richten. Da sich die neue Berliner Akademie vorgenommen hat, sich gerade der Förderung solchen Wissens zuzuwenden, kann ihre Neigung zu den Biowissenschaften selbst hier im Gründungsfestakt nicht verwundern.

Aber gerade wegen solcher Anwendungserwartungen verbindet sich - dies wohl der dritte Grund des aktuellen Interesses - mit steigender Hoffnung die nicht weniger wachsende Sorge vor dem, was dieses neue

* Festvortrag in der Gründungsfeier der Akademie der Wissenschaften zu Berlin im Berliner Reichstag am 10. Oktober 1987. Der Text wurde zuerst veröffentlicht in »Phasensprünge und Stetigkeit in der natürlichen und kulturellen Welt« (Hrsg. K. HIERHOLZER & H.G. WITTMANN), Wissenschaftliche Verlagsgesellschaft, Stuttgart 1988, sowie im »Jahrbuch 1987« der Akademie der Wissenschaften zu Berlin, Verlag de Gruyter, Berlin 1988. Die FREIE AKADEMIE dankt dem Autor, der Wissenschaftlichen Verlagsgesellschaft und der Akademie der Wissenschaften zu Berlin für die freundlich erteilte Abdruckgenehmigung.

Wissen an Gefährdung und Bedrohung bringen könnte. Denn alle Handlungsmacht ist potentielle Mißbrauchsmacht, wenn sie nicht mit Vernunft gehandhabt wird, und dazu beizutragen ist ja wieder eines der wesentlichen Ziele der neuen Akademie.

Hoffnung wie Sorge sind gleichermaßen untrennbar damit verbunden, daß alles, was in den Biowissenschaften geschieht, den Menschen immer unmittelbar einschließt und betrifft. Die fundamentale Wesenskohärenz alles Lebendigen, von der auch wir nicht ausgenommen sind, für die CHARLES DARWIN die Erklärung in gemeinsamer natürlicher Herkunft fand, wird durch die Praxis menschlicher Betroffenheit - im guten wie im schlechten - von allem biologischen Forschungsfortschritt geradezu handgreiflich bekräftigt. Selbst wenn wir nicht verkennen, daß der Mensch zwar *in der* Natur, aber zugleich *aus ihr heraus* wächst, sind es die Biowissenschaften, die das Feld bestellen, auf dem der Mensch auf Schritt und Tritt der physischen Natur begegnet, die ihn begrenzt, obwohl er ihre Grenzen ständig überschreitet. All unser Wissen wächst an Grenzen. Der Tiefseefisch kann keine Theorie des Wassers haben, weil es ihn ringsum meilenweit umgibt. Aber solch fortschreitender Grenzgang ist nicht etwa nur eine menschliche Spezialität, der Weg zu Grenzen und über sie hinaus kennzeichnet alles Leben bei seiner Entfaltung in immer neuen Phänomenen.

Ich will im Folgenden in wenigstens dreifacher Weise über solche Grenzen und ihr Überschreiten sprechen.

Erstens spielen Ausgrenzung und ihre Überwindung im Laufe der Entwicklungskontinuität des Lebens bei der Entstehung profunder Andersartigkeit stets eine wesentliche Rolle, ob es sich dabei um den Ursprung des Lebens selbst, den Ursprung neuer Spezies oder den Ursprung sozialen Gemeinschaftslebens und höherer geistiger Fähigkeiten handelt. Dabei geht es stets zugleich um Fragen des Ursprungs von Individualität, also der Entstehung von Einzigartigkeit, deshalb fügt sich auch das Problem der Entstehung personaler Individualität des einzelnen Menschen in diesen Zusammenhang.

Zweitens wird sich aus dem bis dahin Dargelegten die Frage nach der Innen- und Außenwelt lebendiger Systeme stellen - also der Grenze, die beides trennt und die die Lebewesen überschreiten müssen, um zu leben. Die auf den ersten Blick so säuberlich erscheinende Trennung hält näherem Nachdenken nicht stand. Was daraus folgt, will ich vor allem hinsichtlich menschlicher Umweltbeziehungen betrachten.

Drittens werde ich von den Folgen der Tatsache sprechen, daß Organismen - wir genauso wie viele andere -, indem sie die Grenzen des asozialen Einzeldaseins überschreiten und sich in größeren Gemeinschaften verwirklichen, neue Stufen der Systemwirklichkeit und daher neue Systemgrenzen schaffen, die geradezu zu neuer Systembewertung herausfordern. Dies zwingt uns vor allem, den Stellenwert, den wir in der Systemhierarchie des Menschen dem Individuum zuerkennen, selbstkritisch zu betrachten. Dabei wird es unumgänglich, die Grenzen in der Realität säuberlich von den Schranken, die uns Normen setzen, zu unterscheiden, damit nicht uferloser evolutionärer Überschwang das was die Menschlichkeit ausmacht, nämlich die Freiheit des Handelns in sittlich begründeter Verantwortung, als illusionäre Belanglosigkeit auf dem Siegeszug evolutionärer Systemintegration beiseite fegt.

Bevor ich aber nun zu diesen Punkten komme, ist von einer Zumutung zu sprechen, die uns bei meinem Grenzgang unweigerlich zu schaffen machen muß.

Die Einsicht DARWINs in die evolutionäre Entwicklungskontinuität, aus der wir kommen, hat unser Denken über uns und unseren Platz in dieser Welt so tief erschüttert, daß man sicher nicht behaupten kann, wir hätten diese Zumutung bereits verkraftet. Es ist eine Zumutung an unser Selbstverständnis, die sich nach Ausmaß und Folgen wohl nur mit der Zumutung vergleichen läßt, die in der Botschaft lag und liegt, daß alle Menschen - gleich welchen Geschlechts und welcher Rasse, welcher Gesellschaftsordnung, welcher Sprache, ob jung, alt, gesund, krank, ob hochgeboren oder Sklaven, d.h. bei aller unübersehbaren Verschiedenheit - doch ohne Unterschied in ihrem Eigenwert als Menschen ebenbürtig sind, ganz unabhängig davon, ob dies nun aus gleicher Gotteskindschaft oder aus stoisch-philosophischer Anerkenntnis unveräußerlicher Menschengleichheit im gemeinsamen humanen Wesenskern begründet wird. Jeder von uns weiß, daß wir diesen Schock des Anspruchs, der von der originären Gleichwertigkeit aller Menschen ausgeht, den wir wohl ohne Kulturchauvinismus die abendländisch-christliche Provokation an die Menschheit nennen dürfen, in mehr als 2000 Jahren (denn die Stoa ging darin dem Christentum voran) noch immer nicht ohne barbarische Auflehnungsversuche dagegen bewältigt haben.

Es ist daher nicht nur fachchauvinistischer Dünkel des Biologen, wenn ich der Vermutung Ausdruck gebe, daß uns der darwinische Schock der tief inneren Verwandtheit und Entwicklungsgleichheit *allen* Lebens, in der wir selbst uns eingegliedert wiederfinden, auch noch sehr lange Zeit zu schaffen machen wird, ehe wir es vermögen, auch diese Einsicht als selbstverständlichkeit zu akzeptieren und unser Handeln dementsprechend auszurichten.

Was uns dies besonders schwer macht und was ich verkürzt als das »intellektuelle Leiden an Darwin« bezeichnen möchte, hängt unmittelbar mit dem Thema zusammen, das ich mir heute vorgenommen habe: Es ist die Schwierigkeit, die unabweisliche, historische *Kontinuität* aller

Lebensentwicklung mit der nicht minder evidenten sauber abgegrenzten *Diskontinuität* ihrer je einzigartig individualisierten Erscheinungsformen in Einklang zu bringen. Eine typologisch-idealistische Interpretation der Wirklichkeit findet es schwer, die als wesensmäßig disjunkt verstandenen existierenden Formen historisch durch kontinuierliche Fortentwicklung verbunden zu sehen. Dem Biologen, der die überwältigende Fülle der empirischen Belege dafür ständig vor Augen hat, der überdies sogar oft genug die allergrößten Schwierigkeiten hat, die einem Philosophen unüberwindlich scheinenden Speziesgrenzen an den konkreten Lebewesen überhaupt zu erkennen (wie übrigens oftmals diese selbst bei ihrer Partnerwahl), erscheint es andererseits mitunter unverständlich, was die evolutionäre Fortentwicklung gar so schwer verständlich machen soll, zumal ihm die Debatte wie eine Wiederauflage scholastischen Universalienstreits vorkommt, in dem er sich fast instinktiv auf die nominalistische Seite schlägt. Zwar ist ihm jede Spezies ein nach Abstammung, Entstehung, Entwicklung und irgendwann auch Ende historisch definierbares einmaliges reales Individuum, das daher auch einen redlichen Namen tragen soll, doch verbindet er mit diesem - oft recht willkürlich zugeteilten - Namen nicht die Auffassung, damit eine unwandelbare Wesenheit dingfest gemacht zu haben. Vielmehr drückt sich darin das ordnende Bestreben unseres begrifflichen Denkens aus, die wabernde Vielgestaltigkeit der wahrgenommenen Gestalten in klassifikatorisch unterscheidbare und damit vernünftig handhabbare Einteilung zu bringen, wobei sich der heutige Biologe, anders als noch LINNÉ, bemüht, die Grenzen dort zu ziehen, wo sie die Lebewesen im Durchschnitt selber setzen.

Dennoch, es ist nicht zu bestreiten: Zwar führt es selten zu fundamentalontologischen Debatten mit Kollegen von anderen Fakultäten, wenn es darum geht, die Unterscheidungsgrenzen zwischen zwei Blattlaus- oder Gänseblümchenarten recht zu ziehen, geht es dabei aber um die Trennlinie zwischen Tier und Mensch, so hört sehr schnell das Einverständnis auf, da fängt die Zumutung und deshalb auch das »Leiden an Darwin« an.

Dies wird nun noch dadurch vertieft, daß selbstverständlich niemand gehaltvoll über die lebendige Natur zu sprechen vermag, ohne ihre wichtigste Besonderheit in den Mittelpunkt zu rücken: die wiederum evidente funktionale Zweckmäßigkeit, die lebenspraktische Angepaßtheit ihrer Organisation, die eben deshalb etwas ganz anderes als bloße nichtzufällige Ordnung von Materie ist: Jeder Organismus ist so gestaltet, daß er gegen Widerstand und Störung - sei es von außen oder innen - seinen Bestand zu halten und zu mehren sucht.

Erst die Triade dieser Eigenschaften: lückenlose Verwandtschaftskontinuität, hervorstechende Individualisation und selbstzweckmäßig angepaßte Organisation macht *zusammen* die erklärungsbedürftige Wirklichkeit des Lebens aus. Historisch-kontinuierlich entwickeln sich Gestirne auch und sind deshalb noch lange nicht lebendig. Einzigartig individuell ist jede Schneeflocke und dennoch tot. Zweckmäßig sind die Schuhe auch, in denen ich vor Ihnen stehe, aber nicht selbstzweckdienlich so gestaltet, daß sie durch *eigene* Aktivität den *eigenen* Daseinszwecken dienen (manches an ihnen dient allerdings wohl eher dem Daseinszweck des Schusters als dem meinen!).

Für das untrennbare Zusammenwirken aller drei Charakterzüge in lebenden Systemen gibt DARWINs Theorie natürlicher Evolution eine mit den allgemeingültigen Eigenschaften und Gesetzen der Natur lückenlos übereinstimmende entwicklungsgeschichtliche Erklärung. Wenn Sie so wollen, ist diese Erklärung *reduktiv*, da sie die Phänomene des Lebendigen auf grundlegende Naturgegebenheiten zurückzuführen sucht, doch ist sie dabei nicht minder *produktiv*, da sie uns das Entstehen neuer, immer komplexerer funktionaler Organisationen begreifen läßt, ohne dabei zu geheimnisvollen Eigenkräften des Lebens Zuflucht zu nehmen, die das Geheimnis ja nur anders nennen, nicht erklären können.

Daß diese Theorie gezwungen ist, auch Grenzen, die wir unverrückbar zu erkennen meinen - die zwischen tot und lebend, zwischen Tier und Mensch, zwischen Körper und Geist -, auf diese reduktive-produktive Weise zu sprengen und so überschreitbar zu machen, ohne deshalb die gewaltigen, im Doppelsinne phänomenalen Unterschiede dieser Seinserscheinungen zu leugnen oder zu verwischen, das macht mit den sich daraus zwangsläufig ergebenden Folgen, unserem Ein-Verständnis schwer zu schaffen. Wie schwer uns dieses »Leiden an Darwin« - an dem er selbst besonders schwer gelitten hat - im Magen drückt, macht weltweit regelmäßig fundamentalistisches Aufstoßen dagegen mit den entsprechend unerfreulichen Geräuschen deutlich.

2. Abgrenzen und Grenzen brechen auf dem Weg des Lebens

Ich will damit nun keineswegs den Eindruck geben, als hätten wir all die aufgeführten Grenzüberschreitungen bereits befriedigend verstanden. Alles, was DARWINs Theorie dazu bisher vermag, ist, uns den Weg für Forschung aufzuzeigen und mit den bereits gewonnenen Einsichten dem weiteren Fortschreiten Mut zu machen. Wie weit wir noch dabei gelangen können, das sei dahingestellt, vieles mag immer unerklärlich bleiben, es wird sich auf dem Weg unserer Erklärungsversuche zu den vermuteten Erkenntnisgrenzen zeigen. Erkenntnisgrenzen haben sich bisher allerdings in der Wissenschaft immer als Erfahrungshorizonte erwiesen: Der Horizont bleibt gleich entfernt, wie lang man ihm auch zustrebt, der Landgewinn an Einsichten auf diesem Weg ist dennoch groß.

Ich will in meinem Themenzusammenhang von diesen Forschungen zur Aufklärung der Übergänge zwischen scheinbar kategorial niemals Vereinbarem nur einen Aspekt ein wenig näher beleuchten, der immer eine wesentliche Rolle spielt, wenn sich das Leben neue Entwicklungsbereiche erschließt, indem es sie zugleich erst schafft. Es geht dabei nämlich in großer Regelmäßigkeit darum, daß lebende Systeme Grenzen ziehen, die eingrenzen, um auszugrenzen, und daß dann stets erneut das Überschreiten dieser Grenzen den Durchbruch zu den neuen, übergeordneten Leistungszuständen schafft.

Am weitesten auf diesem schwierigen Terrain sind wir dank MANFRED EIGENs und vieler anderer Forschungen heute wahrscheinlich in der Aufklärung der Frage, wie aus toter Materie durch Organisation und unter stetigem Energieverbrauch lebendige Systeme werden können. Ich werde nicht versuchen, unsere begründeten Vorstellungen darüber in wenigen Minuten - geschweige denn in MANFRED EIGENs Gegenwart - nachzuzeichnen. Auf einen einzigen Punkt will ich hier nur verweisen: Wie immer die verschiedenen physikochemischen Organisations- und Selektionsmodelle diesem Problem zu Leibe gehen, die wesentliche Voraussetzung ist stets, daß sich aus einem vielfältigen, reichhaltigen chemischen Milieu Mikrokompartimente als abgegrenzte chemische Reaktions- und Umsetzungssysteme isolieren, deren Grenzschichtbeschaffenheiten dafür sorgen, daß sich ein andersartiges, beständig erhaltbares und kontinuierlich entwicklungsfähiges Inneres von einer Umwelt trennt, mit der jedoch beständige kontrollierte Stoff- und Energietransferbeziehungen erhalten bleiben. Leben beginnt - wie immer dies im einzelnen geschehen sein mag - auf jeden Fall mit einem Akt der Ausgrenzung, der Eigenheit von Fremdheit, innen von außen unterscheidet.

Ein zweites folgt, wenn aus Leben Überleben werden soll: Lebendige Systeme müssen sich vermehren und können dies nur tun, indem sie neue Grenzen ziehen, die nun, vom ersten solchen Akt an, Individuen trennen, die zugleich durch Herkunft verbunden und durch Abgrenzung und Fortentwicklung einzigartig unterschieden werden. Grundlegende Gesetze chemischer Existenz machen völlige bleibende Identität der abgegrenzten Teilsysteme zur Unmöglichkeit: gerade indem das Leben identisch fortzubestehen sucht, was nur durch abgrenzende Vermehrung gelingen kann, erzeugt es unablässig abgegrenzte Unterschiedlichkeit in

Organisation und Leistungsfähigkeit, die sich dann an der Rate mißt, in der die neuen Teilsysteme ihrerseits neue Individuen von sich abgrenzen, mit einfacheren Worten: sich vermehren.

Doch eine dritte Eigenschaft aller uns überhaupt zugänglichen einfachen lebendigen Systeme ist nun nicht weniger hervorzuheben. Obwohl die Integrität und die einzigartige Individuation auch schon der allereinfachsten Zelle die conditiones sine qua non ihrer Lebendigkeit sind, isoliert sich das Leben niemals ganz, es mauert sich nie völlig ein, um möglichst sicher zu überdauern, es sucht auf jeder Stufe immer wieder den - allerdings kontrollierten und dosierten - Grenzdurchbruch im Genaustausch zwischen den Individuen. Mit anderen Worten: Leben benötigt genetische, d.h. chemische Isolation der eigenen Information genauso unumgänglich wie genetische, d.h. chemische Kommunikation zur Informationsvermischung.

Auf dem Niveau einer Bakterienzelle sind dies vor allem wenig systematisch ablaufende Bruchstückaustausche. Sie laufen vor allem über spezialisierte Erbmaterialpartikel, z. B. Plasmide, ab, über die etwa die gefürchtete Ausbreitung von Resistenzeigenschaften gegen bakterizide Medikamente erfolgt, derer wir uns aber andererseits wiederum in der Gentechnik als Genvehikel bedienen, um uns erwünschte Gene in Bakterien einzuschleusen - nichts unnatürliches also, sondern Alltagspraxis der Bakterienevolution, von uns allerdings gezielt genutzt. Durch diese genetischen Transferfähigkeiten entstehen durch regelhafte Überschreitung der Grenzen der individualisierten Isolate des Lebens in flexibler Kommunikation verbundene vernetzte Großsysteme, die wir Populationen nennen. Es gibt keinen Zweifel, daß erst beides: isolierende Individuation und kommunizierende Vernetzung ihrer Leistungen Bakterien zu den chemischen Hochleistungsmaschinen macht, ohne die kein höheres Leben existieren könnte (während das Umgekehrte leider keineswegs genauso gilt).

Das gleiche Wechselspiel von Abgrenzung und Grenzüberwindung tritt uns nun mit gesteigerter Perfektion und obligatorischer Regelmäßigkeit auf der nächsthöheren Entwicklungsstufe lebender Systeme entgegen. Die echte Zelle - wie sie alle Körper vielzelliger Pflanzen, Tiere und Menschen aufbaut - ist selbst das Resultat eingrenzender Einverleibung von einzigartig spezialisierten Individuen in einen symbiontischen Komplex. Sie ist ein Produktionszusammenschluß von z.B. Chloroplasten, Ribosomen, Mitochondrien in einen sie behausenden und beherrschenden Mutterorganismus, der dadurch um ein Vielfaches größer und leistungsbeständiger als eine Bakterienzelle wird. Dieser chemische Sozialverband - obwohl auf ersten Blick doch viel autarker organisiert als die einzeln verteilten Vorläufer - ist nun zu seiner Fortpflanzung in regelmäßiger Abfolge zum genetischen Informationsaustausch mit seinesgleichen gezwungen. Diese kommunikative Genverbindung - von da an Sexualität benannt - erfüllt vielfältige unentbehrliche Zwecke von Genreparaturvorgängen, Variantenproduktion bis hin zur genchemischen Parasitenabwehr, vor allem aber hat sie eines zur Folge: sie macht aus lose verknüpften, wenig differenzierten Individuenscharen im eigentlichen biologischen Sinne Spezies als sexverschweißte abgeschlossene genetische Übersysteme mit hochdifferenzierten selbststabilisierten Organisations- und Leistungseigenschaften, die ihnen in der Auseinandersetzung mit anderen solchen Übersystemen um knappe Ressourcen ihre jeweiligen komparativen standortbezogenen Wettbewerbsvorteile geben, die die Biologen Fitneß nennen. Erst obligatorische Sexualität schafft echte biologische Spezies. Dabei beruht Bestand und Fortentwicklung jeder solcher Spezies genau auf dem Zusammenspiel von Ausgrenzung gegeneinander konkurrierender Individuen und grenzbrechender sexueller Vereinigung zwischen ihnen. Weder gegenseitig sich abgrenzende Konkurrenz allein - wie bei asexueller Vermehrung üblich - noch genetische Kooperation allein kennzeichnen das Evolutions- und Leistungspotential der Vielmillionen natürlichen Spezies, sondern die equilibrierte Verbindung beider gegensätzlicher Beziehungspole.

Auch wenn wir den Prozeß der Entstehung neuer Spezies aus schon vorhandenen betrachten, so zeigt sich wiederum, daß der Ursprung in der scharfen Ausgrenzung besteht: Nur wenn eine - oft ganz kleine - Teilpopulation, im Extremfall ein einziges Gründerindividuum, sich fortpflanzungsmäßig abgegrenzt von der Ausgangsbevölkerung weiterentwickeln kann, besteht die Chance, daß sich aus dieser isolierten Teilgemeinschaft eine neue Art entwickelt. Und andererseits wird der Prozeß des kontrastierenden Auseinanderstrebens durch nichts so sehr befördert, wie wenn die erst ausgegrenzten Populationen ihre Verbreitungsgrenzen gegenseitig wieder überschreiten und dadurch unter dem Druck der Konkurrenz beschleunigt gerade im *Zusammen*leben in ihren Eigenschaften *auseinander*weichen.

Gehen wir nun noch einen Entwicklungsschritt weiter und betrachten wir den Vorgang, wie aus unsozialen bzw. nur höchst begrenzt sexuellsozialen Organismen - der überwiegenden Mehrzahl aller Arten - bei höchstens einigen zehntausend Spezies eine wiederum höher integrierte Leistungsstufe lebender Systeme erreicht wurde. Fragen wir also, wie sich getrennt lebensfähige und zu scharfer Konkurrenz disponierte Artgenossen - im Falle sozialer Insekten bis zur Vielmillionenzahl - zu hochkooperativen sozialen Übersystemen zusammenschließen können, die als überorganismische Systemeinheiten neuen Ordnungsgrades untereinander im Wettbewerb stehen und sich gegen Außeneinwirkungen stabil behaupten. Auch diese Entwicklung beginnt, nach allem, was wir darüber bisher von der soziobiologischen Forschung wissen, mit einem Schritt der exklusiven Abkapselung von Individuen gegen die restliche Population und der Öffnung ihrer Grenzen in regelmäßigen Zyklen zur kommunikativen Vernetzung in der Spezies. Der bei weitem vorherrschende Evolutionsmechanismus dürfte die exklusive Selbstabgrenzung kooperierender Familienverbände sein, die ihren durch Abstammungsverwandtschaft eng verbundenen Bestand an Erbanlagen gemeinsam fördern und mehren. Um Inzuchtnachteile zu vermeiden, müssen sie jedoch ständig für den Individuen- und damit Erbanlagenaustausch mit anderen solchen »exklusiven« Gruppen offenbleiben.

Es ist das zur Zeit am lebhaftesten florierende Gebiet der Verhaltensforschung an Tieren aufzuklären, mit welchen Mechanismen der Verständigung diese Verbände integriert und in ihrer Leistung koordiniert werden. Ein wesentlicher Durchbruch auf diesem Wege wurde dort erzielt, wo die Methoden der arbeitsteiligen Verständigung zugleich die Exklusivität der kooperativen Begünstigung sichern. Handelt es sich dabei nämlich um erlernbare, nicht genetisch übertragene Signalsysteme, dann konnte der Kooperationsverband auch weit über direkt genverwandte Individuengruppen hinausentwickelt werden, ohne dadurch an Geschlossenheit zu verlieren. Den höchsten Perfektionszustand einer solchen Entwicklung repräsentiert zweifellos das sozialgruppenspezifische, durch kontinuierliche Lerntradition erhaltene und differenzierend fortentwickelte akustisch-symbolische Verständigungssystem der menschlichen Sprache. Da wenig Zweifel daran bestehen kann, daß unsere spezifische Humanität, die uns in unverwechselbarer Weise aus allen anderen Lebensformen dadurch heraushebt, daß insbesondere unsere geistigen Leistungen untrennbar mit unserer Befähigung zur begrifflich-symbolischen, sprachlichen Kommunikation in einem eng verwobenen Gemeinschaftsverband verknüpft sind, kann es auch wenig Zweifel daran geben, daß die Entwicklung des menschlichen Geistes in einem Prozeß wurzelt, in dem die Selbstabgrenzung einer Verständigungsgemeinschaft mit dem alle Grenzen von Sprachgemeinschaft, Raum und Zeit überschreitenden Vermögen lern- und lehrbarer Sprache zusammenwirkt, alle durch sprachlich vermittelbare Gedankentradition erreichbaren Menschen als wirkliche *Menschheit* auf unbegrenzte Dauer miteinander zu verbinden. Das gilt selbst dann, wenn wir zugleich bekennen müssen, daß wir keineswegs in wünschenswerter Klarheit und Vollständigkeit verstehen, wie sich aus den kognitiven und kommunikativen Fähigkeiten selbst der uns nächstverwandten Tiere menschlicher Geist und menschliche Sprache entwickelt haben. Unsere profunde Unkenntnis über diesen Prozeß läßt jedem von uns weiten Spielraum, die mit Erklärungen nur höchst unvollkommen überbrückte Kluft mit Überzeugungen auszufüllen. Unstreitig aber ist, daß es kaum ein Phänomen gibt, das Menschen zugleich so sehr trennen und verbinden kann wie Sprache.

Grenzen und Grenzüberschreitung - lassen Sie mich hierzu noch ein anderes sehr naheliegendes Beispiel des Wechselspiels von kontinuierlicher Entwicklung und abgegrenzt-distinkter Individuation betrachten. Was ich in großen Sprüngen durch den Gang der organismischen Evolution verfolgte, kann wie so häufig in der Biologie auch Schritt für Schritt in der Entwicklung des einzelnen Individuums nachvollzogen werden. Niemand wird daran rütteln können, daß menschliches Leben eigener Qualität mit der Befruchtung einer Eizelle zur Zygote beginnt. Dennoch sollte dabei nicht ganz vergessen werden, daß ebenso unzweideutig *menschlich* wie unzweideutig *lebend* auch jede unbefruchtete Eizelle schon ist - auch potentiell begabt, aus sich, wenn weitere Bedingungen hinzukommen, ein neues Menschenwesen hervorgehen zu lassen. Genetisch arteigen menschlich und zugleich lebendig ist sogar eine Lymphozytenzellkultur oder ein durch genetischen Defekt gehirnloser Foetus. Doch fehlt ihnen wie der Eizelle, aber genauso auch der frisch befruchteten Zygote zur biologisch-individuellen Einzigartigkeit, die sie besitzen, die *personale Qualität*, die sie zu *mehr* als einem individuellen Lebewesen der biologischen Spezies *Homo sapiens*, nämlich zu einem wirklichen *Menschenwesen* macht. Es würde eine lange Diskussion erfordern, im einzelnen auszuleuchten, was solche personale Qualität ausmacht. Wer dabei einen die Grenzen physischer Realität transzendierenden Akt der Beseelung postuliert, wird sicherlich zu anderen Schlußfolgerungen kommen müssen als jemand, der davon überzeugt ist, daß diese personale Eigenqualität im Laufe der Individualentwicklung als ein emergentes, aber unzweifelhaft wirkliches Ergebnis sich entfaltender komplexer Organisation vor allem des Sinnesnervensystems des Foetus de novo entsteht und auch nur in Verbindung mit einem menschengemäß funktionsfähigen Sinnesnervensystem existierend gedacht werden kann.

Wie immer man sich hier entscheidet - und keine der Schlußfolgerungen beruht hier allein auf wissenschaftlich überprüfbaren Argumenten, so daß die Wissenschaft sich auch nicht anmaßen kann, sie allgemein verbindlich zu bestimmen -, ganz unbestreitbar bleibt in jedem Falle, daß sich die Personalität des Menschen in einem Entwicklungsprozeß entfaltet, bei dem wiederum Abgrenzung und Grenzüberschreitung als wesentliche Züge in Erscheinung treten. Schon die sich entwickelnde Leibesfrucht beginnt - sobald die Funktionsfähigkeit ihrer Sinne und ihres Nervensystems dies gestatten -, durch die allein ihr selbst eigenen

Eindrücke ein inneres Welt- und Selbstbild daraus aufzubauen, das sie mit keinem anderen Menschen - auch nicht der Mutter - teilt, weil es nämlich von Anfang an mit einem ebenfalls einzigartigen Anlagenmuster in Wechselwirkung tritt. Und jeder weitere Schritt der Persönlichkeitsentwicklung ist stets zugleich ein weiterer Akt der Selbstabgrenzung als Selbstbestimmung im sich erweiternden Anlagen- und Erfahrungsfeld. Überaus deutlich wird dies bei der Loslösung aus dem Familienkern zur Zeit der Pubertät, mit der die oft schmerzlichen Abgrenzungserfahrungen unumgänglich verbunden sind. Die Persönlichkeit kann dann aber nach dieser Ausgrenzungserfahrung erst dadurch vollends reifen, daß sie die Grenzen ichbezogener Isolierung wieder zur partnerschaftlich kommunikativen Kooperation mit anderen Menschen durchbricht. Identitätssichernde Ichstabilisierung und gemeinschaftsgewährende Überwindung der Ichgrenzen durch Hinwendung zum Mitmenschen sind einmal mehr wie schon seit Anbeginn des Lebens die gegenpoligen Prozesse, die erst zusammengenommen dem lebenden System - ob Zelle, Sozialverband oder Persönlichkeit - Stabilität *und* Anpassungsfähigkeit geben, die ihm in ununterbrochener Entwicklungskontinuität die Fähigkeit zu einzigartig neuer Individualität verleihen und das entstandene Individuum dennoch nicht in heilloser Vereinzelung verkommen lassen.

3. Zweckmäßigkeit und Anpassung im Hierarchiegefüge

Bei dem Versuch, Abgrenzung und Grenzüberschreitung als grundlegende Funktionsprinzipien lebender Systeme zu verdeutlichen, habe ich bisher allerdings kaum von dem gesprochen, was jeder solcher Abgrenzungsschritt zuallererst erzeugt, indem er trennt: das Innen und das Außen, System und Umwelt entstehen ja erst durch gemeinsame Grenze. Dies will ich nun betrachten, indem ich mich zugleich der neben durch Vermehrung gesicherten Kontinuität und genetisch-chemisch bedingten Individualität dritten Grundeigenschaft lebendiger Systeme zuwende: ihrer Zweckgemäßheit und ihrer Angepaßtheit. Beide Begriffe sind in diesem Zusammenhang gleich wesentlich, obwohl sie wie die beiden Seiten einer Sache fest miteinander verbunden sind.

Die Zweckmäßigkeit jedes lebenden Systems ist eine *Selbstz*weckmäßigkeit: Seine komplexe strukturelle und funktionelle Organisation verleiht ihm Bestand und Durchsetzungsfähigkeit gegen äußere und innere Veränderung, ermöglicht ihm Erhaltung und Vermehrung Darin erfüllt es aber auch schon alle seine natürlichen Zwecke. Alle Versuche, nichtmenschlichen Lebewesen fremddienliche Zwecke als Ursache oder Antrieb ihres Seins und Handelns zuzuweisen, dürfen getrost als rundum gescheitert angesehen werden. In sich und für sich erfüllen sich die Daseinsziele aller lebendigen Systeme - was allerdings selbstverständlich nicht ausschließt, daß sich ein Lebewesen andere eigenzweckdienlich zunutze macht. Leben als Selbstzweck aller rein biologisch betrachteten Lebewesen, das heißt nun freilich nicht, daß Biologen dies - geschweige denn mit wissenschaftlichem Anspruch - auch als den Sinn des menschlichen Daseins ausgeben könnten. Der Begriff Sinn hat im Rahmen naturwissenschaftlicher Analyse keinen Aussagewert, er ist - im Wortsinn - leer von Bedeutung, also sinnlos. Leben als Selbstzweck nehmend, so kann natürlich auch Menschenleben sinnentleert verlaufen und betrachtet werden. Allerdings nur, wenn der Mensch dies so mit sich geschehen läßt. Es steht ihm - soweit wir zu erkennen vermögen: als einziger Lebensform - frei, dem Selbstzweck der lediglich biologischen Existenz aus eigener, wertsetzender Entscheidung Sinn zu geben. Der Sinnbegriff setzt frei bewertende, an sittlichen Normen ausgerichtete Entscheidungsfähigkeit voraus. Kein Biologe kann dem Menschen dies bestreiten. Das evolutionäre Paradigma erklärt zweckgerichtete Existenz, der Mensch allein kann sie mit Sinn erfüllen.

Die Selbstzweckmäßigkeit lebendiger Systeme bedeutet nun aber noch lange keine Beziehungslosigkeit und keine Abkehr von der Außenwelt. Im Gegenteil. Das lebendige System vermag sich ja nur deshalb zu erhalten und zu mehren, da seine Leistungseigenschaften - nicht notwendigerweise alle, aber doch lebenstauglich viele - auf einen bestimmten Ausschnitt einer außer ihm existierenden Wirklichkeit bezogen sind, der ihm dadurch zur *Umwelt* wird. DARWIN hat diese Abstammung aus dem ständigen innenbürtigen Suchprozeß der Variation und der Eignungsprüfung der Varianten unter den Daseinsbedingungen, in die sie geraten - die wir Umwelt nennen -, erklärt. Der Begriff der Umwelt als Ausschnitt aus einer viel umfassenderen äußeren Wirklichkeit bekommt also erst dadurch Sinn, daß er sich auf die Systemeigenschaften und Systemerfordernisse von konkret existierenden Lebewesen bezieht. Der evolutionäre Wechselbezug der Anpassung bindet System und Umwelt aneinander. Daher ist es auch irreführend, es so hinzustellen, als verstehe die Evolutionstheorie den Prozeß der Anpassung als eine Auslese aus einem Sammelsurium zufallsgeformter Varianten durch eine mit stabilen Auslesekriterien vorgegebene Außenwelt, als mache sich die Auslese so wie ein Schöpfer über einen trägen Rohstoff her.

Im Anpassungsprozeß erleidet der Organismus nicht etwa einfach eine passive Formung durch die auslesenden Umweltgegebenheiten. Er formt seinerseits die Umwelt wieder, die ihn prägt, indem er seine Eigenschaften und Leistungen in sie hineinträgt, und wird dadurch selbst zu ihrem integralen Bestandteil, daß er zur Förderung seiner Daseinszwecke mit ihr in ständiger aktiver Wechselwirkung steht. Die Umwelt existiert nicht ohne ihn - in ihrer spezifischen Ausprägung -, und er kann ohne sie nicht als angepaßt betrachtet werden. Hier begegnen wir also einmal mehr dem Zusammenspiel von Abgrenzung und Grenzüberschreitung, das für so viele Lebensvorgänge kennzeichnend ist, wenn auch erneut in einem anderen Sinne. Der Organismus als System ist einerseits eindeutig von der Umwelt abgegrenzt. Doch können wir ihn ganz und gar nicht verstehen, wenn wir ihn nicht als aktiven und integralen Bestandteil eines größeren Ganzen begreifen, in dem, was eben noch als äußere Umwelt schien, nun plötzlich zum ebenfalls unentbehrlichen einbezogenen Funktionsbestandteil wird, der es erst möglich macht, daß sich der Organismus überhaupt selbstzweckdienlich verhalten kann. Die hierarchische Ineinanderschachtelung von Innen- und Außenwelten, in denen jede Innenwelt eines Systems selbst wieder zur Außen-, genauer: zur Umwelt des nächstuntergeordneten, eingefügten Systems wird, hebt die auf den ersten Blick so saubere Trennung zwischen lebendigen Systemen und ihrer Umwelt, in die sie hineinselektiert existieren, auf nächster Ordnungsebene immer wieder in größeren Systemzusammenhängen auf, indem sie sie - im Doppelsinn des Wortes »aufheben« - zugleich bewahrt und auflöst. Vom lebendigen Teilsystem des Zellkerns, des Chloroplasten oder des Mitochondrions über das der Einzelzelle und das des vielzelligen Organs zum ganzen Organismus und weiter über die intraspezifisch-soziale und zwischenartlich geordnete Organismengemeinschaft bis hinauf zur Lebensvielfalt von Ökosystemen und am Ende der langen Reihe in der gesamten Biosphäre durchlaufen wir eine ununterbrochene Reihe von Systeminnen- und -außenwelten, eine hierarchisch interdependente Ordnung, in der sich alle Grenzen nach außen auf nächsthöherer Ebene sogleich wieder nur als Unterteilung im Inneren eines neuen, übergeordneten Systems erweisen.

Diese stufenweise immer neue Grenzen ziehende und Grenzen überschreitende Puppe-in-der-Puppe-Realität alles Lebendigen macht es unserem Denken und Reden schwer, sie mit den Methoden klar definierter begrifflicher Klassifikation und eindeutiger Zuordnung von Ursache-Wirkungs-Beziehungen angemessen zu erfassen. Wenn alle Umwelt zugleich auch wieder Innenwelt sein kann und vice versa und wenn im geschlossenen Kreisprozeß jede Folge selbst wieder ursächlich auf die eigene Verursachung zurückwirkt, versagen die an begrenzten Systemausschnitten geübten Begriffe des Alltagsdenkens und der Alltagssprache ihren Dienst. Die mathematische Formelsprache der theoretischen Systemanalyse hat Wege gefunden, diese Denk- und Sprachbegrenzungen zu überwinden, doch opfert sie dabei notgedrungen der Exaktheit die lebenspraktische Durchschaubarkeit.

So kann es eigentlich gar nicht verwundern, daß das Wort »Umwelt« selbst im Sprach- und Denkgebrauch des Alltags immer mehr zu einem Amöbenwort geworden ist, das seinen Begriffsinhalt unter jedem Versuch, ihn zu erfassen, ändert. Wenn sich die Umwelt nämlich mit dem Handeln der Lebewesen in ihr wandelt, so gibt es sie eben nicht in einem ein für allemal wohldefinierten Sinn, sondern immer nur in bezug auf ganz bestimmte Anpassungserwartungen ganz bestimmter Lebensformen. Für das wandelbarste und anpassungsvielfältigste aller Lebewesen, den Menschen, verliert, was Umwelt ist - die wir doch gerne schützen und bewahren wollen -, besonders schnell den jedem klaren, allgemein verbindlichen Sinn, denn entweder wird alles - auch das Ergebnis ihrer Zerstörung - immer wieder nur erneut zur Umwelt, oder es hängt von den Erwartungen des einzelnen Betrachters oder abgestimmter Gruppen ab, was sie als Umwelt akzeptieren wollen. Dies ist dann allerdings kein objektiv erfaßbarer, sondern ein durch menschliche Wertentscheidungen gesetzter Umweltbegriff. Was einem dann ein herrlich schützenswertes Feuchtgebiet oder ein von Lebensreichtum überquellender Urwald ist, das ist dem anderen ein mückenverpestetes Schlammloch oder ein menschen-lebensfeindlicher Dschungel.

Es scheint mir wesentlich, daß wir daraus erkennen, daß der Umweltbegriff der alltagspraktischen, vor allem politischen Diskussion aus durchaus wissenschaftlich einsichtigen Gründen kein evolutionsbiologisch oder biowissenschaftlich gleichsam naturgerechtfertigter Begriff ist, da niemand eine naturgegebene menschliche Normanpassung definieren kann, sondern daß es von unseren Wertentscheidungen, über die wir uns mit gegenseitig überzeugenden Argumenten einigen müssen, und nicht von biologischen Naturgesetzlichkeiten abhängt, was uns als Umwelt gut und richtig und bei vernünftiger Gewinn-Verzichts-Abwägung schützenswert erscheint. Das heißt aber auch, daß dann kein Umweltzustand aus sich selbst heraus - allein weil es ihn einmal gibt oder gab - deshalb als bedingungslos bewahrenswert bezeichnet werden kann, denn so wie der Mensch als Gemeinschaftswesen, der in ihr agiert und reagiert, sich und seine Gesellschaftsformen und Wirtschaftsweisen ständig wandelt, so ändert sich damit auch seine Umwelt, und es entstehen kontinuierlich neue Wechselbeziehungsformen, die ihre Qualität in der Bewährung erst erweisen müssen, und zwar in ihrer Bewährung als selbsterhaltungsfähige Übersysteme und zugleich nicht minder in ihrer Bewährung vor dem Werturteil der Menschen, die sie akzeptieren müssen.

Der Mensch hat im Laufe seiner Kulturevolution die ökologischen Grenzen, an die seine Ausbreitung immer wieder stieß, seit Tausenden von Jahren dauernd vor sich hergeschoben, indem er sie zu überschreiten suchte. Gleichzeitig hat er mit jedem Schritt der Produktionssteigerung lebensnotwendiger Ressourcen - durch Tier und Pflanzenzucht, durch Brandrodung und Pflug, künstliche Wässerung und Düngung, Schädlingsbekämpfung oder Wechselfruchtanbau - sich einer neuen Art von Umwelt angepaßt, indem er sich in eine vorhandene Umwelt paßte. Was hier natürlich ist, das läßt sich mit biologischen Begriffen, wenn man sie sauber einsetzt, entweder gar nicht fassen, oder es wird, was ist, nur weil es ist, auch schon natürlich. Was hier Natur heißt, das ist selbst systemabhängig, und der Begriff gewinnt nicht dadurch überzeugenderen normativen Gehalt, daß man ihn natur- und biowissenschaftlich immer präziserer Analyse und Beschreibung unterzieht. Die heute ja so populäre Flucht aus wertbezogenen - mit anderen Worten: politischen - Entscheidungen in wissenschaftliche Expertisen erweist sich einmal mehr als Irrweg. Die wissenschaftliche Expertise kann nur behilflich sein - und dazu ist sie allerdings unentbehrlich -, Bedingungen und Konsequenzen von politischen Entscheidungen zu erhellen. Die Last verantwortlicher Bewertung der so dargelegten Tatsachen kann sie nicht von uns nehmen.

Was uns in historische Vergangenheit zurückblickend als natürlicher, vielleicht sogar idealer Zustand scheinen mag, ist dann im zusammenhängenden Entwicklungsablauf so wenig als einzigartig erhaltenswert herausgehoben, wie das, was 10.000 Jahre vorher war und 10.000 Jahre später werden wird. Aus all dem folgt, daß der Schöpfung mit Ehrfurcht begegnen und sie bewahren nicht bedeuten kann, sie in bestimmtem, zeitlich beliebig gegriffenem Zustand gleichsam einzufrieren. Vielmehr kann es nur darum gehen, das eigene Handeln so einzurichten, daß der lebendigen Schöpfung und uns in ihr auch künftig die lebensfähige und menschenwürdige Fortentwicklung offenbleibt. Man könnte sagen: dies ist der Systemanspruch der selbstzweckmäßigen Forterhaltung, ein Anspruch, den wir schon deshalb nicht verneinen können, weil wir uns sonst als Teil des Ganzen selbst verneinen müßten. Daß unser Eigeninteresse - mit anderen Worten der Selbstzweck unseres Daseins - zur Erfüllung dieser Forderung ganz nachdrücklich gebietet, die natürliche Umwelt nicht in katastrophal zerstörerische Veränderungen zu stoßen, ist unbestreitbar richtig. Doch folgen daraus andere, für eigene Gestaltungsfreiheit offene Handlungsperspektiven als aus einer mitunter biologisch-ökologisch - gleichsam wissenschaftsapprobiert - begründeten Anschauung, menschliche Umweltgestaltung fast per definitionem schon als widernatürlich und dadurch zugleich sittenwidrig anzusehen. Auch unsere mit guten Gründen vernünftig vertretbare Entscheidung, möglichst vielen anderen Lebewesen den Fortbestand zu sichern, läßt sich weder logisch noch biologisch daraus begründen, daß sie dazu doch gleiches Recht wie unsere Spezies haben müssen. Ein solcher Anspruch wäre logisch nur begründbar, wenn andere Spezies als Partner angesehen würden, mit denen wir ein Selbstbeschränkungsabkommen, ein Rechtsgeschäft auf Gegenseitigkeit vereinbaren könnten, was evidenter Unsinn ist, wenn sie allein den Daseinszwecken folgen, die ihrer eigenen Fitneß dienen. Auch biologisch macht es keinen Sinn, mit absoluten Lebensrechten zu argumentieren, da ja gerade die biologische Realität die des Verdrängungswettbewerbes zwischen Spezies ist. Wer uns daher empfiehlt, uns nach den ökologischen Gesetzen der Natur zu richten, stellt, ohne es zu wollen, einen Freibrief ungehemmter Rücksichtslosigkeit des Menschen aus. Wie man es dreht und wendet, es bleibt - neben schierem Eigeninteresse - nur eine gute Begründung dafür, daß wir andere Lebewesen und die ihnen anpassungsgemäße Umwelt schützen: Es ist die sinnsetzende Willensentscheidung des Menschen, aus freien Stücken, weil er es so recht und wünschenswert findet, so zu handeln, oder mit anderen Worten, weil *ihm* der Daseinssinn eben mehr als eigennütziger Daseinsselbstzweck ist. Und deshalb ist die besorgt-ironische Frage: »How many species do we need?« wohl richtig damit zu beantworten: »So viele wir aus eigenem Antrieb und aus eigener Verantwortung erhalten wollen.«

4. Wirklichkeit und Wert in der Systemhierarchie

Die hierarchisch-gestaffelte Innen-Außenwelt-Anpassungsbeziehung lebendiger Systeme, in der auch das, was wir als unsere Umwelt bezeichnen, zugleich nur Innenwelt des Gesamtsystems der Biosphäre ist, hat aber noch einige andere Aspekte, die ich zum Abschluß kurz betrachten möchte,

Der alte Streit, wie innenbürtige Erbanlagen und von außen eingreifende Umwelteinflüsse bei der Entwicklung der menschlichen Persönlichkeit zusammenwirken, verliert zum Beispiel - aus dieser Sicht betrachtet - jedenfalls für uns Menschen fast gänzlich jeden vernünftigen Gehalt. Wenn die Umwelt, die auf unsere Entwicklung einwirkt, also vor allem die soziale Erziehungsumwelt, ihrerseits nachweislich das Produkt der kontinuierlich-historischen Wechselwirkung menschlicher Naturanlagen und Naturantriebe mit den sie umgebenden gesellschaftlichen wie natürlichen Daseinsbedingungen ist, dann erweist sich das, was wir uns in bezug auf unsere geistige Entwicklung als äußere Umwelt zu bezeichnen angewöhnt haben, in hohem Maße als traditionsvererbt und angeboren, während, was uns als erblich angeboren gilt, Produkt einer sehr langen evolutionshistorischen Umweltformung ist.

Wir und die *anderen*, *unser* Verein, *unser* Verband, *unsere* Partei und *unsere* Klasse gegenüber *ihrem* Verein, *ihrem* Verband, *ihrer* Partei und *ihrer* Klasse: das sind aus solcher Sicht, in der die Umwelt immer auch zur Eigenwelt gehört und vice versa, Fiktionen unserer Ursachen- (oder Schuld-)zuweisung, die sich in der Realität des Gesamtsystems, in dem sie gegenseitig ihre Innenseiter-Außenseiter-Rollen wahrzunehmen meinen, als Teile eines untrennbaren Ganzen vereinigt finden, das zum Zusammenwirken, zur gemeinsamen Entwicklung verurteilt, oder besser: begabt ist.

In dieser Einsicht steckt nun eine gefährliche und dennoch zugleich unabwendbar konsequente Brisanz. Es geht dabei um die notwendige Unterscheidung zwischen *Wirklichkeit* und *Wert*. Lassen Sie mich den Gedanken an einem ganz vertrauten, unproblematischen Tatbestand einführen. Sie alle sitzen hier vor mir als höchstkomplexe, wohlintegrierte, rundum mit sich zufriedene vereinigte Zellkolonien. Sie finden es in Ordnung und auch moralisch nichts dabei, wenn täglich da und dort im Dienste Ihres Corpus vieltausend Schleimhaut-, Nerven-, Leber-, Nieren- oder Muskelzellen dem Ganzen ihre Lebensgeister opfern. Sie wissen sich im Vollbesitze Ihres Ichbewußtseins als geistiger Herr im Haus, um dessen Wohlergehen es hier schließlich geht. Wer ist denn schließlich hier das Individuum? Die Zellarbeiter nicht. Sie sind nur Teilsysteme ohne Wertanspruch, wenngleich sie als funktionsfähige lebendige Einheiten nicht weniger präsent und wirklich sind als Sie, der überzelluläre Organismus, den sie zusammensetzen. *Wirklichkeitsstatus* als lebendige Funktionseinheiten und *Wertstatus* sind offenbar eindeutig verschieden zugeteilt. Sie mögen sagen: tant pis für meine Zellen, aber allein wären sie ja sowieso nicht lebensfähig, und das heißt: nichts wert. Je nun, das stimmt, doch steigen wir auf der evolutiven Skala auch nur einige Sprossen tiefer, dann finden wir tatsächlich Einzelzellen, die durchaus entweder allein oder eben auch im Verbande existieren können. Wir brauchen aber nicht so tief zu steigen. Ein Blick auf einen Bienenstaat genügt. Da sehen wir die Einzelbienen unbezweifelbar die eigenen Wege fliegen, und dennoch ist uns ganz genau bewußt: als einzelne bedeuten sie fast nichts, ihr Status ist real, ihr Wert beliebig winzig, denn auf das ganze Bienenvolk kommt's an. Als Volk nur kann es zum Beispiel unseren Winter überleben: Das Volk ist nicht nur wirklich, an seinem Wohlergehen mißt sich auch der Fitneßwert, die Lebenstüchtigkeit der Bienenspezies. Ohne das Bienenvolk ist jede Einzelbiene - selbst die Königin - ein Nichts, während es diesem Volk durchaus sehr gut gehen kann, wenn irgendein spezifisches Einzelindividuum leidet.

Tun wir nun wiederum den Sprung zurück zu uns. Nicht einmal JEAN-JACQUES ROUSSEAU wird verkannt haben können, daß ein einzelner

Mensch eigentlich gar kein lebensfähiger Mensch ist. Neugeboren verlassen in die Welt gesetzt müßte er alsbald sterben. Um menschlich fühlen, menschlich denken, menschlich sprechen, menschlich sich verhalten zu können, bedarf er der Menschen, gar nicht weniger Menschen, die sich über lange lange Zeit um ihn bemühen. Allein auf sich gestellt, und sei er noch so groß und mächtig, kann er sich nicht einmal vermehren! Ein wahres Nichts, unser grundrechtsgeschützter Menschenwürdeträger, so will es danach scheinen. Wie steht es da mit Wirklichkeit und Wert? Müssen wir hier nicht wieder anerkennen, daß erst die größere soziale Einheit - nennen wir sie einmal wieder Volk - Real- und Wertstatus zugleich vereint? Handelt es sich bei Leviathan, dem furchterregend übermächtigen Vater Staat, um einen Supraorganismus? Kommt es auf ihn an, wenn das Wohlergehen zu bewerten ist, und dient das Mitglied - darf man es noch Bürger nennen? - nur den höheren Zwecken der Gesellschaft? Ist sein eigenes Wohlergehen nur so lange von Belang, als es zugleich dem größeren Ganzen zum Vorteil gereicht? Ist nicht selbst unsere Sprache voll von den Metaphern, die dem Gemeinschaftssystem, dem Volk, dem Staate, der Nation einen ganz eindeutig organismusähnlich höheren Real- und zugleich Wertstatus einräumen? Wird da nicht oft vom Volkskörper gesprochen, der sogar ein Volksempfinden hat, das sich im Kreisprozeß der öffentlichen Meinungsbildung formt, auf das der einzelne gerade so viel Einfluß nimmt wie eine Ihrer Nervenzellen auf ihr Denken? Wird nicht - zur Kommunikationsgesellschaft verdrahtet, verkabelt und vernetzt - das digital Information verteilende »Nervennetz« im immer globaler werdenden Gesellschaftskörper sichtbar, hörbar, spürbar, das immer gebieterischer für uns denkt und lenkt? Wer denkt eigentlich, wenn wir denken, daß Politiker sagen, was sie denken? Versuchen Sie nicht oft dadurch vor allem auszusprechen, was die Gesellschaft denkt? Fürchtet nicht mancher schon die gläserne Gesellschaft, den Röntgenblick der Meinungsforschung, für den die Einzelmeinung wenig, erst die repräsentative Summe viel bedeutet? (Wobei man vielleicht anmerken darf, daß wir glücklicherweise noch immer weit von dem Selbstdurchleuchtungszustand der absoluten sozialen Überwachungs- und Kontrollgesellschaft unserer Sammler- und Jägervorfahren entfernt sind.) Fließt nicht im nationalen und übernationalen Wirtschaftskörper in unsichtbaren Adern ständig der Kapital- und Warenkreislauf, dessen Blutdruck vom Weltwährungssystem nur mühselig und unvollkommen gleich gehalten wird? Wird uns nicht dargestellt, wie in den großen Börsen der Herzschlag der globalen Wirtschaft pulst und schlägt? Staatsräson und Nationalgefühl, Volksglaube, Volkskrankheiten, Volkssouveränität und Völkermord - sind das nur alles achtlos übertragene Bilder? Ist »Volksdemokratie« am

Ende doch nicht der Pleonasmus, als den wir ihn empfinden, sondern beredter Ausdruck, daß der einzelne nichts und das Gesellschaftsganze alles *wert* ist, obwohl der einzelne, in seinem Streben, Hoffen, Leiden jedermann sichtbar, nur allzu *wirklich* ist?

Der Grenzgang, den ich hier - ganz nah an einer jedem dauernd nur allzu bewußten Grenze - aus der Biologie heraus mit Ihnen gehen wollte, hat uns in ein Terrain geführt, in dem Begriffe wie Minen auf uns warten. Es wird auch niemandem entgangen sein, daß vom abstrakten Abwägen des phänomenalen Ranges der hierarchisch-gestaffelten Individualitäten zur Praxis harter Wirklichkeit nur eine spinnwebdünne Haut von Überlegungen trennt. Sie brauchen zum Beispiel nur für einen Augenblick darüber nachzudenken, wie die Belange freier Bürger, die Unglück oder Fehlverhalten zu AIDS-Überträgern werden ließ, gegen die Interessen des allgemeinen Wohlergehens (des »Volkswohls«) abzuwägen sind, um sich bewußt zu werden, daß die Frage von Wirklichkeit und Wert im Stufenbau lebendiger Systemorganisation von brennender Aktualität sein kann. Auf jeder Organisationsstufe des Lebendigen treten neuartige Phänomene in den Blick: Aber es kann gefährlich sein, das Neuartige nicht mehr vom Neuwertigen unterscheiden zu können.

5. Schlußbemerkung: Was bedeuten Grenzen?

Das führt mich daher zu der Schlußbemerkung meiner Betrachtungen über Grenzen und Grenzüberschreitungen lebender Systeme. Die zuletzt angestellten Überlegungen haben uns nämlich an einen Punkt geführt, an dem es gilt, auch die Bedeutung des Begriffs der Grenzen noch einmal sehr kritisch zu betrachten. Ich habe ihn während des ganzen Vortrags ziemlich einheitlich als eine physische Scheidelinie verwendet, die ein System - also eine nach eigenen Regeln aktiv zur Selbsterhaltung fähige Einheit der Wirklichkeit - von dem trennt, was nicht unter seiner koordinierenden Kontrolle steht. Ich habe aufgezeigt, wie schwierig es dabei sein kann, die physische Lage dieser Grenzen zu bezeichnen: So ist die Grenzlinie zwischen Mensch und Umwelt eben nicht die Oberfläche unserer Haut, denn das globale System der Menschheit wirkt kontrollierend tief hinein bis in die Hochstratosphäre und verbindet sich dadurch zum Übersystem einer Anthropobiosphäre. Die Grenzen biologischer Systeme erwiesen sich also als viel weicher und flexibler als wir dachten, und manche Grenzüberschreitung erweist sich bei näherer Betrachtung eher als eine Erweiterung des Systems.

Daneben müssen wir jedoch - und darauf zielten meine letzten Überlegungen - scharf abgehoben eine andere Art von Grenzen sehen, die von den physischen Grenzen der Eingriffsreichweite von Systemen vom Ansatz her kategorial zu unterscheiden sind: Es sind die *normativen* Grenzen, die wir selbst uns ziehen oder - wie man es auszudrücken wünscht - die das Sittengesetz unserem Handeln setzt. Die Frage nach Wirklichkeit und Wert, also nach Recht und Anspruch andersartiger Lebewesen genauso wie des Einzelmenschen, des Bürgers und der Gemeinschaft, der er angehört, die ja gewiß nichts Unwirkliches, geschweige denn Wertloses ist, die Frage läßt sich nicht - wie noch bei unserem Bienenstaat - mit allein biowissenschaftlichen Argumenten beantworten. Täten wir es, so würden wir über kurz oder lang unweigerlich wieder in Verhältnissen enden, in denen Menschen wie nützliche oder schädliche Volkspartikel, wie »Lebensborn«-Reproduktionsorgane oder Krebsgeschwülste, Schmarotzer oder Ungeziefer eines einzig wirklich wertvollen Volkskörpers betrachtet und behandelt würden. Die Normen, nach denen sich des einzelnen Menschen Würde und des einzelnen Menschen Rechte und Pflichten und auch die Rechte wie Pflichten der Gemeinschaft bemessen, setzen uns Grenzen, die nicht die Natur erzeugt hat, die wir auch nicht durch den Naturvergleich erkunden können und die daher auch nicht mit evolutionsnatürlicher Ermächtigung zum Überschreiten herausfordern. Hier sind wir auf uns selbst gestellt und müssen im gegenseitigen Einverständnis selbst verantworten, wo diese normativen Grenzen uns gezogen bleiben sollen. An dieser Stelle ist es daher angemessen, daß der Beitrag des Biologen mit dem Erklärungsanspruch der Biologie endet, da er dazu nicht mehr als jeder andere Bürger beizutragen hat.

Literatur

BELL, G.: The masterpiece of nature. The evolution and genetics of sexuality. University of California Press, Berkeley 1982.

BENDALL, D.S. (Ed.): Evolution from molecules to men. Cambridge University Press, Cambridge 1983.

BISCHOF, N.: Das Rätsel Ödipus. Piper, München 1985.

DELBRÜCK, M.: Mind from matter? Blackwell, Palo Alto 1986.

EIGEN, M.: Stufen zum Leben. Piper, München 1987.

GIERER, A.: Die Physik, das Leben und die Seele. Piper, München 1985.

MAIER-LEIBNITZ, H. (Hrsg.): Zeugen des Wissens. v. Hase & Koehler, Mainz 1986.

MARGULIS, L.: Symbiosis in cell evolution. Freeman, San Francisco 1981.

MARKL, H. (Hrsg.): Natur und Geschichte. Oldenbourg, München 1983.

MARKL, H.: Natur als Kulturaufgabe. Deutsche Verlagsanstalt, Stuttgart 1986.

TRIVERS, R.: Social evolution. Benjamin/Cummings, Menlo Park 1985.

GERHARD VOLLMER

Der Evolutionsbegriff als Mittel zur Synthese - Leistungen und Grenzen

1. Die Explosion des Wissens und die Suche nach einer Synthese

Regelmäßig stößt man auf Berichte über das explosionsartige Wachstum der Wissenschaft. Da heißt es, etwa neunzig Prozent aller Wissenschaftler, die es je gab, lebten jetzt. Es heißt, seit 1950 seien mehr wissenschaftliche Arbeiten erschienen als in allen vergangenen Jahrhunderten zusammen.[1] Ob diese Zahlen tatsächlich korrekt sind oder auch leicht übertrieben, soll uns hier nicht kümmern. Es ist sicher wahr, daß niemand mehr alle bekannten Tatsachen erfahren oder im Kopf behalten kann und daß erst recht niemand mehr zu allen wissenschaftlichen Disziplinen originelle Beiträge liefern kann. Der deutsche Philosoph und Wissenschaftler GOTTFRIED WILHELM LEIBNIZ (1646 - 1716) mag der letzte Universalgelehrte gewesen sein, der nicht nur das Wissen seiner Zeit *beherrschte*, sondern durch seine richtungweisenden Ideen sogar die meisten wissenschaftlichen Disziplinen in bewundernswerter Weise *bereicherte*.

Sicher wäre es erhellend, die Zunahme des verfügbaren Wissens quantitativ zu verfolgen. Wahrscheinlich folgt sie einer Kurve exponentiellen oder sogar hyperbolischen Wachstums. Es wäre auch verlockend, diesen Trend in die Zukunft zu verfolgen und zu fragen, wie lange er noch anhalten könnte oder werde, ob und wann er abklingen wird und warum. Es gibt ja faszinierende Spekulationen über die Zukunft der Wissenschaft und des wissenschaftlichen Wissens. Einige sind optimistisch, andere nicht.[2] Wir könnten sogar eine gewisse Befriedigung oder wenigstens einigen Trost aus der Tatsache ziehen, daß *niemand* die gesamte verfügbare Information sammeln und beherrschen kann, zeigt doch auch dies, wie unvollkommen wir eigentlich sind.

Die Anhäufung des Wissens könnte aber auch ganz andere Interessen wecken. Trotz des ungeheuren Umfangs und der großen Komplexität wissenschaftlicher Ergebnisse möchte man doch auch auf eine befriedigende Klassifikation hoffen, auf ein Ordnungsprinzip, auf eine tiefere Struktur, ein integratives Werkzeug, einen *synthetischen* Gesichtspunkt. Und es ist äußerst befriedigend, daß wir solche umfassenden Begriffe tatsächlich finden können. Einer von ihnen ist der Begriff der *Evolution*.

2. Die evolutionäre Frage

Bei jedem realen Ding kann man sinnvollerweise fragen, wie es entstand, wie es sich verändert und wie es wohl enden wird. Tatsächlich hat jedes reale Objekt eine Geschichte - einen Ursprung, eine Folge von Zuständen und ein Ende. *Jedes reale Ding entwickelt sich.* Auch wenn sie in einigen Fällen (noch) keine *Antwort* finden mag, so ist die »evolutionäre *Frage*« doch immer legitim.

Auf den ersten Blick, könnte man hier Zweifel hegen. Man könnte ja durchaus der Meinung sein, es gebe wenigstens einige Dinge, die keinem Wandel unterworfen sind, die keinen Ursprung und auch kein denkbares Ende haben. Wir sollen drei Beispiele diskutieren.

Für das unbewaffnete Auge scheinen die »Fix«-Sterne dauerhafte, unveränderliche, permanente Objekte zu sein. Aber die Astrophysik hat uns gelehrt, daß Sterne sich entwickeln, daß ein Stern »geboren« wird, für einige Zeit in einem stationären (nicht statischen!) Zustand bleibt und schließlich aus Energiemangel »stirbt«, indem er explodiert und als Weißer Zwerg, als Neutronenstern oder als Schwarzes Loch endet. Tatsächlich sind die astrophysikalischen Vorgänge so gewaltig, daß es durchaus angemessen ist, unsere Wohnstatt »ein gewalttätiges Universum« (NIGEL CALDER) zu nennen.

Wie aber steht es mit der »Substanz« der Sterne und des Universums, mit der *Materie*, mit den *chemischen Elementen*? Wie steht es mit Atomen, Elementarteilchen, Quarks? Sind nicht wenigstens sie stabil, permanent, ewig? Keineswegs. Wir wissen heute, daß und wie in den Sternen chemische Elemente aus Wasserstoff gebildet werden und daß selbst Wasserstoff ein *Produkt* kosmischer Prozesse ist.

Aber ist nicht wenigstens das Universum selbst ewig und unvergänglich? Nein, auch das Universum ist veränderlich, instabil, vergänglich. Nicht nur ist es in einer riesigen Explosion, dem berühmten Urknall, entstanden; es befindet sich immer noch in Expansion, in Evolution. Seine Zukunft ist noch unsicher; aber mit Sicherheit wird es niemals in einem ruhigen Zustand verharren, sondern wird *entweder* kollabieren und verschwinden *oder* ewig expandieren, wobei es mehr und mehr ausdünnt.[3] Es gibt also in der realen Welt keine Ausnahme zu HERAKLITs hellseherischer Feststellung »*πάντα ρει*, alles fließt«.

Bei HERAKLIT war das allerdings nur eine Vermutung. Er konnte sie nicht beweisen. Zu seiner Zeit konnten andere Denker genau das Gegenteil behaupten. Für PARMENIDES zum Beispiel ist aller Wandel reine Täuschung. Die Welt, das Sein, das Eine ist unveränderlich, ewig, unvergänglich. Und erst seit kurzem steht unser wissenschaftliches Weltbild endgültig auf der Seite von HERAKLIT und nicht länger auf der von PARMENIDES. Das ist das Verdienst evolutionären Denkens.

3. Evolution als Werkzeug zur Beschreibung

Die evolutionäre Frage kann auf einer *deskriptiven* Ebene gestellt werden: Was sind die möglichen Zustände des fraglichen Systems? In welcher Weise folgen sie aufeinander? Was sind die Anfangs- und Endzustände? Und wie wirken sich Änderungen im Anfangszustand auf die späteren Stadien aus? Auf diesem Niveau ist die evolutionäre Betrachtung rein *kinematisch*. Die leitende Frage ist »wie?«, nicht »warum?«. Wie wir gesehen haben, ist diese Frage völlig legitim. Mehr noch, sie ist anregend, heuristisch fruchtbar und methodologisch zulässig.

Evolution in diesem kinematischen Sinne ist durchgehend und allumfassend, wahrhaft universell. Wie JULIAN HUXLEY betont, ist es möglich, ja unerläßlich, die ganze Realität *sub specie evolutionis* zu betrachten, dieses ganze Universum als einen einzigen, einmaligen evolutionären Prozeß anzusehen. Evolution verbindet und vereint *alle realen Systeme* und deshalb auch *alle faktischen Wissenschaften*. Sie ist ein wahrhaft *synthetischer* Gesichtspunkt.

Das gilt in mehrfacher Hinsicht. Da ist zunächst einmal der *historische Aspekt*. Tatsächlich hat erst die Evolutionstheorie der *Biologie* Struktur und Profil einer selbständigen Wissenschaft verliehen. Wenn es wahr ist, daß NEWTON die neuzeitliche Physik 1666 begründet und daß LAVOISIER die Chemie 1789 zu einer Wissenschaft gemacht hat, dann war es DARWIN, der der Biologie 1859 den Status einer Wissenschaft verliehen hat. So ist es durchaus angemessen, wenn DARWINs Zeitgenosse und Kollege ALFRED RUSSEL WALLACE ihn »den Newton der Biologie« nennt. (Allerdings darf man bei einer derartigen Zuweisung auch Männer wie GREGOR MENDEL, JAMES WATSON, FRANCIS CRICK und MANFRED EIGEN nicht vergessen.) In einer Rede zu Ehren des hundertsten Geburtstages von DARWIN behauptet der große Zoologe AUGUST WEISMANN sogar, vor DARWIN habe es noch gar keine Biologie gegeben, weil die verschiedenen biologischen Disziplinen - Zoologie, Botanik, Anthropologie - bis dahin nur Ansammlungen unzusammenhängender Fakten, unverknüpfte Disziplinen, Wissenschaftszweige ohne innere Verbindung gewesen seien.[4] Diese innere Verbindung wird erst durch die Evolutionstheorie hergestellt.

Ähnliche Überlegungen gelten auch für andere Wissenschaften. Viele Züge realer Systeme lassen sich nur als Ergebnisse einer Evolution, also *historisch* verstehen. Typische Beispiele finden sich in Astronomie, Geologie, Paläontologie, Etymologie und Linguistik, Archäologie und in vielen weiteren Disziplinen.[5)]

Da gibt es ferner den *systematischen Aspekt.* Zunächst waren evolutionäre Ideen in verschiedenen Disziplinen und ganz unabhängig voneinander fruchtbar geworden.[6)] Als KANT und LAPLACE erfolgreich versuchten, NEWTONs Gravitationstheorie anzuwenden, um nicht nur die Stabilität, sondern auch den Ursprung unseres Planetensystems zu erklären, da hatte das auf den ersten Blick wenig oder gar nichts zu tun mit den Ideen von BOPP, RASK oder den Gebrüdern GRIMM, die vermuteten, die erstaunlichen *Ähnlichkeiten* zwischen verschiedenen indoeuropäischen Sprachen seien ihrer *genealogischen Verwandtschaft* und vielleicht sogar einem *gemeinsamen Ursprung* zu verdanken. Interpretiert man das Hertzsprung-Russell-Diagramm, das wichtige Informationen über verschiedene Sternarten wiedergibt, kinematisch so, daß es verschiedene Stadien astrophysikalischer Evolution spiegelt, dann erscheint dieser Schritt zunächst ohne jede Beziehung zu der Tatsache, daß die wohlbekannten Ähnlichkeiten zwischen verschiedenen Organismen durch ihre Abstammung von einem gemeinsamen Urahnen erklärt werden können.

Der Evolutionsbegriff erlaubt jedoch nicht nur, *Analogien* zu ziehen (z.B. zwischen den Genealogien von Sprachen und Organismen), sondern er stellt alle evolutionären Aspekte in einen einheitlichen Kontext, in die Perspektive der *universellen Evolution.* Indem er allen evolutionären »Segmenten« ihren Platz in einer langen Kette kosmischer Prozesse, in einer wahren »Naturgeschichte« gibt, beweist der Evolutionsbegriff erneut seine synthetische Wirkung. Abbildung 1 zeigt die wichtigsten Stufen dieser kosmischen Evolution. Mit Leichtigkeit könnte man noch mehr Ebenen unterscheiden. Es geht uns jedoch vornehmlich um den Nachweis, daß die Idee der Evolution nicht nur integrativ, sondern auch universell anwendbar ist.

Die Evolutionsidee erlaubt es nun nicht nur, eine Folge evolutionärer Prozesse zu bilden; sie ermöglicht es auch, die *Lücken* darin ausfindig zu machen. Obwohl die Evolution im wesentlichen kontinuierlich ist, gibt es doch zahlreiche Lücken in unserem *Wissen über* die Evolution. So sind die Übergänge zwischen den ersten Stufen der molekularen Evolution (wie sie heute postuliert oder sogar im Labor nachgeahmt werden) und den primitivsten heute auffindbaren Organismen bisher fast völlig unbekannt. Ganz ähnlich ist unser Wissen über die Evolution des Menschen noch sehr lückenhaft. So ist die Idee der universellen Evolution hilfreich bei der Ordnung sowohl unseres Wissens als auch unseres Unwissens. Evolution in diesem kinematischen Sinne kann heute, auch wenn sie nicht direkt beobachtbar ist, als wohlfundierte Tatsache gelten.

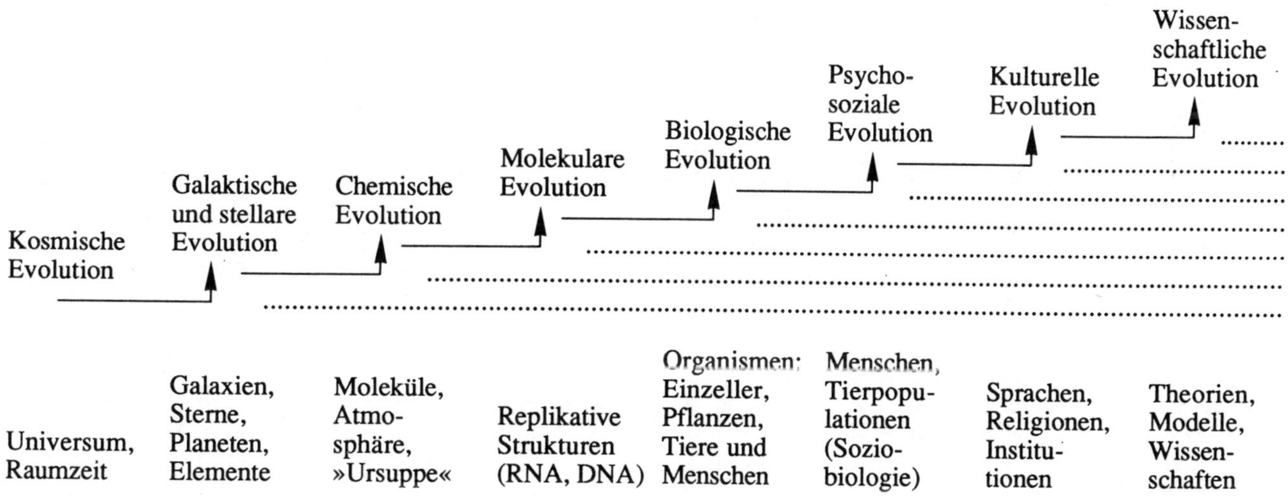

Abb. 1 Stufen der universellen Evolution

4. Evolution als Werkzeug zur Erklärung

Aber wir wollen mehr. Wir sind interessiert an der *Dynamik* von Systemen. Unser Problem ist nicht nur, *wie*, sondern *warum* Dinge sich ändern. Wir suchen nach Ursachen, Kräften, Determinanten, Faktoren, Motiven, Gründen. Was wir anstreben, sind nicht nur Beschreibungen, sondern *Erklärungen*. KARL POPPER behauptet sogar, Erklärungen bildeten *das* Ziel der Wissenschaft.[7] Ob diese Charakterisierung zutreffend ist, kann hier offenbleiben. Daß Erklärungen zu den Zielen der Wissenschaft gehören, darf wohl als akzeptiert gelten.

Die Unterscheidung zwischen Beschreibungen und Erklärungen ist allerdings nicht absolut, sondern nur relativ. Was auf dem einen theoretischen Niveau als Erklärung gilt, kann von einem höheren Niveau aus als »bloße« Beschreibung angesehen werden. Wir beschreiben - oder erklären - den Fall eines Körpers durch GALILEIs Fallgesetze. Diese aber lassen sich ableiten und *erklären* durch NEWTONs Bewegungsgleichungen und das Gravitationsgesetz. Aus der Perspektive der letzteren sind GALILEIs Gesetze rein deskriptiv. Aber sogar NEWTONs Gesetze können duch EINSTEINs Feldgleichungen erklärt werden, wodurch sogar sie zu reinen Beschreibungen »herabgestuft« werden. Dasselbe könnte auch mit EINSTEINs Theorie geschehen im Hinblick auf ein noch »tieferes« Niveau, zum Beispiel durch eine einheitliche Theorie aller physikalischen Wechselwirkungen.

So gibt es auch verschiedene Ebenen der Evolutionstheorie. Die (deskriptive) Ähnlichkeit zwischen verschiedenen Tierarten kann durch ihre phylogenetische Verwandtschaft, also durch ihre Abstammung von einem gemeinsamen Vorfahren, *erklärt* werden. Aber auch Stammbäume werden zu bloßen *Beschreibungen*, wenn man sie aus der tieferen Sicht einer kausalen Evolutionstheorie betrachtet, welche die für evolutionären Wandel verantwortlichen *Kräfte* ausfindig zu machen sucht. Im *evolutionären* Kontext sind deshalb Erklärungen in der Regel *kausale* Erklärungen, die das zeitabhängige Verhalten biologischer Systeme erklären.

Bei der Suche nach solchen kausalen Erklärungen für kosmische Prozesse waren wir teilweise erfolgreich. Wir kennen einige der Kräfte, die unser Universum beherrschen. Wir sind recht vertraut mit den Kausalgesetzen der Sternevolution, einschließlich des Ursprungs und der Evolution unserer chemischen Elemente. Weniger genau kennen wir die Gesetze der Evolution von Galaxien und Planeten. Wir haben einige Vorstellungen über die Evolution unserer Atmosphäre, die Oberfläche unseres Planeten und die Entstehung der ersten biologisch wichtigen Moleküle.

Der eindrucksvollste Teil unseres evolutionären Weltbildes ist jedoch die *Theorie der biologischen Evolution*. Und gewiß stellt DARWINs Theorie der *natürlichen Auslese* den größten Fortschritt in unserem Verständnis der Lebensprozesse dar. Sie erlaubt nicht nur, alle Disziplinen der Biologie zu vereinen und zu einem zusammenhängenden Gebäude wechselseitig relevanter Fakten zu integrieren; sie erlaubt und gibt auch *Erklärungen*.

5. Die Theorie der biologischen Evolution

Wie jeder weiß, können Lebewesen sich fortpflanzen. Sie machen sozusagen Kopien von sich selbst. Allerdings erfolgt dieser Reproduktions- oder Kopiervorgang nicht immer mit vollkommener Genauigkeit. Es kommt zu Kopierfehlern, die DARWIN *Variationen* nannte und die von seinen Nachfolgern auf genetische *Mutationen* zurückgeführt wurden. Durch diesen unvollkommenen Kopiervorgang finden Verschiedenheit und Vielfalt Eingang in organismische Populationen. Unterschiedliche Merkmale bieten jedoch auch unterschiedliche *Fitness*. Diese Verschiedenheit, eine unvermeidliche Folge der genetischen Veränderungen, führt dann zu *differentieller Reproduktion*. Obwohl dabei Zufallsereignisse eine konstitutive Rolle spielen können, ist diese differentielle Reproduktion kein zufälliger, sondern ein im wesentlichen deterministischer Prozeß. Dieser Vorgang heißt auch *natürliche Auslese*. Selektion ist somit nicht eine zusätzliche oder unabhängige Kraft, sondern das Ergebnis der unablässigen Wechselwirkung zwischen Organismus und Umwelt.

Die Evolutionstheorie weist mehrere charakteristische Züge auf [8]), von denen hier einige genannt seien:

- Alle Lebewesen, sogar solche innerhalb ein und derselben Art, *unterscheiden* sich voneinander. Außerdem entstehen laufend neue Variationen (Prinzip der *Variation* durch Mutation und Rekombination).

- Diese Variationen sind, zum Teil jedenfalls, *erblich*, werden also genetisch an die nächste Generation weitergegeben (Prinzip der *Vererbung*, deren Mechanismen DARWIN noch nicht bekannt waren).

- Alle Lebewesen erzeugen mehr Nachkommen, als jemals zur Reproduktionsreife kommen können (DARWINs Prinzip der *Überproduktion*).

- Im Durchschnitt weisen die Überlebenden solche erblichen Variationen auf, die ihre Anpassung an die lokale Umgebung erhöhen (Überleben des *Tauglichsten* oder Prinzip der *natürlichen Auslese*).
- Deshalb sind Arten nicht unveränderlich (Prinzip der *Evolution* oder - in DARWINs Ausdrücken - der *Transmutation* oder der *Vererbung mit Modifikation* [»descent with modification«] im Gegensatz etwa zum Kreationismus).
- Variationen erfolgen in vergleichsweise *kleinen* Stufen, gemessen am gesamten Informationsgehalt oder an der Komplexität des Organismus.
- Deshalb sind phylogenetische Veränderungen *graduell* und relativ langsam (*Gradualismus* im Gegensatz zu großen Entwicklungssprüngen [Saltationismus] oder zu CUVIERs Katastrophentheorie).
- Die Erbinformation muß in *diskreten* (»atomaren«) Einheiten übertragen werden. (Keine kontinuierliche Verschmelzung von Erbmerkmalen, wie DARWIN irrtümlich vermutete.)
- Variationen sind *zufällig*, nicht vorzugsweise auf günstige Anpassungen ausgerichtet.
- Der Weg der Evolution ist nicht vorprogrammiert, nicht zielgerichtet, nicht determiniert, nicht voraussagbar.
- *Funktionelle (zweckmäßige) Merkmale* sind Ergebnisse der natürlichen Auslese, nicht einer teleologischen, zielsetzenden Instanz. (Diese Feststellung richtet sich gegen das Zweckmäßigkeitsargument [»argument from design«], das die Existenz und die Aktivität eines übernatürlichen Schöpfers postuliert, ein Argument, das insbesondere DARWINs theologische Autorität WILLIAM PALEY vorgebracht hatte.)
- In der Natur operiert kein höheres Prinzip. DARWINs Theorie ist ein ausgesprochen *naturalistischer* Ansatz, die Lebenserscheinungen zu verstehen.
- Die biologische Evolution hat zu mehr und mehr *Komplexität* geführt. Und doch:
- Evolution ist *nicht gleichbedeutend mit Fortschritt.* Ob ein Zuwachs an Komplexität fortschrittlich genannt werden soll, ist eine Frage der Verabredung.

Das Prinzip der natürlichen Auslese hat sich als äußerst weitreichend erwiesen, zunächst im Hinblick auf die zentralen Fragen der Evolution, aber auch in anderen Bereichen. Zum ersten Male formuliert wurde es durch CHARLES DARWIN im Jahre 1838. In seiner Autobiographie schreibt er:

»Im Oktober 1838 ... las ich zufällig zur Unterhaltung Malthus' Buch über das Bevölkerungsproblem, und da ich hinreichend darauf vorbereitet war, den überall stattfindenen Kampf um die Existenz zu würdigen, namentlich durch lange fortgesetzte Beobachtung der Lebensweise von Tieren und Pflanzen, kam mir sofort der Gedanke, daß unter solchen Umständen günstige Abänderungen dazu neigen, erhalten zu werden, und ungünstige, zerstört zu werden. Das Resultat hiervon würde die Bildung neuer Arten sein. Hier hatte ich nun endlich eine Theorie, mit der ich arbeiten konnte.«[9)]

Trotzdem brauchte DARWIN noch einundzwanzig Jahre, um seine Theorie zu veröffentlichen.[10)] Seit über hundert Jahren also ist das Prinzip der natürlichen Auslese wissenschaftlich bekannt, wird es diskutiert, kritisiert und geprüft. Über diese ganze Zeit hinweg wurde es auf mehr und mehr Systeme angewandt. Tatsächlich ist es keine Übertreibung, wenn ein Band zu Ehren von DARWINs hundertstem Todestag den Titel trägt: »*Evolution vom Molekül zum Menschen*«.[11)]

DARWIN selbst hatte sich zunächst vorgenommen, den Ursprung der Arten zu behandeln. Hierzu vergleiche man den Titel seines Hauptwerkes: »*Über die Entstehung der Arten durch natürliche Zuchtwahl oder die Erhaltung der begünstigten Rassen im Kampfe ums Dasein*«. Arten sind natürliche Klassen von Lebewesen. Die Lebewesen, die DARWIN im Sinne hatte, waren Pflanzen und Tiere. Es zeigte sich jedoch, daß seine Prinzipien auf weitaus mehr Systeme anwendbar waren. Diese Ausweitung erfolgte in beide Richtungen, nach »unten« und nach »oben«, und zwar sowohl im Hinblick auf Zeit als auch auf Komplexität. Das soll in den nächsten Abschnitten verdeutlicht werden.

6. Erweiterungen der Evolutionstheorie »nach unten«

Auf dem Wege nach unten finden wir zunächst die Welt der *Mikroorganismen*. Bis 1950, also über ein ganzes Jahrhundert nach DARWIN, waren unsere paläontologischen Funde von Makrofossilien geprägt. Sie stammen aus den letzten sechshundert Millionen Jahren der Evolution. Obwohl auch das in einem gewissen Sinne eine recht lange Zeit ist, erstreckt sie sich doch nur auf etwa fünfzehn Prozent des Erdalters, also auch, wie wir jetzt wissen, der biologischen Evolution. Die Entdeckung und Erforschung von Mikrofossilien in den letzten Jahrzehnten hat deshalb unsere evolutionäre Perspektive wesentlich erweitert. Wir haben jetzt Zugang zum »Zeitalter« der Mikroorganismen, das drei Milliarden Jahre andauerte und im wesentlichen, wenn nicht ausschließlich, von Bakterien beherrscht und geprägt war.

Auch haben wir einige Vorstellungen über die *Evolution* der Bakterien entwickelt.[12)] Diese Information ist allerdings nicht aus bakteriellen *Phänotypen* gewonnen, nicht aus einer Klassifikation nach Gestalt, biochemischen Prozessen oder Zellorganisation. Hier werden phylogenetische Verwandtschaften identifiziert und sogar gemessen, indem man Genotypen analysiert und vergleicht. Dank moderner Sequenzierungsmethoden können Makromoleküle und sogar Gene als *Chronometer für die Evolution* benützt werden. Diese Methoden führten zu recht unerwarteten Ergebnissen, unter anderem zur Entdeckung der *Archäbakterien*, die man heute als eine der ältesten Familien von Lebewesen ansieht.[13)] Auch auf diesem völlig neuen Gebiet hat sich die Idee der Evolution als konstitutiv und absolut unentbehrlich erwiesen.

Der nächste Schritt nach unten im Hinblick auf Zeit und Größe ist die Idee eines *gemeinsamen Vorfahren*. Wenn die Komplexität in der Evolution zugenommen hat, dann muß sie *abnehmen*, wenn wir in der Zeit zurückgehen. Diese Behauptung läßt sich an jedem Stammbaum belegen. Solche Stammbäume zeigen jedoch noch ein weiteres charakteristisches Merkmal: Die Zahl der Arten und anderer taxonomischer Kategorien nimmt, jedenfalls im Durchschnitt, in der Zeit zu, also wiederum ab, wenn wir in der Zeit rückwärts gehen. Es ist ja gerade diese Tatsache, die phylogenetischen Anordnungen ihr baumartiges Aussehen verleiht. Diese Beobachtung führt ganz natürlich zu der Frage, wie ein solcher Baum enden - oder vielmehr beginnen - könnte. Wieviele Arten würden am Anfang des Lebens stehen? DARWIN selbst war sich dieser Frage wohl bewußt, allerdings bei ihrer Beantwortung noch recht zurückhaltend:

»Ich kann nicht daran zweifeln, daß die Theorie der Vererbung mit Modifikation alle Glieder derselben großen Klasse oder desselben großen Reiches umfaßt. Ich glaube, daß die Tiere von höchstens vier oder fünf Vorfahren abstammen, die Pflanzen von derselben oder einer noch kleineren Anzahl.

Die Analogie würde mich noch einen Schritt weiter führen, nämlich zu der Annahme, daß alle Tiere und Pflanzen von einer einzigen Urform abstammen. Aber die Analogie ist als Führerin unzuverlässig.«[14)]

Heute sind wir recht überzeugt davon, daß alle Organismen einen gemeinsamen Vorfahren gehabt haben müssen. Wir kennen nämlich inzwischen viel mehr Merkmale, die allen Organismen gemeinsam sind, als DARWIN, wie zum Beispiel den (nahezu) universellen Charakter des genetischen Codes. Solche gemeinsamen Merkmale lassen sich am leichtesten über die Annahme eines gemeinsamen Urahn erklären.

7. Weitere Schritte nach unten: Ursprung des Lebens und molekulare Evolution

Auch so bleibt die Frage noch offen, wie dieser einzige Urahn ausgesehen haben könnte. Diese Frage fällt zusammen mit dem nächsten Schritt auf unserem Wege nach unten, mit der Frage nach der *Entstehung des Lebens*. Darüber veröffentlichte DARWIN keine bestimmte Meinung. Trotzdem können wir in seinen diesbezüglichen Andeutungen eine gewisse Entwicklung feststellen. In einem Brief an JOSEPH HOOKER meint DARWIN noch 1863, es sei einfach Unsinn, über den Ursprung des Lebens nachzudenken. 1871 erklärt er die Frage, wie das Leben entstand, für *hoffnungslos*, sieht in ihr jedoch durchaus ein Problem für die ferne Zukunft. Und doch erlaubt er sich noch im selben Jahr eine Spekulation über den Ursprung des Lebens und über die Frage, warum in jüngster Zeit keine *Neu*entstehung von Lebewesen beobachtet wird.

»Es wird oft behauptet, alle die Bedingungen für die Neuentstehung eines lebenden Organismus, die jemals geherrscht haben könnten, seien auch jetzt noch erfüllt. Wenn wir uns aber (und oh, was für ein ungeheures Wenn) vorstellen könnten, daß sich in einem warmen kleinen Tümpel, in dem alle Arten von Ammonium- und Phosphorsalzen, Licht, Wärme, Elektrizität usw. vorhanden waren, ein Eiweißstoff auf chemischem Wege gebildet haben könnte, der zu weiteren komplizierteren Umwandlungen fähig gewesen wäre, so würde doch heutzutage ein solcher Stoff augenblicklich gefressen oder anderweitig absorbiert, was vor der Entstehung lebender Wesen nicht der Fall gewesen wäre.«[5)]

Dieses Argument ist völlig korrekt. Denn selbst wenn wir eines Tages herausfinden sollten, daß unter den Bedingungen der Urerde die Entstehung lebender Systeme eine *notwendige* und unvermeidliche Konsequenz physikalisch-chemischer Gesetze war, so würde diese Einsicht doch nicht bedeuten, daß Leben auch unter den gegenwärtigen Bedingungen entstehen müßte oder könnte. Das Leben selbst hat die Bedingungen auf der Erde so drastisch verändert, daß es für eine neue Genesis keine Chance gibt. Die bemerkenswerteste Veränderung, die den Organismen zu verdanken ist, ist die Tatsache, daß sie die reduzierende Atmosphäre der Erde durch eine oxydierende ersetzt haben. So verhindert das Leben selbst das Auftreten radikal neuer Lebensformen. Deshalb erklärt die Evolutionstheorie, erklärt auch »*Der Ursprung der*

Arten« nicht den Ursprung des Lebens, sondern nur die Entstehung lebender Systeme *aus lebenden Systemen*, die Umwandlung bestehender Arten in neue, die Prozesse, bei denen Lebendiges *aus Lebendigem* entsteht, *vivum ex vivo*, Organismen aus Organismen.

Natürlich war sich DARWIN darüber völlig im klaren. 1881, ein Jahr vor seinem Tode, schrieb er an NATHANIEL WALLICH:

»Sie haben meine Ansichten durchaus korrekt dargestellt, als Sie sagten, ich hätte die Frage nach dem Ursprung des Lebens absichtlich nicht erörtert, da sie beim gegenwärtigen Stand unseres Wissens völlig außerhalb unserer Möglichkeiten liegt, und ich hätte mich nur mit der Abfolge der Generationen befaßt. Ich habe keinen auch nur entfernt vertrauenswürdigen Hinweis gefunden, der für die sogenannte Urzeugung spräche. Ich glaube, ich habe irgendwo gesagt (kann aber die Stelle nicht finden), daß sich das Prinzip des Lebens später einmal als Teil oder Konsequenz eines allgemeinen Gesetzes erweisen wird.«[16)]

Als DARWIN (in seinem Brief an HOOKER) versicherte, es sei Unsinn, über den Ursprung des Lebens nachzudenken, fügte er hinzu, genau so gut (oder so schlecht) könne man über den Ursprung der Materie nachdenken. Es ist kaum überraschend, daß wir heutzutage über *beide* Ursprünge, den des Lebens und den der Materie, ernsthaft theoretisieren. Wahr ist aber auch, daß wir immerhin hundert Jahre brauchten, um wissenschaftlich zu diesen tiefen Problemen vorzustoßen.

Nach solchen jüngeren Untersuchungen ist zwar die Theorie der biologischen Evolution in ihrer Gesamtheit eine rein *biologische* Theorie, das Prinzip der natürlichen Auslese aber nicht. Es ist nicht nur auf lebende Organismen anwendbar, sondern auf selbstreproduzierende Systeme im allgemeinen. Unter diesen Systemen sind auch biologische Makromoleküle, vor allem RNA-Moleküle. Solche Moleküle können spontan entstehen, stabile Konfigurationen bilden, sich verdoppeln, und bei der Verdopplung »Fehler« machen. In verschiedenen Umgebungen zeigen sie unterschiedliche Stabilität, unterschiedliche Vermehrungsraten und unterschiedliche Replikationstreue. Das aber heißt, daß sie einer *Evolution* unterliegen.

Somit haben sich die Begriffe und Prinzipien der Evolution sogar auf die präbiologische Phase der *molekularen Evolution* ausdehen lassen.[17)] Das ist ein weiteres Bindeglied in der Kette evolutionärer Prozesse. Es stellt sich heraus, daß das Selektionsprinzip nicht auf die Welt des Lebendigen beschränkt ist; es kann sogar aus physikalisch-chemischen Überlegungen allein *abgeleitet* werden. Es überbrückt somit die scheinbare Kluft zwischen unbelebter Materie und lebendigen Systemen.

Das bedeutet allerdings nicht, daß das Problem des Lebensursprungs gelöst wäre. Wir haben gute Gründe zu glauben, daß die Kluft zwischen

Unbelebt und Belebt von der anorganischen Seite her überbrückt werden konnte und überbrückt wurde. Wie das genau geschah, wissen wir noch nicht. Die ersten Repräsentanten des Lebens sind noch Gegenstand zahlreicher Spekulationen.[18] Es könnte sehr wohl noch weitere hundert Jahre dauern, bis diese Probleme gelöst sind.

8. Die untere Grenze

Wieweit lassen sich die Prinzipien der Evolution nach unten ausdehnen? Wenn Moleküle Information tragen und Funktionen ausüben können, wenn sie sich replizieren, mutieren und ausgelesen werden können, warum dann nicht auch Atome, Elementarteilchen, Sterne oder Galaxien? Gibt es eine untere Grenze für die Anwendbarkeit von Evolutionsbegriffen?

Ja, die gibt es. Obwohl alle realen Systeme sich entwickeln, entwickeln sich nicht alle nach Darwinschen Prinzipien. Es gibt Systeme, bei denen das Selektionsprinzip »noch« nicht greift Die untere Anwendbarkeitsgrenze ist die *Selbstreplikation*. Sie liegt unterhalb aller existierenden Organismen, unterhalb der Einzeller, unterhalb der Viren, unterhalb der »Protobionten« (FOLSOME, KAPLAN) oder der »Eobionten« (PIRIE, BERNAL), unter den »Progenoten« (WOESE), »Hyperzyklen« (EIGEN, SCHUSTER) und »Mikrosphären« (FOX) wahrscheinlich sogar unterhalb der RNA-Moleküle. Möglicherweise liegt sie bei einfachen Kristall-Defekten (WEISS, CAIRNS-SMITH) oder bei Toneinschlüssen.

Aber die Grenze existiert. Es hat keinen Sinn, die Begriffe »Mutation« und »Selektion« auf Sterne anzuwenden, eben weil diese sich nicht reproduzieren, weil sie keine Nachkommen haben und weil es hier keine Vererbung gibt. Wo keine Information übertragen wird, kann es auch keine Übertragungsfehler geben. Hier gibt es also gar keine Mutationen. Erst recht gibt es keine Selektion im Sinne einer differentiellen Reproduktion, da es ja nicht einmal Reproduktion gibt.

Obwohl also der Begriff *Evolution* auf alle realen Systeme anwendbar ist, sind die Begriffe und Prinzipien der *biologischen* Evolution nur auf selbstreplizierende Systeme anwendbar. Wir müssen deshalb die verschiedenen Anwendungsbereiche für evolutionäre Begriffe sorgfältig unterscheiden. Auch wenn die Prinzipien der biologischen Evolution auf Bereiche und Systeme passen, die von denen, für die sie ursprünglich entwickelt worden waren, sehr verschieden sind - *universell* anwendbar sind sie eben doch nicht.

9. Erweiterungen der Evolutionstheorie »nach oben«

In seinem Buch »*Der Ursprung der Arten*« behandelt DARWIN die Abstammung des Menschen nicht. Sein einziger Hinweis auf dieses Problem ist ein einzelner Satz: »Viel Licht wird fallen auf den Ursprung des Menschen und seine Geschichte.« Es folgt jedoch schon aus der Idee einer biologischen Evolution, daß der Mensch nicht aus einem solchen evolutionären Weltbild ausgeblendet werden kann. Es hieße gegen alle wissenschaftlichen Standards zu verstoßen, wollte man zuerst ein vermeintlich universelles Naturgesetz formulieren und dann den Menschen von diesem universellen Gesetz wieder ausnehmen. Ein solcher innerer Widerspruch hätte DARWINs Absichten nicht entsprochen. Er war sich über dieses heikle Problem auch völlig im klaren. Schon während seiner Arbeit am »*Ursprung*« hatte er umfangreiches Material über die Abstammung des Menschen gesammelt. Aber er wollte die Probleme (und seine Kritiker) getrennt halten. Die Behauptung, daß der Mensch *irgendwie* von tierischen Vorfahren abstamme, ist *eine* Sache; genau anzugeben, von welchen Tieren und wie und in welcher Zeit, eine *andere*. DARWINs Zurückhaltung war jedoch vergeblich. Sofort mit dem »*Ursprung der Arten*« erstreckte, ja konzentrierte sich die Diskussion über seine Theorie auf die Abstammung gerade des Menschen.

Als DARWIN schließlich 1871 sein einschlägiges Buch »*Die Abstammung des Menschen und die sexuelle Auslese*« veröffentlichte, hatten andere Denker seine Gedanken bereits vorweggenommen, zum Beispiel CHARLES LYELL und THOMAS HENRY HUXLEY in England, CARL VOGT und ERNST HAECKEL in Deutschland (alle 1863). Trotzdem wagte DARWIN nicht, einen Stammbaum für den Menschen vorzuschlagen. Den Grund dafür nennt ISAAC:

»1871 waren die Schädel aus dem Neanderthal und von Gibraltar die einzigen bekannten menschlichen Fossilien von Bedeutung. In seinem Essay '*Der Platz des Menschen in der Natur*' hatte Huxley schon 1863 gezeigt, daß die Neanderthal-Form eigentlich eine Abweichung vom menschlichen Typ und nicht ein evolutionäres Bindeglied darstellte, so daß Darwins Auffassung von der menschlichen Evolution praktisch noch 'fossilfrei' war.«[19)]

Im Hinblick auf die Fossil-Situation sind wir heute viel besser dran, obwohl immer noch viele Probleme auf eine endgültige Lösung warten. Es gibt überhaupt keinen Zweifel, daß der Mensch von affenartigen Lebewesen abstammt. Ursprung und Abstammung des Menschen sind also durchaus zulässige Anwendungen der Evolutionstheorie. Was wollen wir mehr? Hat die Evolution mehr zu bieten als ihre Anwendung »vom Molekül zum Menschen«? Ja, das hat sie. Die Evolutionstheorie ist nicht auf biochemische und morphologische Eigenheiten beschränkt. Sie gilt für *alle organismischen Merkmale.* Und zu den organismischen Merkmalen gehören so verschiedenartige Züge wie Sozialverhalten, Kommunikation, kognitive Fähigkeiten, moralische Normen, ästhetische Standards. Inwieweit sind die Prinzipien der biologischen Evolution auch für solche Merkmale maßgebend? Wo liegt die »obere« Anwendbarkeitsgrenze für das Selektionsprinzip?

In Abschnitt 8 waren wir zu dem Ergebnis gekommen, daß die »untere« Grenze die *Selbstreplikation* ist. Wo immer sich Systeme unter gewissen Beschränkungen reproduzieren - seien es Beschränkungen an Nahrung, an Raum oder an Energie -, wo immer irgendwelche Güter knapp sind, dort gibt es Konkurrenz, differentielle Reproduktion und somit Selektion. Das bedeutet, daß das Selektionsprinzip anwendbar ist, wo immer Selbstreplikation mit leichten Erbänderungen bei beschränkten Ressourcen auftritt. Selbstreproduktion ist also nicht nur notwendig, sondern auch hinreichend, um Selektionsprozesse auszulösen.

Somit ist das Selektionsprinzip auch in Richtung nach »oben«, also im Hinblick auf wachsende Komplexität, nicht auf lebende Systeme beschränkt. Wenn Maschinen sich selbst reproduzierten - was im Prinzip durchaus möglich ist[20] -, würden sie ebenfalls evolutiven und damit selektiven Prozessen unterliegen. Dasselbe gilt für jedes andere reale System.

Es gibt deshalb *keine »obere« Grenze für die Anwendbarkeit des Selektionsprinzips.* Es gilt, wo immer die zuvor als einschlägig genannten Bedingungen erfüllt sind, ohne jede obere Grenze im Hinblick auf Entwicklungsniveau oder Komplexität. Tabelle 1 dokumentiert diese Erweiterung des Anwendungsbereichs der Evolutionstheorie nach beiden Richtungen.

10. Nicht-Darwinsche Evolution

Es liegt gerade an seiner Allgemeinheit, daß das Selektionsprinzip, obwohl es auf alle organismischen (also selbstreproduzierenden) Systeme anwendbar ist, nicht die gesamte Wissenschaft, nicht einmal die gesamte Biologie abdeckt. Wie in Abschnitt 5 gezeigt wurde, umfaßt DARWINs Theorie der biologischen Evolution mehr als das Selektionsprinzip. Deshalb kann auch ein selektiver Prozeß durchaus ein nicht-Darwinscher Prozeß sein. Auch können die Abweichungen von Darwinschen Prinzipien in gänzlich *verschiedene* Richtungen gehen. Tabelle 2 gibt einen Überblick über einige typische Merkmale solcher nicht-Darwinscher Auffassungen.[21]

Physikalisch-chemische Evolution	Biologische Evolution		Wissenschaftliche und philosophische Disziplinen
	Systeme	Merkmale	
Universum Galaxien		Ästhetische Standards	Evolutionäre Ästhetik (existiert noch nicht)
Sterne Planeten		Moralische Normen	Evolutionäre Ethik (fragmentarisch)
(Erde)		Intelligenz Kognitive Fähigkeiten Kommunikation	Evolutionäre Psychologie und Erkenntnistheorie
Atmosphäre		Sozialverhalten	Soziobiologie
		Tierverhalten	Verhaltensforschung
Kontinente	Biosphäre Ökosysteme		
Felsen	Höhere Kategorien	Makroevolution	»Synthetische Theorie« (J. HUXLEY 1942)
Kies			
	Arten (DARWIN) Menschen Tiere Pflanzen	Mikroevolution	Theorie der natürlichen Auslese
	Rassen Populationen Mikro-organismen Bakterien Archäbakterien		Populationsgenetik
	Protobionten Eobionten Progenoten Mikrosphären Hyperzyklen RNA-Moleküle	Ursprung des Lebens	Biogenetik
Kristalle	Kristall-Defekte		
Makromoleküle Moleküle Atome Elementarteilchen Quarks Energie Raumzeit Universum	↑ untere Grenze: replikative Systeme		

Tab.1: Die Ausweitung des Anwendungsbereichs der Evolutionstheorie

Da gibt es zunächst einmal die Theorien, welche die Idee einer Evolution generell ablehnen, nämlich *Kreationismus* (Schöpfungslehre) und *Katastrophen-Theorie* (mit unabhängiger Neuschöpfung). Wissenschaftlich sind sie längst nicht mehr vertretbar. Gleichwohl sollten sich Biologen mit den Thesen und Argumenten der Kreationisten vertraut machen, um ihnen überzeugend entgegentreten zu können.

Ferner gibt es die Auffassung, daß individuell (ontogenetisch) erworbene Eigenschaften genetisch vererbt werden könnten. Diese These von LAMARCK scheint zwar zunächst recht einleuchtend, ist jedoch empirisch nicht haltbar und durch die molekulare Genetik wohl endgültig widerlegt. Moderne Theorien der biologischen Evolution, die als *darwinistisch* oder *neo-darwinistisch* gelten, zeichnen sich gerade dadurch aus, daß sie LAMARCKs Hypothese ablehnen. Interessanterweise hat DARWIN selbst die Auffassung, Gebrauch und Nichtgebrauch von Organen könnten erbliche Folgen haben und deshalb den Gang der Evolution beeinflussen, *akzeptiert.* Auch betonte er immer wieder, er sei »überzeugt, daß die natürliche Zuchtwahl das wichtigste, wenn auch nicht einzige Mittel der Abänderung« sei.[22] Insofern war DARWIN selbst kein »Darwinist« im modernen Sinne.

Daß die natürliche Auslese für die intraspezifische Evolution (*Mikroevolution*) wirksam und wesentlich ist, wird von allen Biologen bereitwillig anerkannt. Umstritten ist jedoch die Frage, ob DARWINs Theorie der natürlichen Auslese auch die *Makroevolution* erklärt, also das Entstehen neuer Gene, neuer Arten, neuer Gattungen und höherer taxonomischer Kategorien. In jüngerer Zeit ist diese Diskussion durch provozierende Thesen wie die des *Punktualismus* und des *Neutralismus* wiederbelebt worden. Daß es tatsächlich vergleichsweise *schnelle* evolutionäre Veränderungen (die dem traditionellen Gradualismus zu widersprechen scheinen) und *selektionsneutrale* Mutationen (die dem konventionellen Panselektionismus widersprechen) gibt, ist heute allgemein anerkannt. Ihr quantitativer Anteil an evolutionären Prozessen ist dagegen noch heftig umstritten.[23] Es ist durchaus möglich, daß aus dieser Diskussion eine neue evolutionäre Synthese hervorgeht.[24]

Es gibt noch mehr Arten nicht-Darwinscher Evolution. Im Anschluß an MALTHUS war DARWIN der Meinung, daß Organismen sich immer in geometrischer Progression, also *exponentiell*, vermehren, solange sie keinen begrenzenden Einschränkungen unterworfen sind. Nach MANFRED EIGENs Hyperzyklus-Theorie soll die Evolution jedoch eine präbiologische und prä-Darwinsche Phase *hyperbolischen* Wachstums durchlaufen haben, in der überlegene Konkurrenten (oder Mutanten) *keine* Chance hatten, sich gegen die etablierten hyperzyklischen Systeme durchzusetzen. Diese Intoleranz habe zu einer Alles-oder-Nichts-Entscheidung geführt, zur Dominanz eines einzigen (Proto)Typs von lebenden Systemen ohne die Möglichkeit der Koexistenz. Ein solches Modell würde jedenfalls die (fast) durchgehende Universalität des genetischen Codes erklären.[25)]

Es gibt auch viel Diskussion über die *Einheiten der Selektion.* Sind es Gene, Genome, Individuen, Populationen, Arten oder Ökosysteme, die positiv oder negativ ausgelesen werden? Der konventionelle Darwinismus betrachtet die Individuen als die Einheiten der Selektion. Die Existenz *altruistischen* Verhaltens hat jedoch zu neuen Begriffen, Thesen, Argumenten und Auseinandersetzungen geführt. Noch immer ist es Gegenstand von Diskussionen und - hoffentlich - von empirischen und theoretischen Untersuchungen, ob *Verwandtschaftsselektion* für alle Selektionserscheinungen maßgebend ist oder ob in der Evolution auch *Gruppenselektion* existiert und wirksam ist.[26)]

Ein ähnliches Problem betrifft die *Auslesemechanismen.* Was ist eigentlich der aktive Faktor in den Selektoren? Ist es »die Umwelt«, die ausliest? Oder gibt es auch interne Selektoren, Ausleseinstanzen innerhalb der Organismen?[27)] Diese Diskussion könnte durch eine genauere Betrachtung des Selektionsbegriffs erleichtert werden. Wie schon in Abschnitt 5 betont wurde, sollte man Selektion nicht als äußere Kraft oder äußeren Faktor (miß)verstehen. Selektion ist nicht mehr als *unterschiedliche Reproduktion aufgrund unterschiedlicher Tauglichkeit.* Ob meine Tauglichkeit gering ist, weil ich Feinden nicht entkommen kann oder wegen innerer Instabilitäten, macht im Hinblick auf das Überleben wenig Unterschied. Somit widerspricht der Begriff der internen Selektion der Darwinschen Selektion überhaupt nicht. Er greift nur einen von mehreren Auslesemechanismen heraus.

Gleichwohl wäre es sehr interessant zu wissen, ob es wenigstens in höheren Organismen interne Selektion gibt, die Genome oder Phänotypen in frühen Entwicklungsstadien auf ihre Lebensfähigkeit überprüfen und Keimzellen, befruchtete Eier oder sogar Embryos eliminieren, wenn sie Defekte aufweisen. Solche internen Selektoren würden helfen, Nahrung, Energie und Zeit zu sparen. Sie würden eine quasiteleologische Rolle spielen, ohne anti-selektionistisch oder anti-darwinistisch zu sein. Wie sie entstehen könnten - durch Mutation und, in irgendeinem frühen Stadium, *äußere* Selektoren -, muß hier offen bleiben.

11. Ausblick

Unsere Beispiele zeigen, daß die zentrale und in gewisser Weise universelle Rolle des Selektionsprinzips nicht bedeutet, daß nicht auch

Evolutionäres Merkmal (versus Darwinsches Merkmal)	Relevant für die Biologie nach Auffassung von	Tatsächlich relevant für	Bemerkungen (charakteristische Eigenschaft)
Keinerlei Veränderungen, Arten sind geschaffen und unveränderlich (vs. Evolutionismus)	Kreationismus		Wörtliche Deutung des Schöpfungsberichtes, widerlegt
Wiederholte Auslöschung aller (höheren) Lebensformen und unabhängige Neuschöpfung (vs. »Aktualismus«)	BONNET 1770 (Palingenesis) CUVIER 1812 (Katastrophentheorie)		Katastrophen (z.B. Meteoriten-Einschläge) spielen tatsächlich eine wichtige Rolle für die Evolution
Makromutationen, große Entwicklungssprünge, »hopeful monsters« (vs. Mutationen)	T.H.HUXLEY (!) DE VRIES 1901 GOLDSCHMIDT 1940	Makroevolution? Kladogenesis	Theoretisch und empirisch äußerst selten
Vererbung induviduell erworbener Eigenschaften (vs. zufällige genetische Variation und anschliessende Selektion)	LAMARCK 1809 DARWIN (!) 1859 KAMMERER 1925 LYSSENKO 1930 STEELE 1979	Kulturelle Evolution	Lernen durch Nachahmung und Belehrung, Evolutionsgeschwindigkeit hoch
Genetische Drift, vor allem aufgrund von Populationsschwankungen (vs. reine Anpassung)	Sewall Wright 1931	Flaschenhals-Effekt, Gründer-Prinzip	Durch die »synthetische« Evolutionstheorie anerkannt
Neutrale Mutationen (vs. Panselektionismus)	KING/JUKES 1969 KIMURA/OHTA 1968	Teile der Evolution	Konstante Mutationsrate
Stasis und schnelle Evolution: »punktiertes Gleichgewicht« (vs. Darwinscher Gradualismus)	ELDREDGE, GOULD 1972	Adaptive Radiation Teile der Evolution	Begriff der »explosiven« Entwicklung abhängig von der Zeitskala
Hyperbolisches Wachstum (vs. exponentielles Wachstum)	EIGEN 1971 SCHUSTER 1977	Hyperzyklische Phase der molekularen Evolution	Keine Chance für Konkurrenten, keine Koexistenz, Alles-oder-Nichts-Entscheidung
Gruppenselektion (vs. individuelle und Verwandten-Selektion)	WYNNE-EDWARDS 1962	Erklärung des Altruismus?	Ganze Gruppen als Einheiten der Selektion
Interne Selektion (vs. externe Selektion)	GUTMANN 1981		Beispiel: hydraulische Modelle

Tab. 2: Arten und Merkmale nicht-Darwinscher Evolution

andere Arten evolutionärer Begriffe, Prinzipien oder Theorien relevant und angemessen sein könnten. Es ist deshalb unbedingt erforderlich, in jedem Falle ganz klarzumachen, über welche Art von Evolution man gerade spricht. Geht es um bloße Veränderung oder haben wir wachsende Komplexität im Auge? Sprechen wir über anorganische oder organische Evolution? Beziehen wir uns auf Darwinsche oder auf nicht-Darwinsche Prozesse und Theorien? Gibt es andere selektive Prozesse als die natürliche Auslese?

Es wäre jedenfalls ein schwerer Irrtum, wenn wir alle Arten von Evolution als demselben Gesetz oder demselben System von Gesetzen unterworfen deuten wollten. Obwohl Evolution wahrhaft universell und der Evolutionsbegriff auf alle realen Systeme anwendbar ist, gilt dies doch nicht für alle Begriffe und Gesetze der Evolution. Viele Prinzipien der Evolutionstheorie bleiben auf spezielle Bereiche beschränkt. Die Anwendung des Prinzips der natürlichen Auslese auf die Evolution von Sternen wäre so verfehlt wie die Ansicht, die Evolution wissenschaftlicher Theorien sei lediglich eine Verlängerung oder Extrapolation der biologischen Evolution.

Leider sind diese und ähnliche Irrtümer gang und gäbe. Während jedoch die Überschreitung der *unteren* Grenze normalerweise wenig schadet, da sie nur die Anwendung eines komplizierten Werkzeugs auf ein einfaches Werkstück bedeutet, kann die Überschreitung der *oberen* Grenze sehr irreführend und sogar gefährlich sein, da sie allzu leicht zu Übervereinfachungen führt.

Es wäre sicher lohnend, einige konkrete Beispiele solcher Rückwärts- und - noch wichtiger - Vorwärts-Anwendungen der Evolutionstheorie zu studieren. Dabei kämen in Frage:

a) die Evolution (!) kognitiver Fähigkeiten (Evolutionäre Psychologie und Evolutionäre Erkenntnistheorie),
b) die Evolution (!) wissenschaftlicher Theorien (Wissenschaftsgeschichte und -theorie, nicht zu verwechseln mit der Evolutionären Erkenntnistheorie),
c) die Evolution (!) von technischen Problemen und technischen Lösungen, insbesondere von Maschinen (Geschichte der Technologie),
d) die Evolution (!) des Sozialverhaltens (Soziobiologie),
e) die Evolution (!) moralischen Verhaltens und moralischer Normen (Evolutionäre Ethik, bisher nicht existent),
f) die Evolution (!) von Institutionen (Ehe, Arbeitsteilung, Markt, Recht, Demokratie) (Anthropologie, Soziologie, politische Wissenschaften),

g) die Evolution (!) der Kunst und ästhetischer Standards (Evolutionäre Ästhetik, nicht existent).

So interessant sie auch sein mögen, so müssen solche Untersuchungen doch anderen Gelegenheiten vorbehalten bleiben.[28)]

Diese Überlegungen sollten klarmachen, daß die integrative Kraft evolutionärer Konzepte nicht überschätzt oder gar mißbraucht werden darf. Der Begriff der Evolution ist universell, integrativ, synthetisch, heuristisch fruchtbar; aber ein Allheilmittel ist er nicht. Es ist unerläßlich, daß man sich nicht nur seiner Leistung, sondern auch seiner Grenzen bewußt ist.

Anmerkungen

1) Nach ISAAC ASIMOV: Biographische Enzyklopädie der Naturwissenschaften und der Technik. Herder, Freiburg 1973, S.7 (Vorwort).

2) So kommt GUNTHER S. STENT zu dem Schluß, für die Wissenschaften wie für die Künste sei ein Ende abzusehen: Paradoxes of progress. Freeman, San Francisco 1978, p. 47-59. Man vergleiche auch STEPHEN HAWKING: Ist das Ende der theoretischen Physik in Sicht? (englisch 1980) In: John Boslough: Jenseits des Ereignishorizontes. Rowohlt, Hamburg 1985, S. 129-150 (englisch 1985).

3) Vgl. JAMAL N. ISLAM: The ultimate fate of the universe. Cambridge University Press, Cambridge 1983. - PAUL DAVIES: Am Ende ein neuer Anfang. Biographie des Universums. Diederichs, Düsseldorf 1979 (englisch 1978) Kap. 10 und 11.

4) Nach AUGUST WEISMANN: Charles Darwin und sein Lebenswerk. G. Fischer, Jena 1909. Abgedruckt in: GÜNTER ALTNER (Hrsg.): Der Darwinismus, Die Geschichte einer Theorie. Wissenschaftliche Buchgesellschaft, Darmstadt 1981, S. 472-486 (dort vor allem S. 483).

5) Zur Dokumentation und ohne jeden Anspruch auf Vollständigkeit seien hier einige einschlägige Titel genannt, welche die Universalität der evolutionären Frage dokumentieren (SA steht für Scientific American): I.D. NOVIKOV: Evolution of the universe. Cambridge University Press, Cambridge 1983. - GEORGE GAMOW: The evolutionary universe. SA 195 (Sept. 1956). - MAARTEN SCHMIDT und FRANCIS BELLO: The evolution of quasars. SA 224 (May 1971) p. 55-69. - HALTON C. ARP: The evolution of galaxies. SA 208 (Jan. 1963). - J.C.G. WALKER: Evolution of the atmosphere. Macmillan, New York 1977. - FRANCISCO J. AYALA (ed.): Molecular evolution. Sinauer, Sunderland 1976. - Artikel in SA 239 (Sept. 1978) tragen die folgenden vielsagenden Titel: »Chemical evolution and the origin of life«, »The evolution of the earliest cells«, »The evolution of multicellar plants and animals«, »The evolution of ecological systems«, »The evolution of behavior«, »The evolution of man«. - Ferner KONRAD Z. LORENZ: The evolution of behavior. SA 199 (Dec. 1958). - ALISON JOLLY: The evolution of primate behaviour. American Scientist 73 (1985) p. 230-239. - W.D. HAMILTON: The genetical evolution of social behaviour. Journal of Theoretical Biology 7 (1964) p. 1-52. - ROBERT L. TRIVERS: The evolution of reciprocal altruism. The Quarterly Review of Biology 46 (1971) 35-57. - R.

AXELROD / W.D. HAMILTON: The evolution of cooperation. Science 211 (1981) p. 1390-1396. - M.E. BITTERMAN: The evolution of intelligence. SA 212 (Jan. 1965). - H.J. JERISON: Evolution of the brain and intelligence. Academic Press, New York 1973. - JOHN MAYNARD SMITH: The evolution of animal intelligence. In: CHRISTOPHER HOOKWAY (ed.): Minds, machines and evolution. Cambridge University Press, Cambridge 1984, p. 63-71. - TOM SETTLE: Evolution of moral and ethical behaviour. In: Absolute values and the creation of the new world. Proceedings of the Eleventh International Conference on the Unity of the Sciences (Nov. 1982, Philadelphia). The International Cultural Foundation Press, New York 1983, p. 1209-1231.

6) Eine eindrucksvolle Darstellung dieser Geschichte bieten STEPHEN TOUMIN / JUNE GOODFIELD: Entdeckung der Zeit. Goldmann, München 1970 (englisch 1965).

7) KARL R. POPPER: Die Zielsetzung der Erfahrungwissenschaft. (Englisch 1957). In: KARL R. POPPER: Objektive Erkenntnis. Ein evolutionärer Entwurf. Hoffmann und Campe, Hamburg 1973, S. 213 (4.Aufl. 1984, S. 198).

8) Vgl. SALVADOR E. LURIA / STEPHEN JAY GOULD / SAM SINGER: A view of life. Benjamin/Cummings, Menlo Park 1981, p. 582-586. - Artikel von ERNST MAYR (»Evolution«), FRANCISCO J. AYALA (»The mechanisms of evolution«) und RICHARD C. LEWONTIN (»Adaptation«) in: Scientific American 239 (Sept. 1978).

9) DARWINs Autobiographie findet sich in FRANCIS DARWIN (ed.): The life and letters of Charles Darwin. Vol.1. Murray, London 1887 (deutsch: Leben und Briefe von Charles Darwin. Stuttgart 1887, jetzt in SIEGFRIED SCHMITZ (Hrsg.): Charles Darwin - ein Leben. Deutscher Taschenbuch Verlag, München 1982 (die im Text zitierte Stelle dort S.93).

10) Einige Gründe für diese Verzögerung nennt STEPHEN JAY GOULD: Darwin über Darwin. Ullstein, Frankfurt 1984, S. 14-20.

11) D.S. BENDALL (ed.): Evolution from molecules to men. Cambridge University Press, Cambridge 1982 (ein ausgezeichneter Band, dessen einzelne Kapitel das ganze Spektrum moderner Anwendungen von DARWINs Theorie überspannen). Man vergleiche auch G. LEDYARD STEBBINS: Darwin to DNA - molecules to humanity. Freeman, San Francisco 1982.

12) Dieser Fortschritt ist eindrucksvoll dokumentiert in CARL R. WOESE: The primary lines of descent and the universal ancestor. In: BENDALL (Anm. 11) p. 209-233.

13) Vgl. CARL R. WOESE: Archäbakterien - Zeugen aus der Urzeit des Lebens. Spektrum der Wissenschaft, Aug. 1981, S. 74-91, und die dort genannte Literatur.

14) CHARLES DARWIN: Die Entstehung der Arten durch natürliche Zuchtwahl. 1859, 6.Aufl. 1872. Reclam, Stuttgart 1981, S. 671 (15.Kapitel).

15) Ohne Quellenangabe zitiert in CLAIR EDWIN FOLSOME: The origin of life. A warm little pond. Freeman, San Francisco 1979, p. VI.

16) Zitiert nach MANFRED EIGEN: Self-replication and molecular evolution. In: BENDALL (Anm. 11), p. 128.

17) Eine Einführung geben M. EIGEN, W.C. GARDINER, P. SCHUSTER, R. WINKLER-OSWATITSCH: Ursprung der genetischen Information. Spektrum der Wissenschaft, Juni 1981, S. 36-56. Eine umfassende Übersicht gibt BERND-OLAF KÜPPERS: Molecular theory of evolution. Outline of a physico-chemical theory of the origin of life. Springer, Berlin 1983.

18) Einige Spekulationen über mögliche erste selbstreplizierende Systeme bieten ARMIN WEISS: Replikation und Evolution in anorganischen Systemen. Angewandte Chemie 93 (1981) S. 843-854. - CARL R. WOESE (Anm. 12). - A.G. CAIRNS-SMITH: Bestanden die ersten Lebensformen aus Ton? Spektrum der Wissenschaft, Aug. 1985, S. 82-91, und die dort genannte Literatur.

19) Nach GLYNN LL. ISAAC: Aspects of human evolution. In: Bendall (Anm 11) p. 509-543 (p. 510).

20) Das Problem selbstreproduzierender Maschinen wird diskutiert in JOHN VON NEUMANN: The general and logical theory of automata. In: L.A. JEFFRESS (ed.): Cerebral mechanisms in behavior. Wiley, New York 1951. Nachgedruckt in: Z.W. PYLYSHYN (ed.): Perspectives on the computer revolution. Prentice-Hall, Englewood Cliffs 1970, p. 87-113. Siehe auch JOHN VON NEUMANN: Theory of self-reproducing automata (ed. by ARTHUR BURKS). University of Illinois Press, Urbana 1966. Eine Einführung gibt L.S. PENROSE: Self-reproducing machines. Scientific American 200 (June 1959) S. 105-114.

21) Eine Einführung in die Diskussion über nicht-Darwinsche Evolution gibt FRANZ PIRCHNER: Darwinsche und Nicht-Darwinsche Evolution. In: P.C. AICHELBURG / R. KÖGERLER (Hrsg.): Evolution. Niederöst. Pressehaus, St.Pölten 1987, S.39-48. - Zum *Punktualismus* vgl. NILES ELDREDGE / STEPHEN J. GOULD: Punctuated equilibria: an alternative to phyletic gradualism. In: T.J.M. SCHOPF (ed.): Models in paleobiology. Freeman, San Francisco 1972, p. 82-115 - S.M. STANLEY: Macroevolution: pattern and process. Freeman, San Francisco 1979. - Zur *Neutraltheorie* der Evolution JACK LESTER KING / THOMAS H. JUKES: Non-Darwinian evolution. Science 164 (1969) p. 788-798. - J.F. CROW: Darwinian and non-Darwinian Evolution. In: L.M. LE CAM et al. (eds.): Proceedings of the Sixth Berkeley Symposium on Mathematical Statistics and Probability (1970). University of California Press, Berkeley 1972, Vol. IV, V oder VI, p. 1-22. - MOTOO KIMURA: Die »neutrale« Theorie der molekularen Evolution. Spektrum der Wissenschaft, Januar 1980, S. 94-101.

22) Charles Darwin: Die Entstehung der Arten ... (vgl. Anm. 14), S. 29 (letzter Satz der Einleitung) und S. 665 (15.Kapitel).

23) Wie traditionelle Evolutionstheoretiker versuchen, Punktualismus und Neutraltheorie in die »synthetische« Evolutionstheorie zu integrieren, sieht man bei FRANCISCO J. AYALA: Microevolution and macroevolution. In: BENDALL (Anm. 11), p. 387-402. - G. LEDYARD STEBBINS /FRANCISCO J. AYALA: Die Evolution des Darwinismus. Spektrum der Wissenschaft, September 1985, S. 58-71.

24) Vgl. G. LEDYARD STEBBINS / FRANCISCO J. AYALA: Is a new evolutionary synthesis necessary? Science 213 (1981) p. 967-971.

25) Zur hyperzyklischen Phase der Evolution (hyperbolisches Wachstum) vgl. MANFRED EIGEN / PETER SCHUSTER: The hypercycle. Die Naturwissenschaften 64 (1977) S. 541-565 (A), 65 (1978) S. 7-41 (B), 65 (1978) S. 341-369 (C); auch Springer, Heidelberg 1979. - MANFRED EIGEN: Darwin und die Molekularbiologie. Angewandte Chemie 93 (1981) S. 221-229.

26) Als Einführung in die Diskussion über die Relevanz der Gruppenselektion dient EDWARD O. WILSON: Sociobiology - the new synthesis. Harvard University Press, Cambridge 1975, ch. 5 (»Group selection and altruism«), p. 106-129, oder auch jedes andere größere Buch über Soziobiologie.

27) Die Bedeutung der *internen* Selektion wird betont in F. WOLFGANG GUTMANN / KLAUS BONIK: Kritische Evolutionstheorie. Gerstenberg, Hildesheim 1981.

28) Zu den verschiedenen Extrapolationen evolutionärer Konzepte sind im folgenden einige Arbeiten angegeben, wobei die Einteilung derjenigen im Text folgt:

a) DONALD T. CAMPBELL: Evolutionary Epistemology. In: PAUL A. SCHILPP (ed.): The philosophy of Karl Popper. Open Court, La Salle 1974, p. 413-463. - GERHARD VOLLMER: Evolutionäre Erkenntnistheorie. Hirzel, Stuttgart 1975, 4.Aufl.1987. - Ders.: Was können wir wissen? Band 1: Beiträge zur Evolutionären Erkenntnistheorie. Hirzel, Stuttgart 1985, 2.Aufl.1987.

b) STEPHEN E. TOULMIN: Die evolutionäre Entwicklung der Naturwissenschaft (1967). Abgedruckt in: WERNER DIEDERICH (Hrsg.): Theorien der Wissenschaftsgeschichte. Suhrkamp, Frankfurt 1974, S. 249-275. - Kritik übt PAUL THAGARD: Against evolutionary epistemology. In: P.D. ASQUITH / R.N. GIERE (eds.): PSA 1980, Vol.1, p. 187-196.

c) SIGVARD STRANDH: Die Maschine. Herder, Freiburg 1980. - P. GRASSMANN: Läßt sich die technische Entwicklung mit der biologischen Evolution vergleichen? Naturwissenschaften 72 (1985) S. 567-573.

d) WILSON (Anm. 26). - CHARLES J. LUMSDEN / EDWARD O. WILSON: Das Feuer des Prometheus. Piper, München 1984.

e) THOMAS H. HUXLEY / JULIAN HUXLEY: Evolution and ethics, 1893-1943. Pilot, London 1947. - ROBERT J. RICHARDS: A defense of evolutionary ethics. Biology and Philosophy 1 (1986) p. 265-293 (Kommentare und Kritik p. 293-354). - CHRISTIAN VOGEL: Evolution und Moral. In: HEINZ MAIER-LEIBNITZ (Hrsg.): Zeugen des Wissens. v.Hase & Koehler, Mainz 1986, S. 467-507. - RICHARD D. ALEXANDER: The biology of moral systems. de Gruyter, New York 1987.

f) FRIEDRICH A. VON HAYEK: The rules of our morality are not the conclusions of our reason. In: Absolute values and the new cultural revolution. Commemorative volume of the Twelfth International Conference on the Unity of the Sciences (Chicago 1983). International Cultural Foundation Press, New York 1984, p. 35-42.

g) DESMOND MORRIS: Der malende Affe. Zur Biologie der Kunst. Deutscher Taschenbuch Verlag, München 1968 (englisch 1962), und dort genannte Literatur.

FRANZ M. WUKETITS

Biologische und kulturelle Evolution - Analogie oder Homologie?

> *Also kann nur die Kultur der letzte Zweck sein den man der Natur in Ansehung der Menschengattung beizulegen Ursache hat ...*
>
> (IMMANUEL KANT)

> *Durch die menschliche Kultur hat das Verhalten ein supraorganisches Niveau erreicht.*
>
> (JULIAN HUXLEY)

1. Einleitung

Vergleiche zwischen der organischen Evolution und der Entwicklung der (menschlichen) Kultur(en) sind ein beliebtes, nicht selten aber irreführendes Thema. Insbesondere unter dem Einfluß der Theorie DARWINs im späten 19. und frühen 20. Jahrhundert wurde gar mancher Versuch unternommen, den Werdegang des Lebens auf der Erde als Grundmuster für die menschliche Geschichte (Kulturgeschichte) und deren Darstellung zu nehmen, die Entwicklung der Kultur also mit der Entwicklung der Natur zu parallelisieren. Der große Propagandist der Lehre DARWINs, der deutsche Zoologe HAECKEL (1905, S. 448) meinte, daß »die Stammesgeschichte der Pflanzen und Thiere, ebenso wie die Kulturgeschichte des Menschen, im Großen und Ganzen eine aufsteigende Stufenleiter darstellt und sich von niederen zu höheren Stufen erhebt« (worin zugleich die verführerische Idee ausgesprochen ist, daß die Entwicklungsgeschichte insgesamt, sei es der Natur oder der Kultur, einen »Fortschritt« zeigt). Wesentlich später schrieb der Paläontologe SCHINDEWOLF (1964, S. 96), »daß die Zyklen der menschlichen Geschichte in ähnlichen Phasen ablaufen, wie wir sie aus der erdgeschichtlichen und lebensgeschichtlichen Entwickung kennenlernten«. Und bekannt sind ja die kulturphilosophischen Entwürfe von SPENGLER (1923, vgl. 1975) und TOYNBEE (1958), wonach Kulturen in ihrem Aufstieg und Verfall den Zyklen der organischen Evolution gleichen.[1] Daß die strikte Übertragung der Prinzipien der organischen Evolution auf die menschliche Historie, insbesondere die Übertragung des Prinzips der natürlichen Auslese in einem normativen Sinne, zum *Sozialdarwinismus* führte, ist ein bekanntes und düsteres Kapitel, das im vorliegenden Rahmen nicht weiter ausgeführt werden muß (zur Übersicht siehe z.B. KOCH 1975, ZMARZLIK 1973). Betonen möchte ich aber, daß diese Ideologie zwar den Namen DARWINs strapaziert, von diesem jedoch nicht ins Leben gerufen wurde: DARWIN hat mit den sozialdarwinistischen Entgleisungen ungefähr das gemein, was Astronomie und Astrologie gemeinsam haben - nichts!

Mein Gegenstand ist also in nicht geringem Maße vorbelastet; Vorsicht ist am Platz. Zunächst eine terminologische Bemerkung: Unter *»Homologie«* wird - insbesondere in der Biologie, aber auch im allgemeinen - der identische Ursprung von Strukturen verstanden; mit »Analogie« dagegen sind bloß Ähnlichkeiten oder Parallelen zwischen Strukturen (oder Entwicklungsprozessen) gemeint, ohne daß eine Identität des Ursprungs gegeben ist. Meine Frage, ob biologische und kulturelle Evolution[2)] analog oder homolog sind, ist so zu verstehen: Liegt beiden ein gemeinsamer (genetischer) Mechanismus zugrunde, oder sind die Parallelen bloß analog, trotz möglicherweise ganz unterschiedlicher Mechanismen bzw. Ursachen? Dabei wird die Frage zu klären sein, ob überhaupt Parallelen zu Recht gesehen werden dürfen. Handelt es sich hier vielleicht um zwei unterschiedliche *»Evolutionstypen«*? Den Begriff der Evolution, auch dies vorweg, möchte ich zunächst einmal in einem sehr allgemeinen Sinne verstanden wissen, nämlich als Veränderung, als Entwicklung. In diesem Sinne gewinnt der Begriff natürlich in verschiedensten Bereichen seine Berechtigung, da sich Natur- und Kulturwelt in der Tat fortgesetzt wandeln; das gilt für Sterne ebenso wie für Lebewesen und Kulturen, so daß vielfach von der »kosmischen Evolution« gesprochen wird, von der zur Entstehung erster lebender Systeme auf der Erde führenden »chemischen Evolution«, von der Evolution des Lebens auf der Erde (beginnend mit einfachen biomolekularen Systemen bis zum Auftreten unserer eigenen Spezies) und schließlich eben von der »kulturellen Evolution« (die dann noch spezielle Entwicklungen umfaßt wie etwa Evolution der Sprache, Evolution der Technik usw.).[3)]

In der Folge möchte ich zunächst einiges über die Evolution des Lebenden sagen und insbesondere die Mechanismen darlegen, die diese Evolution sozusagen steuern (was natürlich hier nur in aller Kürze geschehen wird können); danach möchte ich nach Ähnlichkeiten und Unterschieden zwischen der biologischen und kulturellen Evolution fragen, um schließlich die eigentlich interessante Frage nach möglichen Homologien anzugehen.

2. Prinzipien der Evolution des Lebendigen

Daß die Organismenarten nicht konstant, sondern veränderlich sind, ist eine der fundamentalen und weittragendsten Erkenntnisse neuzeitlicher Naturwissenschaft. Diese Erkenntnis wurde schon vor DARWIN gewonnen. Zahlreiche Naturforscher und Philosophen des ausklingenden 18. und des beginnenden 19. Jahrhunderts sprachen die Vermutung aus, daß die Lebewesen, die heute die Erde bevölkern, Resultate langer Prozesse sind und nicht vor wenigen Jahrtausenden durch die Hand eines allmächtigen und gütigen Gottes bereits in ihrer heutigen Form geschaffen wurden.[4]

Was freilich fehlte, war die Kenntnis eines Mechanismus, der den evolutiven Artenwandel bedingt haben könnte. Hierzu tat der Franzose LAMARCK einen wichtigen Schritt. Sein theoretisches Hauptwerk, die »*Philosophie zoologique*« , erschien im Jahre 1809 (exakt fünfzig Jahre vor DARWINs »*Origin of Species*« - eine merkwürdige historische Koinzidenz). LAMARCK meinte, daß durch die den Organismen innewohnenden Bedürfnisse und durch eine Vererbung individuell erworbener Merkmale auf die jeweils nachfolgende Generation sowie durch Umweltanpassung Evolution zustande komme. Anders DARWIN: Die Natur, meinte er, produziert einen Überschuß an Nachkommen, während die Ressourcen (Nahrungsquellen) begrenzt sind,[5] so daß es zwischen den (genetisch) verschiedenen Varianten zu einem Wettbewerb kommt, aus dem schließlich nur die Tauglichsten - die am besten an die gegebenen Erfordernisse Angepaßten - günstig aussteigen (*natürliche Auslese* oder *Selektion*). Bereits das 19. Jahrhundert kennt also zwei Evolutionstheorien, zwei unterschiedliche Erklärungen der Mechanismen der Evolution. Und auch heute ist die Frage nach den Mechanismen (Triebkräften oder »Motoren«) der Evolution die schwierigste und zugleich interessanteste Frage, an der sich jedoch die Geister - und die Theorien - scheiden. Es gibt also streng genommen nicht die eine Evolutionstheorie, sondern mehrere Evolutionstheorien (vgl. WUKETITS 1988 a,b). Um hier keine Mißverständnisse zu erzeugen: Die Evolution als solche ist eine Tatsache, an der heute kein ernstzunehmender Biologe rüttelt; der Belege für die Evolution sind so viele (aus praktisch allen Gebieten der Biologie), daß Zweifel bloß einigen religiösen Eiferern und Ewiggestrigen erlaubt sind. Vom Faktum der Evolution zu trennen bzw. abzuheben, ist jedoch die Frage nach den Mechanismen des stammesgeschichtlichen Artenwandels - erst wo eine Antwort auf diese Frage gegeben wird, kann man von einer Evolutionstheorie im engeren Sinne sprechen.

Nun, wie sehen wir heute die Frage nach den Evolutionsmechanismen? Wie gesagt, es gibt mehrere Evolutionstheorien, offensichtlich ist die Sache noch nicht ausgestanden. Hier ist nicht der Ort, die Kontroversen (und Theorien) im einzelnen auseinanderzusetzen. Halten wir uns zunächst an weitgehend Erwiesenes (und weithin Akzeptiertes).[6)]

Die Evolution operiert gewissermaßen mit zwei Faktorenkomplexen. Zum einen bieten die genetische *Rekombination* (die Neukombination des Erbguts beider Elternteile bei den Nachkommen) und *Mutationen* (sprunghaft auftretende Erbänderungen) sozusagen das Rohmaterial der Evolution. Diese Mechanismen führen dazu, daß selbst innerhalb einer Art verschiedene Varianten auftreten, die unterschiedliche Eignung (im Sinne DARWINs) aufweisen. Vor allem bedingt die genetische Rekombination eine geradezu ungeheure Fülle an Varianten, eine ungeheure (genetische) Vielfalt; das ist plausibel, wenn man daran denkt, daß Kinder ihren Eltern zwar mehr oder weniger ähneln, aber doch auch mitunter sehr verschieden sind, sich von ihren Eltern in der Nasenlänge ebenso unterscheiden können wie in der Haarfarbe und vielen anderen Merkmalen. Wirklich identisch ist also jedes Einzelwesen nur mit sich selbst. Die *Selektion* nun - und darin wird der alte DARWIN bestätigt - setzt an den durch genetische Prozesse entstandenen Individuen (Varianten) an und wirkt sowohl als eliminative als auch als kreative Komponente: Sie eliminiert die unvorteilhaft ausgeprägten Varianten und fördert alle anderen, wodurch die Evolution erst ihre Richtung bekommt. Es ist eine nachträgliche Richtungsgebung. Die Evolution ist nicht von Anfang an geplant, in eine bestimmte Richtung gezwungen, denn die Selektion ist, anthropomorph ausgedrückt, ein Opportunist: Sie bevorzugt das augenblicklich, unter den jeweiligen Umständen Vorteilhafte; erst daraus ergibt sich so etwas wie eine Richtung der Evolution, erst nach und nach, also *a posteriori*. Nach unserem heutigen Verständnis der organischen Evolution gibt es also keinen Hinweis auf irgendeine, wie auch immer geartete »höhere Kraft«, keine *Teleologie*, also keine übergeordnete Zweckmäßigkeit. Vielmehr wird, was uns als zweckmäßige Struktur, als zweckmäßiges Verhalten erscheint, durch die unmittelbaren Lebens- und Überlebenserfordernisse definiert.

Wenn nun, was allgemein akzeptiert ist, die zu unterschiedlichen Varianten führenden genetischen Prozesse zufällig stattfinden, die Selektion aber ein opportunistisches Prinzip ist, dann muß natürlich ein Bild von der Evolution entstehen, das diese - wie es RIEDL (1975) pointiert ausdrückt - als Folge blinder und kurzsichtiger Mechanismen erscheinen läßt. Daher bleibt eine *innere Selektion* zu fordern. Nicht die Umwelt, die Außenwelt allein wirkt selektiv auf die Lebewesen - wonach diese bloß Spielbälle externer Kräfte wären -, sondern die Lebewesen selbst definieren auch Selektionsbedingungen. Das heißt, die Konstruktion und Funktionsweise jedes Organismus stellt Rahmenbedingungen für seine Evolution, nicht bloß die von der Außenwelt kommende Selektion bestimmt über die Evolution und ihre Richtung. Damit wird die prinzipielle Gültigkeit der Selektion (im Sinne DARWINs), wie sie bereits auf molekularem Niveau unter Laborbedingungen nachgewiesen werden konnte (siehe Beitrag OTTEN in diesem Band), nicht in Zweifel gezogen, aber wesentlich ergänzt durch von der Organisation des Lebewesens selbst definierte Optimierungsprinzipien. Evolution ist also, auf eine Kurzformel gebracht, ein komplexes Wechselspiel von externen und internen Bedingungen, ein Wechselspiel zwischen dem Außen- und Binnenmilieu des Organismus (RIEDL 1975).

Eine interessante und immer wieder aufgeworfene Frage ist die nach der Höherentwicklung in der organischen Evolution, bzw. die Frage nach dem »Fortschritt« in der Evolution des Lebenden. Um aber evolutiven Fortschritt beurteilen zu können, brauchen wir ein Kriterium, dessen Wahl allerdings bis zu einem gewissen Grade subjektiv ist (vgl. AYALA 1974). Nimmt man Reproduktionserfolg als Kriterium, dann sind sicher die Insekten die erfolgreichste und also »fortschrittlichste« Tiergruppe. Unter anderen Voraussetzungen, also bei der Wahl anderer Kriterien, werden wir andere Tiergruppen als besonders »fortschrittlich« einstufen können: Hunde ihres hervorragenden Geruchsinnes wegen, Delphine ob ihrer Verständigungsmöglichkeiten, Vögel aufgrund ihres Flugvermögens usw. Vielleicht sollte man den Fortschrittsbegriff im Zusammenhang mit der organischen Evolution überhaupt nicht strapazieren und sich darauf beschränken, eine generelle Tendenz der organischen Evolution zur Höherentwicklung festzustellen.[7] Höherentwicklung wiederum wäre natürlich nicht wertend zu verstehen sondern nur in dem Sinne, daß die Evolution immer komplexere Formen hervorgebracht hat (ohne daß deswegen die einfacheren Baupläne, etwa die Einzeller oder die Schwämme, verschwunden wären). In der Tat sind die Wirbeltiere komplexer als die diversen Würmer beispielsweise; unter den Wirbeltieren wiederum sind die Säugetiere komplexer als die Reptilien, diese komplexer als die Amphibien usw. Andererseits kann man sagen, daß jede Organismenform auf ihre Art die Lebensumstände bewältigt, daß es also verschiedene Strategien bzw. Optimierungsprinzipien in der organischen Evolution gibt (siehe Beitrag RECHENBERG in diesem Band).

Vielleicht geht aus diesen wenigen kurzen Bemerkungen schon einiges über das »Wesen« der biologischen Evolution hervor. Hervorheben möchte ich noch, daß die organische Evolution fortgesetzt neue Arten hervorbringt, was bedeutet, daß also immer neue genetische Informationsprogramme entstehen. Während der Mechanismus der Verschlüsselung und Weitergabe der (genetischen) Information seinem Wesen nach seit der Entstehung des Lebens auf der Erde - seit über drei Jahrmilliarden - gleich geblieben ist, sind im Laufe der Zeit Millionen von Programmen entstanden, also Millionen von Arten. Das jeweils arteigene (Informations-)Programm definiert auch die Strukturen und Funktionen bzw. Verhaltensweisen eines Organismus: Was uns an diesem zweckmäßig erscheint, ist somit nicht Folge einer mystischen Kraft bzw. einer durchgehenden, kosmischen Teleologie, sondern Resultat des genetischen »Plans«, der seinerseits ein Ergebnis von komplexen Evolutionsprozessen ist. Wir sprechen hierbei auch nicht mehr von einer Teleologie des Lebenden, sondern von einer »Teleonomie«, die also Strukturen, Funktionen, Verhaltensweisen von Lebewesen umschreibt, die systemerhaltende Bedeutung haben und ihre Existenz dem Vorhandensein bzw. Wirken eines (genetischen) Programms verdanken (vgl. z.B. MAYR 1979, MONOD 1971, WUKETITS 1984, 1985).

Nach dieser überaus knappen Charakterisierung einiger Prinzipien der organischen Evolution wollen wir zum Vergleich dazu die kulturelle Evolution ein wenig unter die Lupe nehmen.

3. Biologische und kulturelle Evolution - Ähnlichkeiten und Unterschiede

Kultur läßt sich definieren als ein »extrasomatisches«, also außerkörperliches Kontinuum von Dingen und Ereignissen, die eng verknüpft sind mit einer symbolischen Darstellung und aus Werkzeugen, Ornamenten, Glaubenssätzen, Institutionen usw. bestehen bzw. darin ihren Niederschlag finden (WHITE 1959). Kultur »bildet einen sich selbst reproduzierenden und sich selbst verändernden Prozeß, durch den das Muster der menschlichen Aktivitäten im Verlauf der Zeit übermittelt und umgeformt wurde« (HUXLEY 1969, S.152). Oberflächlich besehen kann man natürlich Ähnlichkeiten zwischen der organischen und der kulturellen Evolution bemerken: Beide kennzeichnen komplexe Entwicklungsprozesse, Entstehen, Werden und Vergehen ist für Kulturen ebenso bezeichnend wie für Organismen; auch scheint in der kulturellen Evolution eine Zunahme der Komplexität gegeben zu sein (zumindest sind die sozialen Interaktionsmuster in vielen heutigen Kulturen ungleich komplexer als in früheren); schließlich gibt es auch in der kulturellen Evolution so etwas wie das Entstehen von Informationsprogrammen, die weitergegeben und auch modifiziert werden. Alles das sind aber bloß Analogien, denn es ist, um es gleich zu betonen, nicht der gleiche Mechanismus, der in der organischen wie in der kulturellen Evolution wirkt. Die kulturelle Evolution scheint sich nach eigenen Mechanismen abzuspielen. Sehen wir aber zunächst nach den mehr oder weniger offenkundigen Unterschieden zwischen der organischen und der kulturellen Evolution (siehe hierzu auch z.B. HULL 1982, OSCHE 1972, STEBBINS 1980, WUKETITS 1984):

a) Die organische Evolution spielt sich insgesamt sehr langsam ab, es dauert Jahrtausende bis Jahrmillionen, bis eine neue Art (also ein neues genetisches Informationsprogramm) entsteht; für die kulturelle Evolution ist hingegen eine geradezu ungeheure Entwicklungsbeschleunigung feststellbar. Läßt man Kultur bereits mit den ersten Steinwerkzeugen der Australopithecinen beginnen, dann mag die kulturelle Evolution einige wenige Millionen Jahre alt sein [8)], während die organische Evolution, wie schon angedeutet, mit über drei Jahrmilliarden zu bemessen ist. Nimmt man aber Kultur im engeren Sinne, als Hochkultur (charakterisiert durch schriftliche Überlieferung), dann beginnt die kulturelle Evolution überhaupt erst vor einigen Jahrtausenden; gerade innerhalb dieses relativ sehr kurzen Zeitraums ist eine beschleunigte Entwicklung festzustellen.

b) Die Prozesse der organischen Evolution sind, wie gesagt, nicht zielintendiert im Sinne der Teleologie, während für die kulturelle Evolution sozusagen ein echt teleologischer Faktor anzunehmen ist, ausgehend vom selbstreflexiven, zielintendiert denkenden und handelnden Bewußtsein.

c) Während für die organische Evolution keine direkte Vererbung individuell erworbener Eigenschaften auf die nächste Generation zu erwarten ist, gibt es in der kulturellen Evolution sehr wohl die Übertragung von Erfahrungen, Lerninhalten usw. des Individuums auf seine Nachkommen, nämlich durch sprachliche Kommunikation und vor allem durch schriftliche Verständigung. Das erklärt auch das rasante Tempo der kulturellen Evolution gegenüber der organischen; denn ich kann jede augenblickliche Idee auch augenblicklich weitergeben, ohne auf biologische Fortpflanzung und Vererbung angewiesen zu sein.

d) Die in der kulturellen Evolution weiterzugebende Information ist wesensverschieden von der Information im biologischen Bereich. Lebewesen und ihre Evolution sind durch die genetische Information gekennzeichnet, die in der DNS chemisch verschlüsselt ist und - als artspezifische Information - im sich entwickelnden Individuum dekodiert wird. Information im kulturellen Bereich ist intellektuelle Information, bestehend aus Ideen, (wissenschaftlichen) Theorien, Glaubenssätzen usw.

e) Aus c) und d) ist einsichtig, daß die kulturelle Evolution aus einem extrasomatischen Informationsaustausch besteht. Die Weitergabe der genetischen Information erfolgt durch den Prozeß der Fortpflanzung, also - bei der Mehrzahl der Organismen, nämlich den sich sexuell fortpflanzenden - durch den körperlichen Kontakt zwischen zwei Individuen; man kann also von einem endosomatischen Kontinuum sprechen. Charakteristisch für die kulturelle Evolution ist jedoch die außerkörperliche (sprachliche und schriftliche) Informationsweitergabe. Information wird auf (außerkörperlichen) Strukturen (z.B. Tontafeln, Büchern oder sonstigen Datenträgern) mit bestimmten Zeichen niedergelegt und ist damit jederzeit für jeden abrufbar, der oder die nur die gewählten Zeichen versteht. Darin liegt der eigentliche Mechanismus der Evolutionsbeschleunigung im kulturellen Bereich.

f) Schließlich entstehen in der organischen Evolution stets neue Arten, während die kulturelle Evolution an eine Art, also den Menschen, gebunden bleibt. Kulturelle Evolution bringt also keine (biologischen) Arten hervor, sondern ist eine Differenzierung in eine Vielzahl von Sprachen, Schriften, religiösen Bräuchen usw.

Worauf es mir hier besonders ankommt, ist die Beschleunigung im Bereich der kulturellen Evolution und der dieser Beschleunigung zugrunde liegende Mechanismus der Informationsweitergabe. Diese Phänomene machen klar, daß die kulturelle Evolution keine bloße Fortsetzung der organischen Evolution ist, sondern die Abzweigung eines anders gearteten Evolutionsprozesses bedeutet, eines Prozesses, der eben wegen seiner Beschleunigung der organischen Evolution in beängstigendem Maße davonzulaufen beginnt - was natürlich Probleme grundsätzlicher Art mit sich bringt. OESER (1987, S.188) schreibt: »Mit der Erfindung der Schrift und der Entwicklung einer in ihrer Genauigkeit bisher unübertroffenen Meßtechnik war die Grundlage für den Aufstieg der Menschheit gelegt, der einen in der Geschichte der Natur einmaligen

Gewaltakt darstellt. Denn zwischen den Pyramiden des alten Ägypten und den Abschußrampen der modernen Weltraumraketen liegt ein nach geologisch-biologischen Maßstäben unbedeutender Zeitraum. Die eigentliche, das heißt geschriebene Geschichte der Menschheit dauerte bisher weniger als 5.000 Jahre - also ungefähr die gleiche Zeit, die zwischen dem letzten Auerochsenjäger und dem ersten mesopotamischen Schreiber lag.«

Ich meine also, daß man der kulturellen Evolution nicht gerecht wird, wenn man sie bloß mit der organischen Evolution parallelisiert. Tatsächlich sind viele der Vergleiche zwischen organischer und kultureller Evolution zwar ganz hilfreiche Analogien; doch wo immer solche Analogien festgestellt werden, muß man sich auch die unterschiedlichen Zeiträume und Mechanismen vor Augen führen, die dieses oder jenes Ereignis einerseits in der organischen, andererseits in der kulturellen Evolution hervorgerufen haben. Wie ich sagte, betrachten wir Lebewesen nicht bloß als von ihrer Außenwelt geformte Gebilde und die organische Evolution demnach nicht als bloß passives Geschehen. Gewiß befinden sich, um metaphorisch mit POPPER (1984) zu sprechen, alle Lebewesen beständig auf der Suche nach einer »besseren Welt« also nach besseren Lebensbedingungen. Kein Lebewesen vermochte aber so wie der Mensch, die Welt seinen eigenen Bedürfnissen anzupassen, die Umwelt dermaßen zu verändern, wie dies dem Menschen durch seine kulturelle Evolution gelungen ist - langfristig wohl nicht zu seinem Vorteil. Ein spezieller Aspekt der kulturellen Evolution, nämlich die Evolution der Technik, mag daher die spezifischen Unterschiede in der Dynamik der organischen und der kulturellen Evolution nochmals veranschaulichen: »In der biologischen Evolution wirken sich die meist nur kleinen Vorteile in der Selektion erst nach vielen Generationen, also nach langer Zeit aus... Heute, nach der weitgehend lückenlosen Entdeckung der maßgebenden Naturgesetze, ist es dagegen der Technik im Prinzip möglich, die Bewährung einer neuen Maschine oder Apparatur schon vor der Realisierung vorauszusagen. Man denke etwa an den Raumflug.« (GRASSMANN 1985, S.570). Die Kehrseite dieses Phänomens darf man natürlich bei keiner Gelegenheit übersehen: daß nämlich die möglichen Risiken und negativen Auswirkungen der Realisierung technischer Projekte meist nicht entsprechend berücksichtigt werden. Man sagt das Funktionieren einer Maschine voraus, aber nicht, welche Auswirkungen die funktionierende Maschine im größeren Zusammenhang von Natur und Mensch haben kann.

Ich hoffe, hiermit einigermaßen klargemacht zu haben, daß Kultur, daß kulturelle Evolution ihre eigene Dynamik hat und nicht auf die Mechanismen der organischen Evolution zu reduzieren ist. Wo dies geschieht, liegt ein *Biologismus* vor, der nun nicht nur die kulturelle Evolution perspektivisch verkürzt, sondern unser ganzes menschliches Wesen unzureichend erfaßt. Dieser biologische Determinismus ist ebenso gefährlich wie ein Kulturdeterminismus, der jedes biologische Element aus der Erklärung des Menschen und der Entstehung seiner soziokulturellen Strukturen eliminieren möchte (vgl. WINKLER 1986). Trotz der Eigenständigkeit der kulturellen Evolution darf man nicht übersehen, daß ihr »Träger«, also der Mensch, ein aus den Prozessen der organischen Evolution hervorgegangenes Lebewesen ist. Das geistige Leben des Menschen, seine Kultur mit ihren vielfältigen Ausprägungen in Kunst, Religion, wissenschaftlichen Theorien usw., ist in der Tat *»eine neue Art von Leben«* (LORENZ 1975), welches aber nur möglich werden sollte auf der Basis komplexer Prozesse der organischen Evolution. Um sowohl einen genetischen bzw. biologischen Determinismus als auch einen Kulturdeterminismus zu umgehen, sollte man sich vor Augen führen: »Nur die Anfangsbedingungen soziokultureller Evolution liegen in der Bio-Evolution, der spezifische Verlauf der soziokulturellen Entwicklung ist nicht von den Gesetzlichkeiten der Bio-Evolution determiniert« (WUKETITS 1984, S.158). Wenn aber die Voraussetzungen der kulturellen Evolution - ihre notwendigen, wenngleich nicht hinreichenden Bedingungen - in der Bio-Evolution wurzeln, dann stellt sich die wichtige Frage nach der Entstehung der Kultur in der organischen Evolution.

4. Homologien - Entstehung der Kultur in der organischen Evolution

Die Frage ist die nach den, wenn man so will, biologischen Antrieben der kulturellen Evolution. Wie gesagt, der Träger jeder Kultur, der Verursacher jeder wie immer gearteten kulturellen Regung, ist stets ein Organismus: ein der organischen Evolution entsprungenes Lebewesen mit so elementaren biologischen Antrieben wie Hunger, Durst, Sexualität u.a. Insbesondere ist es, wie jüngst erst von mehreren Autoren klar gesagt wurde, das Gehirn, ein biologisches Organ also, das für alle unsere Lebensfunktionen und Antriebe, für jeden Gedanken, jede Idee und also letztlich für kulturelle Aktivitäten zuständig ist (OESER & SEITELBERGER 1988, YOUNG 1987). Ist also Kultur, ist kulturelle Evolution dann doch biologisch determiniert? Nun, auf keinen Fall »determiniert«, es bleibt, daß die kulturelle Evolution gegenüber der organischen Evolution ihre Eigendynamik aufweist. Menschliches Sozialverhalten, die Voraussetzung jeder Traditionsbildung und mithin der kulturellen Informationsübertragung ist nicht biologisch (genetisch) programmiert (vgl. WUKETITS 1984, 1986b), es erhebt sich gleichsam über seine eigenen biologischen (genetischen) Rahmenbedingungen. Dies wird wohl am deutlichsten darin sichtbar, daß es (soziale) Normen gibt - Bestandteile jedes Kulturlebens. So impliziert Kultur, »daß wir nicht alles tun dürfen, was wir innerhalb der Grenzen unserer Leistungsfähigkeit tun könnten. Kultur bedeutet die Einengung der Verhaltensmöglichkeiten des Menschen durch Moral, durch verläßliche sittliche Normen« (MOHR 1987, S.76).

Es kann also weder darum gehen, die menschliche Kulturgeschichte von der organischen Evolution zu entbinden, noch darum, die Eigenarten der Kulturgeschichte gegenüber der Naturgeschichte zu leugnen. Vielmehr sind beide in einem größeren Zusammenhang zu sehen, im Zusammenhang mit einer universellen Evolution, die vor etwa zwanzig Milliarden Jahren mit dem sogenannten Urknall begann und letztlich die menschliche Kultur hervorgebracht hat. Mit dem Erreichen einer jeweils neuen Emergenzstufe aber begann diese Evolution auch in jeweils spezifischen, vorher nicht voraussagbaren - aus den jeweiligen Anfangsbedingungen nicht zwingend ableitbaren - Bahnen zu verlaufen. So ist die organische Evolution nicht schon in den Prinzipien der kosmischen Evolution festgeschrieben, die kulturelle Evolution nicht als zwingende Folge der organischen Evolution anzusehen. *Kulturelle Evolution* bedeutet, daß ein bestimmtes Lebewesen die Fähigkeit erworben hat, in rascher Folge extrasomatische Strukturen zu kreieren, deren Entwicklung über die Prinzipien seiner organischen Evolution hinausgeht, mit dieser aber stets verbunden bleibt, nämlich durch das tätige Gehirn, welches, wie gesagt, die materiale Voraussetzung jedes Kulturschaffens ist. »Die Menschheitsgeschichte ist nicht bloß die Fortsetzung der Naturgeschichte, sondern sie wird von der Naturgeschichte eingeschlossen. Der Rückgriff auf die Naturgeschichte zur Erklärung menschlicher Ereignisse ist daher in diesem Sinne weder eine unverbindiche Analogie noch eine unerlaubte Reduktion, sondern die Einführung eines allgemeineren, d.h. stärkeren Erklärungsprinzips« (OESER 1987, S.55). Man wird ein solches allgemeines Erklärungsprinzip einsehen, wenn man sich vergegenwärtigt, daß das Leben, die Evolution des Lebens vom Einzeller bis zum Menschen, letztlich einen »erkenntnisgewinnenden Vorgang« darstellt, einen komplexen Prozeß der Informationsgewinnung (vgl. LORENZ 1975, PLOTKIN 1982, RIEDL 1980, WUKETITS 1984, 1986a).[9] Im Laufe langer Zeiträume wird Information gesammelt, lebens- und überlebensrelevante Information, im genetischen System der Spezies gespeichert und jedem Individuum als arteigenes Programm übermittelt. Dies heißt, daß jedes Individuum sozusagen mit den Erfahrungen seiner Art zur Welt kommt.

Das gilt selbstredend für den Menschen. Wir sind mit einer Reihe angeborener Dispositionen ausgestattet (vgl. EIBL-EIBESFELDT 1984), angeborener Verhaltensanleitungen gewissermaßen, die ihrerseits in langen stammesgeschichtlichen Zeiträumen entstanden und fixiert worden sind. Mit anderen Worten: Wir kommen mit angeborenen Hypothesen zur Welt (RIEDL 1980), die einem evolutionären Kreislauf von Erfahrung und Erwartung entsprungen sind. Die (hypothetische) Verknüpfung von Erfahrung und Erwartung können Sie aus zahlreichen Alltagshandlungen ersehen. Nehmen wir an, Sie buchen einen Flug. Sie haben damit bereits Erfahrungen, Sie sind schon mehrmals geflogen, also werden Sie von bestimmten Erwartungen ausgehen, wenn Sie diesmal den Flughafen betreten und ein Flugzeug besteigen wollen. Ihre Erwartungen sind weniger rational, sie sind vorrational, vorbewußt. Wie mächtig aber diese vorbewußten Erwartungen der Ereignisse auf dem Flughafen sind, würden Sie merken, wenn da plötzlich ein Luftschiff stünde: Das habe ich nun wirklich nicht erwartet! So würden Sie sagen und sich wahrscheinlich weigern, diese vorsintflutliche Flugmaschine zu besteigen. Natürlich ist die Erwartung, daß Sie ein modernes Flugzeug auf dem Flughafen antreffen werden, sagen wir eine Boeing 747, nicht angeboren und nicht evolutionär programmiert (Flugzeuge gab es ja die längste Zeit nicht, die sind sehr späte Produkte der kulturellen Evolution), was aber angeboren ist und gleichsam einem evolutionären Lernprogramm folgt, ist die (vorbewußte) Verknüpfung von einmal gemachten Erfahrungen mit darauf gestützten Erwartungen. Und je öfter sich eine Erwartung bestätigt hat, um so stärker wird sie zum nächsten Mal, bei Vorliegen ähnlicher Rahmenbedingungen, sein. Das hat nun weittragende Konsequenzen, die ich hier zumindest andeuten will.

Unser Erkenntnisapparat hat sich unter den Bedingungen des Paläolithikums entwickelt, in einer »Lebenswelt« also, die gänzlich anders war als unsere Welt heute. Man muß sich vergegenwärtigen, daß der Mensch sich biologisch seit ungefähr 40.000 Jahren kaum nennenswert verändert hat (40.000 Jahre sind ja auch ein kurzer Zeitraum in der organischen Evolution), daß unser Gehirn sich seither nicht nennenswert verändert hat. Und das bedeutet nicht weniger als daß wir uns unsere Welt der Kultur (die auch gefährliche technische Werkzeuge wie Atombomben einschließt!) mit einem alten Gehirn geschaffen haben; und daß wir mit dem Gehirn von gestern an die Probleme von heute herangehen. Für unsere stammesgeschichtlichen Vorfahren spielte beispielsweise exponentielles Wachstum keine Rolle - also haben wir von unseren Vorfahren auch keine Anschauung für diese Art des Wachstums geerbt. Was also Wunder, daß wir größte Schwierigkeiten haben, uns vorzustellen, zu welch fatalen Konsequenzen unbegrenztes, exponentielles Bevölkerungswachstum führen kann. Ebenso scheint es, daß wir keine (angeborene) Anschauung für komplexe Kausalzusammenhänge haben. Wir verrechnen die Kausalität in ihrer einfachsten, der Kettenform - auf A folgt B, auf B folgt C usw. -, berücksichtigen dabei nicht die Möglichkeit einer Rückwirkung der Wirkung(en) auf ihre eigene(n) Ursache(n), was aber in komplexen Systemen berücksichtigt werden muß; wir müssen also mit einer vernetzten Kausalität rechnen, kalkulieren aber meist nach dem Schema der linearen Kausalität (vgl. RIEDL 1980, WUKETITS 1981). So haben wir denn auch offensichtlich nicht bedacht, welche Folgen unsere permanenten Eingriffe in den Naturhaushalt haben würden - und stehen heute ratlos da vor dem sterbenden Wald, dem verschmutzten Meer, kurz vor all den irreparablen Schäden, die wir angerichtet haben. Die Erkenntnis aber der Zusammenhänge der Natur, die Erkenntnis der vernetzten Kausalität ist eine rationale Leistung und damit eine sehr spät in der Evolution entstandene Eigenschaft unseres Gehirns, welches jedoch nicht frei ist von den Antrieben, die sich in der Welt unserer frühen Vorfahren als lebenserhaltend erwiesen haben.

So ist also, wie ich hoffe, damit verständlich gemacht zu haben, die kulturelle Evolution untrennbar verbunden mit dem großen organischen Werden, das auch unsere Spezies hervorgebracht hat.[10)] Unsere Ausgangsfrage, die Frage also nach Parallelen zwischen organischer und kultureller Evolution, vor allem die Frage, ob hier gleiche Mechanismen anzunehmen sind, wäre daher wie folgt zu beantworten:

a) Die gesamte Evolution des Lebenden kann als ein informationsgewinnender (informationsverarbeitender) Prozeß beschrieben werden; Kultur bzw. die kulturelle Transmission von Information ist dabei sozusagen die höchste Stufe in einem Kontinuum von Lernprozessen, das vor über drei Jahrmilliarden begann. (Intellektuelle) Information in der Kultur wird auf andere Weise übertragen als (genetische) Information in der Evolution des Lebenden. Insofern wäre die kulturelle Evolution von der biologischen Evolution abzukoppeln.

b) Über den biologischen Träger aller kulturellen Evolution, also den Menschen mit seinem Gehirn, das deutlich die Spuren seiner eigenen Geschichte (Naturgeschichte) zeigt, bleibt die Kultur untrennbar verbunden mit dem großen organischen Werden. Es handelt sich also nicht um eine Reduktion der kulturellen Evolution auf die organische, sondern um die Erklärung jener Vorbedingungen kultureller Aktivitäten, die in der biologischen Evolution liegen. Wir können also die kulturelle Evolution zwar für sich betrachten, werden aber ihre Anfangsbedingungen nur verstehen, wenn wir die wesentlich älteren, in der organischen Evolution liegenden Mechanismen ergründen, letztlich auch, um zu sehen, inwieweit wir diese Mechanismen, wo immer nötig (nötig im Sinne unseres eigenen Überlebens), durch rationale Leistungen überwinden könnten, inwieweit wir die Verhaltensanleitungen von gestern korrigieren könnten (und sollten), um in einer Welt, die wir uns heute geschaffen haben, leben und Überleben zu können.

Die Relevanz des Themas ist damit deutlich geworden: Wir müssen erkennen, daß die kulturelle Evolution das Produkt eines Gehirns ist, das unter anderen Bedingungen als den Bedingungen unserer heutigen Welt entstanden ist, dem also seine eigenen Produkte allmählich davonlaufen.

5. »Kulturkritischer« Ausblick

Jene unglückliche Spaltung unseres Weltbildes, die die Kultur von der Natur trennt, die letztlich den Menschen entzweit (vgl. RIEDL 1985) - wobei dieser dann bloß in seiner Naturhaftigkeit oder bloß als Kulturwesen gesehen wird -, ist eine Folge einseitigen Denkens, welches zu überwinden heute im Dienste unseres Überlebens einen vorrangigen Auftrag an unsere Kultur darstellt. Es scheint, daß es uns bislang nicht gelungen ist, unsere (biologischen) Antriebe von gestern mit unseren (kulturellen) Möglichkeiten von heute sinnvoll zu verbinden. Blickt man aber auf die Waffenarsenale der Nationen in Ost und West, Nord und Süd, auf die dahinsiechenden Menschenmassen in den Ländern der dritten und vierten Welt, auf viele unserer Politiker mit ihren ewigen Märchen von einer besseren Welt und ihrer gleichzeitigen Bestrebung, andere Menschen zu entmündigen und diese eine Welt, in der wir leben müssen, zu zerstören - ja, vergegenwärtigt man sich all das, dann wird man nicht anders können als mit LORENZ (1974) »Involutionstendenzen« der Kultur festzustellen. *Involution* ist das Gegenteil von Evolution, in dem Sinne, daß Fähigkeiten reduziert werden, daß Entwicklungsmöglichkeiten eingeengt werden. Tatsächlich ist unter dem Diktat kurzsichtiger und blinder Technokraten unsere natürliche Umwelt in einem bedrohlichen Ausmaß bereits zerstört worden, sind fundamentale Lebenswerte zerstört worden, ist der Mensch letztendlich zu einer Maschine degradiert worden, die sich den Bedürfnissen eines anonymen und gemeingefährlichen Apparates - den natürlich niemand anderer als wiederum menschliche Wesen betreiben! - anzupassen hätte (vgl. WUKETITS 1985). Nur durch vermehrte Bildung wird diese Situation zu verbessern sein. Wir können nicht darauf hoffen, daß wir schon in absehbarer Zeit biologisch »besser« werden - wer das glaubt, verkennt die Prinzipien der organischen Evolution, die, wie gesagt, durch langsame Prozesse charakterisiert sind; wir können aber auch nicht darauf hoffen, daß uns politische Ideologien und Utopien weiterhelfen werden - wer das glaubt, ist entweder ein Träumer oder er bzw. sie übersieht die grausamen Folgen von Utopien in der Geschichte, die Folgen von Ideologien, die sich nicht um Menschenleben kümmern und stets Leid in diese Welt gebracht haben, unbeschreibliches Leid. Was also bleibt uns? Uns sehenden Auges für den Untergang unserer Gattung zu entscheiden?

Nun, was uns bleibt, ist die Möglichkeit, aus unserer eigenen Geschichte zu lernen, und zwar sowohl aus unserer Naturgeschichte als auch aus unserer Kulturgeschichte. Bislang hat, so will mir scheinen, der Großteil der Menschen kaum jemals wirklich aus der Geschichte gelernt. Heute endlich liegen jedoch fundamentale Erkenntnisse vor, Erkenntnisse über Evolutionsmechanismen sowohl im organischen wie auch im kulturellen Bereich, die wir nur ernst genug nehmen müßten, um daraus Konsequenzen zu ziehen: Konsequenzen für die Gestaltung einer Welt, in der ein Leben in friedlicher Koexistenz zwischen den Menschen und zwischen dem Menschen und der ihn umgebenden Natur möglich sein müßte. Vielleicht ist dies auch nur eine Utopie - für diesen Fall hat *Homo sapiens* seine Chancen als rationales Wesen in dieser Evolution verspielt.

Anmerkungen

1) HAECKEL unterschied drei Phasen in der Entwicklung einzelner Stammesreihen (organische Evolution): Aufblühphase, Blütephase und Verblühphase. Zumindest bei vielen Stammesreihen kann man auch nach moderner Auffassung grob unterscheiden zwischen einer Phase der Formenaufspaltung, einer Phase der Spezialisierung und schließlich einer Phase der Degeneration oder Entartung, die schließlich zum Aussterben führt (vgl. ERBEN 1981, RENSCH 1972, WUKETITS 1988c).

2) »Biologische« Evolution ist eigentlich ein unsauberer Ausdruck, da sich ja nicht die Evolution biologisch abspielt, sondern unsere Erklärungen biologische sind. Wenn dieser Ausdruck hier (schon im Titel des Beitrags) verwendet wird, dann nur, weil wir damit dem allgemeinen Sprachgebrauch folgen.

3) Einen Überblick bietet der Band von SIEWING 1987.

4) Dabei bleibt daran zu erinnern, daß um die Mitte des 17. Jahrhunderts der Vizekanzler der Universität Cambridge, JOHN LIGHTFOOD, das genaue Datum der Schöpfung errechnet haben will: 17. September 3928 v. Chr. Daß er auch noch die Uhrzeit angeben konnte (9 Uhr am Morgen) macht die Sache perfekt Solche Angaben ergeben sich aus wörtlicher Bibelexegese und sind natürlich nur als historische Kuriositäten von Interesse.

5) Dabei lehnte sich DARWIN an den Bevölkerungsgeographen THOMAS R. MALTHUS an, der postuliert hatte, daß die Ressourcen in einem arithmetischen Verhältnis (2, 3, 4, ...) wachsen, die Bevölkerung jedoch sich in einem geometrischen Verhältnis (2, 4, 8, ...) vermehrt.

6) Der an weiteren Details interessierte Leser sei auf die Bücher von MAYR 1979 und OSCHE 1972 hingewiesen, sowie - in aller Bescheidenheit - Wuketits 1989, die zusammenfassende Darstellungen bieten und auch dem sogenannten Laien einen Einstieg in die Problematik ermöglichen.

7) In diesem Zusammenhang hat RENSCH (1968, 1972) eine Reihe von Regelhaftigkeiten der Stammesgeschichte angeführt, beispielsweise das Prinzip, daß die meisten Stammesreihen mit relativ unspezialisierten Formen beginnen.

8) Die Australopithecinen werden nach heutiger Auffassung als die ältesten echten Hominiden (= Menschenartigen) verstanden; diese Gattung - bestehend aus mehreren Arten, die alle bereits Aufrechtgeher waren - lebte bis vor etwa einer Million Jahren in Süd- und Ostafrika; ihr erstes Auftreten wird auf etwa vier Millionen Jahre zurückdatiert (vgl. z.B. VOGEL in SIEWING 1987).

9) Das ist eine der Grundthesen der »evolutionären Erkenntnistheorie«. Zur Diskussion siehe LORENZ & WUKETITS (1983) sowie RIEDL & WUKETITS (1987).

10) Eine Verbindung zwischen organischer und kultureller Evolution, genauer gesagt zwischen genetischen Prozessen und Prozessen der Kultur, versuchten LUMSDEN & WILSON (1981) zu schaffen. Dieser umstrittene Ansatz zur Erklärung von organischer und kultureller Evolution als ko-evolutionäres Prozeßgefüge kann hier nicht im einzelnen dargelegt werden, doch sollte der interessierte Leser darauf aufmerksam gemacht worden sein.

Literatur

AYALA, FRANCISCO J.: The Concept of Biological Progress. In: F.J. AYALA & T. DOBZHANSKY (Hrsg.): Studies in the Philosophy of Biology. London 1974, S.539-555.

DARWIN, CHARLES: On the Origin of Species. London 1859. (Die Entstehung der Arten. Darmstadt 1988.)

EIBL-EIBESFELDT, IRENÄUS: Die Biologie des menschlichen Verhaltens. Grundriß der Humanethologie. München-Zürich 1984.

ERBEN, HEINRICH K: Leben heißt Sterben. Der Tod des einzelnen und das Aussterben der Arten. Hamburg 1981.

GRASSMANN, P.: Läßt sich die technische Entwicklung mit der biologischen Evolution vergleichen? Naturwissenschaften 72 (1985) S.567-573.

HAECKEL, ERNST: Die Lebenswunder. Gemeinverständliche Studien über Biologische Philosophie. Stuttgart 1905.

HULL, DAVID L.: The Naked Meme. In: HENRY C. PLOTKIN (Hrsg.): Learning, Development, and Culture. Essays in Evolutionary Epistemology. Chichester-New York 1982, S.273-327.

HUXLEY, JULIAN: Kultureller Fortschritt und Evolution. In: ANNE ROE & GEORGE G. SIMPSON (Hrsg.): Evolution und Verhalten. Frankfurt/M. 1969, S.152-176.

KOCH, HANNS JOACHIM W.: Der Sozialdarwinismus. Seine Genese und sein Einfluß auf das imperialistische Denken. München 1973.

LAMARCK, JEAN B. DE: Philosophie zoologique. Paris 1809. (Zoologische Philosophie. Leipzig 1909.)
LORENZ, KONRAD: Die Rückseite des Spiegels. Versuch einer Naturgeschichte menschlichen Erkennens. München-Zürich 1973.
LORENZ, KONRAD: Das wirklich Böse. Involutionstendenzen in der modernen Kultur. In: OSKAR SCHATZ (Hrsg.): Was wird aus dem Menschen? Graz-Wien-Köln 1974, S.287-305.
LORENZ, KONRAD & FRANZ M. WUKETITS (Hrsg.): Die Evolution des Denkens. München-Zürich 1983.
LUMSDEN, CHARLES & EDWARD O. WILSON: Genes, Mind, and Culture. The Co-evolutionary Process. Cambridge/Mass. 1981.
MAYR, ERNST: Evolution und die Vielfalt des Lebens. Berlin-Heidelberg-New York 1979.
MOHR, HANS: Natur und Moral. Ethik in der Biologie. Darmstadt 1987.
MONOD, JACQUES: Zufall und Notwendigkeit. Philosophische Fragen der modernen Biologie. München-Zürich 1972.
OESER, ERHARD: Psychozoikum. Evolution und Mechanismus der menschlichen Erkenntnisfähigkeit. Berlin-Hamburg 1987.
OESER, ERHARD& FRANZ SEITELBERGER: Gehirn, Bewußtsein und Erkenntnis. Darmstadt 1988.
OSCHE, GÜNTHER: Evolution. Grundlagen - Erkenntnisse - Entwicklungen der Abstammungslehre. Freiburg-Basel-Wien 1972.
PLOTKIN, HENRY C.: Evolutionary Epistemology and Evolutionary Theory. In: H.C. PLOTKIN (Hrsg.): Learning, Development, and Culture. Essays in Evolutionary Epistemology. Chichester-New York 1982, S.5-15.
POPPER, KARL R.: Auf der Suche nach einer besseren Welt. Vorträge und Aufsätze aus dreißig Jahren. München-Zürich 1984.
RENSCH, BERNHARD: Biophilosophie auf erkenntnistheoretischer Grundlage. Stuttgart 1968.
RENSCH, BERNHARD: Neuere Probleme der Abstammungslehre. Die transspezifische Evolution. 3.Aufl. Stuttgart 1972.
RIEDL, RUPERT: Die Ordnung des Lebendigen. Systembedingungen der Evolution. Berlin-Hamburg 1975.
RIEDL, RUPERT: Biologie der Erkenntnis. Die stammesgeschichtlichen Grundlagen der Vernunft. Berlin-Hamburg 1980.
RIEDL, RUPERT: Die Spaltung des Weltbildes. Biologische Grundlagen des Erklärens und Verstehens. Berlin-Hamburg 1985.
RIEDL, RUPERT & FRANZ M. WUKETITS (Hrsg.): Die Evolutionäre Erkenntnistheorie. Bedingungen, Lösungen, Kontroversen. Berlin-Hamburg 1987.
SCHINDEWOLF, OTTO H.: Erdgeschichte und Weltgeschichte. Abh.d.Akad.d.Wiss. u.Lit. (Mathemat.-naturwiss. Kl.) Mainz Nr. 2 (1964) S.1-52.
SIEWING, ROLF (Hrsg.): Evolution. Bedingungen, Resultate, Konsequenzen. 3.Aufl. Stuttgart 1987.
SPENGLER, OSWALD: Der Untergang des Abendlandes. Umrisse einer Morphologie der Weltgeschichte (1926). 2 Bände, München 1972.
STEBBINS, G. LEDYARD: Evolutionsprozesse. 2. Aufl. Stuttgart 1980.
TOYNBEE, ARNOLD: Kultur am Scheidewege. Frankfurt/M. 1958.
WHITE, LESLIE: The Evolution of Culture. The Development of Civilization to the Fall of Rome. New York-Toronto-London 1959.
WINKLER, EIKE M.: Von Kulturisten und Biologisten. Kulturation und Evolution aus der Sicht der Kulturwissenschaften und der Biologie. Mitteilungen d.Anthropolog.Ges.Wien 116 (1986) S.107-151.

WUKETITS, FRANZ M.: Biologie und Kausalität. Biologische Ansätze zur Kausalität, Determination und Freiheit. Berlin-Hamburg 1981.
WUKETITS, FRANZ M.: Evolution, Erkenntnis, Ethik. Folgerungen aus der modernen Biologie. Darmstadt 1984.
WUKETITS, FRANZ M.: Zustand und Bewußtsein. Leben als biophilosophische Synthese. Hamburg 1985.
WUKETITS, FRANZ M.: Evolution as s Cognition Process. Biol. & Philos. 1 (1986a) S.191-206.
WUKETITS, FRANZ M.: Ist menschliches Sozialverhalten genetisch programmiert? Die Umschau 86 (1986b) S.442-445.
WUKETITS, FRANZ M.: Moderne Evolutionstheorien. Ein Überblick. Biol. in unserer Zeit 18 (1988 a) S.47-52.
WUKETITS, FRANZ M.: Evolutionstheorien. Historische Voraussetzungen, Positionen, Kritik. Darmstadt 1988 (b).
WUKETITS, FRANZ M.: Grundriß der Evolutionstheorie. 2. Aufl. Darmstadt 1989.
YOUNG, J.Z: Philosophy and the Brain. Oxford-New York 1987.
ZMARZLIK, HANS-GÜNTER: Der Sozialdarwinismus in Deutschland - Ein Beispiel für den gesellschaftspolitischen Mißbrauch naturwissenschaftlicher Erkenntnisse. In: GÜNTER ALTNER (Hrsg.): Kreatur Mensch. Moderne Wissenschaft auf der Suche nach dem Humanum. München 1975, S.289-511.

JÖRG ALBERTZ

Akademie-Forum: Versuch einer Bilanz

Am Ende ihrer Tagungen hält die FREIE AKADEMIE regelmäßig ein *Akademie-Forum* ab. Es ist der Versuch, in einer abschließenden Gesprächsrunde mit den Referenten Bilanz zu ziehen und dabei auch aus dem Teilnehmerkreis gestellte Fragen einzubeziehen. Es ist freilich selten, daß zu diesem Forum noch alle Referenten anwesend sein können. In Berlin war es der Fall, was wohl auch als Zeichen dafür gewertet werden darf, daß sich die Vortragenden über ihren eigenen fachlichen Beitrag hinaus der Thematik der Tagung verpflichtet fühlten und ihnen vielleicht auch die Art und Weise, wie die FREIE AKADEMIE ein solches Thema aufgreift, zugesagt hat.

Eine vollständige Wiedergabe des Gesprächs ist nicht möglich und wohl auch nicht erforderlich. Die folgenden Abschnitte sollen aber einige wichtige Aspekte aus dem Forum zusammenfassen.

Sowohl in der Einladung wie auch in der Einleitung waren die Fragen formuliert, denen diese Tagung gewidmet sein sollte: *Wie funktioniert Evolution? Welche Strategien werden dabei angewandt? Was können wir aus dem Verständnis dieser Vorgänge lernen?*

Zur ersten Frage war in den Vorträgen und Gesprächen viel gesagt worden. Auch über die Strategien, die im Evolutionsgeschehen angewandt werden, haben die Referate - nicht zuletzt auch die Besichtigung des Fachgebiets *»Bionik und Evolutionstechnik«* der Technischen Universität Berlin - vieles vermittelt. Aber: *Was können wir aus diesem Verständnis lernen?* Dazu war noch wenig gesagt worden. Deshalb stand diese Frage auch im Mittelpunkt des Forums.

Typisch menschliches Handeln ist stets zielgerichtetes Handeln. Wir wollen etwas erreichen, uns einer bestimmten Zielvorstellung annähern. Es gibt sicherlich Zielvorstellungen, die wir in unserem alltäglichen Tun direkt ansteuern können. Aber andere können nur das Ergebnis langwieriger, komplexer Prozesse sein; gesellschaftliche Entwicklungen, individuelles und kollektives Lernen, die Gestaltung unserer Lebensräume gehören beispielsweise dazu. Hierzu erlauben die Erfahrungen mit dem *Evolutionsfenster* eine Schlußfolgerung: Die Schritte zur

Annäherung an eine solche Zielvorstellung werden dann wirkungsvoll sein, wenn sie nicht zu klein und nicht zu groß sind. Flexibilität ist erforderlich, Anpassung der Schrittweiten und der Mutationsraten an die jeweilige Situation.

Mit der Entdeckung des Evolutionsfensters waren nämlich zwei interessante Beobachtungen verbunden. Erstens zeigte sich, daß ein System sehr empfindlich reagiert. Es genügt nicht, im Evolutionsprozeß ungefähr die richtige Schrittweite einzuhalten. Die Mutationen müssen vielmehr genau im Evolutionsfenster liegen, wenn Fortschritt erzielt werden soll. Zweitens stellte sich heraus, daß die biologische Evolution in der Lage ist, sich selbst ins Zentrum des Evolutionsfensters hineinzumanövrieren. Wenn sich die Umwelt stark verändert, dann passen sich Mutationsraten und Schrittweiten an. Sollte das nicht auch auf andere Prozesse - zum Beispiel wirtschaftliche oder gesellschaftliche - übertragbar sein?

Auf der anderen Seite muß man aber auch sehen, daß zwischen biologischen und soziokulturellen Entwicklungen große Unterschiede bestehen. Deshalb ist es auch problematisch, Begriffe wie Mutation und Selektion, die in der Biologie angesiedelt sind, auf Sozial- und Kulturwissenschaften zu übertragen. Was mutiert hier eigentlich? Die Ideen, die Ziele, das Verhalten? Und wie funktioniert dabei die Selektion? Das alles läßt sich nicht auf einfache und überschaubare Weise beantworten. Aber wenn auch die Inhalte und die Techniken sehr verschieden sein können, so sind doch viele Strukturen gleich. Grundprinzipien der biologischen Evolution sind auch in der kulturellen Evolution anzutreffen, freilich in anderen Erscheinungsformen.

Eine Frage gab Anlaß, noch einmal auf die Wirkungsweise der Evolution einzugehen: Der Mensch ist seit mindestens 40.000 Jahren biologisch unverändert. Die Biologie sagt uns auch, daß das menschliche Gehirn nur zu einem Teil wirklich genutzt wird. Wie ist es zu erklären, daß in der Evolution ein Organ entwickelt wurde, das in dieser Form gar nicht gebraucht wird?

Sicher hat sich das menschliche Gehirn wie überhaupt das Erscheinungsbild des Menschen seit 40.000 Jahren (und wahrscheinlich viel länger) nicht nennenswert verändert. Aber die Funktion des Gehirns konstituiert sich nicht in seiner äußeren Form. Es hat eine Durchdringungsstruktur, und entscheidend ist dabei die Vernetzung durch Synapsen (also sozusagen das, was wir beim Computer die Software nennen). Um dafür Leistungsreserven zu haben, um bei Ausfall einzelner Teile Reparaturmechanismen möglich zu machen und in Extremsituationen Spitzen abfangen zu können, muß das Gehirn größer angelegt sein als es die normale Nutzung erfordert. Dasselbe Prinzip gilt auch in anderen Bereichen, zum Beispiel in einem Computer; dieser wird technisch so ausgelegt, daß er durch ein Programm nur zum Teil genutzt wird. Aber erst dadurch wird das System - in diesem Fall das Programmsystem - entwicklungsfähig. Die Frage macht also eines der erfolgreichen Prinzipien der biologischen Evolution bewußt: es wird immer viel mehr angeboten als genutzt wird. Das erst macht Entwicklung möglich.

Wenn so viel von Entwicklung und Optimierung die Rede ist, was läge näher als die Frage nach der Zukunft: Können wir mit Hilfe von Computermodellen unter Anwendung der Evolutionsstrategie Voraussagen machen? Lassen sich damit vielleicht sogar Gefahren erkennen, Risiken abwägen und negative Entwicklungen abwenden?

Die Antwort auf solche Fragen muß - so enttäuschend dies wohl für manchen sein mag - negativ sein. Das hat ganz prinzipielle Gründe, die in der Methodik der Evolutionsstrategie liegen. Sie benutzt Mutation und Selektion. Während dabei die Selektion ein deterministischer - also auch prognostizierbarer - Prozeß ist, können wir in keiner Weise vorhersagen, welche der ungeheuer vielen möglichen Mutationen als nächste auftreten wird. Hier wäre die Leistungsfähigkeit der Methode grundsätzlich überfordert. Die Evolutionsstrategie vermag uns zwar das *wie* eines Prozesses aufzuzeigen, aber daraus läßt sich nicht auf das *was* schließen.

Es gibt andererseits viele Verfahren zur Extrapolation in die Zukunft. Alle Wetterprognosen, Wirtschaftsprognosen usw. beruhen auf deterministischen Modellen. Ihr Wert hängt einerseits davon ab, inwieweit das angewandte Modell realistisch ist, andererseits davon, wie zuverlässig und vollständig die eingeführten Daten sind. Wie unsicher selbst kurzfristige Prognosen sein können, wenn Modell und Daten trotz intensivsten Bemühens unvollkommen sind, das zeigen uns anschaulich die Wetterprognosen. Um so mehr müssen langfristige Prognosen mit Vorbehalt gesehen werden.

Die bekannten Vorhersagen des CLUB OF ROME, die auch auf deterministischen Modellen beruhten, sind bekanntlich zum großen Teil nicht eingetreten. Sie waren ja wohl auch mehr als Warnung gedacht, mit dem Ziel zu verhindern, was eintreten könnte. Aber damit wird auch ein grundsätzliches Problem aller Prognosen deutlich: Die Aussage selbst kann (oder muß?) bereits das Verhalten beeinflussen; und diese nicht vorhersehbare Rückwirkung ist in den Modellen nicht enthalten.

Prognosen sind unter der Vorgabe möglich, daß ganz bestimmte Bedingungen erfüllt sind. Mit zunehmender Komplexität eines Systems wird es immer schwieriger, diese Bedingungen zu definieren. Im soziokulturellen Bereich ändern sie sich laufend. Wir haben es mit einem offenen System zu tun, bei dem Prognostizierbarkeit schlicht nicht gegeben ist.

Bei der Anwendung der Evolutionsstrategie für Prognosen könnte nun zwar auf die Erstellung eines deterministischen Modells verzichtet werden. Aber es wäre erforderlich, eine Zielfunktion zu definieren. In einem technischen Optimierungsprozeß, beispielsweise bei der Minimierung des Strömungswiderstandes in einer Rohrleitung, ist es leicht, die Zielfunktion zu bestimmen. Aber wer wollte sich anmaßen, die Zielfunktion eines so komplexen Systems wie der menschlichen Gesellschaft festzulegen? Wir müssen uns nicht nur bewußt machen, daß verschiedene Gruppen in dieser Gesellschaft unterschiedliche Ziele anstreben, sondern wir müssen auch erkennen, daß es gar keine *festen* Ziele gibt. Wertvorstellungen und daraus abgeleitete Ziele waren stets einem Wandel unterworfen, und das wird auch in der Zukunft so sein.

Wenn dennoch im Zusammenhang mit der Evolutionsstrategie immer wieder nach der Zukunft, nach der Vorhersagbarkeit gefragt wird, so mag das an der üblich gewordenen Darstellungsweise liegen, die immer von *einem* Optimum spricht und dies schematisch durch einen Zielpunkt beschreibt, dem sich ein System durch die Anwendung der Evolutionsstrategie annähern soll. Herr RECHENBERG kommt nun aber zu dem Schluß, daß eine andere Darstellung angemessener wäre, die sozusagen nur einen lokalen Ausschnitt aus einer Qualitätslandschaft ohne einen Gipfel zeigt. Der benachbarte Bereich des Gebirges wächst dann im Laufe des Evolutionsprozesses immer erst allmählich nach, und die Organismen sind laufend daran beteiligt, das Qualitätsgebirge zu formen. Für den Evolutionsprozeß eines offenen Systems wird damit anschaulicher, daß es *das* Optimum gar nicht gibt. Wenn man dies nicht bildhaft, sondern begrifflich verdeutlichen will, dann sollte man in diesem Zusammenhang nicht mehr von einer *Optimierung* sprechen, sondern von einer *fortlaufenden Verbesserung* oder *Meliorisierung*.

Die Zielfunktion ist eines der entscheidenden Elemente für den Prozeß der Evolution. Die *Kulturelle Evolution* zeichnet sich nun dadurch aus, daß sich der Mensch die Ziele setzt. Wie aber kommen Ziele zustande? Wie kommt es zum Beispiel zu einem sogenannten Paradigmawechsel, wie er in der Literatur häufig - allerdings stets nur rückblickend - beschrieben wird?

Diese Fragen sind nicht leicht zu beantworten. Herr WUKETITS hält es für keineswegs geklärt, ob es so etwas wie einen abrupten Paradigmawechsel überhaupt gibt. Als Beispiel dazu kann die Evolutionstheorie selbst dienen. Die Entdeckung DARWINs war ja nicht ein abrupter Vorgang von heute auf morgen, sondern ein einzelner Schritt - allerdings ein sehr entscheidender - in einer langen und sehr komplexen Entwicklung. Es ist aber auch zu bedenken, daß diesem Schritt keineswegs globale Gültigkeit zukam und er nur zum Teil akzeptiert wurde.

Herr HELMCKE vertritt demgegenüber mit großer Entschiedenheit eine andere Auffassung. Er beschreibt als ein Beispiel für einen abrupten Paradigmawechsel die Entdeckung der Perspektive. Wir wissen genau von wem und wann in der Antike die Perspektive erfunden wurde; dies war ein einmaliger Vorgang. Die Geschichte der Perspektive geht ausschließlich auf ihre beiden Entdecker zurück. Zu keiner Zeit und an keinem Ort wurde die Entdeckung ein zweites Mal gemacht.

Die Frage freilich ist allgemeiner gestellt. Sie möchte wissen, wie überhaupt eine Zielvorstellung entsteht, wie es zu planvollem Handeln kommen kann. Wir können - zumindest in diesem Rahmen - nur feststellen, daß es so ist, daß die Evolution ihre Strategie auf einer bestimmten Stufe erweitert hat, indem Zielvorstellungen bewußt verfolgt werden. Man wird dabei die Rolle der Persönlichkeit nicht unterschätzen dürfen. Aber auch die Nachahmung von Einzelereignissen, die sich bewährt haben, gehört dazu; vielleicht war derjenige, der dem ersten Beispiel folgte, bei dieser Entwicklung nicht minder wichtig?

Evolution ist ein fortdauernder, zu immer komplexeren Systemen und Systemzusammenhängen führender Prozeß. Eine Tagung wie diese kann nur einzelne Aspekte davon beleuchten und sie verständlich und bewußt machen. In der Gesamtheit der Entwicklung ist dieser Vorgang wahrlich klein und unbedeutend. Aber Evolution vollzieht sich nun einmal in unsagbar vielen, im einzelnen unbedeutend erscheinenden Schritten.

Es ist - nach den Worten von Herrn HELMCKE - ausgeschlossen, daß der Mensch das Ziel der Evolution war. Er hat aber offenbar die Fähigkeit, sich dieses fortdauernden Prozesses bewußt zu werden. Dabei erkennt er auch, daß mit diesem Prozeß nicht nur eine immer stärkere Differenzierung und eine zunehmende Komplexität verbunden ist. Es gehört auch dazu, daß immer wieder Grenzen durchbrochen werden, sich neue Ganzheiten herausbilden, bestehend aus Individuen, die intern miteinander konkurrieren, die aber zusammenwirken, um sich nach außen stabil zu behaupten. Es scheint an der Zeit zu sein, daß wir uns als Menschen alle zusammen in diesem Sinne als Ganzheit verstehen und entsprechend handeln.

Die Autoren

PAUL ABLAY

wurde 1949 in Völklingen geboren, diplomierte 1975 am Institut für Theoretische Physik in Heidelberg auf dem Gebiet der relativistischen Quantenmechanik und promovierte 1980 in Wirtschaftswissenschaften am Alfred-Weber-Institut in Heidelberg auf dem Gebiet der Operations Research, wo er auch seine ersten Ansätze zur Optimierung mit Evolutionsstrategien entwickelte. Seit 1979 hat er unterschiedliche Aufgaben in der Wirtschaft wahrgenommen: Assistent des Vorstandsvorsitzenden, Projektleiter in einer internationalen Unternehmensberatung und Hauptabteilungsleiter Logistik/Materialwirtschaft. 1987 gründete er die Firma ABLAY OPTIMIERUNG mit Sitz in 8035 Gauting, Römerschanzweg 5, die Software-Lösungen für komplexe technische und wirtschaftliche Anwendungsfälle erarbeitet.

JÖRG ALBERTZ

wurde 1936 in Esslingen am Neckar geboren. 1959 schloß er das Studium des Vermessungswesens an der TH Stuttgart ab und promovierte 1965 an der Technischen Universität Berlin zum Dr.-Ing. Nach vorübergehender freiberuflicher Tätigkeit wurde er 1968 Oberingenieur an der Universität Karlsruhe, von der er 1973/74 zu einem Studienaufenthalt in den USA beurlaubt war. 1975 wurde er Professor für Fernerkundung und Photointerpretation an der TH Darmstadt und folgte 1979 einem Ruf als Professor für Photogrammetrie und Kartographie an die TU Berlin. Von 1979 bis 1987 war er Vizepräsident der Religionsgemeinschaft Deutsche Unitarier. Seit 1979 ist er Präsident der FREIEN AKADEMIE.

JOHANN-GERHARD HELMCKE

wurde 1908 in Hannover geboren, studierte in Berlin Biologie, Anthropologie und Paläontologie, promovierte und habilitierte sich an der Universität Berlin. 1951 wurde er Leiter der Forschungsgruppe Mikromorphologie der Max-Planck-Gesellschaft bzw. der TU Berlin. Seit 1954 war er an der TU Berlin als außerordentlicher, ab 1962 als ordentlicher Professor für Biologie und Anthropologie tätig. Zu seinen Hauptarbeitsgebieten gehören Vergleichende Anatomie, Marine Tiergeographie, Untersuchungen an Zähnen und Diatomeenschalen mittels Elektronenmikroskopie. Seit 1961 arbeitet er mit FREI OTTO über Biologie und Bauen zusammen. Er veröffentlichte u.a. *»Atlas des menschlichen Zahnes im elektronenmikroskopischen Bild«* (2 Bände, 1953 u. 1957), *»Diatomeenschalen im elektronenmikroskopischen Bild«* (10 Bände, zusammen mit W. KRIEGER und J. GERLOFF, 1953-1977).

HUBERT MARKL

1938 in Regensburg geboren, studierte Biologie, Chemie und Geographie an der Universität München. 1962 promovierte er zum Dr.rer.nat. und habilitierte sich 1967. Von 1968 bis 1974 war er Professor an der Technischen Hochschule Darmstadt. 1974 folgte er einem Ruf als Professor für Biologie an die Universität Konstanz. Von 1977 bis 1983 war er Vizepräsident, seit 1986 ist er Präsident der Deutschen Forschungsgemeinschaft. Er veröffentlichte u.a.: »*Evolution, Genetik und menschliches Verhalten*« (1986) und »*Natur als Kulturaufgabe*« (1986).

HAJO OTTEN

geboren 1955 in Leer/Ostfriesland, studierte Elektrotechnik an der Technischen Universität Braunschweig mit den Schwerpunkten Meß-, Regel- und Datentechnik. 1983 legte er die Diplomprüfung mit Auszeichnung ab. Seither ist er Mitarbeiter in der Abteilung Biochemische Kinetik des Max-Planck-Instituts für Biophysikalische Chemie in Göttingen unter der Leitung von Prof. Dr. Drs.h.c. MANFRED EIGEN. 1988 promovierte er an der TU Braunschweig mit der Arbeit »*Ein Beitrag zur Durchführung von kontrollierten Evolutionsexperimenten mit biologischen Makromolekülen*« zum Dr.-Ing.

INGO RECHENBERG

wurde 1934 in Berlin geboren. Er studierte Maschinen- und Flugzeugbau an der Technischen Universität Berlin und an der Universität Cambridge. Als Liebhaberei betreibt er Modellflugsport und wurde auf diesem Gebiet 1954 Vizeweltmeister. Noch als Student erfand er die Evolutionsstrategie. 1970 promovierte er zum Dr.-Ing. und habilitierte sich 1971 an der TU Berlin. Seit 1972 ist er an dieser Universität als Professor für Bionik und Evolutionstechnik am Institut für Meß- und Regelungstechnik tätig. 1973 erschien sein Buch »*Evolutionsstrategie - Optimierung technischer Systeme nach Prinzipien der biologischen Evolution*«.

OLAV RÖHRER-ERTL

1940 in Berlin geboren, studierte Anthropologie, Vorgeschichte, Geologie, Völkerkunde und Humangenetik. Er promovierte 1970/71 in Hamburg zum Dr.phil. und 1976 in Braunschweig zum Dr.rer.nat. Nach Tätigkeiten an den Universitäten Kiel und Braunschweig kam er 1979 an die Anthropologische Staatssammlung München. Er hat u.a. die folgenden Bücher geschrieben: »*Untersuchungen am Material des Urnenfriedhofes von Westerwanna, Kr. Land Hadeln*« (1971); »*Die Neolithische Revolution im Vorderen Orient - Ein Beitrag zu Fragen der Bevölkerungsbiologie und Bevölkerungsgeschichte*« (1978); »*Orang-Utan-Studien*« (1984); »*Der St.Emmeram-Fall. Abhandlung und Berichte zur Identifikation der Individuen I und II aus der Pfarrkirche St.Emmeram in Regensburg*« (1985); »*Das Brand- und Körpergräberfeld 'Schwabmünchen'*« (1987).

HANS-PAUL SCHWEFEL

wurde 1940 geboren und studierte Flugtechnik an der Technischen Universität Berlin. Schon als Student arbeitete er mit INGO RECHENBERG zusammen und schrieb 1965 eine Diplomarbeit zur Evolutionsstrategie. Danach war er als Wissenschaftlicher Mitarbeiter in der TU Berlin tätig am Hermann Föttinger-Institut für Strömungstechnik, am Institut für Meß- und Regelungstechnik und am Institut für Anthropologie. Vorübergehend arbeitete er als Entwicklungsingenieur am AEG-Forschungsinstitut in Berlin. 1975 wurde er mit dem Thema »*Evolutionsstrategie und numerische Optimierung*« zum Dr.-Ing. promoviert. Von 1976 bis 1985 war er Mitarbeiter der Programmgruppe Systemforschung und Technologische Entwicklung der Kernforschungsanlage Jülich. 1985 nahm er einen Ruf auf den Lehrstuhl für Systemanalyse im Fachbereich Informatik der Universität Dortmund an.

GERHARD VOLLMER

geb. 1943, studierte Mathematik, Physik und Chemie in München, Berlin und Freiburg. 1972 promovierte er bei S. FLÜGGE in Freiburg in Physik. Ferner studierte er Philosophie (insbesondere Logik und Erkenntnistheorie) und allgemeine Sprachwissenschaft und promovierte 1974 ebenfalls in Freiburg in Philosophie mit einer Arbeit über Evolutionäre Erkenntnistheorie. Von 1975 bis 1981 war er in Hannover tätig und nahm 1981 einen Ruf als Professor für Philosophie an der Universität Gießen an. Seine wichtigsten Veröffentlichungen sind: *»Evolutionäre Erkenntnistheorie«* (1975, 4.Aufl. 1987), *»Was können wir wissen«* (Band 1: *»Die Natur der Erkenntnis«* 1985; 2.Aufl. 1988; Band 2: *»Die Erkenntnis der Natur«* 1986; 2.Aufl. 1988).

FRANZ M. WUKETITS

geboren 1955, in Parndorf (Österreich), studierte Zoologie, Paläontologie, Philosophie und Wissenschaftstheorie an der Universität Wien, wo er 1978 zum Dr.phil. promovierte. 1979 war er Lehrbeauftragter für Erkenntnistheorie an der Universität Wien. Seit der Habilitation (1980) ist er ebendort Dozent für Wissenschaftstheorie mit dem Schwerpunkt Biowissenschaften. Daneben (seit 1987) ist er Lehrbeauftragter für Philosophie der Biologie an der Universität Graz. 1982 erhielt er den »Österreichischen Staatspreis für Wissenschaftliche Publizistik«. Er ist Autor von 13 Büchern und über 100 Beiträgen in wissenschaftlichen Zeitschriften und Sammelwerken.

SCHRIFTENREIHE DER FREIEN AKADEMIE

Herausgegeben von Jörg Albertz

Band 1: *Perspektiven und Grenzen der Naturwissenschaft*
mit Beiträgen von WITIGO STENGEL-RUTKOWSKI, OSSIP K. FLECHTHEIM, MANFRED STÖCKLER, BERNULF KANITSCHEIDER, GOTTFRIED KURTH/OLAV RÖHRER-ERTL, LISELOTTE METTLER/HANS SKRABEI, HUBERTUS MYNAREK, WOLFGANG DEPPERT, CHRISTOPH SCHUBERT, PETER KAFKA, ALOIS DREIZEHNTER.
189 S., 1980 ISBN 3-923834-00-4 DM 15,--

Band 2: *Technik und menschliche Existenz*
mit Beiträgen von JÖRG ALBERTZ, WERNER GEORG HAVERBECK, FELIKS BURDECKI, MARGARETE DIERKS, DIANA WINKLER, WALTER VOLPERT, HEINZ BRANDT, KARL WERNER KIEFFER, HANS SACHSSE. 137 S., 1982 ISBN 3-923834-01-2 DM 15,--

Band 3: *Die Rolle der Großkirchen in der Gesellschaft der Bundesrepublik Deutschland*
mit Beiträgen von HANS-DIETRICH KAHL, ARTUR OSENBERG, JOHANNES NEUMANN, LEO WALTERMANN, KARL-HEINZ MINZ, HANS-GERNOT JUNG, NATHAN PETER LEVINSON, HADAYATULLAH HÜBSCH, RENATE BAUER, MANFRED LANGNER, UDO FIEBIG, LISELOTTE FUNCKE. 224 S., 1983
ISBN 3-923834-02-0 DM 15,--

Band 4: *»Judenklischees« und jüdische Wirklichkeit in unserer Gesellschaft*
mit Beiträgen von HANS-DIETRICH KAHL, MARCEL R. MARCUS, MANÈS SPERBER, REINHOLD MAYER, ERNST M. STEIN, PNINA NAVÈ LEVINSON, NATHAN PETER LEVINSON, ANDREAS NACHAMA, JAKOB ALTARAS, CHRISTINE PATZE, HERBERT A. STRAUSS.
235 S., 1985 (Nachdruck 1989) ISBN 3-923834-03-9 DM 25,--

Band 5/6: *Lernziele für die Welt von Morgen/ Neue Ethik für die Wissenschaft*
mit Beiträgen von HARTMUT HEYDER, JOHANNES NEUMANN, JOHANN-GERHARD HELMCKE, MARGARETE DIERKS, HANSJÖRG HEMMINGER, WOLFGANG SCHULTZE, KLAUS WELLNER, OTFRIED HÖFFE, HANS SACHSSE, HANS-PETER SCHREIBER, HEINZ SCHULER/KARIN HUMMEL, MANFRED W. WIENAND, HELMUT F. SPINNER, HUBERTUS MYNAREK. 254 S., 1986
ISBN 3-923834-04-7 DM 25,--

Band 7: *Wissen – Glaube – Aberglaube*
mit Beiträgen von RENATE BAUER , KLAUS WELLNER, HUBERTUS MYNAREK, WOLFGANG DEPPERT, WALTER VON LUCADOU, EBERHARD BAUER, INGEBORG H. STEPHAN, MARGARETE DIERKS, ERNST E. BOESCH, ALFRED J. ZIEGLER. 215 S., 1987
ISBN 3-923834-05-5 DM 25,--

Band 8: *Kant und Nietzsche – Vorspiel einer künftigen Weltauslegung?*
mit Beiträgen von KLAUS WELLNER, JOHANNES HEINRICHS, OSWALD SCHWEMMER, GERHARD VOLLMER, REINHARD MARGREITER, BERNULF KANITSCHEIDER, VOLKER GERHARDT, WIEBRECHT RIES, CURT PAUL JANZ. 229 S., 1988
ISBN 3-923834-06-3 DM 25,--

Band 9: *Evolution und Evolutionstrategien in Biologie, Technik und Gesellschaft*
mit Beiträgen von JÖRG ALBERTZ, INGO RECHENBERG, PAUL ABLAY, HAJO OTTEN, JOHANN-GERHARD HELMCKE, HANS-PAUL SCHWEFEL, OLAV RÖHRER-ERTL, HUBERT MARKL, GERHARD VOLLMER, FRANZ M. WUKETITS. 264 S., 1989
ISBN 3-923834-07-1 DM 25,--

IN VORBEREITUNG:

Die Dritte Welt – Gefahren und Chancen für die Zukunft

Aspekte der Angst in der »Therapiegesellschaft«

Aufklärung und Postmoderne – 200 Jahre nach der Französischen Revolution, das Ende aller Aufklärung?

Gesellschaft und Religion

Vertrieb:
Geschäftsstelle der FREIEN AKADEMIE e.V.
6200 Wiesbaden, Rheinstraße 78